国家社科基金艺术学项目
批准号：11BG071
鉴定结项号：艺规结字[2014]64号

DISHIJIE ZHONGGUO YISHUJIE QUYU SHEHUI WENHUA
FAZHAN JIAZHI YU YINGXIANGLI SHIZHENG YANJIU

第十届中国艺术节
区域社会文化发展价值与影响力实证研究

徐向红　傅才武　主编

齊鲁書社

课题组人员名单

项目负责人：徐向红

课题组组长：李国琳　傅才武

课题组成员：张　钢　陈　波　肖　波　刘　艳　方学富　李朝晖
莫　聂

执　　笔：傅才武　张　钢

山东省文化厅

武汉大学国家文化创新研究中心

习近平致第十届中国艺术节的贺信

第十届中国艺术节:

值此第十届中国艺术节开幕之际，我向你们表示热烈的祝贺！向全国广大文艺工作者和海内外艺术家致以诚挚的问候！

中国艺术节创办26年来，推出了一大批精品力作和优秀人才，成为展示中国道路、中国精神、中国力量的艺术盛会，为推动社会主义文化大发展大繁荣、满足人民日益增长的精神文化需求作出了贡献。

希望第十届中国艺术节办成一届“艺术的盛会、人民的节日”。希望全国广大文艺工作者和艺术家运用丰富的艺术形式和手段，描绘艺术之花盛开的多彩画卷，讴歌人民意气风发的时代精神，书写文化强国建设的隽永篇章，继续为我国社会主义文艺事业繁荣发展而团结奋斗。

预祝第十届中国艺术节圆满成功！

习近平

2013年10月10日

序 言

2013年10月11日至26日，第十届中国艺术节在孔孟之乡、礼仪之邦的齐鲁大地隆重举办。从泰山之巅到黄河入海口，从济南城市群经济圈到蓝色海洋，从蒙山沂水到西部经济隆起带，从现代城市到乡镇农村，文化山东：流光溢彩，百花争艳！

美丽中国梦，多彩十艺节。作为党的十八大召开之后举办的第一个全国性文化艺术盛会，十艺节以全新的面貌，展示了我国文化艺术事业的最高成就、最新成果，为人民群众献上精美的艺术盛宴，体现了“艺术的盛会、人民的节日”宗旨，谱写了文化强国建设浓墨重彩的隽永篇章。

15天的精彩历程，凝聚着十艺节筹办工作者一千多个日日夜夜的辛勤汗水和智慧结晶，17市共办共享、完善创新部省合作机制、带动全省文化建设、文化惠民的办节新模式，经历了国家艺术节的伟大实践，收获了累累硕果，成为山东文化史上的又一笔宝贵财富。

蓬勃时代，百舸争流，需要文化先行、文化引领。“第十届中国艺术节区域社会文化发展价值与影响力实证研究”是2011年度国家社科基金艺术学项目，旨在通过十艺节筹备与举办全过程科研和绩效实证调查，从创新的理念、实践的层面和实证的角度回答以下三大问题：中国艺术节对国家及区域政治经济文化的发展有何影响和作用？十艺节对山东经济文化建设与社会发展有何意义和作用？十艺节成功举办之后如何有效发挥“后十艺效应”？

本课题从十艺节筹备之初即全程跟踪研究，课题组全体人员不辞辛劳，历经三年不懈努力，研究成果也多次为十艺节筹办、参展深圳国际文博会等提供有益参考，有效探索了国家艺术学应用研究与国家艺术节筹办联动的新机制。实证研究力求保持原貌，数据翔实，分析判断不失偏颇，对策研究注重前瞻，大家解读起来，必是仁者见仁，智者见智。衷心地希望各位领导、专家、文艺工作者和各界同仁不吝赐教，使得艺术之红花常艳，科研之绿叶长青。

是为序

课题组

2014 年 5 月 3 日，济南

时为“五三惨案”86 年纪念日

目　录

第一章　十艺节概述

进入新世纪以来，我国社会主义文化建设已经步入高速发展阶段。不论是在国家的文化发展战略建构中，还是在民众的社会生活中，文化居于越来越重要的地位。

中国艺术节是国家级艺术盛会，由文化部与所在省（自治区、直辖市）人民政府共同主办，每三年举办一届。首届中国艺术节于 1987 年秋在北京举办，第二届在北京、第三届在云南昆明、第四届在甘肃兰州、第五届在四川成都、第六届在江苏南京、第七届在浙江杭州、第八届在湖北武汉等 5 市、第九届在广东广州等 5 市举行，第十届在山东济南等 17 市举行。每届艺术节都以绚丽多姿的艺术形式辅以鲜明的地方特色，突出“艺术的盛会、人民的节日”主题，充分展示中国文化艺术发展的最新成就，展示了广大文艺工作者的精神面貌，展示了中外文化交流的艺术成果，热情讴歌了中国社会主义现代化建设欣欣向荣的景象，描绘了“以经典带动多元、以艺术引导潮流”的中国特色文化发展轨迹，见证了中国艺术节办节内容从单一到多元、从本土到国际、从政府主办到政府主导、从小众到大众、从重点展示到传承普及的演变历程。

中国艺术节节徽

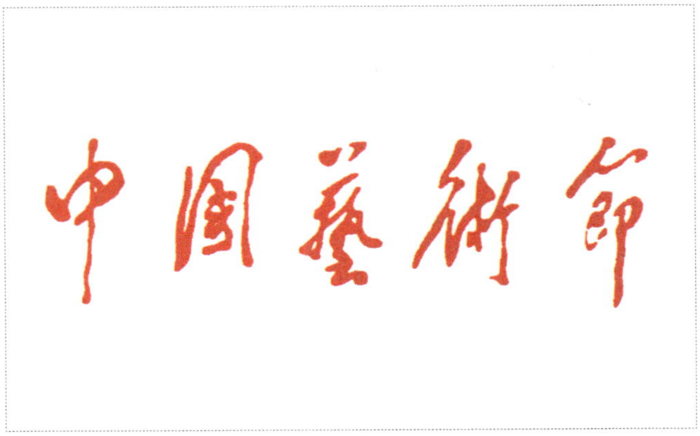

邓小平题名

一、美丽中国梦 多彩十艺节

2010 年 5 月 25 日，山东省接过第十届中国艺术节（以下简称“十艺节”）办节大旗，十艺节筹备工作正式拉开序幕。中央出台改进工作作风“八项规定”之后，山东省委、省政府提出“水准一流、规模适度、节俭办会”的办节要求，文化部提出“坚持一流标准，塑造国家艺术形象；坚持办节宗旨，体现文化惠民；坚持勤俭办节，杜绝奢华浪费”的“三个坚持”办节原则和“十条”指导要求，为筹办好十艺节提供了重要遵循。通过十艺节筹办全过程，我国文化艺术工作按照党的十八大的要求，以建设社会主义核心价值体系为根本任务，以满足人民群众精神文化需求为出发点和立足点，以改革创新为动力，充分发挥好文化艺术在教育人民、引领社会、推动发展、促进社会和谐等方面的功能，推动文化大发展大繁荣，不断提高国家文化软实力，为实现中华民族伟大复兴的中国梦做出应有的贡献。十艺节在经济社会发展中的影响力大大提升，山东省在国内外的知名度显著提高。

十艺节标志

十艺节吉祥物

山东省委、省政府确立“办好艺术盛会、建设文化强省”的主题，以“弘扬民族优秀文化、繁荣社会主义文艺、丰富人民群众文化生活、促进经济发展和社会进步、保持社会稳定、振奋民族精神”为出发点，以“全省办节、全民参与”为总体格局，全省 17 个市共同筹办：在济南举行开幕式，在青岛举行闭幕式，在济南、青岛、淄博、烟台、潍坊、日照、泰安、德州举办“文华奖”全国新创作剧目评比演出、展演活动，在济南、青岛、泰安、威海举办社会文化“群星奖”决赛活动，在济南举办全国优秀美术作品展览活动、中国演艺产品交易会，在枣庄、东营、济宁、日照、莱芜、临沂、德州、滨州、菏泽、聊城举办全国性专业艺术单项比赛、展演及各类展览展示活动，在部分城市举办国外经典剧目展演和国内经典剧（节）目祝贺演出活动，以期实现创作一批艺术精品、建设一批文化设施、培养一批优秀人才、打造一批文化品牌、建立一套良好机制等目标。在省委、省政府领导和文化部指导下，在全国各文艺团体和广大文化工作者支持下，山东也成功夺得了组织筹办“大金牌”和参赛获奖“小金牌”双丰收。

文化部部长、十艺节组委会主任蔡武向山东省文化厅厅长徐向红颁发十艺节优秀组织工作奖

二、十艺节辉煌成就

十艺节延续了前九届中国艺术节的优良传统和运作经验，同时在诸多方面进一步完善和创新，践行一流水准、节俭惠民的新理念，推出了一系列新举措，形成了新的办节模式，达到了国家艺术节的新高度。

1. 艺术盛会展现文化新成就

十艺节是党的十八大召开以来的第一个国家级艺术盛会，充分展示了近年来我国文化艺术事业的最高成就、最新成果。共有来自全国31个省（自治区、直辖市）、新疆生产建设兵团以及中国人民解放军、中国人民武装警察部队、中华全国总工会等单位的87台剧目参加文华奖角逐，884件群众文化作品、157个公共文化项目参评群星奖；647件优秀美术作品入选美术展览；600多个国内外演艺机构近2000个剧（节）目参展演艺产品交易会，达成演艺合作项目86个，签约额9.02亿元；8台境外经典剧（节）目邀请演出，38台国内优秀剧（节）目进行展演和祝贺演出；近2万名文艺工作者参加十艺节各项活动，海内外参与人士和城乡群众达2900万人次。

十艺节期间，中国当代舞台艺术、群文创作和美术创作的新态势得到了充分展示，贯彻落实了“艺术的盛会、人民的节日”的宗旨，成为一届展示中国道路、中国精神、中国力量的艺术盛会。

2. 山东文化艺术喜结硕果、实现历史突破

筹备十艺节以来，全省投入2.8亿多元，创作优秀舞台剧目62台，其中15台重点剧目入围文华奖评比展演，39件群文类作品进入群星奖决赛，124件作品入选全国优秀美术作品展览，均居全国第一位。经十艺节专家委员会最终评审，山东的京剧《瑞蚨祥》、吕剧《百姓书记》、舞剧《红高粱》3台剧目获得文华大奖，京剧《项羽》获得文华大奖特别奖，山东梆子《古城女人》等10台剧目获得文华优秀剧目奖，话剧《严复》获文华剧目奖；33个节目获文华单项奖，32件群众文化作品、4项公共文化项目获群星奖。这在山东文化艺术史上是空前的，也创下了历届国家艺术节一个省份参赛和获奖数量之最。

山东省京剧院京剧《瑞蚨祥》

山东省吕剧院吕剧
《百姓书记》

青岛歌舞剧院舞剧
《红高粱》

济南京剧院京剧
《项羽》

3. 文化惠民遍及城乡、成效显著

十艺节把提升公共文化服务体系与筹办十艺节统筹规划、同步推进，自筹备以来，全省五级公共文化设施累计投入 249 亿元，其中县乡村基层文化设施投入 133 亿元以上，是省级公共文化服务体系建设投入最集中、投资量最大、水平提升最快的时期。为更好地保障人民基本文化权益，丰富群众文化生活，让人民共享艺术发展的成果，一是坚持低票价原则，给社区群众提供低价票 1 万余张，公益观摩免费票 2 万余张，占总票量的 60% 以上，同时邀请劳动模范、低收入群众、福利院儿童等免费观看演出；二是组织惠民演出，邀请 12 台剧目在基层地区开展百场巡演活动，拉近艺术家与老百姓的距离，突出艺术为人民服务的理念。十艺节期间，全省新创作的 60 余台剧目演出 6000 多场，举办 7 个单项全国比赛展演 110 多场，加上各类艺术院团送戏下乡，累计演出 5 万多场；举办县级以上较大规模演出 13000 余场，广场群众文化活动 35200 余场，举办美术作品展览 920 场，覆盖全省 17 市。

蔡武、郭树清向群众赠送美术画册

组委会向济南儿童福利院赠票

4. 开创全省 17 市共办的新模式

相比于以前国家艺术赛事在全国各地分散举办，十艺节创新性地将系列展演活动集中在山东，目的是将筹办十艺节的过程，变成文化惠民的过程，变成促进文化发展的过程。全省每个市都承担一定的展演展览任务，既能推动各市文化发展，解决十艺节投资过于集中的问题，也能最大程度地避免节后场馆闲置浪费，充分发挥十艺节对全省文化建设的多元带动效应，形成了全省办节、全民参与的格局。“全省办节”的模式走活了“文化的盛会、人民的节日”这盘棋，让十艺节真正成为群众共享文化发展成果的盛大节日。

5. 政府财政投入拉动与社会动员创新高

筹集省级以上财政资金 3 亿元，撬动各级和社会资金 20 多亿元，文化惠民、文化富民效益彰显；探索创新办节机制，动员企业和社会力量参与办节，社会筹资达到 3.16 亿元，创历届中国艺术节最高水平；全省共准备演展场馆 56 个，资金投入 98.31 亿元，其中新建场馆 16 个、投资 73.86 亿元，维修改造场馆 25 个、投资 2.93 亿元，全面符合演展要求，场馆建设质量和运行管理服务水平达到国内一流；备战十艺节以来，全省村（社区）文化大院从 49000 个增长到 69000 个，乡镇（街道）文化站从 1120 个到实现全覆盖并规范运行，为“后十艺节”山东公共文化建设再续辉煌奠定了坚实基础。

济南省会文化艺术中心

6. 节俭办节引领国家艺术节新风尚

十艺节筹办工作全面贯彻中央“八项规定”，并紧密结合党的群众路线教育实践活动开展，做到“高雅不奢侈，热情不铺张；身瘦而形美，节约而惠民”，彰显“艺术回归本体、文化共建共享”的理念，坚持节俭办会，务实为民，开创国家艺术节时代新风。同时，积极开展“后十艺节”效应研究，积极探索大型活动场馆再利用与运营模式，实现文化展演活动常态化，切实解决十艺节投资过于集中和节后场馆闲置浪费的问题，从而进一步推进文化惠民。

三、十艺节绩效评价

十艺节的举办，既体现了国家艺术节对社会发展的积极意义，激发了全国文化艺术改革创新积极性，又切实推动了山东省区域文化改革发展，进一步提升了山东形象，有效促进了山东经济社会协调发展。

1. 新时代国家艺术节对社会发展的意义

从全球范围看，目前世界各地艺术节有 1 万多个，其中约一半都得到国际社会不同程度的认可。在当代社会，艺术节已不再是为城市提供背景或为少数文化人服务的时尚，它正逐渐变成地区或国家营销策略的关键因素。现代艺术节承载着宣传艺术、体现城市文化水平、艺术交流、促进旅游、提升竞争力等综合性社会功能，艺术节对于国家或区域经济文化发展和社会建设具有不可替代的作用。借助于国家艺术节，主办省、主办城市的公益性文化设施和文化活动将不断完备，在保障人们的文化权益方面发挥越来越大的作用。与此同时，在文艺作品的创作过程中，国家艺术节提供了文化与资本结合的机会，探索我国文化艺术领域中托管制、股份制、集团化等多种管理模式，培育一批具有活力的国有、民营文化企业，对深化我国文化体制改革具有积极的作用。

2. 十艺节成为推动全国文化艺术改革创新的平台

习近平总书记在给十艺节的贺信中，将中国艺术节的意义和作用概括为：“中国艺术节创办 26 年来，推出了一大批精品力作和优秀人才，成为展示中国道路、中国精神、中国力量的艺术盛会，为推动社会主义文化大发展大繁荣、满足人民日益增长的精神文化需求作出了贡献。”一方面，通过十艺节期间丰富的舞台演出、艺术活动、产业交易和群众文化活动，向全国展示三年来全国文化艺术建设的成就，展现文化艺术队伍的精神风貌；另一方面，十艺节的特殊展示平台，对全国文化艺术工作者形成强大的激励力量。中国艺术节固有的展示功能，将全国的优质文化艺术资源、演艺产品、全国艺术创作精英结合起来，为创造文化艺术精品和不断创新提供了重要条件。

3. 十艺节成为撬动山东省文化改革发展的杠杆

山东省借十艺节这一难得机遇，借风扬帆，推动全省文化事业和文化产业整体加速发展。山东省筹办十艺节期间，恰逢党的十八大召开，按照十八大中央宏观政策所指引的方向，山东省借助十艺节的推力，实现了文化创新的跃进。

十艺节为展示山东文化建设新成果提供了平台，增强了山东文化的影响力与综合竞争力，也为山东省文化体制改革注入新的动力和活力。筹备十艺节的三年，是山东文化强省建设突飞猛进的三年，是全省文化基础设施建设水平全面提升的三年，是全省广大文艺工作者创作活力迸发、创作硕果累累的三年，是各类文艺人才快速成长、优秀人才大量涌现的三年，是文化惠民力度空前加大、群众得到文化实惠明显增加的三年，也是山东经济文化融合发展、大步跨越的三年，为"文化山东"的发展繁荣奠定了坚实基础。

4. 十艺节提升了山东形象

众多嘉宾和各类媒体光临本届艺术节，提升了山东的知名度和影响力。文艺工作者济济一堂，促进了山东文化艺术的交流和繁荣。一大批全国著名的艺术大家，亲历十艺节各类活动，数量为历届艺术节之最。这些艺术大家的参与，一方面提升了本届艺术节的层次，另一方面也对山东文化艺术界产生了潜移默化的深远影响。

诺贝尔文学奖获得者莫言与舞剧《红高粱》主演

全省十七市广大市民获得了广泛的文化参与机会，对提升城市文明产生积极的影响。艺术节期间，广大市民群众所表现出来的积极参与、文明看戏、礼貌待客等都给各地宾客留下了深刻的印象。

山东省举全省之力与动员全民参与结合的良好机制，节俭办节与文化惠民结合的崭新模式，繁荣文化艺术与后十艺效应结合的长效思路，夺取办节金牌与参赛金牌双丰收的精神风貌，在国内外获得广泛赞誉，极大提升了山东经济、文化大省的形象与地位。

5. 十艺节促进了山东与国内外的文化交流

对东道主山东省而言，十艺节既是一张提升地域形象和知名度的名片，更是一座连接山东与其他省市乃至海外文化交流的桥梁。通过举办本次艺术节，不仅充分挖掘、宣传、利用、展示了山东省源远流长的历史文化资源、地理环境资源和经济物质资源，强化了本地人民对城市的认同感，更向全国乃至全世界全方位宣传山东，加深了其他省市对山东的了解，加深了世界对山东、对中国的认识。

十艺节积极打造对外文化交流的平台。筹委会组织了多个国际文化交流活动，邀请了一大批来自欧洲、美洲、亚洲及中国港澳台等海内外嘉宾参加，广邀海内外媒体记者全程参与十艺节活动并进行广泛深入的采访，既丰富了艺术节的内容，也开拓了对外文化交流渠道。

第二章　十艺节组织管理运营

完善的组织机制是第十届中国艺术节成功开展与举办的重要保证。为保证十艺节的顺利进行，山东省各级党委、政府以组建机构、健全制度、落实责任、规范运行为重点，加强组织领导体系建设，省及各市充实完善工作机构，加强筹备工作力量，建立了系统的组织体系，实现了艺术节组织和管理运营的协调推进，筹办工作受到各级领导、专家、国内外嘉宾、参展参演团体和社会各界的广泛好评。

一、组织机构

自 2010 年成功获得十艺节的举办权后，山东省委、省政府高度重视十艺节筹办工作的开展。在借鉴八艺节、九艺节工作模式的基础上，山东省成立了由省长任主任、省委宣传部部长和分管副省长为副主任、17 市市长和省直各部门主要负责人为委员的十艺节山东省筹委会。同时，选调以省文化厅副厅长为负责人的 20 余位人员，先期组建了办公室、宣传活动部、艺术创作部、市场开发部、场馆建设部、财务部，形成“一室五部”架构，于 2011 年 5 月 3 日在山东师范大学学术交流中心（翰林大酒店）集中办公。因工作需要和人事变动，2012 年 2 月 17 日，山东省调整了十艺节省筹委会的工作机构与负责人，陆续充实筹办力量。2012 年 5 月，十艺节山东省筹备委员会因部分成员工作变动再次进行了调整，继续增调各部门人力。2013 年 3 月，根据十艺节实际工作需要，筹委会先后从有关部门和单位抽调 160 多人，调整、组建 17 个工作部室集中办公，最终形成由办公室、人事部、大型活动部、新闻宣传部、艺术创作演出部、群文美术部、外演及演艺产品交易部、场馆建设部、市场开发部、财务部、志愿工作者部、审计监察部、安全保卫部、医疗卫生部、交通保障部、接待部等机构组成的十艺节管理运营机构。同时，17 市也根据省筹委会组织架构和职能，结合本市实际，成立了各市十艺节筹委会，与省筹委会形成快捷互通、高效联动。

十艺节山东动员会

筹委会部室工作动员会

至2013年9月，省筹委会全面组织完成了十艺节各项筹办事务，整建制转入十艺节组织委员会，在组委会统一领导下，组织举办十艺节开闭幕式及这一期间各项重大活动。2013年12月31日下午，十艺节组委会在济南召开总结座谈会，全面回顾总结十艺节筹办工作的成功经验，对做出突出贡献的先进集体和个人进行表彰。山东省委书记姜异康，文化部部长蔡武，省委副书记、省长郭树清分别作出批示，肯定十艺节工作。省委副书记王军民出席座谈会并讲话，省委常委、宣传部部长孙守刚主持，副省长季缃绮宣读关于十艺节的表彰奖励决定。至此，十艺节组织管理运营等各项筹办任务全部安全顺利、优质高效圆满结束，向党和人民交出一份满意的答卷。

十艺节总结座谈会

中国艺术节会旗交接给十一艺节举办地陕西省

1. 十艺节山东省筹委会主要职能

对艺术节的各项工作进行总体把握，负责宏观决策和检查监督，组织动员社会力量广泛参与艺术节活动，负责宣布解释艺术节评奖结果。

2. 省筹委会各部室主要职能

办公室。受省筹委会委托，负责组织实施《第十届中国艺术节筹备工作总体方案》，并对方案进行解释，对贯彻执行情况进行跟踪和督办；负责统筹制定各阶段筹备工作计划，并对计划的执行情况和各部门、各市筹备工作方案执行情况进行督促和检查；负责与省筹委会内外各有关部门、单位的联络、协调及接待服务工作；负责统筹安排筹备工作期间各种会议和活动，做好会议材料准备及服务保障工作；负责省筹委会综合文字的起草、运转和印发及十艺节筹备工作简报和大事记的编写工作；负责十艺节相关资料的收集、建档、汇编等工作，配合新闻宣传部和大型活动部做好十艺节画册和宣传资料的编辑出版；负责十艺节有关法律文书、合同的审核和签订工作，为筹办工作提供法律服务；负责十艺节各类纪念品的设计、制作、采购和使用管理；负责省筹委会的内务工作；完成省筹委会交办的其他工作。

人事部。负责拟定省筹委会内部机构设置、工作职责和人员调配方案，审定各部门人员配置方案；负责省筹委会干部队伍建设工作，制定组织、人事管理工作的规章制度并贯彻执行；负责省筹委会工作人员的聘用、调配、考察、任免等工作；负责省筹委会工作人员的考核、监督、奖惩等工作；负责制定借调、聘用人员的工资福利待遇政策并组织实施；负责省筹委会党务工作和思想政治工作；负责省筹委会工作人员的人事档案管理等工作；完成省筹委会交办的其他工作。

大型活动部。负责十艺节各项宣传活动的方案制定、协调和实施工作；负责十艺节重大节点文艺晚会和文化活动的组织和实施工作；负责开闭幕式方案的制定并组织实施；负责配合文化部组织、策划和运作开闭幕式相关工作；配合接待部做好开闭幕式活动演职人员的接待工作；负责组织开闭幕式大型文体表演的策划、创编、排练、彩排和演出及赛事期间的文艺活动；负责开闭幕式演出辅助人员的选拔、培训、管理工作；协助有关部门做好闭幕式颁奖工作；负责开闭幕式和各项活动相关信息、资料的收集和归档工作；完成省筹委会交办的其他工作。

新闻宣传部。负责制定并组织实施《第十届中国艺术节宣传工作方案》；负责制定新闻稿送审制度，做好十艺节筹办工作的宣传报道，组织召开各类新闻发布会；负责组织协调各新闻媒体的舆论宣传工作，统筹安排各类新闻媒体的十艺节专用版面和时段；负责通过互联网和十艺节官方网站、特刊、手机报等进行宣传；做好十艺节筹备期间的对外宣传工作，做好外国和港、澳、台地区新闻媒体采访报道的协调工作；负责策划和组织协调十艺节社会宣传、环境宣传和氛围的营造；会同有关部门做好国内外新闻媒体记者的接待服务工作；负责十艺节标志、吉祥物、节歌、主题口号等各类宣传品的公开征集、评选和制作及特殊标志的注册工作；负责十艺节视觉系统的设计、管理、监督和实施工作；负责编发十艺节特辑、宣传图片、画册和宣传手册等宣传制品；负责新闻宣传部所有资料的收集整理和归档工作；完成省筹委会交办的其他工作。

艺术创作演出部。拟定全省艺术创作工作规划，并负责组织落实；会同有关部门，负责对全省艺术创作工作的指导与协调，研究制定促进全省参演十艺节剧目创作生产的有关措施，协调、督办参演十艺节重点剧目的创作生产，组织实施参演十艺节重点剧目的选拔、打磨工作；负责制定并组织实施《第十届中国艺术节演出工作方案》；配合场馆建设部了解剧目演出对场馆的要求与场馆的承演能力，协调安排演出场馆，负责统筹协调和安排其他各类演出活动；配合场馆建设部做好演出场馆管理人员和技术人员的培训工作；配合文化部组织、协调和实施十艺节"文华奖"的评选及颁奖工作；负责统筹舞台艺术展演比赛活动，会同有关部门做好演出团体服务接待工作；负责国内祝贺演出剧（节）目的邀请、演出安排；负责艺术创作演出部所有资料的收集整理和归档工作；完成省筹委会交办的其他工作。

群文美术部。负责制定并组织实施《第十届中国艺术节群众文化活动方案》、《第十届中国艺术节展览展示活动方案》；负责组织协调、实施"群星奖"和全国优秀美术作品展等各项评奖活动及颁奖工作；负责对十艺节期间群众性文艺演出、庆祝活动及展览展示活动进行指导和协调；会同新闻宣传部做好群众文化活动的宣传报道工作；负责各类展览展示项目和学术活动方案的策划、实施和督促检查工作；负责对列入各市筹备工作目标责任书内容的公共文化服务体系建设任务的督查、指导；统筹安排各类展览展示活动，负责展览场地、布展、开展的协调工作；负责群文美术部所有资料的收集整理和归档工作；完成省筹委会交办的其他工作。

外演及演艺产品交易部。负责外国及港澳台地区艺术团邀请演出方案的制定及组织实施；负责做好外国及港澳台地区嘉宾的邀请工作，并做好接待工作；会同艺术创作演出部，负责外国及港澳台地区参演剧团的演出安排及剧场调度工作、统筹协调各市自行邀请的外国及港澳台地区剧（节）目演出工作；会同新闻宣传部，负责对外国及港澳台地区的宣传工作；负责外国及港澳台地区新闻记者的接待以及协调工作；负责制定并组织实施《第十届中国艺术节演艺产品交易会总体方案》；负责演艺产品交易会的招展、布展等工作；负责参展合同、演出交易协议中英文文本的起草工作；负责制定《第十届中国艺术节演出票务工作方案》，组织实施艺术节演出票务的营销工作；

负责外演及演艺产品交易部所有资料的收集整理和归档工作；完成省筹委会交办的其他工作。

场馆建设部。负责制定并组织实施《第十届中国艺术节场馆建设总体方案》；负责制定十艺节场馆建设标准；负责成立十艺节场馆建设专家指导小组，并组织专家对十艺节场馆及公共文化设施建设情况进行检查、监督和服务；根据场馆建设领导小组的意见，对省直和各市场馆建设进展情况进行检查督办；负责制定十艺节场馆验收办法，并对所有场馆进行检查验收；协同艺术创作演出部对十艺节场馆管理人员和工作人员进行培训；负责场馆建设部所有资料的收集整理和归档工作；完成筹委会交办的其他工作。

市场开发部。负责制定十艺节市场开发实施方案及相关政策；负责十艺节市场资源的整体推介、统一管理和赞助招商、特许经营、门票销售、社会捐助及其他资源开发经营业务；负责协调有关部门，维护十艺节筹（组）委会和资源开发机构、中介组织及赞助商、代理商的合法权益；负责制定捐赠管理规定及实施方案，组织实施十艺节社会捐赠工作；负责统筹管理捐赠事宜，定期公布接受捐赠和使用情况，接受审计、监察部门和社会的监督；组织、管理相关义演、义卖、义赛、义展等活动；完成省筹委会交办的其他事项。

财务部。负责制定《第十届中国艺术节总体经费预算方案》和各项财务管理规定；根据《第十届中国艺术节财务管理办法》，负责预算、收入、支出、固定资产、政府采购、招投标以及捐赠实物等方面的管理；负责核定各部门的经费预算，对经费使用进行认真审核、监督，严格按照核定预算控制日常支出，保证筹备期间各部门正常用款；负责筹备期间日常财务收支工作；负责编制艺术节财务收支决算，接受财政、审计等部门的监督检查；负责财务部所有资料的收集整理和归档工作；完成省筹委会交办的其他工作。

志愿者工作部。负责制定并组织实施《第十届中国艺术节青年志愿者行动方案》；负责青年志愿者的召集、培训、管理、考核及表彰；负责组织志愿者开展各类营造氛围的活动及各项服务工作；负责志愿者工作部所有资料的收集整理和归档工作；完成省筹委会交办的其他工作。

监察审计部。负责对十艺节的资金、物资等使用情况进行全程监督；负责对十艺节经费预算的编制、执行和决算进行审计；负责对财务收支情况进行审计；负责对捐赠、赞助物资及十艺节的固定资产进行审计；负责财政法纪、法规的宣传教育和监督执行，督促省筹委会各部门和各市筹备工作人员遵章守纪，严防腐败问题发生；负责监察审计部所有资料的收集整理和归档工作；完成省筹委会交办的其他工作。

安全保卫部。负责安全保卫工作方案、开闭幕式及场馆、驻地安全保卫、交通、警卫、消防、突发安全事故处置等工作方案的制定和组织实施；负责重大活动安全保卫工作、重要贵宾的警卫工作；负责督促检查各市加强社会治安综合管理，指导各市公安机关和安保机构制定各项安全保卫工作方案；各场馆演出期间，按照治安、消防、交通等方面的安全要求，及时组织有关部门进行验收，并对各场馆设施进行安全检查；负责制定开闭幕式等重大活动和演出期间的运行线路指挥及疏导方案，确保交通畅通；负责对筹委会所有使用车辆的安全检查和驾驶员的安全教育；负责对安全保卫人员的技能培训和安全教育；负责各类证件的设计、制作、审核、发放和管理工作；完成省筹委会交办的其他工作。

医疗卫生部。负责制定医疗救护、医疗保健、卫生监督、传染病控制等工作；负责大型活动、演出现场、定点接待宾馆等医疗救护、卫生监督及保健工作；负责筹委会指挥总部、副部（省）级以上领导及其他外宾医疗保健工作；负责食品、饮用水、公共场所的卫生监督和传染病控制工作；负责医疗救护、卫生保障车辆的管理与维护工作；负责指导、检查、督促各市做好现场及驻地的医疗救护、食品卫生、饮用水卫生、公共场所卫生、环境卫生、疾病预防控制和除害防病工作；完成省筹委会交办的其他工作。

交通保障部。负责制定十艺节交通保障工作方案并组织实施；负责做好交通安全保障与管理工作；负责协调解决减免相关路桥通行费；负责协助制作专用车牌、制定车辆运行路线、解决减免相关停车费等；协助有关部门做好中转、离会、返程的交通票务工作；协助有关部门做好机场、车站等的迎送组织工作；完成省筹委会交办的其他工作。

接待部。负责制定并组织实施《第十届中国艺术节接待工作方案》；负责接待任务的分解和落实，负责在京组委会和相关部委领导，各省、自治区、直辖市代表团，专家、著名艺术家接待，负责自费组团人员的联络、安排；负责安排各类大型招待酒会；会同艺术创作演出部等部门落实本部接待宾客的观摩票务；协助筹委会各部联系、落实接待宾馆；负责协调本部接待贵宾与各市的衔接工作；负责检查落实各驻地宾馆、机场、火车站、高速公路出入口的环境布置工作；负责组织实施本部接待所需接待人员的调配、组织和培训工作；负责接待部所有资料的收集整理及归档移交工作；完成省筹委会交办的其他工作。

在不断完善组织机构的过程中，省筹委会根据筹备工作《总体方案》，将各项工作任务按时间节点和进度要求排出详细计划表，实行挂图作战。在筹委会会议制度的基础上，制定完善了工作调度会议、秘书长办公例会、专题工作会议、部室工作每周联席会议和督导检查等有关制度，进一步完善了工作运行机制。各部室根据职责分工，分别制定了本部室工作方案、专项工作实施方案和工作制度，进一步制定完善市级筹备工作总体方案或实施方案，分解落实工作任务和责任，加强对上协调对接和对下信息沟通，及时向文化部汇报工作进展情况，及时对各市调度督导筹备工作情况，形成全省上下协调联动的工作格局。

3. 十艺节组织委员会

2013 年 8 ~ 9 月，文化部、山东省政府会同国家有关部委成立了十艺节组委会，在十艺节山东省筹委会组织筹办基础上，负责十艺节总体工作及统筹调度。十艺节组委会主任由文化部部长蔡武、山东省委书记姜异康 、省长郭树清担任，副主任由国务院副秘书长、文化部副部长、山东省委宣传部部长等领导担任，委员由全国人大教科文卫委员会、国家发展和改革委员会、中央人民政府驻香港联络办公室、中央人民政府驻澳门联络办公室、工业和信息化部、公安部、财政部、国家广播电影电视总局、国务院港澳事务办公室、中国文联、国家旅游局、国家文物局、中央宣传部文艺局、人民日报社、新华社、中央电视台、中央人民广播电台、中国国际广播电台、中国铁路文联、文化部司局、山东省有关市及部门相关负责同志组成。

2013 年 10 月 11 日十艺节开幕前，第十届中国艺术节组委会全体会议在济南举行，文化部部长蔡武，山东省委副书记、省长郭树清出席并讲话。蔡武在讲话中指出，十艺节要秉承“艺术的盛会、人民的节日”办节宗旨，彰显国家水准，拓宽办节思路，树立品牌意识，发挥更大的效益和影响。要坚定群众立场，力求节俭办节，加强文化惠民，改进评奖机制，使艺术节的组织形式贯彻群众路线、回归艺术本体。要精心组织实施、务求圆满成功，以积极饱满的工作热情、严谨务实的工作作风、高效有序的组织协调，做好联络协调、接待服务、宣传报道、安全保障等工作。郭树清在讲话中强调，各级各有关部门要切实加强对十艺节举办工作的组织领导，搞好协调配合形成整体合力，把各项安全工作做细做扎实，一丝不苟地抓好工作任务的落实。周到细致地做好接待服务工作，对每一个方面、每一个环节，都考虑周全、安排周密。精心策划组织好每一场比赛，突出艺术本体，彰显艺术魅力，在平实中出新出彩，在简约中展现震撼。虚心学习兄弟省（区、市）的好经验，努力提升山东省艺术创作的整体水平。要以更高更严的标准要求、奋发有为的精神状态、科学严谨的工作态度，全力做好各项服务保障工作，把十艺节办成一届“更具特色、更加成功”的艺术盛会。山东省委常委、宣传部部长孙守刚通报了十艺节筹备工作情况和十艺节举办期间的总体安排。

二、领导机制

十艺节的组织和管理纵向涉及中央、省、市各个行政层级，横向涉及文化、交通、公安、宣传、财政、外事等各个部门，建立健全行之有效的行政协调机制是办好十艺节的必要前提和重要保障。十艺节筹委会通过建立健全省部级联席会议、筹委会工作会议、秘书长办公会议和主分会场联席会议等指挥调度体系，确立了重大事项指挥协调机制。

筹委会第三次会议

筹委会秘书长会议研究开幕式方案

1. 十艺节筹备工作部省联席会议机制

十艺节筹备工作部省联席会议是文化部与山东省政府为加快推动十艺节各项筹备工作而组织的重要会议。联席会议的主要职责是在十艺节筹备关键问题和重点环节上协调部省的沟通、合作，统筹调度艺术节所需的艺术场馆建设、艺术创作、资金支持、宣传推广、接待服务等各项工作，确保圆满完成各项筹备工作。

部省联席会议共举办三次：2012 年 3 月 6 日在北京召开第一次联席会议，12 月 7 日在济南召开第二次联席会议，2013 年 5 月 18 日在济南召开第三次联席会议。文化部部长蔡武、副部长董伟，山东省领导郭树清、姜大明、孙守刚、张超超、季缃绮，文化部有关司局、山东省有关部门负责同志出席会议。

第一次部省联席会议

第二次部省联席会议

第三次部省联席会议

2. 纵向指挥机制

十艺节领导机制为文化部和十艺节筹委会（组委会）统一指挥，省会济南主会场与其他市分会场共同承办制，将承办权进一步下放到各市，形成国家、省、承办市三个层面的组织架构，实现各级政府和部门之间快捷高效的纵向指挥机制。

3. 横向协作机制

由省级及承办市宣传、文化、广电、出版、财政、交通、公安、外事等部门组成十艺节筹委会职能机构，各部门在筹委会领导下承担相关的专门性事务。各机构分工明确，权责分明，通过筹委会实现横向职能链接，形成系统的协作机制。另外，济南主会场与 16 个分会场相互呼应，功能互助，内容互补，形成联动机制。

三、场馆建设

场馆是十艺节成功举办的重要基础保障，包括供剧目、群文节目、美术作品等展演所需要的剧场、图书馆、文化馆、博物馆、美术馆等公共文化服务场所。山东省委、省政府高度重视十艺节场馆建设及文化服务场所筹备工作，投入大量财力和人力，力争为十艺节提供一流的艺术场馆。十艺节筹委会以“政府主导、全民参与、文化惠民、务实节俭”为原则，按照十艺节总体方案和场馆建设工作计划，不断完善队伍机构建设，积极改进督导监管方式，及时解决各种困难问题，大力推进工程建设进度。

（一）展演场馆

1. 组织机构与制度保障

根据十艺节筹委会设计安排，先期成立了场馆建设部。2012 年 5 月下旬，省筹委会重新组建场馆建设部，从省文化厅、发改委、住建厅、体育学院等部门抽调驻会人员。2012 年 6 月，场馆建设部成立了综合处、工程建设处、技术监督处等职能处室，出台了《第十届中国艺术节场馆建设部部门设置及工作职责》，进一步明确了各处室和相关人员的工作职责，为十艺节场馆建设工作的全面展开打下了良好的基础。2012 年 9 月，场馆建设部组建了由建筑、消防、电气和舞美等 20 余位专家组成的十艺节场馆设施建设专家指导组，制定了《十艺节场馆设施建设专家指导组工作规则》，先后数十次对各地场馆建设提供专业指导和技术咨询，有力推动了全省场馆建设和改造工作的开展。2012 年 10 月，制定了《第十届中国艺术节演出场馆验收确认办法》，成立了场馆验收专家工作组。从场馆建设工期实际出发，验收工作提前介入，及时解决了部分场馆建设过程中建材不达标、施工现场监管不力、存在安全隐患等问题。2013 年 7 月，场馆建设部改为场馆保障部，并从省电力公司、省通信管理局抽调骨干人员，组建了电力通讯保障处，编制实施了《十艺节电力保障方案》、《十艺节通讯保障方案》和《十艺节保电服务手册》，要求各市组建应急抢修队伍，配备应急车辆，确保展演场馆的供电、通讯畅通。

2. 场馆建设检查验收

为了充分抓好场馆建设，在筹委会的领导下，场馆部未雨绸缪，提前介入，做了大量的准备、指导和督查工作。

一是学习调研。为了学习借鉴国内场馆建设先进经验，场馆建设部多次组织专业人员考察学习。2012 年 6 月，考察组先后到湖北、广东调研学习八艺节和九艺节的场馆建设工作。2012 年 11 月，场馆建设部赴浙江考察了七艺节场馆。通过考察学习活动，进一步理清了工作思路，明确了场馆建设的相关政策、程序和标准。二是督导检查。场馆筹备部建立了月报制度，制作了《场馆建设进度一览表》，挂图上墙，实行定期调度、定期通报、定期汇报的工作机制，共完成汇报 65 份，编发工作通报 14 份、简报 15 期；根据各场馆承担比赛演出任务的不同，分为开闭幕式场馆、重点城市场馆和一般城市场馆三个层次进行督查，先后 150 余次派出人员督查各地场馆建设，协调解决了一系列场馆建设难题；组织十艺节场馆设施建设专家指导组，先后数十次对各地场馆建设提供专业指导和技术咨询，有力推动了全省场馆建设改造工作的开展。三是严格验收。2013 年 2 月至 9 月，场馆筹备组先后抽调专家 22 人，分片区组织了 12 次集中验收，共投入 342 人次，对 53 个演出场馆中的 42 个场馆（其他 11 个场馆因展演活动早已结束、未安排比赛任务或不符合使用要求等原因不具备验收条件）进行了验收，下发验收表42份，提出整改意见376条，共完成验收工作汇报7份，下发督办整改通报12份，并对检查验收中发现的问题进行跟踪督查，做到问题处理闭合、不留死角。四是强化保障。十艺节期间，全省共安排保电人员3587名，通讯保障人员500名，出动车辆2098台班，巡视输配电线路18000余公里，对重要线路杆塔专人蹲守8531人次，安排变电站24小时值班2368人次，做到了严防死守，确保整个十艺节期间电力保障万无一失。

郭树清视察大剧院建设

董伟考察美术场馆建设

3. 场馆建设结果

为举办本届十艺节，全省共提供演出场馆 56 个，其中新建场馆 16 个、投资 73.86 亿元，维修改造场馆 25 个、投资 2.93 亿元，总投资达到 98.31 亿元。省城重点建设省会文化艺术中心大剧院试运行成功，用于十艺节开幕式；青岛大剧院用于十艺节闭幕式；潍坊大剧院、烟台大剧院、德州大剧院、泰安文化艺术中心等一批标准化大剧院用于文华奖剧目演出；省文化馆等省直单位及各市分别按照场馆建设总体规划，建设、改造符合十艺节使用要求的演出展览场馆；省美术馆新馆竣工，用于举办全国优秀美术作品展评和山东省重大历史题材美术创作工程作品展。这批场馆符合国家建设规范和文艺展演要求，承担十艺节期间各省（市、区）90 个文艺院团、160 场次的角逐文华奖演出活动，305 个演出团队、22 场次的角逐群星奖展演活动，82 场次国内外艺术院团的祝贺演出，500 多个美术展览、非遗展览和学术活动。其中，原则上戏剧戏曲类剧目安排在济南、德州、泰安、淄博和潍坊演出；话剧、儿童剧类剧目安排在青岛和烟台演出；音乐、舞蹈、杂技类剧目安排在青岛、烟台、潍坊及日照演出。考虑到演出规模及对舞台设备要求不同，十艺节组委会将文华奖剧场分为 A 类和 B 类。10 个 A 类剧场基本能满足一般音乐舞蹈杂技类剧目演出需求，21 个 B 类剧场基本能满足戏剧类剧目演出。

山东美术馆

（二）公共文化服务场所

为了借十艺节东风推动全省公共文化服务体系建设，山东省筹委会在资金投入、土地划拨等方面出台扶持政策，组建工作机构，落实建设目标责任制，对照工作任务制定详细的设施建设与提升规划，把目标责任书的各项任务落到实处，强化督导检查和考核激励。各地按照“市级图书馆、艺术馆达到国家一级，县级图书馆、文化馆达到国家二级，乡镇建有综合文化站，行政村建有文化大院”的要求，切实加大投入，通过新建、改建、置换等方式，全面提升公共文化服务设施整体水平。省财政投入 6.8 亿元，市级有 9 个图书馆、6 个艺术馆、4 个博物馆新建或改（扩）建，3 个图书馆、3 个艺术馆、2 个博物馆列入新建或改造计划；县级有 17 个图书馆、15 个文化馆新建或改（扩）建，32 个图书馆、32 个文化馆列入新建或改造计划。全省有 1300 多个乡镇实现综合文化站全覆盖。省级落实奖补扶持资金 2100 万元，新建村（社区）文化大院 3800 多个（全省累计已达 6.9 万个），公共文化设施累计投入 249 亿元。

市民参观刚刚开放的济南市图书馆

在筹办十艺节这一契机的推动下，通过全省上下共同努力，全省公共文化服务场所设施水平大幅提升。至 2013 年 9 月，全省新建、改建市级图书馆、文化馆 20 个，县级图书馆、文化馆 132 个，全省公共图书馆、文化馆、博物馆分别达到 158 个、159 个、178 个，乡镇综合文化站从 1120 个到实现全覆盖，村文化大院从 4.9 万个增加到 6.9 万个，为完善全省五级公共文化服务体系、发挥“后十艺效应”、进一步推动文化惠民打下了坚实的基础，提供了强有力的设施保障。

四、市场运营

资金是艺术节运作的重要保障，资金筹集便成为十艺节筹备工作中不可缺少的一部分。十艺节筹委会在加大政府资金投入的同时，积极争取社会力量参与艺术节，力争举办一届“更具特色、更加成功”的艺术节。

1. 组织机构和制度设计

根据省筹委会部署，2012 年 4 月成立市场开发部，并设立综合财务处、创意策划处、赞助营销处、社会筹资处、特许经营处、票务营销处。社会筹资及市场开放部集中办公后，围绕细分资源市场、锁定目标客户、制定相应营销策略和营销目标、赞助企业签约和资源整合等迅速开展工作，有序推进，呈现良好态势。同时，为十艺节市场开发提供制度保障，起草和完善《第十届中国艺术节社会筹资及市场开发总体方案》以及特许经营、社会代理、票务营销、市场管理等文件规定，由省筹委会正式印发，为进一步做好十艺节社会筹资及市场开发工作提供政策保障。另外，制订了《第十届中国艺术节特许商品开发方案》和《关于单位和个人公益性捐赠支持第十届中国艺术节享受若干优惠政策的规定》及其实施细则。

2. 筹资渠道与举措

根据十艺节场馆建设、前期筹办工作要求，并参照第八、九届中国艺术节办节经验，建立财政拨款、社会赞助及经营收入相结合的多元化筹资机制。主要筹资渠道包括：省、市财政拨款、国家专项经费；企业赞助及广告经营收入；社会捐赠；开闭幕式及演出、展览门票收入；指定产品、特许商品授权及经营收入；文化产品展销拍卖收入等。自 2011 年 5 月开始，分别启动高级合作伙伴、合作伙伴、赞助商和独家供应商等招商计划，并注册成立山东文华艺术有限公司负责具体运营。

市场开发部积极与省筹委会各部室对接沟通，整合具有市场开发潜力的各种资源，统一包装，形成 20 个资源回报组合，匹配给 10 家高级合作伙伴、10 家合作伙伴；积极整合政府采购、定向招标和 17 市“一场一线多点”户外广告等资源用于回报赞助企业。与政府有关部门沟通协调，争取支持十艺节社会筹资及市场开发的政策措施。省政府办公厅以公文的形式向中石油、中石化发出征询函，省财政厅、省国税局、省地税局联合下发文件，就公益性捐赠支持十艺节活动的单位和个人享受的税收优惠政策做出明确规定，省国资委下发了关于积极支持十艺节筹备工作的通知。十艺节筹委会先后与中国联通、山东高速、山东能源、西王集团、兖矿集团、山东黄金、中石油、中石化就高级合作伙伴赞助合同具体条款达成合作意向。与扳倒井股份有限公司签订1000万元合同（其中现金500万元，物资500万元）；与山东广播电视台就十艺节形象大使选拔项目达成合作意向，为十艺节提供1000万元资金；吕氏天工为十艺节提供1000万泰山玉奖牌、奖杯的赞助；中通客车免费提供200辆客车为十艺节服务；中国联通冠名全省十艺节18块倒计时牌，500万元资金；部分企业为十艺节提供茶叶、瓷器、礼品、礼仪服装、矿泉水饮料等物资；万达凯越酒店作为十艺节唯一指定新闻发布酒店。

3. 市场运营绩效

通过系统的品牌推介、资源整合、企业营销等市场开发活动，既提升了十艺节的品牌价值，又为艺术节的成功举办提供了资金、物资、服务等支持，据统计，十艺节市场开发金额已超过历届艺术节。据统计，十艺节市场开发部（山东文华艺术有限公司）先后与中国移动通信集团山东有限公司、兖矿集团、中国民生银行等61家企业和单位签订赞助协议，其中高级合作伙伴5家，全程合作伙伴5家，特别合作伙伴1家，赞助商5家，独家供应商2家，特许、指定产品企业43家，签约企业涵盖基础能源、邮政通信、交通运输、保险服务等多个领域，合同金额折合人民币3.16亿元。主要包括：资金合同金额10220万元（到账资金8200万元），赞助直接替代财政支出5354.2万元（包括通讯费、交通燃油费、人身意外伤害保险保费、交通运输保障费用、飞机票、办公用品等），物资合同金额2618.9万元，工程设备2900万元，社会捐赠折合人民币2000万元，票房收入1500万元，信息通讯推介宣传3460万元，金融及礼仪服务1150万元，“十艺节号”飞机、列车及赛会用大客车彩绘喷涂2100万元，纪念邮戳300万元。此外，因不计算合同价值，还有部分户外广告没有计入。

赞助商签约仪式

市场推介暨合作企业签约仪式

筹委会领导与赞助商合影

五、宣传推广

要扩大十艺节的影响力，提高知名度，宣传工作是不可或缺的部分。按照十艺节省筹委会总体工作安排，山东省紧紧围绕十艺节主题、目标、原则和筹备阶段重要节点、重要活动以及筹委会各部门工作重点，认真组织宣传报道，坚持长流水、不断线，新闻报道力度不断加大，新闻宣传逐步升温，社会宣传有序进行，为十艺节筹备工作顺利开展营造了良好的舆论氛围和社会环境。

1. 机制设计

2012 年 5 月，新闻宣传部正式成立，设立了综合处、新闻宣传处、社会宣传处 3 个处室。工作人员主要从省委宣传部、省委外宣办、省网络办、省文化厅和大众报业集团、省广播电视台等省直宣传文化单位抽调。新闻宣传部成立以后，根据《山东省筹办第十届中国艺术节总体方案》和省筹委会要求，结合工作实际，制定下发了《山东省筹办第十届中国艺术节宣传工作方案》，明确了总体要求、宣传重点、工作进程、阶段目标和工作要求，并相继制定了《第十届中国艺术节筹办阶段新闻宣传方案》、《第十届中国艺术节社会宣传工作方案》、《十艺节倒计时一周年新闻宣传工作预案》

等方案，对各项宣传任务做了进一步细化。同时，根据工作需要，新闻宣传部专门建立了省筹委会各部室间的“新闻联络员制度”、“十艺节活动新闻宣传预报制度”，加强了各部室的沟通和协调，增强了宣传报道工作的主动性、针对性。从《大众日报》、山东广播电视台、《齐鲁晚报》、《山东商报》、《走向世界》杂志社等省直主要媒体抽调骨干记者，组成了省筹委会“驻会记者队伍”。驻会记者定期参加每周的省筹委会部际联席会，及时准确地跟踪和了解省筹委会各阶段重要活动，把握全省各项筹备工作的进展情况，增强了宣传报道的针对性、有效性。

部省联席会议研究宣传工作

十艺节专题宣传

2. 宣传渠道

十艺节的宣传渠道主要是电视、报纸、网站、手机及户外宣传方式，宣传效果明显，传播范围广泛，其模式和手段超过历届艺术节。结合十艺节筹办工作进展和文化强省建设大局，山东周密组织、精心策划、主动引导，新闻宣传主题突出、高潮迭起、导向正确，社会宣传有声有色、喜庆热烈、影响广泛，点燃了社会各界群众参与支持十艺节的热情，唤起了广大人民群众的艺术梦想，为十艺节成功举办营造出浓厚的艺术氛围和强有力的舆论支持。

第一，与电视台、报纸期刊合作。为了加强十艺节前期、中期与后期的宣传，新闻宣传部在组织《大众日报》、省广播电视台等省直和各市新闻媒体进行充分报道的同时，加强与中央驻鲁主要新闻媒体和香港新闻媒体驻鲁分支机构的联系协调，争取支持和配合，扩大了主流媒体的宣传渠道。

第二，与网站合作。建立十艺节官方网站，及时更新、完善十艺节官方信息，介绍各项筹备工作的进展情况，扩大社会影响力。为了确保十艺节宣传报道形成声势、持续升温，重要的新闻发布会和文化活动，人民网、新华网、中国文化传媒网、大众网、齐鲁网、中国山东网、鲁网都进行了图文和视频的现场直播。省直网络媒体开设了“相约文博会，喜迎十艺节”、“喜迎十艺节”专栏。

第三，户外宣传。通过与各级地方政府及有关部门合作，在全省各大城市社区、街道及宣传栏中张贴了十艺节标志以及“办好十艺节，全民齐参与”等宣传口号和宣传品，普及文化艺术知识，宣传十艺节。此外，与济南铁路局合作，在全路局车站和高铁站宣传十艺节；与省交通厅和省交警总队合作，在高速公路和国道宣传十艺节，并在大批车辆车身喷绘十艺节标志和宣传语；与中国移动、中国联通等合作，利用手机短信、微博等快速发布十艺节公益广告；17 市公交部门还利用车载电视，在公交车大量播放十艺节信息。

第四，社会宣传与市场开发密切结合。市场开发不仅仅是筹集款项和物资的过程，也是一个宣传发动的过程。宣传部门通过搭建企业展示平台，加强与通信公司、山东邮政等单位全方位合作，吸引和推动社会各界积极参与十艺节，积极探索一条艺术与市场相结合、文化和企业共发展的新路子。

围绕十艺节重点活动，累计组织 90 余次集中采访，召开新闻发布会近 20 场。中央、省直主要新闻媒体在重要位置、重要版面、重要栏目播发大量重头稿件，对十艺节进行了全方位、多角度的宣传报道。十艺节筹办期间，境内外媒体原创和转载有关报道达 9 万多篇次，百度搜索结果超过 303 万条。

十艺节新闻中心

十艺节宣传口号宣传画揭晓

十艺节卫视频道开通

十艺节倒计时一周年宣传活动

“十艺节号”彩绘飞机

济南高铁站十艺节宣传语

十艺节喷绘车辆

六、配套服务

十艺节作为国家级艺术盛会，活动内容涉及17个城市，参加人员多、规格高、规模大，具有点密、面广、人多、线长的特点。因此，十艺节的办节环境所涵盖的影响因素尤为复杂，且对十艺节成功举办有着极其重要的作用。筹备会通过多种措施，完善安保、接待、医疗、交通、志愿者的筹备机制，实现了十艺节“零事故”、“零差错”、“零失误”、“零负面报道”的目标。

中国邮政发行十艺节邮票

1. 安全保卫

山东省对十艺节安保工作高度重视，紧紧围绕“平安十艺”目标，构筑多层次、立体化的防控安保体系，制定完善各类安保方案和应急预案，坚持安全第一，强化实战演练，对开闭幕式等重点活动，加强警力配置，严格安检措施，做到无缝对接、指挥畅通、运转有序，确保了各类活动安全。

山东省公安厅多次召开会议进行专题研究部署，成立了全省公安机关十艺节安保工作领导小组，由厅长任组长，厅党委成员任副组长，厅直有关部门、警察学院主要负责同志为成员，下设 15 个工作组，由厅党委成员分工负责，与安保部紧密衔接，整体推进安保工作的开展。2012 年 3 月，研究确定了省筹委会安保部机构设置，下设综合处、大型活动处、交通处、消防处和警卫处 5 个处；2012 年 6 月，选配人员到省筹委会集中办公，做好安保部前期日常工作。全省各市公安局也成立了相应安保工作组织指挥机构，建立安保组织指挥体系，抽调精干力量组成专门班子，为做好十艺节筹办安保工作打下了坚实基础。2012 年 7 月 18 日，下发《关于认真做好第十届中国艺术节安保筹备工作的通知》，提出明确要求，对安保筹办工作进行全面部署。安保部建立定期例会制度、分工负责制度、责任追究制度等，确保整体工作有序推进。十艺节期间，共出动警力 1.5 万余人次、车辆 1600 余台次，开展安全检查 1000 余次，消除各类安全隐患 3600 余处。同时，扩大设防范围，加强与周边省份协作，强化对进入山东境内车辆、人员安检措施。加强社会面治安管控，开展社会治安整治专项行动，加大治安巡逻密度，维护了十艺节良好的社会治安秩序。

安全保卫服务

2. 接待工作

按照省委、省政府和十艺节组委会领导的要求，接待部始终把接待工作作为十艺节的关键环节，牢固树立“宾客至上、服务第一”的理念，以“水准一流、规模适度、节俭办会”为原则，结合接待工作实际需要，印发了《第十届中国艺术节接待工作总体方案》，明确工作原则和要求，细化分解接待任务；编制了《第十届中国艺术节接待服务手册》、《贵宾服务指南》和《接待工作手册》，制定了应急预案。节前，接待部举行了十艺节接待工作会议，动员和部署了接待工作；反复研究重大活动方案，完善重大活动接待方案，落实责任；科学安排对口接待任务，认真贯彻落实对口接待要求；收集核实来宾信息和行程，避免接待错漏；强化保障工作，应对突发事件，实现了接待工作零差错、零失误的目标。

山东省坚持“规范化、标准化、精细化”，完善修订《第十届中国艺术节接待工作方案》，落实接待宾馆、饭店的接待能力、住房价格、餐饮标准等。从总体上，接待工作基本做到既厉行节约、避免浪费，又热情周到、体贴入微，努力让各方宾客乘兴而来、满意而归。实行部门对口接待，55 个省直部门成立了接待工作小组，在全省确定指定宾馆 267 家。十艺节期间，共计接待中央和国家有关部委领导、老艺术家、各省区市代表团、境外嘉宾等 1669 人次。组织交通保障车辆 80 部，驾驶员和调度人员 100 余名，累计发送车辆 2800 余车次，运送人员 7.1 万人次，未发生一起安全事故，未耽误一名嘉宾行程。

3. 志愿者服务

针对十艺节工作的任务及特点，志愿者工作部进一步细化、完善了内部机构设置，设立综合处、招募调配处、活动宣传处等 3 个处室，各个处室之间分工明确，责任到人，为优质高效地完成十艺节志愿者工作任务提供了基本保障。2012 年 3 月份，正式启动十艺节志愿者招募工作，并进行志愿者培训，定向选拔 200 名志愿者累计在各类岗位上服务 1500 余小时。安排 500 名志愿者服务开闭幕式；组织 200 人的志愿者服务队伍为演交会提供服务。十艺节期间，全省共有 9000 名志愿者进行服务，其中赛会志愿者 4000 名，城市志愿者 5000 名，圆满完成各项工作任务。

十艺节志愿者标志

十艺节志愿者队旗

志愿者在剧场服务

志愿者在引导车辆

4. 交通保障

省筹委会针对交通保障工作涉及交通、铁路、民航、交警等多个部门的实际，积极与相关单位协调，组建交通保障部，以统筹交通保障工作。制定印发了《第十届中国艺术节交通保障工作方案》、《第十届中国艺术节开幕式交通车辆保障工作方案》以及车辆调度、安全通行、交通票务、综合保障等专项工作方案、《工作人员管理办法》、《会议制度》等 11 项规章制度。在完善机制规范与指导下，交通保障部以十艺节开闭幕式、演交会及美展巡展为重点，精心组织、严密实施，团结协作、合力推进，全面完成了交通保障任务。

5. 医疗卫生

筹委会根据十艺节对医疗卫生保障需求的特点，强化医疗卫生和食品安全保障，制定了《突发事件医疗急救工作预案》、《十艺节演出场馆、场地医疗救护有关要求》、《第十届中国艺术节疾病控制工作方案》等一系列工作方案文件，建立起比较完善的医疗卫生保障制度体系。组建省级医疗救护、食品安全、卫生监督、疾病控制和干部保健专家组，拟定专家组人员组成及专家组职责。开展突发事件卫生应急专项风险评估，完善了各项应急预案。制定十艺节定点医疗（保健）机构评选标准并认真组织实施。十艺节期间，对保障人员、车辆、药品、器械等物资进行了科学合理的调度，全省出动医疗保健、食品安全、卫生监督、疾病控制等保障人员 8000 余人次，车辆 3100 余车次，接诊 600 余人次。对 300 多家定点接待单位和配送餐单位开展监督检查，发现问题限期整改。对重点单位、场馆开展与食品相关的快速检测 2.5 万批次，快检车抽检样品 5000 多份，圆满完成了各项活动的医疗卫生保障任务。

第三章　十艺节四大主体项目

十艺节的主体活动涵盖四大板块：文华奖系列活动、群星奖系列活动、演艺产品交易会、全国优秀美术作品展览。每个板块既有自身独特亮点，又交相辉映，构成整个艺术节的灵魂。

一、文华奖

文华奖是文化部主办的专业舞台艺术政府最高奖，设立于1991年，最初为一年一届，1998年起改为两年一届，自2004年第11届文华奖起，改为三年一届，与中国艺术节奖两奖合一，放在艺术节上评选。多年来，文华奖评奖坚持为人民服务、为社会主义服务的方向和百花齐放、百家争鸣的方针；坚持弘扬主旋律，提倡多样化；坚持导向性、权威性、公正性的原则。对于调动广大文艺工作者的积极性，增强艺术院团凝聚力，促进全国艺术创作，繁荣社会主义文艺事业，发挥着十分重要的积极作用。

1. 八十七台参评剧目，远超以往艺术节

十艺节文华奖参评参演剧目经有关部门推荐审核，并报文化部批准，确定总计参评剧目87台。这些剧目都是近年来全国各地涌现出来的精品佳作，无论在剧目数量上，还是在剧目规模上，都远远超过了上几届艺术节。

文华奖得到了全国艺术工作者的积极响应和踊跃参与，全国31个省（自治区、直辖市）以及新疆生产建设兵团、中直院团、解放军文艺团体均有作品参加评奖演出，有演职人员1.6万人，专家评委约150人，新闻记者约500人，各省代表团和外省自费人员超过9000人，共约2.8万名文艺工作者欢聚齐鲁。参与十艺节艺术院团的广泛性，不仅体现了全国各地良好的创作势头，也有利于促进各地区、各艺术门类的协调发展。

本届文华奖评奖机制进行了改进，在终评阶段调整评委结构，增加地方评委，增强了评委构成的广泛性、代表性。同时，加大对评奖的监督力度，确保评选做到公开、公平、公正。最终评审，14 台剧目荣获文华大奖，1 台剧目荣获文华大奖特别奖，46 台剧目荣获文华优秀剧目奖，26 台剧目荣获文华剧目奖，21 人荣获文华表演奖。

文华奖颁奖仪式

文华奖评委会会议

2. 地方戏扶持政策卓有成效

参评文华奖的 87 台剧目汇聚了我国最富创造力的编剧、导演、表演等艺术人才，涉及京剧、昆曲、地方戏曲、话剧、歌剧、舞剧、交响乐、杂技、木偶等众多艺术门类。

本次参演的戏曲作品有 44 台，涉及 27 个剧种，除京剧、昆曲、秦腔、越剧等传统大剧种之外，还包括五音戏、平调落子、锡剧、汉剧等地方剧种。其中，山东有京剧《瑞蚨祥》、《项羽》外，还有吕剧《百姓书记》、五音戏《云翠仙》、柳琴戏《沂蒙女人》、山东梆子《两狼山上》等 8 台地方戏，以及 1 台杂技剧《聊斋遗梦》参评，展现出山东省实施“地方戏振兴工程”取得的优异成绩。

在这些作品中，传统戏、新编历史剧、现代戏并举。其中，戏曲现代戏有 19 台，占到全部戏曲作品的 43.1%，显示出民族艺术旺盛的生命力。值得关注的是，在本届文华表演奖评选中，文化部共评选出 21 名获奖演员，他们既有京剧、昆曲、黄梅戏、晋剧、婺剧、评剧等地方戏曲表演艺术家，又有话剧、舞剧、芭蕾舞、歌剧艺术家。临沂市柳琴戏演员刘莉莉入选，充分表现出山东在文华表演奖这一权威奖项中的不俗实力。

3. 经典剧目经过市场检验

参评文华奖，必须具备当前国内一流的艺术水准，但同时，“演出场次”也是入围的硬指标。已经巡演过 300 多场的秦腔《西京故事》、221 场的昆曲《牡丹亭》、100 多场的黄梅戏《徽州往事》等剧目，这些经历市场检验的作品，在十艺节上都受到观众热捧，许多场次出现一票难求现象。

二、群星奖

跟文华奖相同，群星奖从第七届中国艺术节正式并入中国艺术节。作为十艺节重要活动内容，群星奖汇集了近 3 年来的优秀群众文艺作品、群众文化项目和文化人才，是对基层群众文化建设成果的一次检阅和展示。群星奖作为群众文艺的政府最高奖，为广大群众展示艺术才华、实现艺术理想搭建了一个广阔平台。在奖项设置方面，群星奖目前包括作品类群星奖，项目类群星奖和“群文之星”三大类，其中作品类群星奖包含了音乐（含合唱）、舞蹈（含广场舞）、戏剧、曲艺等 4 个舞台艺术门类。经选拔、申报，全国 884 件群众文化作品、157 个公共文化项目、117 名候选人参评。此次，除音乐门类合唱决赛已于 2013 年 8 月底在广东省中山市举办外，群星奖舞蹈、音乐、曲艺、戏剧门类作品决赛于 10 月 13 日至 24 日先后在青岛、泰安、济南、威海进行，展现了一幕幕鲜活的生活场景，台下观众的阵阵掌声、叫好声，体现了“艺术的盛会，人民的节日”这一主题。最终，共决出220个作品类群星奖，110个项目类群星奖以及100位群文之星。

群星奖颁奖

1. 百姓生活百姓演

歌以咏言，舞以尽意，曲艺以达情，戏剧以抒怀。每个门类的作品虽以不同的形式呈现，但都短小精悍、通俗易懂、主题鲜明地反映现实生活的方方面面，有寓意、有深意。此次参赛作品大多以生活中的真实故事为原型进行再创作，如舞蹈作品《海英和她的妈妈们》以山西省潞城市一位普通农民赵海英办家庭养老院的事迹为原型进行创作，反映了孤儿赵海英与孤寡老人之间的母女情；以建筑工人为题材，讴歌默默无闻为上海城市建设作出贡献的建筑工人的作品《站在高高的脚手架上》，旋律朗朗上口，歌词质朴感人；曲艺作品《传承》讲述了民间鼓曲艺人三代坚持传承鼓曲的故事，主唱邵丹用地道的乡音乡韵、婉转流畅的唱腔，唱出了民间艺人传承鼓曲的不易和使命感；戏剧作品《带着妈妈上大学》根据“临汾最美女孩”孟佩杰照顾瘫痪养母的故事改编，唱腔优美、表演细腻感人……

参赛剧目中也不乏时代气息浓郁的优秀作品，如舞蹈作品《回娘家》生动地展现了新媳妇回娘家探亲的有趣场面；音乐作品《石韵·泰山》以泰山石为乐器，在体现地域特色的同时为观众带来了一场视听盛宴；而曲艺作品《赈酒也烦恼》则对现代社会存在的名目繁多的份子钱等人情风进行了艺术性的讽刺；戏剧作品《扁担湾的笑声》从侧面反映出新农村的新风貌。

2. 群众参与互动是关键

群星奖自 1991 年创办以来，参赛作品质量不断提高，有一个很重要的因素就是群众的参与互动。本次群星奖参演人员的年龄跨度较大，既有八旬老人，也有不满 10 岁的儿童；演员的构成也十分多元，既有专业群众文化工作者，也有来自社会各个领域的业余文艺爱好者，有工人、农民、教师、学生、军人、警察、医生等。

自九艺节开始，群星奖的评奖机制便引入了大众评审与专家评审相结合的方式，每场比赛以抛吉祥物的形式随机抽取 14 位大众评审以“好”、“较好”、“一般”3 个等级当场对节目进行评价和打分。大众评审作为群众的代表，能更好地体现群星奖的群众性特点，充分调动群众参与的积极性。同时，群星奖的作品来自群众，大众评审一定程度上反映了群众的喜好，代表了群众的声音。群星奖作品决赛期间，全国各地纷纷派出观摩团进行学习、交流。如重庆市共有 14 个节目入围本届群星奖作品类决赛，共有 15 支观摩团前来观看演出，约 200 人。通过观看其他省区市的节目，学习交流舞台艺术、选题创作等方面的经验，找到差距，提升自己的创作水平。

此外，山东先后组织举办了“喜迎十艺节·全民共欢乐”、“艺术圣火走基层”等广场群众文化活动 3.5 万余场，覆盖山东 17 个市，给群众带来了实实在在的文化实惠，真正做到艺术反哺群众，百姓的生活百姓演，演给百姓看。

3. 群众文艺创作多元化

对于本届群星奖的参赛作品，评委们给予了很高的评价。他们表示，从参赛节目的题材内容看，基本做到了贴近生活、贴近实际、贴近群众，故事完整；从作品的立意主题看，大都健康向上、寓意深远且针砭有度；从艺术表现形式上讲，不乏具有浓郁地域特色、乡土气息，让人耳目一新的精品佳作。并且经过初选、复赛的加工，许多作品都有不同程度的提高。

群众文艺创作体现着一个地方群众文化活动水平以及文化的创新和传承能力，群星奖则为群文工作者提供了一个展示与交流的平台，并由此提升群文创作的水平和群文工作者的素质。也正因如此，多位评委专家认为，打造好群星奖这个平台的关键在于吸引基层群众广泛参与，激发基层群众的创作热情，推出更多题材多元、形式多样的好作品。

群星奖舞蹈比赛：山东省文化艺术学校《小嫚》

群星奖曲艺比赛：山西省《常回家看看》

三、演艺产品交易会

十艺节中国（山东）演艺产品交易会于 10 月 12 日至 13 日在济南舜耕国际会展中心隆重举办。中央政治局委员、国务院副总理刘延东视察了展馆，国务院副秘书长江小涓，文化部部长蔡武，山东省委书记姜异康，省委副书记、省长郭树清，中纪委驻文化部纪检组组长王铁，文化部副部长董伟，省委常委、宣传部部长孙守刚，副省长季缃绮等陪同视察。在视察中，刘延东给予演交会高度评价，对于演交会的成功举办表示热烈祝贺。

这是演交会第二次被纳入国家艺术节主体活动，在承继上届经验基础上，本届办的更具特色、更具创新，按照专业化、标准化的要求，本届演交会既设置了体现演出主题的国家经典演艺剧目展区、国内演艺展区、国外演艺展区、山东演艺展区、文化旅游演艺展区等演艺剧目展区，又设置了配合演艺主题的演艺器材展区、动漫及舞台美术展区等专门的展区，为演艺产业的整个产业链条提供全方位的展示、推介、交易和服务。演交会投入使用展馆面积 15000 余平方米，展览面积是上届交易会的两倍。本届演交会共有 77 个特装展位，这些特装展位大大提升了演交会的档次和规模。共有来自全国 31 个省（自治区、直辖市）的知名演艺机构、演艺剧目参展，9 个国家中直院团全部参展，其中北京、天津、上海、重庆四个直辖市和内蒙古、辽宁、江苏、浙江、安徽、福建、山东、湖南、湖北、广东、广西、海南、云南、陕西、甘肃、宁夏等 22 个省、自治区组团或特装参展，较上届演交会实现了全面突破和提升。山东省内各市和省演艺集团均组团特装参展。还有美国、加拿大、法国、西班牙、俄罗斯、印度等国外知名演艺机构前来参展。北京保利文化集团、中孚泰文化建设集团等多家文化大企业，广州珠江灯光科技有限公司、法国力素音响等 20 多家灯光、音响企业，中国舞台美术学会、上海戏剧学院等近 20 家舞台美术机构特装参展。演交会共有近 700 家演出经纪机构、剧院、剧场以及其他文化公司前来采购，其中有美国百老汇、澳大利亚澳亚文化节、芬兰赫尔辛基艺术节等多家国外演出经纪机构和香港舞蹈团、澳门演艺学院、台湾文创产业联盟等多家演艺机构。

演交会观展观众共计 8.2 万人，国内外参展商和采购商近 4000 名，达成合作演艺项目 86 个，交易额达 9.02 亿元，是上届演交会交易额的 5 倍。从其成倍增长的交易额上，更折射出我国演艺市场正逐步走向成熟，逐步走向市场化、产业化的新格局。

演交会活动 1

演交会活动 2

演交会活动 3

演交会活动 4

演交会山东馆

演交会重点演艺项目签约仪式

蔡武部长、郭树清省长等参加演交会

四、优秀美术作品展览

作为文化部近年来着力打造的国家级美术展览体系的重要组成部分，“全国优秀美术作品展览”在2010年九艺节期间首次举办，并被确立为中国艺术节的固定项目。2013年10月12日，“第十届中国艺术节·全国优秀美术作品展览”在山东美术馆新馆开幕。

展览一直持续至12月中旬，其间组委会还向全国部分图书馆、院校、社区等赠送了展览作品集。同时，十艺节还在山东美术馆新馆组织了一系列与展览相关的美术普及和推广活动，深受广大观众喜爱。

1. 当代美术的盛会

“第十届中国艺术节·全国优秀美术作品展览”以“中国风格·时代丹青”为主题，精选、汇集了近三年创作的中国画、油画、版画、雕塑、水彩（粉）画647件。其中邀请参展的著名老艺术家、展览艺术委员会委员和评审委员会委员作品168件，通过公开征集和评选参展的作品479件。参展作品不仅题材广泛、形式多样，而且体现了较强的学术性、时代性，反映了中国美术在当代的传承、创新与探索，同时也艺术地再现了我国人民追求幸福生活、努力建成小康社会的精神风貌。美术展点燃了观众的热情，仅10月19日一天，山东美术馆接待观众人数便达23000余人。截至10月26日，“十艺节全国美展”观展总人数已逾20万。

观众参观

2. 系列美术展出

作为十艺节的重点展览之一，“欧美经典美术大展”于 2013 年 10 月 15 日在山东省博物馆开展，展览引进了包括达·芬奇、米开朗基罗、毕加索、达利、马蒂斯、安迪沃霍等欧美艺术大师的 325 幅经典作品。世界顶级艺术品送到家门口，而且不用花钱买门票，只需凭有效证件就可以进入展厅观展。开展以来，每天都有几万市民前来参观。为让更多观众进馆观展，省博物馆将原来的开馆时间从早 9 点提前到 8 点半，闭馆时间由原来的下午 4 点延后到 4 点半。截至 10 月 27 日，半个月来参观人数超过 16 万人次。包括欧美经典美术大展和全国优秀美展在内的多项展览，参观人数均出现井喷现象，充分说明大众对美术精品的关注和渴求。

达·芬奇自画像首次在中国展出

通过展览的举办，引导和推动当代美术创作持续繁荣和健康发展，进一步激励广大美术工作者充分把握时代机遇，创作出更多更好具有中国精神、中国特色、中国风格、中国气派的美术精品，为实现中华民族伟大复兴的中国梦贡献力量。

第四章　十艺节系列活动

系列活动是国家艺术节成功举办的重要保障，也是宣传艺术节、活跃城乡文化、展示举办省地域文化风貌的主要途径。十艺节从筹办启动之日起，文化部与山东省共同研究，将国家专业艺术比赛展演项目与十艺节筹备各项重要节点活动，特别是与“齐风鲁韵”、“艺彩山东”密切融合，打造了一系列遍布城乡、惠及百姓、异彩纷呈的国家艺术节活动。

一、专项艺术比赛展演

2013 年 1～9 月，文化部和十艺节山东省筹委会先后举办 7 项全国性专业艺术单项评比展演活动。包括：在青岛举行“第一届李德伦指挥比赛”，在聊城、德州举办“全国京剧优秀青年演员折子戏展演”，在济南、莱芜举办“全国话剧优秀剧目展演”，在枣庄、济宁、菏泽举办“全国民族器乐民间乐种组合展演评奖活动”，在临沂、日照举办“第十届全国舞蹈比赛”，在滨州举办“全国曲艺优秀节目展演”，在东营举办“全国木偶皮影优秀剧（节）目展演”。

这些专项艺术比赛展演活动举办地点遍布十艺节各个举办城市，时间节点贯穿于十艺节筹备全过程，为整个十艺节顺利筹办奠定了坚实的基础：一是产生了积极的预热效应，广泛地宣传了十艺节，扩大了十艺节在省内外的影响；二是锻炼了十艺节筹委会、各市筹委会的组织管理运营能力；三是提升了展演场馆运行水平和接待服务能力；四是增强了山东省与中直及各省市参赛队伍之间的交流合作。

全国舞蹈比赛颁奖晚会

山东省文化艺术学校群舞《鼓子少年》获一等奖，取得山东舞蹈20年来重大突破

全国民族器乐民间乐种组合展演颁奖音乐会

全国民族器乐民间乐种组合展演：山东巨野柏氏唢呐艺术团

全国话剧展演：湖北演艺集团《信仰》

二、群众文化活动

1. 执行机构和制度设计

自十艺节筹备之时起，筹委会就把文化惠民作为重要工作，并建立了群众文化活动部，在该部内设立综合处、群星奖处、美术处、公共文化建设与活动处。根据十艺节筹委会要求制定周密的活动方案，群众文化活动部先后组织十艺节获奖剧（节）目和获奖演员进行全省巡演，开展“优秀剧目、知名艺术家走进基层、贴近群众”，举办非物质文化遗产展演、展示，开展“喜迎十艺节、全民共欢乐”文化进社区、进村镇、进企业、进学校、进军营“五进”等一系列活动。

2. 开展文化惠民活动

关注特殊群体，免费送票看戏。组委会通过购买十艺节期间营业性演出和部分外演精彩场次门票，赠送社会特殊群体，使他们真切感受到党和政府的关怀和温暖。组委会常务副秘书长、省委宣传部副部长、省文化厅厅长徐向红，组委会外演部部长、省文化厅副厅长李国琳亲自送票，看望社会特殊群体，并赠送十艺节吉祥物和急需物品。

坚持低价原则，努力服务群众。按照“扩大影响，服务重点，着眼全局，普惠大众”的原则，制定了专门票务管理制度，设立了票务财务专账，并创新定价和售票方式，主动将广大观众请进剧场观看演出。坚持低票价策略，主推 30 ~ 180 元中低票价，总体票价水平低于市场同类型演出 40%，大大降低了普通百姓观看十艺节剧目演出的门槛。

广开售票渠道，多方便利群众。组建十艺节票务管理中心，筹建了高标准的专业售票系统，创新售票形式，采取线上与线下、团购与零售相结合，借助网络、电话、团购等多种形式，在历山剧院、山东剧院、梨园大剧院、百花剧院、省杂技团、济南票务网、中演票务通青岛站等设立 13 处售票点，在十艺节组委会外演部设团体售票点，满足了各层次社会群体观众的购票需求。据统计，仅西班牙弗拉明戈舞剧《卡门》4 场实际售票收入就达 80 多万元，十艺节期间“买票看国外高雅演出”，成为本届艺术节的一大时尚。

十艺节期间，山东省广泛开展文化惠民活动，先后组织举办各类惠民展演 5 万多场、广场文化活动 3.5 万余场、美术展览 920 多场，参与活动人员 55 万人次，惠及群众 2900 多万人次。

“艺术圣火走基层活动”在曲阜尼山启动

山东艺术学院舞蹈学院学生与十艺节吉祥物“凤舞东方”共舞

文艺工作者慰问演出

群众文化活动

三、艺术创作与外演

1. 山东角逐文华奖剧目创作

山东省坚持高起点、高标准，大力实施“山东舞台艺术精品工程”和“十艺节重点剧目创作工程”，建立完善剧本遴选、剧目论证、重点剧目研讨加工和全省创作统筹调度等机制，按照“普遍发动、重点打造、以点带面、全面繁荣”的工作思路，面向全国征集剧本近300部，最终由全省艺术院团推出新创作剧目50～60台。6个省直艺术院团各创作1～2台在全国同类艺术品种中具有较强影响力的代表性剧目，42个市级艺术院团各创作1台剧目，同时鼓励民营剧团、社会文化演艺企业和有条件的县级剧团进行新剧目创作。在此基础上，济南市和青岛市重点推出2～3台剧目，其他各市重点推出1～2台剧目，省直各院团确保推出1台剧目，作为十艺节备选剧目。

在此期间，组织全省最高水平的创作群体、聘请一批国内一流主创人员参与剧目创作，并先后召开30多个剧目专家讨论会。积极开展重点剧目选拔打造工作，制定《打造十艺节重点剧目工作计划》和《十艺节重点剧目评选办法》，组织由全国知名专家和省内专家组成的评审委员会，开展对全省剧目的三轮选拔工作。全省为备战十艺节新创作剧目 62 部，涵盖戏曲、歌剧、舞剧、话剧、杂技剧、音乐剧等多个艺术门类，既有现实题材作品，也有历史题材作品，充分体现出剧目品种和创作题材的丰富性和多样性。重点规划大型音乐史诗《黄河入海流》、吕剧《百姓书记》、京剧《瑞蚨祥》、杂技剧《聊斋遗梦》和舞剧《红高粱》等项目。

经文化部组织专家评审，山东有 15 台重点剧目入围十艺节文华奖评比展演，经最终角逐，京剧《瑞蚨祥》、吕剧《百姓书记》、舞剧《红高粱》3 台剧目获得文华大奖，京剧《项羽》获得文华大奖特别奖，山东梆子《古城女人》等 10 台剧目获得文华优秀剧目奖，话剧《严复》获文华剧目奖，创历史之最。

山东省话剧院话剧《严复》

山东省杂技团杂技剧《聊斋遗梦》

2. 山东参加群星奖作品创作

山东省着力打造具有浓郁地方特色、鲜明时代特征和齐鲁风格的社会文化艺术精品，按照“群星奖”作品类评奖要求，每个类别省直文化系统新创作 5 ~ 8 个（件）、济南市和青岛市各新创作 8 ~ 10 个（件）、其他市新创作 3 ~ 8 个（件）表演作品，重点打造 100 件入围我省备战第十六届群星奖文艺作品；按照群星奖项目类评奖要求，对目前开展的公共文化服务项目和社会文化活动品牌进一步完善提高，打造 100 项知名品牌。为了实现该目标，动员组织全省 330 多位专家、邀请省外 70 多位专家参与创作，全省新创作群众文艺作品 1100 多个。积极抓好重点作品打造和选拔工作，举办全省社会文化艺术作品调演和汇报演出，组织 3 个专家组对重点作品的加工提高进行巡回指导。

山东省“群星奖”作品加工提升暨办赛会议

山东省参加“群星奖”决赛动员大会

山东琴书《农家春》作者刘士福与妻子高桂云在家讨论剧本

举办全省“备战十艺节、冲刺群星奖”选拔赛，从各市申报的600多件中选拔230多件进行重点打造，最后全省择优向文化部推荐80多件，在全国初评中，山东有39件作品进入全国决赛，数量居全国首位。经最后决赛，32件群众文化作品、4件公共文化项目获得群星奖，6人获得“群文之星”，是山东群众文化在历届国家艺术节收获最丰硕的一届。

3. 山东参展重点美术创作

以“山东省重大历史题材美术创作工程”、“山东民间文学中国画创作工程”等重点工程为抓手，积极推进全省美术创作的开展；通过组织美术创作人员深入城乡采风，召开全省美术创作会议，开办“齐鲁美术讲坛”，促进了美术精品的创作；将省重大历史题材美术创作工程的作品立项为山东省艺术科学重点课题专项，提高作品创作的科研水平；举办山东民间文学中国画展创作工程签约仪式，与第一批61件作品的作者进行了签约；从全省选出300件作品，举办了“山东省美术作品展”，通过展评遴选出备战十艺节的重点作品。经文化部专家评审，124件作品入选全国优秀美术作品展览，此外邀请15件作品参展，共有139件精品力作参展，占全国入选作品总数的26%，作品入选总数名列全国第一。

专家即兴创作

全国美展初评

全国美展艺委会会议

4. 外演剧目交流

山东省邀请世界经典音乐剧《妈妈咪呀！》中文版、西班牙全本弗拉明戈舞剧《卡门》、法国卢瓦尔国家交响乐团、加拿大爵士乐大师雅尼克·瑞约四重奏、印度达克莎·谢思歌舞团、俄罗斯明星芭蕾舞团、美国杨百翰大学青年大使歌舞团、中国台湾豫剧团等 8 个剧目（剧团）作为外演剧目，在济南及各地巡回演出 51 场，观众近 6 万人，演出收入达 1033 万元，让广大观众近距离欣赏到国际一流水准的演出，为十艺节营造了浓厚文化艺术氛围，为培育和完善山东外演市场，学习和借鉴国际高水平团体创作演出经验，进一步推动齐鲁文化"走出去"做出了积极贡献。如此大规模地集中展示外演剧目，成为本届艺术节的一大"亮点"。

外演项目新闻发布会

法国卢瓦尔国家交响乐团演出

中文版音乐剧《妈妈咪呀！》

西班牙弗拉明戈舞剧《卡门》

四、大型主题活动

大型主题活动是群众了解十艺节的重要窗口，也是决定十艺节影响力和知名度的关键。十艺节大型主题活动主要包括：一周年系列活动、倒计时 100 天活动、倒计时 30 天活动、开幕式与闭幕式。

大型活动部于 2012 年 4 月正式组建，下设秘书处、项目处、外联处三个处，先期从省直宣传文化系统各单位抽调精干专业同志进驻。后根据工作需要并参照大型活动组织架构惯例，从省直有关单位抽调部分骨干力量充实到部里，将驻会工作人员增加到 16 名。倒计时一周年活动结束后，又对现有工作机构设置进行了调整，增设了开闭幕式处和服务保障处，撤销了项目处，同时按照行政处室下设科、业务处室下设中心的原则，细化了责任分工。按照筹委会要求，结合工作实际，大型活动部先后制定印发了《大型活动部工作职责》、《工作人员守则》、《工作例会制度》、《公文管理制度》、《工作简报制度》、《保密制度》等十余项工作制度，并根据筹办工作进展和队伍机构变化情况，及时进行修订完善，为开闭幕式各项大型主题活动组织工作的高效有序提供了有力保障。在加强制度建设的同时，力促内部管理更加科学化、规范化，通过编发《工作动态》、《工作简报》和《大型活动部大事记》，方便工作交流，加强部门之间的相互了解。定期召开工作例会，研究工作，通报情况，部署任务，督促各处任务落实，有效提升了工作效率。

大型活动部以开展业务培训为抓手，采取走出去、请进来的办法，有计划地开展形式多样的学习培训活动，通过边学习边实践，不断提高队伍的整体实力。先期集中组织学习相关大型活动开闭幕式资料，请参加过十一运会等大型活动组织工作的同志授课，加深对大型主题活动组织工作程序的了解。在集中组织学习第七、八、九届中国艺术节举办经验的基础上，逐步深化对艺术节的认识，为筹办十艺节打下基础。

1. 倒计时一周年系列活动

吉祥物、志愿者标志和倒计时牌是十艺节的重要文化符号，也是宣传十艺节影响的重要载体。按照省筹委会要求，大型活动部将三个项目的设计制作与倒计时一周年活动筹备相结合，在认真做好设计方案公开征集的基础上，组织专家对征集到的吉祥物、志愿者标志作品和倒计时牌设计方案进行论证并提出修改意见，最终达到满意的设计效果。为了彰显山东特色，真正办出一届有特色的艺术盛会，筹备倒计时一周年活动工作在深化内涵、追求创新上下工夫，坚持文化惠民的基本思路，力求务实节俭、惠民乐民。从 2012 年 2 月份开始，多次召开研讨会、协调会进行筹划。赴京听取有关领导和专家建议，并与各市筹委会、参展单位、文艺演出单位保持联络，及早形成活动基本框架思路，制定了总体方案和若干子方案。经过半年的精心筹备，倒计时系列活动取得圆满成功。

倒计时一周年活动现场

倒计时一周年活动

2. 倒计时 100 天活动

2013 年 6 月 28 日晚，十艺节省筹委会在山东剧院举行“我们准备好了——十艺节倒计时 100 天文艺演出”，以“唱响中国梦、喜迎十艺节”为主题，全面展示山东省筹办十艺节的进展和推动文化强省建设取得的成就。演出以歌舞剧《我们准备好了》拉开序幕，京剧《瑞蚨祥》、吕剧《百姓书记》、话剧《严复》、五音戏《云翠仙》、莱芜梆子《儿行千里》等备战十艺节的 15 部重点推荐剧目精彩选段集中亮相，女声演唱《新绣荷包》、山东琴书《亲家亲》、相声《大喇叭》、舞蹈《闯关东》等部分“群星奖”参赛作品参加演出。来自菏泽郓城的农民歌手贾崇珍以一首《咱老百姓》，唱出了基层群众对十艺节的美好祝愿和热情期待。十艺节省筹委会为十艺节重点打造的歌曲《美丽中国梦》首度推出，高亢悠扬、催人奋进的旋律赢得现场观众热烈掌声，将演出推向高潮。

3. 倒计时 30 天活动

2013 年 9 月 11 日晚，十艺节组委会在山东广播电视台举行“带着梦想起飞——第十届中国艺术节倒计时 30 天”活动，向全国人民展示山东筹办十艺节的进展，迎接十

倒计时 100 天文艺演出

曹芙嘉演唱《美丽中国梦》

艺节的到来。活动现场，由中国山东网承办的十艺节英、日、韩文版官方网站、齐鲁网承办的十艺节手机台也正式开通。整个活动突出展示了山东省筹备十艺节近三年在艺术精品创作、文化惠民、公共文化服务体系建设、文化场馆设施建设等方面取得的阶段性成果。活动打破以往文艺表演、明星大腕、华丽舞美的传统模式，形式独特而又有创新，节俭庄重而又不失精彩，用艺术感染观众，引领了山东大型活动策划组织的新风尚。

4. 开幕式

开幕式是十艺节最重要的活动内容之一，它集中展现东道主筹办组织工作水平，是十艺节的重中之重。自 2012 年 5 月份开始，筹委会先后多次与国内知名艺术家及具有较高影响的大型活动文艺演出创作团队对接沟通，围绕十艺节开幕式如何展现齐鲁文化特色、体现艺术节思想内涵、办出亮点、办出水平展开热烈讨论，专家们提出了许多真知灼见，成为开幕式策划创意的重要依据。最终，文化部和山东省政府决定，取消开幕式大型综合文艺演出，简短的开场仪式后，演出一台山东省参加十艺节重点剧目——吕剧《百姓书记》。

2013 年 10 月 11 日晚 8 点，十艺节在济南省会文化艺术中心拉开帷幕，开场仪式仅用时 16 分钟。中共中央总书记、国家主席、中央军委主席习近平致信祝贺，向全国广大文艺工作者和海内外艺术家致以诚挚的问候，并预祝第十届中国艺术节圆满成功。习近平在信中写道："中国艺术节创办 26 年来，推出了一大批精品力作和优秀人才，成为展示中国道路、中国精神、中国力量的艺术盛会，为推动社会主义文化大发展大繁荣、满足人民日益增长的精神文化需求作出了贡献。希望第十届中国艺术节办成一届'艺术的盛会、人民的节日'。希望全国广大文艺工作者和艺术家运用丰富的艺术形式和手段，描绘艺术之花盛开的多彩画卷，讴歌人民意气风发的时代精神，书写文化强国建设的隽永篇章，继续为我国社会主义文艺事业繁荣发展而团结奋斗。"中共中央政治局委员、国务院副总理、本届艺术节组委会主席刘延东在开幕式上宣读了习近平的贺信，并宣布艺术节开幕。国务院副秘书长江小涓，文化部部长蔡武，山东省委书记、省人大常委会主任姜异康，山东省委副书记、省长郭树清，省政协主席刘伟等领导出席开幕式。文化部副部长董伟主持开幕式。

十艺节开幕式

十艺节开幕之夜

开幕式上，一则“凤舞东方”动画成为当晚活动一大亮点。随着十艺节开幕，舞台 LED 大屏幕上应声飞出一只金色的小凤凰。伴随着动人的音乐，小凤凰依次飞过前九届艺术节的举办地，穿越泰山之巅，飞到十艺节开幕式举办地——济南省会文化艺术中心大剧院。当动画定格在本届艺术节的吉祥物“凤舞东方”时，会场响起持久的掌声。开幕动画全长 48 秒，采用水墨动画手法，色彩艳丽。吉祥物“凤舞东方”形象可爱而不失庄重，给现场观众带来美的享受。

开幕动画 1

开幕动画 2

开幕动画 3

5. 闭幕式

闭幕式于 2013 年 10 月 26 日晚在青岛大剧院举办，文化部部长蔡武致闭幕辞，山东省委副书记、省长郭树清出席并致辞。闭幕式上，文化部副部长董伟从山东省副省长季缃绮手中接过中国艺术节节旗，交给第十一届中国艺术节举办省陕西省副省长白阿莹。简短的闭幕仪式结束后，与会领导、嘉宾与观众共同观看了十艺节经典片段视频播放和文艺演出。闭幕式前，文华奖颁奖仪式、群星奖颁奖仪式分别在青岛、威海举行。

虽然十艺节的规模超过历史，但十艺节闭幕式是历届国家艺术节中最简约的。闭幕式后的演出改较大规模演出为视频播放和小规模演出片段，并由文华奖获奖演员出演，串起获奖作品精华；颁奖模式也发生变化，由传统的闭幕式上颁奖改为闭幕式前颁奖。精短有力的闭幕式标志着十艺节完美落幕，留下的是红红火火的艺术盛宴和实实在在的文化惠民，将凝聚着正能量的艺术圣火传递给下一届国家艺术节主办地陕西省。

闭幕式文艺演出

第五章　十艺节创新与特色

山东省凭借悠久深厚的历史文化、丰富多样的文化资源以及独具特色的地域文化，办出了山东特色，创新了国家艺术节模式。十艺节的创新与特色主要体现在：

一、文化惠民新举措

十艺节通过大量的实际举措，把文化惠民政策最大限度地落到实处。

第一，向十艺节场馆建设者和社会特殊群体免费赠票、20 元起的亲民演出票价、前后延续的演出场次安排、多场免费群众文化演出、网上直播等方式，大大降低了群众观看演出的成本，为群众观看高水平演出最大限度地提供了机会与可能。

第二，山东贯彻落实"文化惠民、服务群众"12 件实事（2012 年）、16 件实事（2013 年）。筹集省以上各类财政资金 3 亿多元，撬动各级和社会资金 20 多亿元，用于办好文化惠民实事；对 10370 个村文化大院进行优化升级；为改制院团配备进村进社区流动舞台车 17 辆；"五馆一站"免费开放新增服务窗口 647 个、服务项目 376 个，接纳群众 2780 万人次；免费培训乡村文艺骨干 19300 名，为农村、社区免费送戏 21033 场。

第三，在办节期间，全省公共图书馆、文化馆（站）、博物馆、美术馆免费开放已经全部实现，半年接纳群众 1430 多万人次，增开服务窗口 1640 多个。全省共建设、完善村（居）文化大院 10000 个，免费培训基层文艺骨干 10000 名，扶持"非遗"传承人 1000 位。

第四，广泛开展精彩剧目进农村、进社区、进广场、进学校、进军营、进企业"六进"活动，让广大群众共享文化盛会的丰硕成果。

第五，邀请部分农民工、困难家庭和特殊学校学生、留守儿童、环卫工人、老年人等观看演出。给社区群众提供低价票 1 万余张，公益观摩免费票 2 万余张，占总票量的 60% 以上。

十艺节期间，山东省直部门组织开展文化活动 36 项，参演人员 28000 余人次，惠及群众 32 万余人次；组织开展市级各类文化活动 630 余项，县域级各类文化活动 1300 余项，其中演出活动 510 余项，展览、展出活动 790 余项，参演人员 52 万余人次，惠及群众 2900 余万人次。节前的期待、节中的精彩、节后的福利，都让人民群众的幸福感得到了明显提升。

二、节俭办会新模式

在十艺节筹办之初，山东省就提出“水准一流、规模适度、节俭办会”的原则，并体现在方方面面的工作之中，以实际行动引领国内大型活动节俭的新风尚。

十艺节转作风工作会议

第一，开闭幕式简约、精彩。如果按照原来的方案，十艺节开幕式要策划设计一台大型综合文艺演出，演员规模超过 1000 人，仅明星出场费、演出制作费等就达 5881 万元。10 月 11 日在济南的开幕式取消了大型综合文艺演出，取消过去惯用的体育馆、体育场大型晚会，代之以一个 16 分钟的简短朴素仪式，并且用山东省新创的一台有现代意义的地方戏《百姓书记》作为开幕演出，既节俭又庄重，还富有时代精神。10 月

12日在济南开幕的全国优秀美术作品展、中国（山东）演艺产品交易会，也是简朴而热烈。10月26日在青岛市举办的闭幕式预算从原来的上千万减少至100万元，由文华奖获奖剧目经典片段荟萃起来的演出，节俭却不失精彩。

第二，最大限度地节省开支。一是本着“把好钢用在刀刃上”的原则，大幅压缩行政、接待等费用，在接待形式上删繁就简，不搞迎来送往，不送礼品，不宴请；二是在场馆建设和改造过程中，结合实际和演出需要，不搞铺张，力求节约，并审减场馆设备配置预算资金2000余万元；三是宣传从简，摒弃以往一搞大型活动就铺天盖地宣传的方式，采取媒体新闻报道和现代科技手段结合的方式，大量减少了横幅、鲜花等使用，从而节省下大量的经费。

三、全省办会新里程

除了济南主会场外，十艺节把文化活动铺开到全省17个市，从2012年夏天开始预热，各地陆续开展各种文化活动，“文华奖”、“群星奖”、美术展、非遗成果展等分别在不同的城市举行，全省各地群众都可以在家门口欣赏高水平的演出和展览，享受公共文化服务提档升级带来的新便利。

每个市都承担一定的展演展览任务，既能推动各市文化发展，解决十艺节投资过于集中的问题，也能最大程度地避免节后场馆闲置浪费，充分发挥十艺节对全省文化建设的多元带动效应，形成全省一盘棋、共办共赢、百姓受益的良好局面。

四、文化交易新平台

第十届中国艺术节中国（山东）演艺产品交易会，吸引了国内外600余家演艺机构、近2000个剧节目参展，观众达8.2万人次，共有86个演艺项目达成合作，签约额达9.02亿元，较上届演交会增长5倍。演交会全面展示了国内外演艺业的最新发展成果，推动了演艺业与科技的融合发展，促进了演艺业的优化升级，同时加强与国内外知名演艺机构之间的交流合作，面向市场，搭建综合性演艺展览交易服务平台，推动中国优秀演艺产品开拓国内外市场，扩大“后十艺节”效应。由于创意新颖、设计独特，本届演交会期间可谓人气高涨、亮点纷呈。

第一，参展规模、范围全面提升。本届演交会是继“九艺节”中国（广州）优秀舞台艺术博览交易会之后，在中国艺术节上第二次专门设立的演艺产品交易会。本届演交会投入使用展馆面积1.5万余平方米，展览面积是上届交易会的两倍。此外，本届演交会共有 77 个特装展位，这些特装展位大大提升了演交会的档次和规模。共有来自全国 31 个省区市的知名演艺机构、演艺剧目参展，9 个中直院团全部参展，其中北京、天津、上海、重庆 4 个直辖市和内蒙古、辽宁、江苏、浙江、安徽、福建、山东、湖南、湖北、广东、广西、海南、云南、陕西、甘肃、宁夏等 22 个省区组团或特装参展，较上届演交会实现了全面突破和提升。山东省内各市和省演艺集团均组团特装参展。美国、加拿大、法国、西班牙、俄罗斯、印度等国的知名演艺机构也纷纷前来参展。北京保利文化集团、中孚泰文化集团等多家文化大企业，广州珠江灯光科技有限公司和法国力素音响等 20 多家灯光、音响企业，中国舞台美术学会、上海戏剧学院等近 20 家舞台美术机构特装参展。近 700 家演出经纪机构、剧院、剧场以及其他文化公司报名前来采购，其中有美国百老汇联盟、澳大利亚澳亚文化节、芬兰赫尔辛基艺术节等多家国外演出经纪机构和香港舞蹈团、澳门演艺学院、台湾文创产业联盟等多家演艺机构。

第二，全景化展示、推介演艺项目。本着专业化、标准化的要求，本届演交会既设置了体现演出主题的国家经典演艺剧目展区、国内演艺展区、国外演艺展区、山东演艺展区、文化旅游演艺展区等演艺剧目展区，又设置了配合演出的演艺器材展区、舞台美术展区、演艺衍生品展区等专门的展区，为整个演艺产业链提供全方位的展示、推介、交易和服务。参展剧目各具特色，既有获得历届国家文华大奖、国家舞台艺术精品工程精品剧目和保留剧目大奖的剧目，又有全国各地新创演的剧目；既有国内外知名演出剧目，又有极具民族特色的剧目，这些剧目为本届演交会带来了丰富多彩的展览交易内容和强烈的视觉冲击力。

第三，项目签约实现突破。通过各方的共同努力，在演交会筹备期间，全国演艺机构共有 86 个演艺项目达成合作，签约额达 9.02 亿元，交易成果显著。其中，16 个重点演艺项目参加了 10 月 12 日举行的现场签约仪式，现场签约额超过 2.7 亿元。参加签约的项目，既有演艺剧目，也有演艺与科技相结合的数字化舞台监控项目；既有传统艺术剧目，也有大型文化旅游演艺项目；既有国内具有民族特色的演艺剧目，也有国外经典演艺剧目。

第四，“后十艺节”效应凸显。演交会坚持以市场为导向，积极搭建文化演艺产业博览交易平台，为一大批新创作的优秀剧目提供了展示、推介的机会，让这些优秀剧目通过观众的口碑、演出的反响、票房的检验得到了演艺经纪、院线经营等各方的赞赏与认同，使它们在国内外寻找到合作伙伴，进一步开拓演出市场，提高市场占有率。在此过程中，“后十艺节”效应也得以凸显，这不仅仅体现在国内剧目在市场上的表现，更多的是体现在国内现有演艺场馆的充分利用上。如十艺节后，山东省如何利用新建或改建的 53 处演艺场馆，成为本届演交会重点关注的内容之一。演交会期间举办的剧院建设与综合运营高峰论坛，针对演出场馆的综合管理运营问题、市场化产业化的运营模式问题、如何为演艺剧目搭建起一个良好的演出交流平台问题，进行了专门的研讨。

第五，整合国内演艺产业资源。通过本届演交会，使得山东乃至全国的演艺资源得到了进一步的整合和提升。本次演交会上，全国各地的600多家演艺机构和近2000个剧（节）目集中进行了展示、推介，这不仅仅是各个单体演艺机构的推介，更是全国各地演艺资源的一次大整合，能够让国内外的演艺机构相互借鉴、相互推广、相互融合，形成演艺产业的合力。演出院线、剧院联盟更是在演交会上显示了整体的力量，在剧目合作、剧场运作、演出运营等方面显示了合作共赢的优势，如山东演艺联盟、安徽演艺院线、中国国际演出剧院联盟、北京保利演出院线等签订了一批演艺大单。作为演艺剧目交流、推介的平台，演交会使全国各地的优秀剧目通过参赛、展演、巡演、展览交易等多种形式，优化了演艺资源配置，寻求走出市场化、产业化的发展路径，更好地发挥品牌示范、辐射带动作用，拓展演出市场，使众多的优秀演艺项目通过这一平台，更好地融入市场并且发展壮大，不断满足人民群众多样化、多层次的文化需求。

五、演艺营销新机制

借力十艺节东风，山东全省演出展览场馆硬件迈上了一个新台阶，同时各类演出激发了强劲的市场潜力。通过筹办十艺节各项重大活动和顺利推进文化体制改革，山东锐意改革，勇立新风，探索一套符合山东现代演艺营销规律的新机制。

第一，健全售票网络是山东的创新之举。十艺节期间演出众多，场馆分散，为保障票务销售，有效满足各类社会群体的购票需求，十艺节组委会专门组建票务管理中心，建立全省联网的专业售票系统，积极创新售票形式，采取线上与线下、团购与零售相结合，借助网络、电话、团购等多种形式，最大限度方便群众购票。根据十艺节组委会票务管理中心统计数据，至十艺节闭幕时，演出累计票房1670万元，一票难求的情况比比皆是。

第二，坚持中低票价、取消向党政机关赠票送票，开创山东演艺市场新风。早在十艺节开幕前，山东省“喜迎十艺节”系列活动已陆续展开，冲击第十四届文华奖15台重点剧目率先亮相，邀请社会各界观众走进剧场免费看演出，文化惠民的同时也虚心接纳观众意见。至艺术节开幕，十艺节演出大众化票价已全面推开。其间，备受瞩目的文华奖剧目演出最高票价不超过380元，主要价格区间控制在60元至280元，20元低价票占据一定比例，并对农民工、残疾人、低收入等特殊群体实行赠票。上述惠民举措大大降低了普通群众的观赏门槛，受到群众热捧。同时，针对一直为群众所诟病、社会反映强烈的“索票要票”、“公款赠票送票”行为，山东决定狠刹这股不正之风。十艺节开幕前夕，十艺节组委会专门下发通知，要求一律取消向各级党政机关、领导干部公款赠票送票，统一票务管理，面向市场、面向社会公开销售，自觉营造公开、公正、透明的票务环境，一改过去山东地区普遍存在的“索票为荣，买票为耻”的不良风气。

第三，组建演艺联盟，推动全省演艺院线建设。山东将十艺节票务系统建设与全省院团改革、组建演艺联盟相结合，有效整合、发挥山东演艺资源优势。目前，山东演艺联盟已吸收省内 87 家院团，整合 38 家剧院，这将有力推动全省演艺市场繁荣发展，使文化体制改革背景下的国有文艺院团焕发出新活力，演艺产业正朝良性方向发展。随着十艺节成功举办，院团软件、硬件更加完善，民众对文化的刚性需求越发迫切，文艺院团将主动面向市场，积极参与整个演艺产业链的各个环节，成为公共文化服务和演艺产业发展的主力军。

第四，场馆管理运营模式创新，开创演艺营销新时代。十艺节实施“坚持中低票价、健全售票网络、取消向党政机关赠票送票”、“演艺联盟”、“演艺院线”三大举措，对各类演出展览实行免费或低票价，努力使广大群众欣赏到高质量的文艺演出展览，既有力推动了文化惠民，又有效繁荣了文化演艺市场，也为十艺节集中建设的演出展览场馆的管理运营提供了良好环境和条件。目前，山东地区拥有以省直院团为核心的“山东演艺院线”、青岛大剧院和烟台大剧院为核心的胶东半岛“保利院线”、济南省会文化艺术中心大剧院和德州大剧院为核心的高铁线“中演院线”三大院线。三大院线引入现代企业制度，实行现代管理模式，一是政府采购院线公共文化服务，保障文化惠民演出和公益活动开展；二是高雅高端演出与大众艺术相结合，满足各类观众文化需求；三是院线自主市场化营销，并实施各院线间互联互通，方便各地观众购票；四是积极引进优质演艺剧目（节目、展览），不断丰富、活跃山东演艺市场。这些措施，既保障了十艺节之后场馆的有效利用，又有力保证了“后十艺节”时代山东演艺市场的健康发展。

六、经济发展新推手

十艺节不仅仅是艺术的盛会，同样也是推动社会经济发展的平台和引擎，能产生巨大的经济辐射力。十艺节召开期间，人流汇聚，山东省各地不失时机，利用中国艺术节期间人气骤升的良机，因地制宜举办经贸洽谈旅游活动，这类经贸活动的举办不仅给山东带来了直接的经济效益，更重要的是，这类活动可以吸引大量的中外客商，成为一笔巨大的间接经济效益。

十艺节的举办，不仅改善了全省的文化基础设施，扩大了全省的文化影响力，也借机开展“看精彩十艺、游好客山东”文化旅游活动，吸引本次活动的参与者到举办地观光游览，满足群众的文化旅游需求，扩大旅游消费，拉动了旅游业等相关产业的同步发展。

十艺节是现代会展的一种形式，艺术节期间形成巨大的人流、物流、信息流，是拉动现代服务产业发展的动力支柱。服务业以“人气”为本，十艺节通过各种艺术展演，以文化艺术的独特魅力，汇集来自海内外的观众于山东一地，市场商机凸显。另外，山东省把握艺术节提供的文化和资本相结合的机会，探索出了我国文化艺术领域中托管制、股份制、集团化等多种管理模式，培育出一批具有活力的国有、民营文化企业，为发展壮大现代文化产业奠定了坚实基础。

七、立体宣传新效果

十艺节在采用传统的宣传推介手段的同时，充分利用现代传播手段，利用网络媒体和门户网站，扩大宣传覆盖面。在主会场的灯光墙体、交通主出入口、公共电子屏、出租车显示屏、醒目的户外广告、各主流网站，到处都能看到十艺节的形象宣传。十艺节宣传工作重点突出，注重时效，及时向广大群众宣传最新、最热门的信息，给予人们以持续关注的动力和兴趣。对居民的问卷调查表明，群众对十艺节的认可度在不断提高。

通过举办本次艺术节，强化了本地人民对家乡的认同感，不仅充分挖掘、宣传、利用、展示了山东省源远流长的历史文化资源、地理环境资源和经济物质资源，为本省、全国、全世界人民提供一个了解山东省乃至全中国的窗口，并在促进山东省与海内外交流的同时，提升了中国在国际社会的地位、形象和影响力。

八、文化强省新抓手

通过十艺节，山东省各地全面推动文化演展场馆升级，文化设施建设得到极大改善与提升，文化事业受到政府前所未有的高度重视，并受到群众的高度认可和省外同行的高度评价，艺术创作和文化惠民活动空前活跃，文化产业发展有了强劲动力，山东的影响力与知名度大幅提升。

通过十艺节，山东省不断积累十艺节资源，发挥十艺节国家品牌效应，着手研究制定后十艺节文化发展长效机制工作方案和意见，以期文化强省建设在十艺节后迈上新台阶。山东省陆续出台《整体创建全国公共文化服务体系示范区方案》、《推动山东舞台艺术持续发展“4+1”工程实施方案》、《“一村一年一场戏”工程方案》、《农村文化广场建设工程方案》等七大方案，内容涵盖公共文化服务提升、文化产业发展、文化人才培养、艺术精品创作、基层文化繁荣、文化遗产保护等，成为新时期山东文化强省建设的强有力抓手。

第六章　十艺节与前九届中国艺术节比较

自 1987 年首届中国艺术节举办以来，中国在改革开放大潮流的推动下，经济体制、文化体制得到了不断深化与完善，社会与市场得到迅猛发展，国民物质生活水平与精神文化水平得到很大程度的提高，中国艺术节亦经过了时代洗礼、市场检验、社会认可，焕发出蓬勃生机。历届中国艺术节的举办同样见证了中国的变革与发展，体现了中华民族不同时期的鲜明时代特色，集中呈现了中国文化发展所取得的成果，孕育了中国文化市场，推进了中国文化大繁荣大发展的进程。纵观中国艺术节发展历程，它的兴起与发展就是一个继承与创新的过程，也是延续与变革的过程。每届艺术节就是在前一届举办经验的基础上，延续其办节模式与运行路径，并根据时代需求，抓住变革机遇，打破固有思维，努力实现创新。十艺节正是如此，在延续历届中国艺术节宗旨、办节模式、运作机制基础上，根据时代需求大胆变革创新，最终形成了自身特色。

第一届中国艺术节开幕式会场

一艺节

第二届中国艺术节开幕
CHINA ART FESTIVAL
中国艺术节
交响乐：d小调第九(合唱)交响乐(第四乐章)贝多芬曲
演出单位：中央乐团 中央歌剧院 中国广播艺术合唱团
中央音乐学院青年交响乐团

二艺节

第三届中国艺术节开幕式
第三届中国艺术节开幕式

三艺节

四艺节

五艺节

江苏省歌舞剧院在开幕式上演出大型民间歌舞《好一朵茉莉花》

六艺节

七艺节

第八届中国艺术节开幕式

八艺节

第九届 中国艺术节
The 9th China Art Festival
GUANGZHOU CHINA
CHINA ART FESTIVAL
第九届中国艺术节开幕式

九艺节

一、共性：中国艺术节一脉相承

1. 秉承宗旨，彰显主题

中国艺术节历经了 26 载的风风雨雨，经受了不同时期多方位、多层次的洗礼与考验。每届艺术节都根据时代需求、地域特色及文化资源，设计办节方案，完善运作方式。虽然每届举办主体与其所处时代背景不同，其所要呈现的思想与艺术精髓亦有差异，但是，“艺术的盛会、人民的节日”这一宗旨和定位都被历届中国艺术节所秉承。正是由于延续恒定的办节宗旨，才能扎根于中国社会主义文化的肥沃土地，才能被艺人所向往，群众所认可。

2. 统筹规划，协调组织

中国艺术节是一项大型的综合性文艺活动，也是一个庞大的系统工程，涉及文艺演出、展览展示、宣传、交通、财务、经贸、旅游、安全保卫、外事接待、邮政通讯、信息咨询、卫生、市容市貌等各项工作，延伸到知识分子、工人、农民、军人等各个阶层，它所涉及的不仅仅是展示内容、展演基础设施的筹备，还需要一套比较完善的组织运行机制。这对组织者的领导能力、协调能力、专业素质提出了较高要求。历届中国艺术节能够圆满成功，都得益于组织者的统筹规划、精心设计、协调分配、合理组织。值得注意的是，历届中国艺术节的组织模式在宏观上并无多大变化。

3. 从群众中来，到群众中去

中国艺术节即人民的文化活动节日，无论广场文艺表演、艺术展览、优秀剧目遴选与展演，抑或专业文艺活动都烙上“为人民服务”的印记。这意味着精品剧目、优秀节目的素材需要切合人民生活实际，反映人民最直接的需求；艺术节具体工作开展要立足人民群众，要充分调动人民群众的热情，吸引人民群众积极参与到艺术节的组织与运行中来，提高人民群众的主动性与创造能力；剧目展演展示要回归到群众中，满足群众的文化生活需求，让群众享受到艺术盛宴。历届中国艺术节在剧目打造与展演展示的过程中积极鼓励群众创意者与群众演员的广泛参与，邀请来自各省（区、市）和港澳台地区的艺术家同台演出，实现文化总动员。在实际服务工作中召集青年志愿者做好接待服务工作。此外，历届中国艺术节都将群众文化活动作为盛会的重要内容之一，在举办专业文艺活动的同时，开展了大量的群众文化活动，积极组织专业演员下基层，入社区、进军营、进学校演出。

4. 凝炼文化精髓，荟萃艺术精品

优秀节目和艺术精品的打造与遴选是中国艺术节成功举行的重要保障，是整个中国艺术节得以开展、延续和变革的重要支撑点。如没有内容丰富、表现形式精彩纷呈的文化精品，那么中国艺术节必然成为无米之炊。历届中国艺术节都将其视为重中之重，通过大范围、多层次的立体宣传，构建严格的遴选机制，层层筛选，力求选出既能体现时代要求和艺术节精神，又能表现出高超的艺术性、观赏性，将艺术思想、民族精髓、群众生活融为一体的艺术精品。历届中国艺术节正是秉持这样求精求强态度，产出大量的艺术精品，这也是中国艺术节能够经久不衰的重要原因。

5. 兼顾社会效益与经济效益

自中国艺术节举办以来，其最终的落脚点从始至终都不是单纯的一个，而是要实现双重目标，即社会效益与经济效益。一直以来，中国艺术节都在不断呈现中华民族传统文化精髓，表达培育和践行社会主义核心价值观的强烈愿望与信心，与此同时，历届中国艺术家亦强调以艺术节为推手，提高中国民族的凝聚力与形象力，进一步维护社会稳定，提高社会的幸福感；另外，注重以艺术节为契机，带动文化市场的发展及其他各个领域的繁荣，促使旅游、经贸基础设施等得以长足发展，实现经济效益和社会效益“双丰收”。

6. 强化积极形象，提升区域影响力

中国艺术节轮流举办机制对中国各省份而言是一个莫大的机遇。中国艺术节是中国人民向全世界展示中华民族文化魅力的重要窗口与文化名片，是举办城市提升形象的大好机会。文化来源于生活，文化艺术精品的内容能够充分展现出区域的历史文化、风土人情、环境资源，是多方位塑造和展示人民气质与精神的最佳路径。历届中国艺术节承办地区都能借助艺术节东风，成功展示该地区的人文精神与文化底蕴，达到强化积极形象、提升区域影响力的目的。

7. 完善公共文化服务体系，深化文化体制改革

自首届艺术节以来，我国文化体制改革都在不断推进，文化创新亦蓬勃发展，中国艺术节就是展示文化体制改革与文化创新发展成功的一个综合性平台。从艺术节的节前筹备到节后跟进，都检阅着艺术表演团体运行机制、公共文化服务体系创新能力，展示文化体制改革的丰硕成果。因此，在历届中国艺术节中所形成的、经过实践检验的运行机制、激励机制、反馈机制等优秀传统和创新经验，为当下与未来的文化体制改革、文化创新和公共文化服务体系的不断完善，提供了有益借鉴与不竭动力。

二、延续：中国艺术节发展模式

自首届中国艺术节举办以来，举办模式一直处于不断演进的动态过程，基本遵循着从中央主办到中央与地方协同、到政府主导与市场运营协同、再到政府主导与市场运作、省市联办的演变过程。无论处在哪一个模式阶段，中国艺术节的组织模式在一定的程度上都与中国政治、经济、文化体制的改革相适应，并反映出中国社会主导力量结构优化趋势与组织理念的变迁取向。因此，根据时代背景和艺术节的特色，可将中国艺术节的发展历程大致划分为以下几个阶段，分别为奠基阶段、初步转型阶段、深化阶段、拓展阶段。

第一阶段：奠基阶段，主要是第一、二、三、四、五届。第一、二届中国艺术节确定了中央主导、地方辅导的组织模式，第三、四、五届则是中央与地方协同办节，属于政府主办模式。这前五届的积极探索给以后中国艺术节成功举办奠定了基础。

第二阶段：初步转型阶段，主要为第六、七届。在沿袭政府主办模式的基础上，这两届艺术节尝试探索新的办节路径，将办节中政府所承担的职能过渡给市场，借用市场力量与运行机制来组织艺术节，以实现从政府主办模式到政府企业合办模式的过渡。

第三阶段：深化阶段，主要是第八、九届。第八、九届中国艺术节相较与第六、七届，模式选择上并没有改变，而是在原有的基础上不断深化，通过政府与市场之间不断协调、合作的尝试，力求完善政府与市场之间的协调机制。

第四阶段：拓展阶段，主要是第十届。此阶段虽然仍是政府主导与社会支持的合办模式，没有实现发展模式的突破与转换，但是政府与市场之间的功能抑或角色却已经悄悄发生变化，甚至在十艺节某些领域和文化活动中，出现“市场主导，政府淡出”的可喜现象。当然，要全面实现市场主导、政府辅导还需要很长一段路要走，十艺节在扩展社会功能方面可谓迈出了巨大步伐，其经验和做法值得今后国家艺术节及其他大型文化艺术活动借鉴与参考。

三、前瞻：中国艺术节定位与发展方向

（一）中国艺术节的发展目标与定位

中国艺术节是广大人民群众日益增长的精神文化需求的产物。从 1987 年北京的第

一届中国艺术节，到2013年山东十艺节，中国艺术节经历了26年的发展与变化，但是无论组织模式和运作机制如何变化，舞台艺术表演、展览展示、群文活动形式如何调整，其宗旨始终是一脉相承的。中国艺术节定位于“艺术的盛会、人民的节日”，其目的在于通过对某一个时期文艺事业所取得的成果进行集中展示，弘扬民族文化，推动社会主义文艺事业的发展与繁荣，满足广大人民群众的精神文化需求，促进我国社会主义精神文明建设，从而探索出一条与中国特色社会主义政治、经济发展相辅相成的社会主义文艺事业发展的新道路。这也是未来中国艺术节的发展目标与定位。

（二）中国艺术节办节模式的基本路径

1. 进一步完善和充实中国艺术节的内容

中国艺术节的内容有待于进一步充实。历届中国艺术节主要是以舞台剧为主，单纯的音乐、舞蹈、杂技、曲艺、小品、相声等艺术类节目相对较少。为了把中国艺术节真正举办成为全国性和国家级的综合性艺术节，可以设立音乐类、舞蹈类、动漫类、书画类等奖项，扩大艺术节参评的艺术品种范围，体现和提高中国艺术节的全面性。

2. 兼顾民族传统优秀文化与中国现代艺术

中国艺术节旨在荟萃艺术精品，弘扬民族文化，集中展示我国文艺领域取得的新成果，推动社会主义文化艺术事业的繁荣与发展。因此中国艺术节在展示中国优秀传统文化的同时，要融入现代艺术理念与艺术形式，体现改革、创新、发展的要求。如增加和扩大民间艺术、动漫设计、造型艺术、书画摄影、流行音乐等艺术类型的内容。树立现代办节理念，引入社会力量和资本参与，允许和鼓励更多样式的艺术表现形态参加艺术节，用政府与社会合作的形式提升艺术节的办节水平，扩大艺术节的影响。

3. 建立中国艺术节作品全国巡演机制

每届中国艺术节都会涌现出一大批优秀节目，给各举办地留下了丰富的文化资源，但是如何充分利用这些优秀的文化资源，实现其巨大的经济和社会效益仍然是个有待于解决的问题。建议建立中国艺术节作品全国巡演机制，让更多的群众看到中国艺术节的优秀成果，不仅可以扩大艺术节的影响力，还可以进一步拓展与开发演出市场。

4. 进一步降低门槛，扩大中国艺术节的覆盖面

中国艺术节定位是“艺术的盛会、人民的节日”，是“融艺术性、群众性于一体”的综合性节庆活动。为了扩大中国艺术节的影响力，应该进一步降低门槛，扩大覆盖面。建立并完善中国艺术节群众参与机制，使得中国艺术节不再是精英文化活动的舞台，而是大众文化活动的舞台。可以举办大学生、农民工、工人、教师、农民、老年人、

少儿等专场演出，也可考虑在中国艺术节的框架下设立多个各具特色的单项小型艺术节，将精英文化与大众文化、公益性演出与商业性演出结合起来。

5. 完善中国艺术节的市场运作机制

进一步树立品牌意识，将中国艺术节打造成一个代表中国文化资源的品牌。不断完善其市场运作机制，培养一批专门的艺术节经营与管理人才，建立一支专门进行艺术节市场开发的团队，为中国艺术节的市场化运作奠定基础。

第七章　十艺节与国际重大艺术节比较

一、十艺节与上海国际艺术节比较

上海国际艺术节是由中华人民共和国文化部主办，上海市人民政府承办的国家级国际艺术节。1999 年 11 月举办首届，此后每年一届，迄今连续举办了 15 届。

上海国际艺术节自成立之初就定位为综合性的国际艺术节，现在已经成为我国文化艺术与世界优秀文化艺术交流的平台，是世界著名艺术节之一。十五年来，通过上海国际艺术节的平台，展示了中华文化的精彩，提升了中华文化的形象，同时，通过把世界上经典、优秀的文化引进来，使中华文化和国际上优秀文化有一个交流，促进了文化的融合。

与中国艺术节的流动性不同，上海国际艺术节固定在上海举行，并设立专门的组织管理机构，专事艺术节的组织和日常管理工作。

第 14 届艺术节宣传海报

第十五届上海国际艺术节
国外艺术展演

第十五届上海国际艺术节
邀请赛

第十五届上海国际艺术节
中外群文联欢

1. 组织机构比较：艺术节中心与省筹委会

上海国际艺术节主要由中国上海国际艺术节中心负责每年一届的筹划和运作，并开展对外文化交流活动。该中心的主要职责是：策划、组织、经纪各类文艺演出；制作、出版、发行文化音像制品；开发、经营各类文化产品；提供文化网络信息服务，开展与文化相关的各项产业经营以及文化基金投资运作等。中心内设机构：办公室（综合部）、演出展览部、宣传公关部、资源开发部、网络部、财务部等部门，行使节目统筹、展览推广、演出交易、群众文化、公关策划、新闻宣传、对外联络、票务促销、广告集资、后勤保安、经费运作等各项职能。中心还拥有上海市对外文化交流公司、上海音像出版社、上海国际艺术广告公司、上海国际艺术节公关公司、上海梅兰芳艺术传播公司等文化传媒产业等。

上海国际艺术节与国外大部分艺术节组织机构的模式类似，都是以专门的固定的艺术节机构负责艺术节的运作，且在同一城市里举办，每年一届，艺术节与城市本身充分结合，不断成熟发展，形成了极具特色的城市“文化名片”。而中国艺术节作为三年一届，流动性的全国性大型综合艺术节，主体是不同的主办地政府即时成立的组委会。所以，每一届艺术节都具有不一样的特点，也为每一个主办城市提供了展现自身文化魅力的平台。

中国艺术节组织机构是由省筹委会（艺术节前）和组委会（艺术节期间）组成，筹委会由举办地省市有关部门组成，组委会主要由文化部等有关部门和举办地省市有关部门领导组成。

2. 筹资机制比较：政府为主与市场为主

上海国际艺术节运作的资金来源主要是政府补贴、社会支持、企业赞助、票房收入。与很多艺术节一样，上海国际艺术节也面临着资金缺乏的挑战。艺术节的主要成本是邀请国际团队的花费，国际上的交响乐团出场费都很高，如 2006 年邀请了世界交响乐之首的柏林爱乐乐团来沪演出，两场演出成本为 1200 万元，当时票价最高是 4000 元，最低不到 1000 元，出票率如按 100% 计算，票房为 700 万元，仍有 500 万元的缺口。上海市政府对每一届上海国际艺术节都以拨款、资源和政策扶持等方式予以支持；同时，艺术节中心也主动联手精英企业，结合社会资本力量共同举办上海国际艺术节。据统计，第八届国际艺术节总成本约为 8000 万元至 1 亿元，其中政府补贴占 10% 左右，主要用于群众活动、票价补贴等公益部分。在优惠票的实施方面，政府提供 200 万元补贴，使老百姓以 150 元价购买定价为 200 元的门票。此外， 总成本的 80% ~ 90% 依靠市场运作筹资，其中，约有 70% 来自于票房收入，30% 来自于企业赞助。

近几年来，上海国际艺术节的赞助商一直保持在20位左右，基本都是国内比较知名的企业，而且合作时间较久。企业赞助有以下基本途径：一种是企业参与剧目投资，比如《花木兰》剧目就有企业参与，风险共担，回报共享；另一种是企业赞助，例如赞助艺术节上巴洛克光雕展的中粮集团打“长城干红”品牌，主要是为了争取秋冬季的上海市场；还有一些企业以购票的形式支持。从第五届艺术节开始，首次出现了“全程合作伙伴”的形式——即企业的名称可以和艺术节的logo（商标）一起亮相，广告效果相当好。此外，第九届上海国际艺术节有一个突出变化是文化发展基金会开始介入到艺术节里。国外基金会支持艺术事业是很普遍的现象，虽然我国的文化基金会发展还不是很成熟，但也开始参与文化展演活动中，显示了较好的发展势头。

中国艺术节资金来源主要是政府拨款，由文化部和举办地政府承担主要办节经费，其他部分由主办地通过筹资、吸纳社会资金和票房营销等途径解决。

3. 特色比较：地域特色为主与国际特色为主

上海艺术节有一个显著的特色就是节中节。以第八届上海国际艺术节为例，艺术节分六大板块，包括一些相对比较小的系列性活动或是竞技类的活动，如：亚洲音乐节，主要是亚洲地区青春歌手的比赛和展示；国际魔术比赛和国际魔术节，汇集了魔术界的精英；每两年一次的宝山民间艺术节，是民间群众艺术的展示；另外，国际钢琴比赛、国外文化周等，都涵盖着节中节的概念。第八届中国上海国际艺术节期间，主体舞台演出参演剧（节）目有45台左右，分为世界经典与名家名团、各国风情与特色、中外话剧与哑剧、中华精粹与各地风采、原创与探索五大系列，以及“墨西哥文化周”和“内蒙古文化周”的8台节目，并将同期举办的“全国音乐剧、歌剧、舞剧优秀剧目展演”（20台）纳入参演系列。总共参演节目达73台左右，另还有10余台祝贺剧（节）目。在继续坚持和夯实“经典”和“民族”这两大基础的前提下，追求“高”、“新”品位，凸显亮点和重点。此外，英国BBC交响乐团、悉尼舞蹈团、美国纽约城市芭蕾舞团、斯卡拉歌剧院等国际名团也应邀参加艺术节。中西合璧，民族与世界的融合，可谓精彩纷呈。

中国艺术节在坚持“艺术的盛会、人民的节日”宗旨的同时，允许承办地在艺术节期间（包括开幕式、闭幕式）突出和表现地域特色，形成了丰富多彩的艺术节风格。虽然每届中国艺术节都邀请国（境）外艺术团体参加，但是，与上海国际艺术节相比，国际性显得不足。

二、十艺节与国外艺术节比较

世界各国艺术节大都历史悠久，内容丰富多彩，其中比较著名的有美国林肯中心艺术节、爱丁堡国际艺术节、柏林艺术节、希腊艺术节、维也纳艺术节、萨尔斯堡音乐节、惠灵顿国际艺术节、南非国家艺术节、布拉格民俗艺术节、赫尔辛基艺术节、日本国民艺术节、中国香港艺术节等。美国林肯中心艺术节是由民间经营的大型国际艺术节。每年夏天，林肯中心所主办的林肯中心艺术节，吸引了美国及世界各地表演艺术爱好者的目光。爱丁堡艺术节（Edinburgh Arts Festival）始于 1947 年，是世界大型综合性艺术节之一。由于不断有世界著名艺术家参与，逐渐演变成一个雅俗共赏的艺术盛会。柏林艺术节创立于 1951 年，于每年的 9 月 1 日到 10 月 11 日之间举行，主要演出音乐、舞蹈和戏剧等各类作品，其中歌剧和交响乐是重头戏。维也纳艺术节创立于 1951 年，每年 5 ~ 6 月举行。艺术节以展示和推出国际性的、大制作作品为主要特色。

1. 国外艺术节的组织

（1）爱丁堡艺术节。爱丁堡艺术节由爱丁堡艺术节中心及爱丁堡市政府主办，其组织机构的特点就在于垂直结构和水平结构相结合。爱丁堡艺术节执行委员会由艺术节总监、执行总监、5 位主管、20 ~ 25 位常任委员及超过 200 位的临时工作人员（志愿者）组成。常任委员大都是拥有深厚音乐或戏剧背景的艺术家，在艺术节总监领导下进行艺术节策划组织、整体管理、资金筹措运作及节目筛选等各项工作。管理职能部门人员具体包括行政主管、市场及公共事务主管、演出中心主管、赞助发展主管及联合主管，还设有法律顾问、金融顾问、审计员及银行家等。

（2）林肯中心艺术节。美国林肯艺术中心是纽约最大的一个艺术演出机构，由 12 个演出机构和一个演出中心组成。12 个常驻组织机构中，从电影协会到戏剧音乐舞蹈以及艺术学院，应有尽有。这些组织保留它们各自的艺术特色，安排日常演出。林肯中心艺术节由林肯演出中心调度安排。演出中心可以掌控林肯中心的所有演出，所有演出计划出自林肯演出中心。

2. 国外艺术节的筹资机制

（1）爱丁堡国际艺术节

爱丁堡国际艺术节的经费既有公司赞助，也有政府投资，资金筹措一般以公司赞助与政府投资并重。其主要收入来源有三个：门票销售、赞助与捐赠、地方和中央政府国有部门补贴。近年爱丁堡艺术节主要收入见下图：

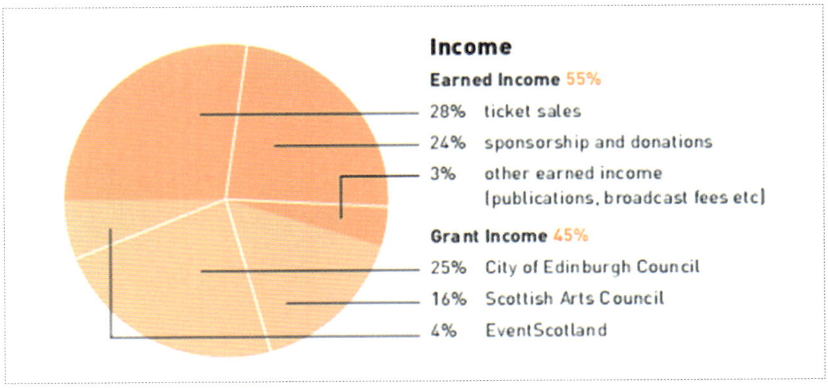

近年爱丁堡艺术节收入来源

如上图所示，艺术节总成本为 798 万英镑，55% 资金来源是通过门票销售、赞助与捐赠等共计 438.9 万英镑：门票销售收入 223.44 万英镑，占总收入的 28%；赞助与捐赠所得 191.52 万英镑，占总收入的 24%；其他收益 23.94 万英镑，占总收入的 3%。另 45% 资金来自国营部门补贴，包括爱丁堡城、苏格兰艺术协会等。

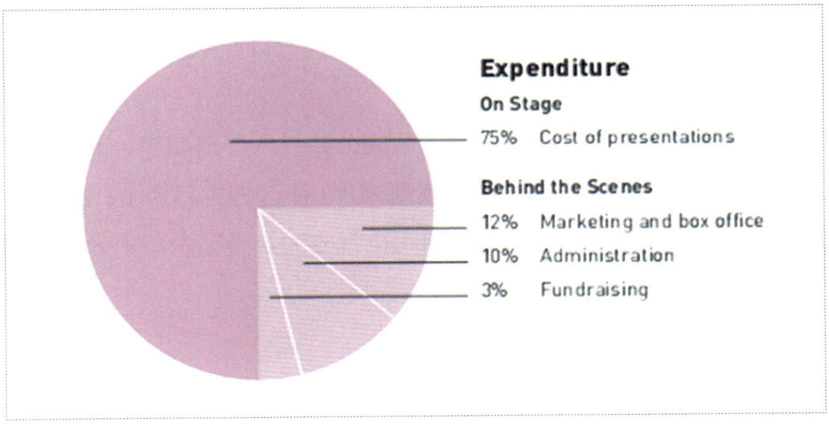

近年爱丁堡艺术节开支情况

如上图所示，主要开支的 75% 被直接用于艺术表演筹备费用上：聘请艺术家及食宿、租用表演场地、技术设施费用（舞台各种事项）等。其他 25% 的预算花费在市场运作宣传、票务、资金流动和行政管理方面。

（2）美国艺术节筹资机制

美国各种艺术节的资金筹措机制比较特殊，很少有大型的国家资助，艺术活动大都是私人资助。近 10 年来美国各种艺术节资助情况见下表：

表：近十年来美国艺术节资助情况

资助来源	占总资助的份额	备　注
联邦政府	2%	各级政府的投入共占 10%
州政府	2%	
地方政府	6%	
个人捐赠	20%	来自民间的资助和捐赠共占 40%
基金会捐赠	13%	
公司资助	7%	
营业收入	50%	

注：本表是在多年数据的基础上估算的。

与欧洲模式相比，美国的艺术节筹资机制是复杂、分散、多样和动态的，它结合了联邦、州、地方政府的公共资助和来自个人、公司、基金会的民间资助，还有演出票房收入。总体说来，美国各种艺术节大约有一半收入是通过票房或是销售而取得，其余是捐赠所得，绝大部分捐赠来自民间。与世界其他国家相比，美国的市场化运作更加成熟有效。

研究发现，近年来，世界各国对艺术节的公共投入普遍减少，而赞助、票房收入、商品销售以及服务收入等其他收入来源逐渐增加。在这种大趋势下，各类艺术节对人才、资金和观众的争夺将日益激烈。高质、创新也就成为众多艺术节一分高下的最终法宝。

3. 国际艺术节的特色和定位

世界上各国艺术节的演出与内容，都是根据他们本国的特点而有所不同。比如安德拉艺术节主要是以前卫艺术、先锋艺术为主，在世界上形成自己的品牌；好莱坞爵士音乐节，融合了美国的文化和创造力，是美国理想的完美体现。而爱丁堡艺术节，则是雍容华贵又雅俗共赏的盛会。爱丁堡艺术节经过半个世纪的发展，已从最初的一个节发展为如今的爱丁堡国际艺术节、边缘艺术节、军乐节、国际图书节、国际电影节、国际爵士乐节、视觉艺术节和多元文化节等 11 个独立的节日。爱丁堡艺术节和法国亚维侬艺术节一样，在正式邀请的节目以外，还设有艺术节之外的边缘艺术节——“爱丁堡艺穗节”（Edinburgh Festival Fringe）。“艺穗节”代表的就是群众文化，区别于主流文化和艺术家的文化。而国际艺术节也由原来强调主题音乐性，走向融合戏剧、舞蹈与平面艺术的多元综合艺术节。

三、国内外艺术节对中国艺术节的启示

纵观国内外艺术节的办节理念与办节机制，我们可以看到与中国艺术节的相同之处和不同之处。尤其是对比国际成熟的艺术节，有许多值得我们学习和借鉴的经验，也反衬出中国艺术节值得改进的地方。

作为中国最大的国家级艺术节，十艺节充分借鉴了前九届中国艺术节的办节经验，增强市场观念，强化开放意识、竞争意识和品牌意识，走出了一条政府主导与市场运作相结合、既符合艺术规律又适应市场经济的办节新路。十艺节集中展示了中国文化艺术的成果，也是中国文化在本年度的一次高潮演出，然而在与上海艺术节以及国外艺术节的比较中，仍然存在一些不足。本文就此提出如下参考建议：

1. 建立成熟的赞助机制，完善相应免税措施

对于十艺节，中央与地方政府投入较大，但企业赞助方面还是显得不足。究其原因，在于缺少成熟的赞助机制。在国外，公司赞助艺术节看重的是社会效应和企业的社会形象。如爱丁堡艺术节每个节目后面都有一个比较有名的企业的 logo（商标），企业与艺术节长期挂钩。我国艺术节企业赞助的特点主要表现为短期促销行为和个人关系痕迹，这给艺术节的市场化运作带来较大难度。由于中国企业赞助文化事业免税的相关法规还不够完善，落实困难， 导致企业尤其是大型知名企业赞助文化积极性不高。在国外，政府为了鼓励企业赞助艺术节，很多国家给予相应的免税措施，比如新加坡艺术节参与赞助的企业，可以享受双倍免税。在美国，为文艺活动提供各种赞助的非营利性组织超过 50 万家。反观国内非营利性组织不够发达的现实，我国政府应该借鉴国外的做法，尽快出台和完善切实有效的免税政策和优惠措施，鼓励各类企业和个人赞助文化艺术事业和艺术节的行为。此外，政府还可以支持健全中国艺术节专项基金会，让全国及世界知名企业参与，成为国家艺术节的经济后援。

2. 强化文化产品市场营销理念，探索扩展市场营销路径

十艺节的优惠票销售场面火爆，反映了民间蕴藏着的巨大文化需求。这也表明，公共文化服务本身也可以创造出巨大的市场需求。政府的有效引导，既可以为群众提供更多更好的公共文化产品和服务，又可以促进文化产业的快速发展。十艺节期间，演艺产品市场化虽然取得了不菲成绩，但是相较于国外成熟的演出市场，我国的演艺产品交易渠道较窄、演艺产品所衍生的产业链较短，整个营销市场仍不够广阔。正如肯尼迪表演艺术中心总裁迈克尔·M·恺撒所说，中国的艺术机构都很少花时间去思

考如何进行营销。美国艺术节因为缺少政府的支持，使得美国的艺术管理者探索出一套行之有效的市场营销方法，美国艺术管理者的经验值得中国艺术管理者借鉴。

3. 突出艺术亮点，形成个性名片

十艺节虽然在一定程度上表现了齐鲁文化，但是艺术节本身仍是综合性的，面面俱到，不利于突出亮点、形成品牌。每一届中国艺术节都应该突出个性：第一，可以举办地城市的文化特色为基调，将艺术节与城市充分融合，通过艺术节的展现，形成城市的特色名片，并将这一理念贯穿于整个艺术节的宣传、开幕式、闭幕式等各个方面；第二，可以突出某一个艺术主题，在此类艺术形式的作品演出上集中宣传、展示。在国外，艺术节的主题一般非常明确，如2004年林肯中心艺术节就以“纪念莫扎特”为主题，整个艺术节中的音乐会演出都基本与这个主题密切相关。

4. 减少文化贸易逆差，推动民族艺术走出去

中国艺术节每年都要请来一批著名的港澳台及外国艺术团体，观众反响热烈，深受好评。但在艺术节的演出交易会上，还是存在明显的文化贸易逆差，引进多，输出少。应努力通过演出交易会的平台，加大优秀文化产品的交易和输出，减少我国的文化贸易逆差。在引进国外经典剧目的同时，更要注重把优秀文化和经典剧目推荐到国外，让世界看到中国传统艺术的魅力。这既是宣传中国文化软实力的需要，也是我国发展文化产业的需要。

第八章　后十艺节效应研究

中国国家艺术节对举办省、举办城市的政治、经济、文化和社会各方面都具有深远的影响，其价值远远超越了文化的范畴，历届国家艺术节遗产对举办省、举办城市的各个领域更有持久的积极效应。如何充分开发和利用十艺节的价值，充分发挥后十艺节效应，以促进和激发山东省的政治、经济、社会以及文化事业的发展，是当前和今后需要深入研究的一个重大课题。

十艺节是党的十八大之后举办的第一个国家级艺术盛会，山东省在十艺节上创造了历史最好成绩，增强了全社会的文化自觉和文化自信；文化基础设施建设力度空前，公共文化服务体系日趋完善；文化艺术创作全面繁荣，涌现出一大批精品力作；文化机制创新步伐加快，文化产业发展取得新突破；服务保障和舆论宣传及时到位，充分展示了山东良好形象，有力推进了文化强省建设，为山东省乃至全国文化建设留下了宝贵财富。

十艺节是山东人民精神、情感经历的一次洗礼。从申办到筹办、举办，在这一历史事件的每一阶段，全省上下都发自内心地期待十艺节、支持十艺节，通过对城乡人民素质、文化环境、文化生活等方面的积极影响，吸引尽可能多的民众参与文化活动。十艺节的筹备过程也是提高群众文化意识、增强艺术素质、养成文明习惯的过程。山东文化艺术工作者在十艺节取得历史性突破，获得夺奖与筹办双丰收，文化惠民也达到了较高水平，向全国充分展示了博大精深的齐鲁文化，让八方来宾体验了文化山东的底蕴和好客山东的热情，在展示山东形象、践行新时期山东精神、推动文化大发展大繁荣方面取得了巨大成功。

一、后十艺节效应目标与任务

十艺节已经画上了一个圆满的句号，十艺节后把握国家艺术节契机进行后续发展，是山东经济文化强省建设的一个重要课题。

1. 目标

以党的十八大精神为指引，认真学习贯彻十八届三中全会关于深化文化体制改革精神，学习贯彻习近平总书记系列重要讲话和视察山东重要讲话精神，积极培育和践行社会主义核心价值观，发扬十艺节形成的优良机制，放大十艺节效应，努力形成推进文化改革发展的长效机制，在完善文化管理体制、建立健全现代文化市场体系、构建现代公共文化服务体系、提高文化开放水平等方面出实招、求突破、见成效，使山东文化体制机制改革创新、文化事业和文化产业繁荣发展等各方面走在全国前列。

2. 任务

认真总结十艺节创造的宝贵经验和良好作风，紧紧围绕加快文化强省建设，努力认真落实文化部、山东省政府签订的《关于合作推进山东文化强省建设框架协议》，紧紧围绕打造全国重要区域性文化中心、各项工作进入全国第一方阵这“一大目标”，抢抓科学发展和十艺节“两大机遇”，大力实施精品带动、人才振兴、创新驱动“三大战略”，突出艺术创作、文化设施建设、服务水平提升、文化产业发展、文化市场繁荣、文化区域建设、文化遗产保护、文化宣传推介、齐鲁文化走出去、文化队伍建设等“十项重点”，整体创建国家公共文化服务体系示范区，实现山东文化强省建设新跨越。

二、实施文化艺术事业繁荣发展五大工程

通过举办十艺节，山东省各级党委统一领导、党政齐抓共管、宣传文化部门组织协调、有关部门分工负责、社会力量积极参与的“大文化”格局进一步形成。后十艺节时期，进一步探索建立政府与社会相结合推动文化建设机制、面向全国整合资源的艺术创作机制、重点创作工程部门合作机制、社会筹资开放办节机制、票务营销市场运作机制、演出剧场院线制等新机制，规划、实施山东整体创建国家公共文化服务体系示范区、文艺创作与科学评价、舞台艺术持续发展“4+1”工程、农村（社区）文化小广场建设、一村一年一场戏等五大工程，推动文化艺术事业持续繁荣发展。

1. 整体创建国家公共文化服务体系示范区工程

整体创建国家公共文化服务体系示范区，进一步推进后十艺节长效机制建设，突出文化工作重点，全面提升公共文化服务能力和水平，使山东公共文化服务体系建设

更加完善，网络更加健全、结构更加合理、发展更加均衡、运行更加规范，服务更加有效，全省公共文化服务体系基本健全，实现公共文化服务运行机制、设施网络、服务队伍、产品提供、活动组织等公共文化服务等各方面要素的有机统一，为经济文化强省建设打下坚实基础。按照目前全省公共文化服务体系建设的总体部署，力争在两年时间内，创建一批国家公共文化服务体系示范区（市、县区），建设一批省级公共文化服务体系示范区，实现全省所有市、县基本达到国家示范区标准的目标，乡镇综合文化站和村文化大院在基本覆盖的基础上，科学管理、规范运行，15～20分钟公共文化服务圈建设基本完成，以全省名义整体向文化部和财政部申报国家公共文化服务体系示范区。

2. 实施繁荣文艺创作与评价工程

繁荣文艺创作活动，坚持以人民为中心的创作导向，围绕传播弘扬社会主义核心价值观，加强选题策划和主题创作，组织开展“中国梦”主题、重大节庆活动、社会主义新山东建设、山东优秀历史题材、山东美术精品创作、善行义举四德工程等人民群众喜闻乐见的艺术创作活动，推出一批弘扬爱国主义、集体主义、社会主义思想和当代中国价值观念的优秀作品，大力弘扬真善美，发挥文艺作品在传播弘扬社会主义核心价值观中的载体作用。

建立健全文艺评价机制，坚持正确的价值取向，把遵循社会主义先进文化前进方向、社会效益显著、人民群众满意作为评价作品的最高标准，建立公开、公平、公正评价机制；加强文艺评论工作，树立正确的文艺批评导向，倡导“清新自然、淳朴简约”，自觉抵制低俗之风；按照中央和省委省政府的要求，精简文化类评比达标表彰项目，改进山东省文化创新奖、孔子文化奖等评奖机制，进一步提升文化艺术的品牌感召力。

3. 实施舞台艺术持续发展“4+1”工程

为保持目前全省舞台艺术创作的良好发展势头，促进舞台艺术长期稳定发展，参照文化部和兄弟省市的做法，以实施繁荣山东舞台艺术“4+1 工程”为抓手，建立推动全省舞台艺术繁荣发展的政策体系，形成长效机制。“4+1 工程”包括：舞台艺术精品工程、地方戏振兴与京剧扶持工程、优秀保留剧目工程、舞台艺术英才培育工程，以及支持鼓励优秀剧目、优秀人才参加国内外重大艺术比赛和评奖活动的激励政策。

通过实施“舞台艺术精品工程”，全省有 10 台精品剧目居全国一流水平，在全国有重大影响；有 100 个常演不衰的优秀剧目；有 1000 个左右的各艺术门类的剧本作为储备，并不断更新。通过实施“地方戏曲振兴与京剧扶持工程”，利用 5 ~ 10 年的时间，逐步建立起管理规范、运行科学、保障有力、市场活跃、人才水平明显提高、剧目创作普遍繁荣的戏曲事业发展新机制。通过实施“优秀保留剧目工程”，不仅要推出大量的新创作剧目，更要让新创作剧目能够立得住、留得下，广泛流传，服务人民，产生应有的社会效益。全省新中国成立以来创作生产的剧目要达到 1000 场，改革开放（1978 年）以来创作生产的剧目要达到 600 场，2000 年以来创作生产的剧目要达到 400 场。通过实施“舞台艺术英才培育工程”，经过 5 ~ 10 年的持续努力，做到各艺术门类均有在全国有影响力的领军人物，有一批专业和行当齐全的中青年业务骨干，有一批崭露头角的青年艺术新秀，逐步形成一支结构合理、实力雄厚的艺术人才队伍。制定、出台支持鼓励山东优秀剧目、优秀人才参加国内外重大艺术比赛和评奖活动的激励政策，建立长效机制，对在国际和全国重要艺术比赛、评奖中获奖的优秀剧（节）目、优秀艺术人才予以奖励和资助，充分利用奖励平台展示山东艺术创作成果，推动山东艺术创作生产和人才培养，提升山东整体文化形象。

4. 实施农村（社区）文化小广场建设工程

通过建设完善农村（社区）文化广场，组织开展丰富多彩、各具特色的广场文化展示活动，充分发挥文化广场的文化载体功能，培养一批群众文化活动骨干，挖掘和创作一批群众喜闻乐见的文艺作品，营造团结和谐、奋发进取的文化氛围，打造公共文化服务的新亮点、新品牌，带动全省农村和城市社区文化全面繁荣，为保障广大群众文化权益、建设经济文化强省做出贡献。

实施“农村（社区）文化广场建设工程”，坚持政府主导、社会参与的原则，充分发挥公共财政在农村文化广场建设中的主导作用，积极吸收社会各方面的力量参与文化广场建设，形成工作合力；坚持因地制宜、实事求是的原则，广场建设合理选址，整合利用各方面的资源，积极探索实施符合本地实际的文化广场建设方式，提高利用率；坚持循序渐进、典型带动的原则，通过典型的引导，带动全省面上工作的开展；坚持文化惠民、厉行节约的原则，将群众得到实惠作为文化广场建设的出发点和落脚点，杜绝重复建设和浪费，提高群众满意度。力争利用两年的时间，每个农村（社区）建设一个文化小广场、培养一支文化活动队伍、配备一批文化娱乐设备、培育一批文化品牌项目、建立一套文化运行机制。建立一套包括硬件建设、队伍培养、活动组织、群众参与等各方面工作为一体的长效运行机制，带动整个农村（社区）文化广场建设工程的深入实施，实现农村和城市社区文化小广场建设的全覆盖。

5. 开展“一村一年一场戏”送戏下乡工程

吸引和激励各级各类文艺演出团体深入农村，开展内容精美、形式多样的文艺演出，丰富农民群众精神文化生活，进一步健全农村公共文化服务体系，建立和完善繁荣农村地区文化演出活动的长效机制，有效地实现广大农民群众共享文化发展成果的目标，用社会主义先进文化占领农村文化阵地，推动农村精神文明建设，推进全省经济、社会、文化全面发展。“一村一年一场戏”送戏下乡工程，紧紧围绕社会主义新农村建设要求，坚持社会主义先进文化前进方向，坚持社会效益第一，以满足广大农民群众不断增长的精神文化需求为目标，按照“政府购买、市场运作、院团演出、农民受惠”的总体思路，深化农村文艺演出改革，探索建立多种所有制、多种演出主体和多种演艺方式相结合的送戏下乡长效机制，从根本上解决广大农民群众“看戏难”的问题，实现和保障农民群众的基本文化权益，推进社会主义新农村建设进程。

“一村一年一场戏”送戏下乡工程的目标任务是，丰富农村文化生活，培育送戏下乡演出主体，建立公益演出补贴制度，逐步形成以国有文艺院团为骨干，以民营职业剧团、艺术馆文艺队及其他社会演出团体为补充的农村演出长效机制。利用三年多的时间，基本实现全省行政村“一村一年一场戏”的公益服务目标。具体活动运营方法包括：以科学合理的组织形式，把最受群众欢迎的文艺演出送到全省广大农村；演出内容可以是戏曲整台剧目，也可以是歌舞、杂技、曲艺、综艺演出等其他艺术形式；加强对基层文艺人才辅导，培训农村文艺骨干，增强基层文化造血功能；建立“一村一年一场戏”网络信息管理系统，对公益演出活动实行宏观管理和调控；实行公开透明的阳光采购和“菜单式”服务；整合全省演艺团体、演出机构资源，通过演艺院线完备的运作系统和科学的管理体系，统一品牌、统一经营、统一管理，完善送戏下乡的服务环节；村落密集地区采取“联村演出”方式，将演出安排在一个中心村落，一个台口、不同剧目、连演数场，周边村落可就近集中观看演出，形成一个文化“圈”；对于偏远、分散的小型村落，可采取小分队演出形式，满足群众的观赏需求。

三、实施文化产业振兴发展工程

文化产业是国民经济的重要组成部分，为进一步贯彻落实中央和省委省政府关于转变经济发展方式、加快文化产业发展的部署要求，推动山东文化产业的振兴发展，促进文化强省建设，必须加快文化产业振兴发展。

推进文化产业振兴发展，坚持把社会效益放在首位，努力实现社会效益和经济效益的统一，以山东文化资源富集的优势，推动形成具有山东特色的现代文化产业发展格局，提升文化山东品牌形象，推动文化产业跨越发展。今后五年，实现文化产业增加值在现代服务业增加值的占比逐年提高，增速高于全省国民生产总值的增长速度。打造一批结构布局合理、科技含量高、竞争力强的文化产业集聚区，形成布局结构更加合理、市场主体更加完善、品牌优势更加明显的现代文化产业格局。

1. 发展重点文化艺术产业

文化艺术产业是以文化艺术为载体，通过对演艺、动漫、艺术品、非物质文化遗产生产性保护等领域文化资源的整合开发、生产经营，提供满足群众精神文化需求的文化艺术产品和服务。加大扶持力度，完善产业政策，发挥文化艺术产业在推动文化产业成为国民经济支柱性产业中的重要作用，提升文化产业示范园区、基地的集约化水平和综合竞争力。演艺产业以全省 187 家院团、剧院、演艺中介和传媒机构加盟为核心，重点发展山东演艺联盟，建立剧场院线、票务系统、联盟理事会三位一体的大型演艺产业发展平台，建设多层次、多业态的演艺综合体，盘活全省场馆、院团资源。艺术品产业重点发展大型艺术品产业特色基地、产业园区和专业化市场，形成以特色基地为中心、优势产业为支柱、龙头企业为依托、重点产品为骨干的艺术品产业体系。动漫产业重点加强国家和省级动漫产业基地建设，注重动漫原创及衍生品开发，促进形成集动漫创作、研发、制作、出版、发行、教育培训、播出和衍生产品生产经营等于一体的比较完整的产业链条。重点建设一批非物质文化遗产生产性保护基础设施，结合发展文化旅游、民俗节庆活动等开展生产性保护，促进其良性发展。

2. 建设一批文化产业集聚区

通过资源整合，建设一批集聚一定数量文化企业、具有较大产业规模、能够提供相应基础设施保障和公共服务的文化艺术产业集聚区。演艺产业要把转企改制与兼并重组结合起来，整合优质演艺资源，多方筹措资金，支持建设集专业剧场、实验剧场、亲子剧场、音乐厅、演艺创意孵化基地、教育培训中心、文化休闲娱乐及商业配套服务于一体的大型演艺综合体。动漫产业要充分发挥济南、青岛、烟台三个国家级动漫产业基地的辐射带动作用，在项目申报、市场融资、产业整合等方面加大支持力度。推动动漫主题园区建设，打造集创意研发、生产销售、产业拓展、人才培训于一体的动漫产业集群。艺术品产业要发挥地域特色，强化产业集聚效应，对济南英雄山文化市场、青岛油画城、淄博荣宝斋书画城、曲阜古玩市场、青州书画市场等建设发展加强行业指导，着力打造 20 家以上具有齐鲁特色、在全国具有影响力的艺术品生产和销售基地。非遗生产性保护要充分发挥国家级、省级、市级非物质文化遗产示范基地的示范、带动作用，积极探索和总结非物质文化遗产生产性保护的做法和经验，创造独具山东特色的非遗生产性保护模式。

3. 培育一批骨干文化企业

坚持政府引导、市场运作，科学规划、合理布局，培育一批特色鲜明、竞争力强、成长性好的文化艺术骨干企业。以山东演艺集团为依托，成立山东演艺联盟发展有限公司，致力于发展合作共赢、资源与市场高效对接的大型演艺实体。以国家动漫产业基地为依托，支持和壮大国有动漫企业，发挥其在发展产业和繁荣市场方面的主导作用。以国有美术馆、画院及艺术品经营机构为依托，发挥资源优势和地域特色，重点抓好书画、古玩、木版年画、艺术陶瓷、木雕、石雕、柳编等优势产业的发展。以国家级非遗项目为依托，重点扶持一批成长性好、市场潜力大、具有出口创汇前景的非遗生产性保护企业，鼓励提升技艺传承的科技含量，壮大企业规模，带动相关产业发展。

4. 培育一批重大文化产业项目

以文化企业为主体，充分调动社会各方力量，加快建设一批具有产业拉动作用和示范效应的重大文化产业项目。集中优势演艺资源，扶持重点旅游演艺项目，支持国家级动漫基地山东省动漫公共技术和信息服务平台建设，推进潍坊中动动漫产业基地、济宁雅泰国际动漫城等项目建设。依托山东文化产权交易所，建设集交易、展示原创艺术品及衍生品、艺术品拍卖、版权交易等功能于一体的山东艺术品网上交易中心，扶持建设中国（潍坊）世界文化艺术品中心、青岛油画城等项目。重点建设济南非遗博览园、台儿庄古城非遗博览园、潍水文化生态保护实验区、济宁邹鲁文化生态保护实验区建设，使其成为项目全、档次高、服务设施齐全、吸纳就业能力强的非遗博览交易主题园区。

5. 打造一批文化产业品牌

发挥省直国有文艺院团的主力军作用，借助十艺节持续效应，打造以《百姓书记》、《瑞蚨祥》、《红高粱》、《聊斋遗梦》等为代表的齐鲁戏剧品牌；以《粉墨》、《封禅大典》、《神游华夏》、《菩提东行》、《泰山情缘》、《梦回琴岛》等为主体，打造具有山东特色的大型旅游演艺品牌。在艺术品产业领域，重点打造形成齐鲁画派，以及淄博艺术陶瓷、潍坊风筝、曲阜木雕、滨州贝壳瓷等一批具有较高知名度的艺术品产业品牌。在动漫产业领域，打造原创动漫及动漫衍生品品牌，促进文化艺术产业品牌的优化升级。

四、实施优秀传统文化传承工程

2013年11月26日，习近平总书记视察孔子研究院，召开座谈会并发表重要讲话，发出了中央高度重视中华优秀传统文化的重要信息。总书记的讲话深刻阐述了中华优秀传统文化的历史地位和重大作用，明确提出以马克思主义的立场、观点和方法来正确对待中华民族优秀传统文化，充分肯定孔子及儒家思想是中华民族传统文化的重要组成部分，要求通过孔子及儒家思想的研究与传播正确认识和解读历史的中国和当代的中国、进一步做到“四个讲清楚”，突出强调中华文化是中国特色社会主义植根其中的丰厚土壤。这为发挥“后十艺节效应”，传承中华优秀传统文化指明了方向。

山东省深入学习贯彻习总书记重要讲话精神，增强责任意识、担当精神和使命感，在弘扬中华传统优秀文化、建设社会主义核心价值体系、创造中华文化新的辉煌过程中，在加强孔子思想研究与传播、形成中华文化强大软实力过程中，起到带头作用，做中华文化的忠实继承者、薪火传承者，做先进文化的积极倡导者和发展者。今后，山东将进一步强化孔子及儒家思想研究传播体系，实施古籍发掘整理研究、东夷文化溯源、尼山书院等文化工程，推进曲阜文化经济特区建设，加强优秀传统文化的宣传和普及，进一步发挥文化传承创新在国民教育中的基础性作用，促进优秀传统文化传承体系建设。

1. 加强孔子及儒家思想研究传播体系建设

发挥山东“孔孟之乡”在建设“世界儒学研究交流中心，组织引领国际儒学研究”的重要作用，加强孔子和儒学的研究、应用与传播，使其在新的时代条件下发挥积极影响，推动儒家思想与当代文化的融合，弘扬中华优秀传统文化，努力发挥在东亚儒家文化圈的主导作用。一是设立“儒学研究”、“孔子文化传播”等省文化艺术科学重点学科，组织开展“孔子思想与当代中国研究”、“孔子及儒家文化传播”、“儒学与当代文化研究”、“孔孟文化数字信息展示系统”等重大课题研究，加快推进孔孟文化数字信息系统世界银行贷款项目，积极推进儒家思想学术研究基地和传播基地建设。二是办好尼山世界文明论坛、世界儒学大会、孔子文化奖评选和国际儒学论坛，加快海外中国文化中心“尼山书屋”建设，推进儒学国际性研究、交流与传播。三是加强与山东大学儒学高等研究院、曲阜师范大学、孔子研究院和国内外儒学研究协作体的深度合作，整合儒学研究力量，着力打造世界儒学研究学术高地。四是充分发挥齐鲁文化顾问和省图书馆、博物馆、美术馆、文化馆“大师引进工程”作用，深入挖掘整理儒家文化和齐鲁文化，大力提升“四馆”学术研究、文化交流、人才培养和文化宣传水平，使“四馆”成为继承优秀传统文化、弘扬时代精神的文化重镇。五是发挥省图书馆大明湖老馆“奎虚书藏”作用，建设国学图书资料中心和市民国学讲坛。

2. 实施四大文化传承展示工程

一是古籍发掘整理研究工程，加强馆藏珍贵古籍的研究整理，实施大型古籍整理出版项目，落实“海外儒学文献回归计划”和“齐鲁珍贵地方文献回归计划”，对回归文献进行研究、揭示，充分发挥珍贵古籍文献在弘扬传统文化和建设社会主义核心价值体系中的作用。二是东夷文化溯源工程，加强东夷文化的考古发掘、历史文物研究，开展“文字起源与东夷文化”等系列学术研讨活动，系统深入发掘东夷文化的起源意义、思想价值和文脉传承，对东夷文化进行固化展陈展示。三是齐鲁文化重大题材艺术创作工程，以儒家文化、道家文化、兵家文化、法家文化、墨家文化、齐文化、鲁文化等齐鲁大地古代历史文明为主题，以海岱文化、运河文化、黄河文化、红色文化等山东区域文化为重点，结合山东重大历史事件、重要历史名人、经典历史故事等题材，实施齐鲁文化重大题材艺术创作工程，组织文学、戏曲戏剧、广播影视、音乐舞蹈、美术、新媒体等精品创作，多视角展示灿烂多姿的齐鲁传统文化。四是孔子及儒家思想展示工程，充实完善山东博物馆孔子文化展的展陈理念、展陈方式，更加全面地展示孔子思想的文化渊源，儒家学派的创立、形成与传播，儒家思想的当代价值等，筹办“斯文在兹·孔子及儒家思想展”；做好孔子研究院《大哉孔子》展览。

3. 创新推进“图书馆 + 书院”公共文化服务模式

在全省创新推进“图书馆 + 书院”的公共文化服务模式，在各级图书馆建设尼山书院，充分发挥全省公共图书馆在传承文明、教育群众、引领风尚中的重要作用，继承弘扬中华优秀传统文化，培育践行社会主义核心价值观，让古老书院在现代图书馆中焕发青春，让藏在图书馆的文献典籍利用书院走近百姓，提高公共图书馆的文化服务能力，实现优秀传统文化的创造性转化、创新性发展。全省“图书馆 + 书院”文化服务模式，打通古今，将“尼山书院”模式融入山东省现代公共图书馆服务体系，广泛开展经典诵读、国学普及、礼乐教化、道德实践、情趣培养等五大文化传承活动，使现代图书馆充分发挥公共教育功能，成为读书育人、传承礼乐，弘扬优秀传统、加强美德建设的精神家园。2014 年，省图书馆试点先行；到 2015 年底，在全省 150 多个公共图书馆建成尼山书院，并在部分行业图书馆、企业图书馆、民营图书馆中也建设尼山书院；至 2020 年，全省尼山书院联盟建立健全、运行规范，形成山东孔子故乡独有的特色与优势，形成全国甚至国际知名的文化品牌。

4. 加强曲阜文化圣地建设

加大曲阜片区文化遗产保护力度，推进曲阜文化经济特区建设及曲阜国家级文化产业示范园区建设，发挥促进文化与经济融合发展；总结归纳影响中国几千年的美德体系，与社会主义核心价值观有机结合，形成新时期道德规范；开展道德实践，积极推进“四德”建设，真正使孔孟之乡成为文化建设的首善之区、中华民族的精神家园、大家心向往之的文化圣地；实施孔子文化品牌战略，形成儒韵民风彰显、公共文化服务健全、文化产业发达、对外影响力大的儒家文化特色创新示范区。

五、实施文化创新工程

创新是文化发展的本质特征和基本规律，更是推动文化大发展大繁荣的不懈动力。党的十八大和十八届三中全会对建设文化强国作出了新部署，对推动文化创新提出了新要求。十艺节成功举办之后，要继续保持科学发展、创新发展的良好态势，在时代的高起点上推动文化内容形式、体制机制、传播手段创新；要结合新的实践和时代的要求，结合人民群众精神文化的需要，遵循文化发展规律，大力开展文化创新，实现新的超越和发展；要紧紧围绕文化改革创新这一主线，把山东省政府文化创新奖作为持续推动文化创新、展示文化创新成果的重大平台，重点奖励在公共文化服务、体制机制改革、文化产业、文化市场、演艺创新、文化遗产保护传承、文化科技、艺术教育、对外文化交流 9 个专业领域中以科学理论、科学方法和科学技术实施创新，积极推动文化创新，并取得良好的社会效益和经济效益，充分发挥政府文化管理服务最高奖的导向激励作用，以期涌现出更多的文化创新成果和创新人才。

1. 加快文化管理体制创新

十八届三中全会把文化改革发展置于整个国民经济和建设社会主义现代化强国的全局中，提出推进文化体制机制创新的各项任务，凸显了文化建设的战略地位。发扬十艺节筹办经验和创新精神，继续卓有成效地推进文化管理体制改革创新，加强文化管理思路、手段、政策与平台创新，坚持依法管理、人性化管理、规范化管理的有机统一，做到管住、管好又管活的有机结合。要加快政府职能转变，按照政企分开、政事分开、管办分开的要求，进一步理顺文化行政部门与文化企事业单位的关系，推动文化行政部门向创造良好发展环境、提供优质公共服务、维护社会公平正义的转变，重点搞好顶层设计、宏观调控、政策制定、社会服务、依法监管、环境营造，而不是直接管理文化企事业单位的具体事务。要创新文化立法思路，将文化立法立足点由偏重市场管理转为保障文化民生，文化立法内容由突出行政性转变为更加注重人文性。重点推动公共文化服务保障条例、文化产业促进条例、非物质文化遗产保护条例等立法工作，要坚持依法行政，做到既不越位也不缺位，切实履行好政府职能。

2. 加强公共文化服务体系创新

“构建现代公共文化服务体系”是党和政府当前和今后一个时期的重要任务，也是整个文化建设的重要内容。要按照省委省政府统一部署，探索全面深化改革新形势下的现代公共文化服务体系建设新机制，创新服务模式和方法，统筹服务设施网络建设，促进基本公共文化服务标准化、均等化。各级各类公共文化场馆要建立法人治理结构，完善绩效考核机制。建立理事会，吸纳有关方面代表、专家、各界群众参与管理。基层公共文化设施要整合宣传文化、党员教育、科学普及、体育健身等设施，通过资源整合建设综合性文化服务中心，并创新管理体制机制。要加强山东 17 个国家公共文化政策研究实验基地的建设，全面及时掌握公共文化服务的创新成果，为制定公共文化政策提供第一手的理论和实践依据，加快完善五级公共文化服务体系建设，积极推进山东整体创建国家公共文化服务示范区。

3. 深化现代文化市场体系创新

“建立健全现代文化市场体系”是十八届三中全会关于文化建设的一项重大理论和实践创新。现代文化市场体系是社会主义先进文化建设的重要保障，对于促进文化产业繁荣发展具有重要的基础性作用。当前，山东文化市场体系已经形成基本框架，各层次要素市场表现活跃，但体制机制创新不足，“有形的手”过多调配了市场资源，致使创新和效率不足。要以转化政府职能为突破口，减少党委政府部门对文化市场的直接干预，“把市场还给市场”，推进统一市场的建立，充分发挥市场在文化资源配置中的决定作用，促进文化资源的自由流动。要以文化市场法制建设为突破口，加强文化市场立法，建构法制化的文化内容监管机制，培育文化市场自律组织和行业协会，推动市场管理机制转型，逐步建立法制化的市场监管体系。要以兼并重组为突破口，发展和壮大市场主体，扶持培育重点企业和龙头企业，打造具有核心竞争力的文化企业和品牌。要结合山东文化市场体量大、市场需求旺盛的特点，重点抓好演艺市场、娱乐市场、动漫市场、网吧市场、艺术品市场、文物市场等的发展，切实抓好文化市场主体培育和文化市场环境创设。

4. 推动对外文化交流创新

加强对外文化交流，提高文化开放水平，是文化改革创新的一项重要内容。我们要认真整合齐鲁历史文化资源，创新运行机制，推动对外文化交流与合作，办好重大系列对外交流活动。要加强理论指导，制定整体规划，统筹国际国内两个市场两种资源，统筹对外文化交流与贸易，努力推动齐鲁文化走出去。要进一步发挥文化企业走出去的主体作用，培育外向型文化企业，支持文化企业到境外开拓市场，探索对外文化交流、对外文化贸易和对外文化宣传的新领域、新模式，形成政府主导、企业主体、社会参与、合作共赢的工作机制，提升齐鲁文化的国际影响力、竞争力。

第九章　十艺节区域经济文化社会发展影响力实证调研报告

为深入了解十艺节对山东经济文化社会的影响，课题组对第十届中国艺术节节前、节中、节后的情况进行全方位深入调查。一方面课题组通过全面跟踪节日活动，深入了解第十届中国艺术节所发生的实际效用，并总结其利弊，推动中国艺术节良性发展；另一方面，课题组以十艺节为载体，深入研究山东省的文化体制改革、文化旅游、文化产业开发、文化强省建设等问题。这些也使本课题研究具有很强的现实意义。

一、调研缘起

（一）本次调研的经过及情况说明

为了解广大社会公众及文化系统相关工作人员对中国艺术节以及山东省举办十艺节的看法，课题组在艺术节举办的前期及举办之后分别对社会公众和文艺工作者进行了问卷调查。

十艺节的举办地涵盖了山东省所有地级城市，本次调研范围包括山东省内的会场所在城市，并重点就济南、青岛、烟台、淄博、德州五市的情况形成专项报告。课题组还选取曾经或即将举办中国艺术节的省市（广东、甘肃、浙江、湖北、北京、上海）进行调研并形成专项报告。

十艺节举办的前、中、后期累计发放问卷1.3万份，实际回收1.2万份。样本量大于常规社会调研样本数。调研内容不仅涉及十艺节的组织、宣传、剧目演出、社会参与程度等，亦涉及与之相关的城市文化设施建设、旅游购物、城市形象和社会发展等相关项目。

（二）本次调研的样本描述

1. 节前调查说明及接受调查的社会公众和文艺工作者的基本情况

十艺节节前调查问卷涵盖了山东省的 5 个主要会场，还选取了曾经举办过中国艺术节的几个代表地——湖北省、甘肃省等作为样本范围，既能形成十艺节的纵向对比，亦能进行中国艺术节之间的横向对比；同时为了保证样本的平均性、覆盖面和有效性，课题组选取了不同层面的各类人群进行问卷调查，主要分为两大类，一类是相关工作者问卷，一类是公众问卷，详见表 9–1。

表 9–1　节前调查问卷发放范围及数量（单位：份）

问卷发放 / 范围	公众问卷		文艺工作者	
	发放数量	有效回收	发放数量	有效回收
济南市	1000	1000	200	200
青岛市	500	500	150	127
烟台市	500	456	–	–
德州市	500	473	100	100
淄博市	500	500	100	100
山东省总计	3000	2929	550	527
湖北省	500	492	–	–
甘肃省	550	544	–	–
北京市	550	510	–	–
上海市	500	425	–	–
浙江省	500	490	–	–
广东省	550	502	–	–
省外总计	3150	2963	–	–

（1）节前省内公众及省外公众基本情况

①节前省内公众基本情况

在有效回收的 2929 份节前公众调查问卷中，从性别上来看，男性占 47.7%，女性占 52.3%，男女比例较为均衡；从年龄上来看，最大的 87 岁，最小的 9 岁，平均年龄 33.8 岁；从婚姻状况来看，已婚者占 54.9%，未婚者占 45.1%；从职业分布上看，公众问卷受访者的职业分布非常广泛，范围涉及社会各个行业各个领域，如工人、农民、商人、教师、学生、医生、公务员、服务员、职员、营业员、个体户、警察、司机等，其中以学生数量最多，其次是教师和工人；从政治面貌来看，中共党员占 19.9%，民主党派人士占 1.3%，群众占 78.8%；从宗教信仰来看，84.8% 的社会公众无宗教信仰，而信仰佛教和基督教的公众相对最多，均为 6.6%，其次是信仰伊斯兰教，为 1.4%，信仰道教人数最少，为 1.4%，这也较客观地反映了中国的基本国情；从居住地来看，来自城区的占 71.2%，郊区占 12.7%，农村占 16.1%；从文化程度上来看，初中及以下的占 16%，高中（中专）占 28.3%，大专占 23.7%，本科占 27.3%，研究生及以上占 4.7%。详见下图：

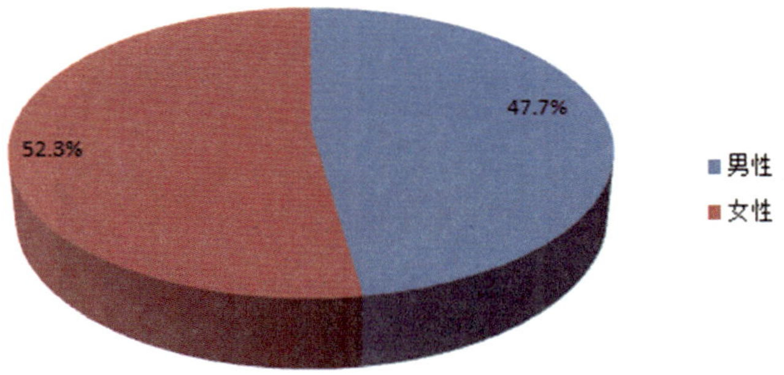

节前省内公众性别分布

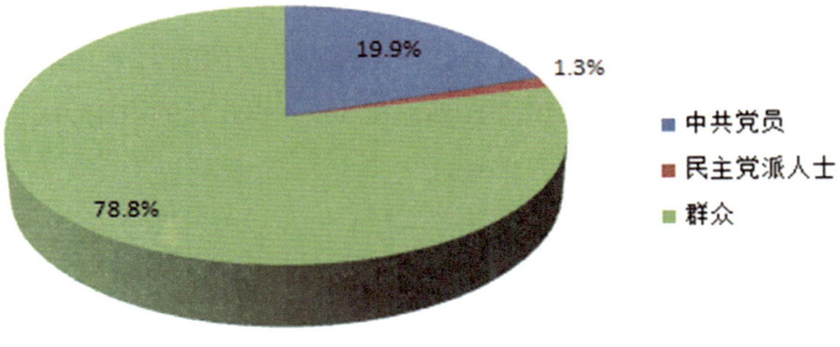

节前省内公众政治面貌分布

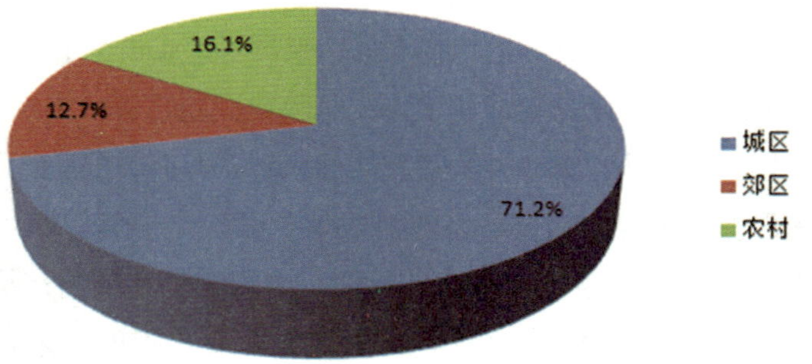

节前省内公众居住地分布

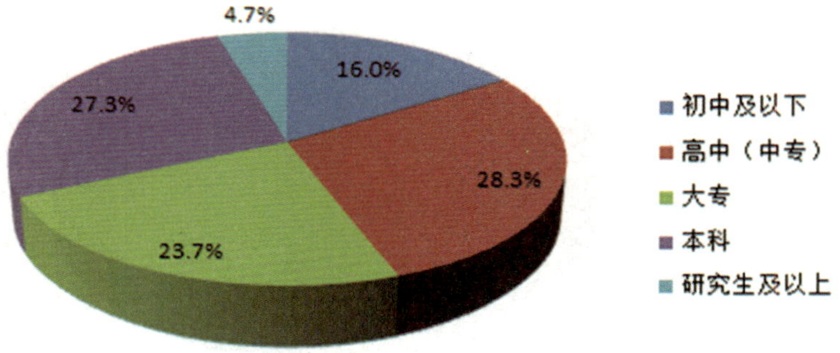

节前省内公众文化程度分布

另外，在接受调查的公众中，2012 年度月平均收入在 1200 元以下的占 27.1%，在 1201～3500 元的占 46.3%，在 3501～5000 元的占 17.7%，在 5001～10000 元的占 6.1%，在 10000 元以上的占 2.8%；2012 年度在文化方面的月平均消费水平在 100 元以下的占 30.4%，101～300 元的占 31.1%，在 301～500 元的占 15.9%，在 501～1000 元的占 11.6%，在 1000 元以上的占 11%。

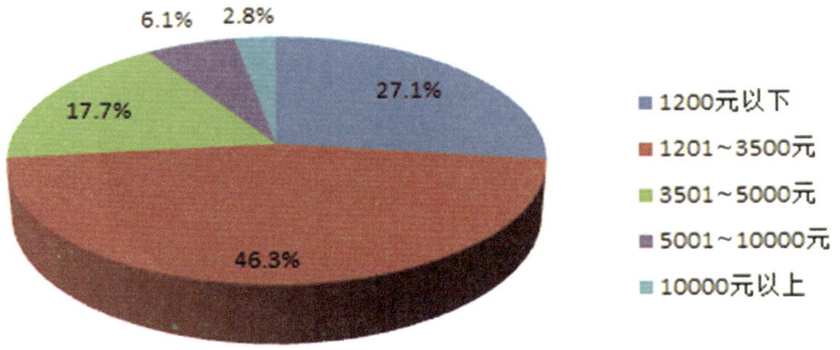

节前省内公众 2012 年度月均收入分布

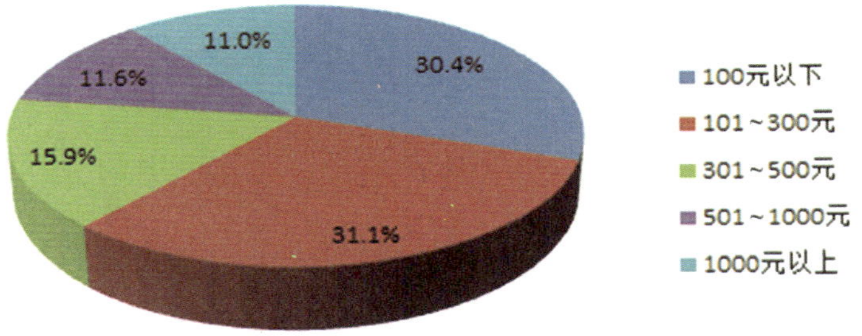

节前省内公众 2012 年度文化方面消费情况

②节前省外公众基本情况

在有效回收的 2963 份省外公众调查问卷中，从性别上来看，男性占 49.4%，女性占 50.6%，男女比例较为均衡；从年龄上来看年龄最小为 7 岁，最大为 85 岁，平均年龄为 28.4 岁，年龄段主要集中在 26 ~ 40 岁；从婚姻状况来看，已婚者占 36.1%，未婚者占 63.9%；从职业分布上看，公众问卷受访者的职业分布非常广泛，范围涉及社会各个行业各个领域，如工人、农民、商人、教师、学生、医生、公务员、服务员、职员、营业员、个体户、警察、司机等，其中以学生数量最多；从政治面貌来看，中共党员占 24.3%，民主党派人士占 2.6%，群众占 73.1%；从宗教信仰来看，81.4% 的社会公众无宗教信仰，而信仰佛教的公众相对最多，为 10.4%，其次是信仰基督教和伊斯兰教，分别为 3.6% 和 2.6%，信仰道教人数最少，仅为 1.9%；从居住地来看，来自城区的占 69.9%，郊区占 13.9%，农村占 16.2%；从文化程度上来看，初中及以下的占 8.1%，高中（中专）占 18.7%，大专占 19.2%，本科占 41.8%，研究生及以上占 12.2%。详见下图：

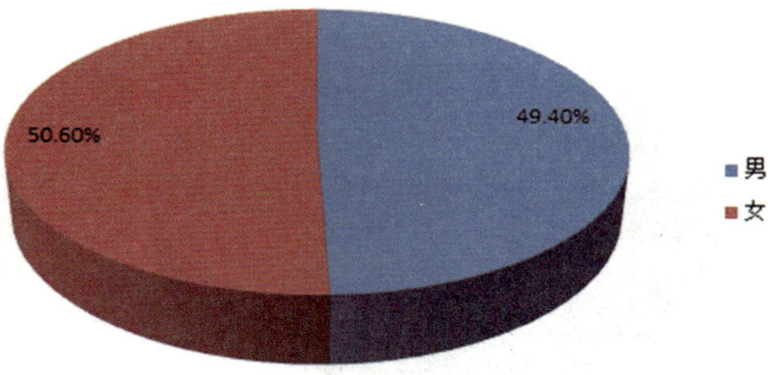

节前省外公众性别分布

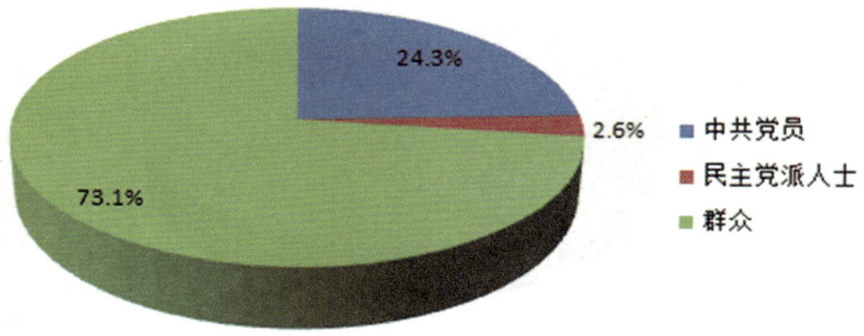

节前省外公众政治面貌分布

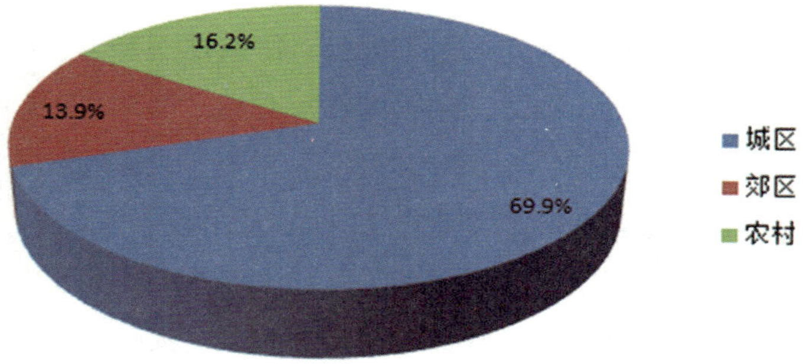

节前省外公众居住地分布

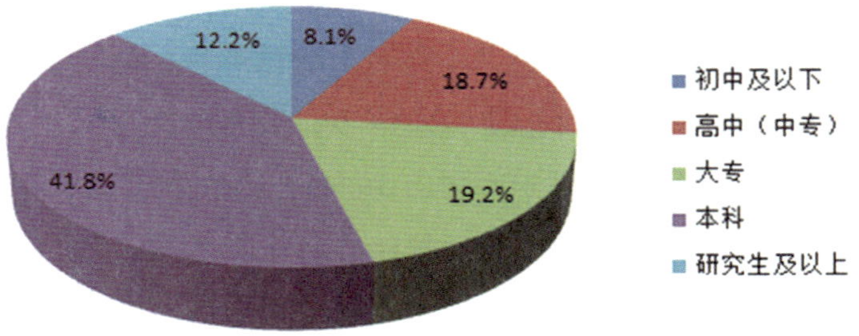

节前省外公众文化程度分布

另外，在接受调查的公众中，2012 年度月均收入在 1200 元以下的占 31.3%，1201 ~ 3500 元的占 30.3%，3501 ~ 5000 元的占 23.4%，5001 ~ 10000 元的占 11.2%，10000 元以上的占 3.8%。2012 年在文化方面的月平均消费水平在 100 元以下的占 21.5%，在 101 ~ 300 元的占 23.5%，在 301 ~ 500 元的占 19.5%，501 ~ 1000 元的占 18.9%，在 1000 元以上的占 16.6%，详见下图：

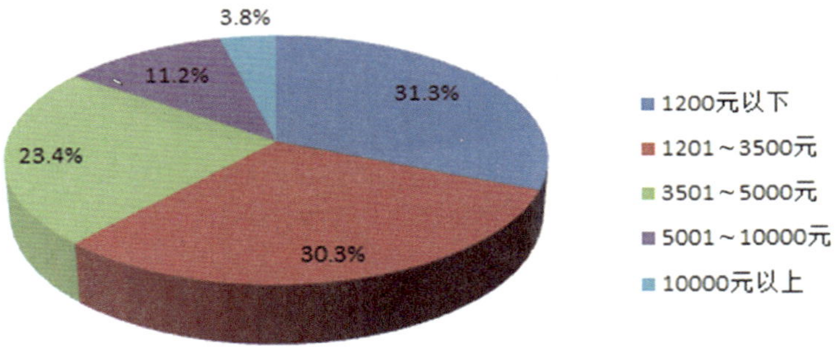

节前省外公众 2012 年度月均收入分布

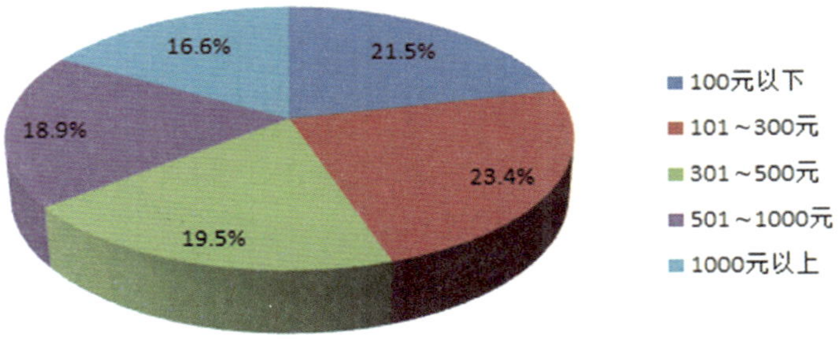

节前省外公众 2012 年在文化方面消费情况

（2）节前文艺工作者基本情况

在有效回收的 527 份节前文艺工作者调查问卷中，从性别上来看，男性占 51.9%，女性占 48.1%；从年龄上来看，最小的 15 岁，最大的 70 岁，平均年龄 36.1 岁；从婚姻状况来看，已婚者占 73.5%，未婚者占 26.5%；从政治面貌来看，中共党员占 37.9%，民主党派人士占 5.5%，群众占 56.6%；从居住地来看，来自城区的占 86.9%，郊区占 8.5%，农村占 4.6%；从文化程度上来看，初中及以下的占 5.8%，高中（中专）占 30.4%，大专占 21.8%，本科占 36.6%，研究生及以上占 5.4%。详见下图：

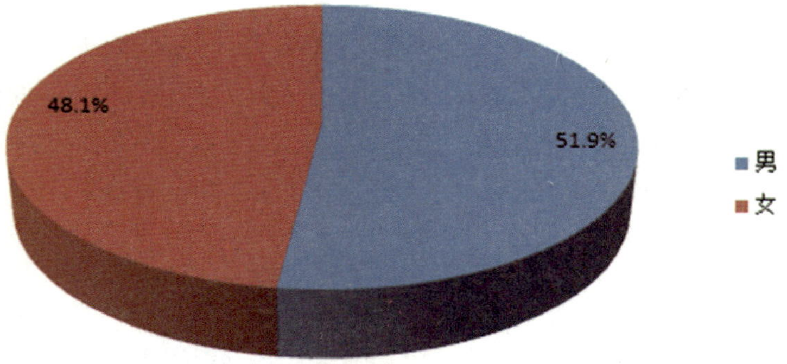

节前文艺工作者性别分布

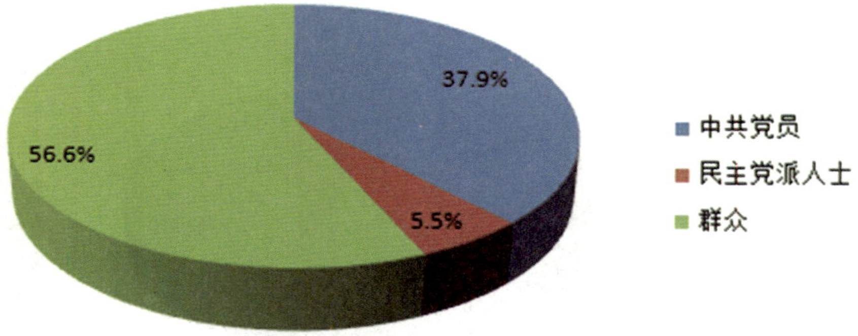

节前文艺工作者政治面貌分布

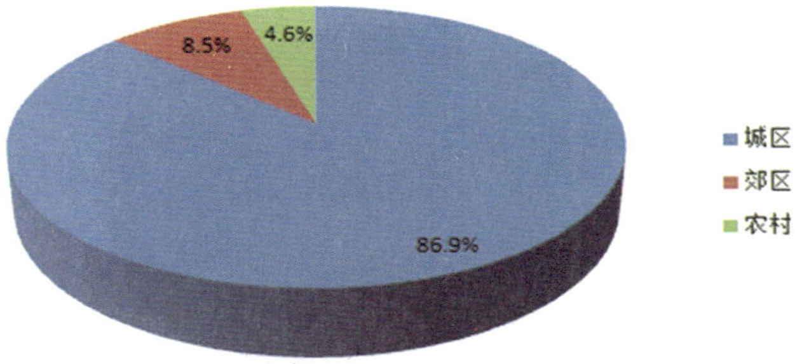

节前文艺工作者居住地分布

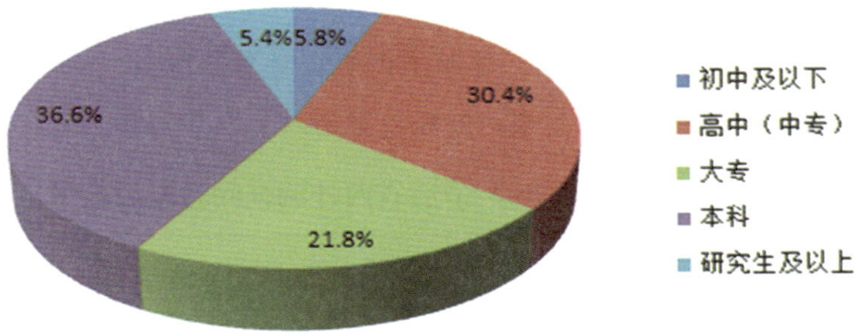

节前文艺工作者文化程度分布

另外，在接受调查的文艺工作者中，2012 年度月平均收入在 1200 元以下的占 11.5%，在 1201 ~ 3500 元的占 53.8%，在 3501 ~ 5000 元的占 27.2%，在 5001 ~ 10000 元的占 6.7%，10000 元以上的占 0.8%；2012 年在文化方面的月平均消费水平在 100 元以下的占 22.2%，在 101 ~ 300 元的占 33.3%，在 301 ~ 500 元的占 18.7%，在 501 ~ 1000 元的占 4.8%，1000 元以上的占 21%。

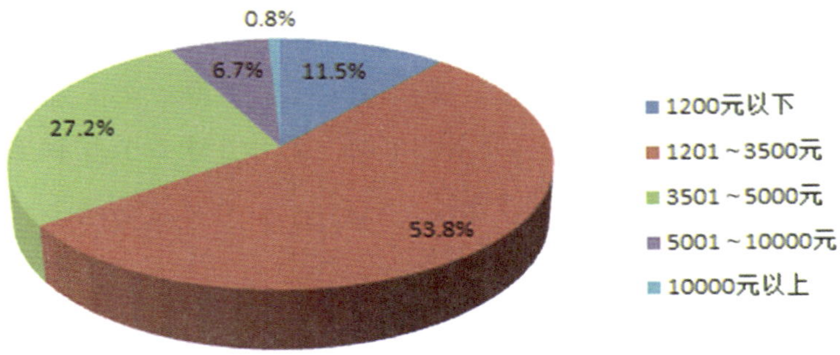

节前文艺工作者 2012 年度月均收入分布

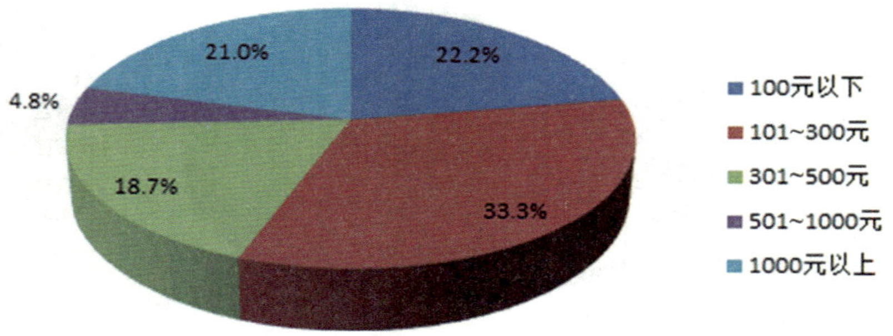

节前文艺工作者 2012 年文化消费情况

2. 节后调查的范围和样本描述

十艺节圆满落下帷幕后，课题组再次奔赴各地进行问卷调查，范围包括山东的各主分会场所在地和北京、甘肃、浙江、上海以及九艺节举办地广州。

表 9–2 节后省内外调查问卷发放数量

	公众问卷（份）	文艺工作者
山东省总计	3032	200
省外总计	2537	–

（1）节后省内外公众情况描述

①节后省内公众情况描述

在有效回收的 3032 份节后省内公众调查问卷中，从性别上来看，男性占 51.3%，女性占 48.7%；从年龄上来看，18 岁以下占 3%，19 ~ 30 岁占 51.5%，31 ~ 40 岁占 24.5%，41 ~ 50 岁占 14.3%，51 ~ 60 岁占 3.6%，61 岁以上占 3%；从职业分布来看，学生所占比例最大，为 30.8%，商业工作人员、专业技术人员和服务性工作人员紧随其后，分别占 12.6%、12.5% 和 10.8%；从政治面貌来看，中共党员占 18.3%，民主党派人士占 5%，群众占 76.7%；从居住地来看，来自城区的占 58.8%，郊区占 20.6%，农村占 20.6%；从文化程度上来看，初中及以下的占 6.3%，高中（中专）占 17.1%，大专占 20.8%，本科占 48.3%，研究生及以上占 7.5%。

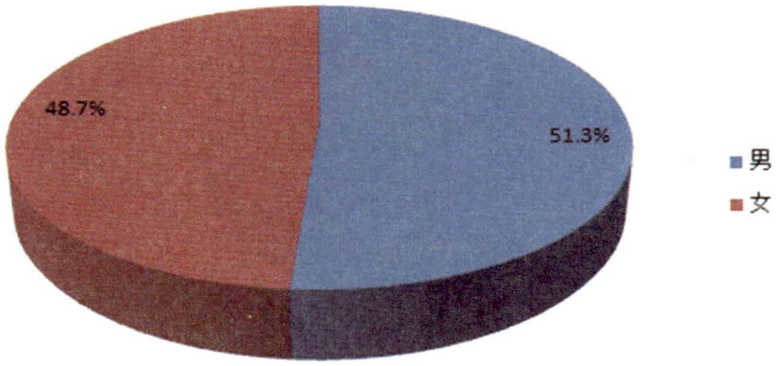

节后省内公众性别分布

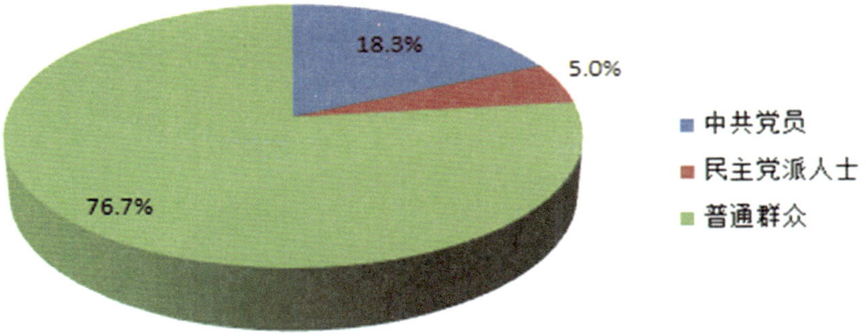

节后省内公众政治面貌分布

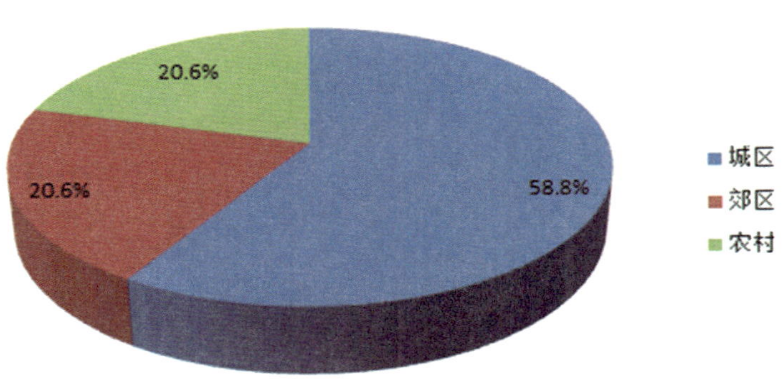

节后省内公众居住地分布

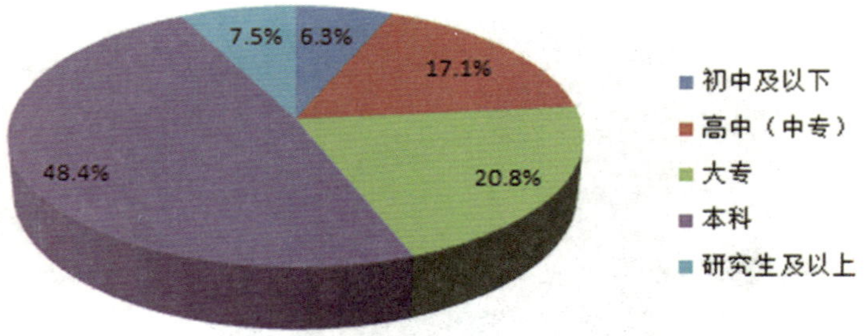

节后省内公众文化程度分布

另外，在接受调查的省内公众中，2012 年月平均收入在 1200 元以下的占 32.4%，在 1201 ~ 3500 元的占 38%，在 3501 元 ~ 5000 元的占 18.6%，在 5001 ~ 10000 元的占 7.6%，在 10000 元以上的占 3.4%；2012 年在文化方面的月平均消费水平在 100 元以下的占 34.4%，101 ~ 300 元的占 32.1%，在 301 ~ 500 元的占 13.3%，在 501 ~ 1000 元的占 10.5%，在 1000 元以上的占 9.7%。

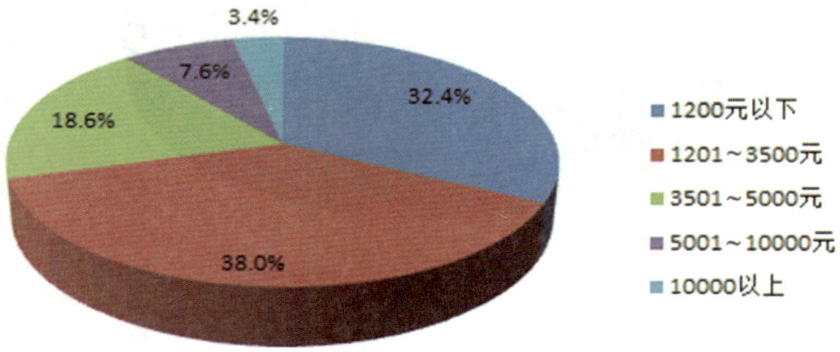

节后省内公众 2012 年度月均收入分布

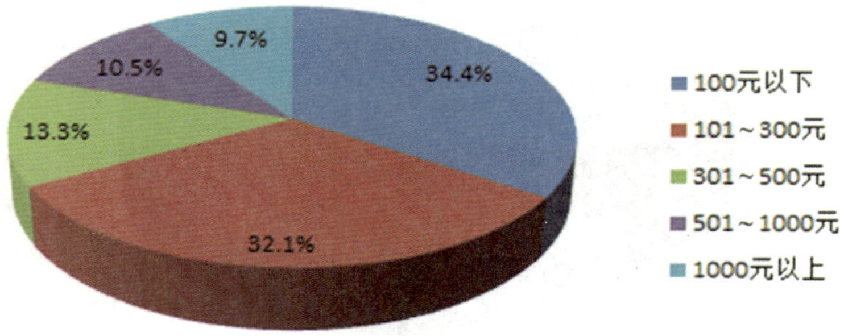

节后省内公众 2012 年度文化方面消费情况

②节后省外公众情况描述

在有效回收的2537份节后省外公众调查问卷中，从性别上来看，男性占47.7%，女性占52.3%；从年龄上来看，18岁以下占6.5%，19～30岁占41.4%，31～40岁占25.9%，41～50岁占15.8%，51～60岁占5.4%，61岁以上占5%；从职业分布来看，比率最高的前三项职业分别是学生、服务性工作人员和商业工作人员；从政治面貌来看，中共党员占17.6%，民主党派人士占4.5%，群众占77.9%；从居住地来看，来自城区的占55.2%，郊区占24.5%，农村占20.3%；从文化程度上来看，初中及以下的占11.5%，高中（中专）占21.6%，大专占18.9%，本科占35.5%，研究生及以上占12.5%；从最大的兴趣爱好来看，比率最高的前三项是音乐类、影视类、读书看报和体育运动。

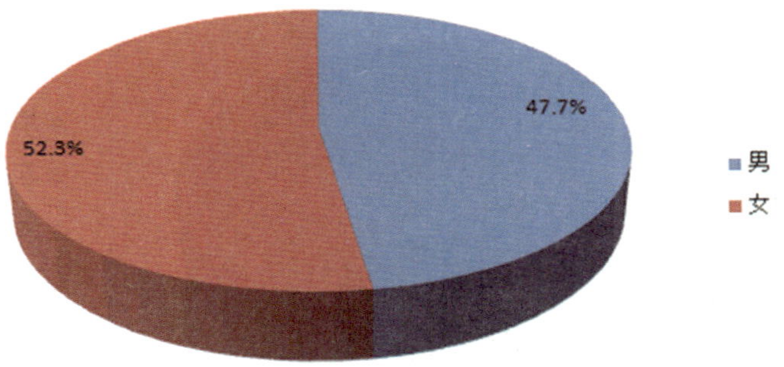

节后省外公众性别分布

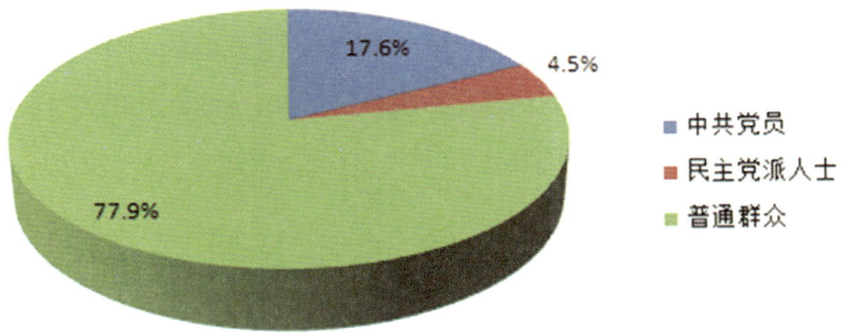

节后省外公众政治面貌分布

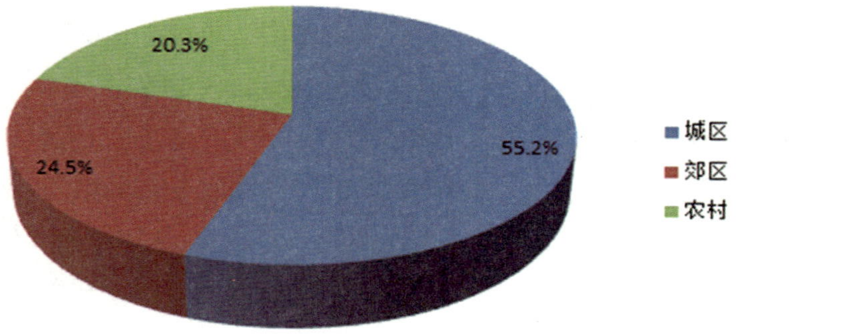

节后省外公众居住地分布

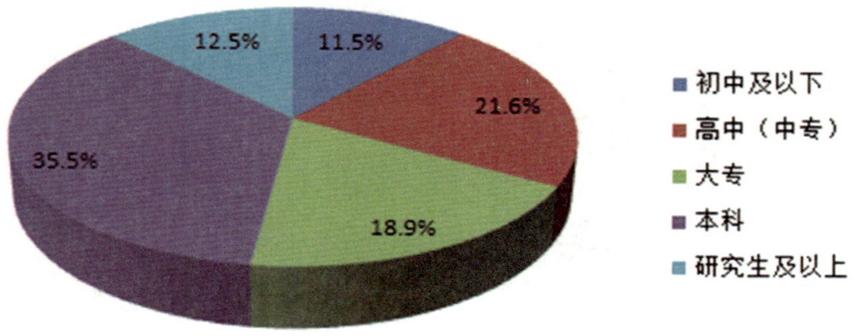

节后省外公众文化程度分布

在接受调查的省外公众中，2012 年月平均收入在 1200 元以下的占 29.7%，在 1201 ~ 3500 元的占 33.2%，在 3501 元 ~ 5000 元的占 21.4%，在 5001 ~ 10000 元的占 11.8%，在 10000 元以上的占 3.9%；2012 年在文化方面的月平均消费水平在 100 元以下的占 30.6%，101 ~ 300 元以下的占 26.6%，在 301 ~ 500 元的占 14.2%，在 501 ~ 1000 元的占 15.7%，在 1000 元以上的占 12.9%。详见下图：

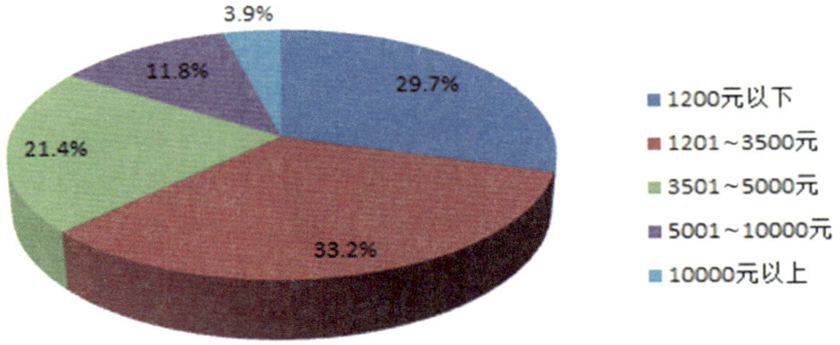

节后省外公众 2012 年度月均收入分布

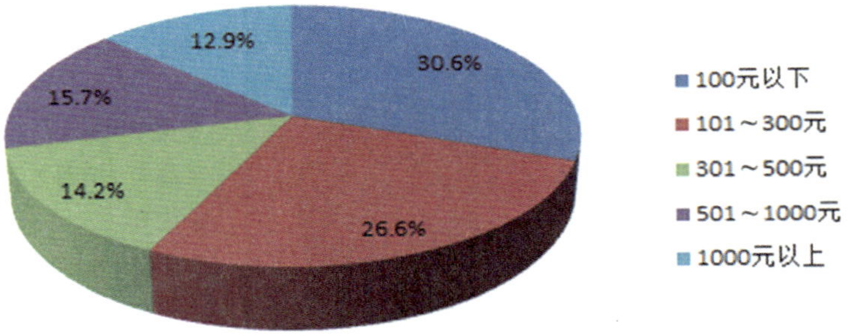

节后省外公众 2012 年度文化方面消费情况

（2）节后文艺工作者情况描述

在有效回收的 200 份节后文艺工作者调查问卷中，从性别上来看，男性占 52.4%，女性占 47.6%；从年龄上来看，18 岁以下占 3.5%，19 ~ 30 岁占 42.5，31 ~ 40 岁占 28%，41 ~ 50 岁占 18%，51 ~ 60 岁占 7%，61 岁以上占 1%；从政治面貌来看，中共党员占 32.1%，民主党派人士占 9.3%，群众占 58.6%；从文化程度上来看，初中及以下的占 3.2%，高中（中专）占 18.9%，大专占 27.4%，本科占 50%，研究生及以上占 0.5%；从兴趣爱好来看，比率最高的前四位分别为舞蹈类、音乐类、影视类和美术类；从目前职业来看，演职人员占 71.6%，文化管理干部占 5.8%，文艺演出单位管理人员占 12.1%，艺术院校教职工占 0.5%，文化设施管理人员占 3.2%，其他占 6.8%。详见下图：

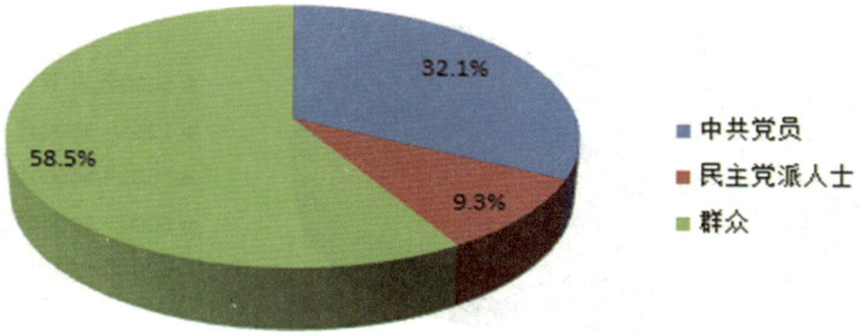

节后文艺工作者政治面貌分布

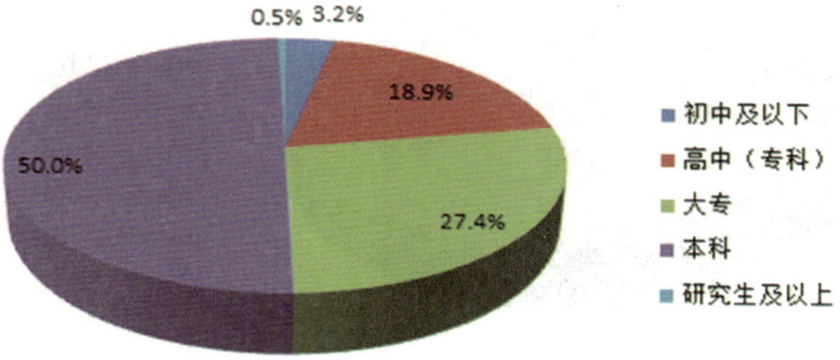

节后文艺工作者文化程度分布

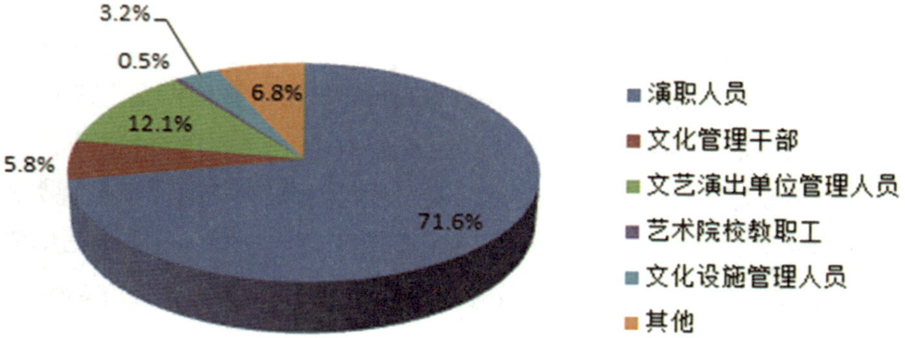

节后文艺工作者目前职业分布

另外，在接受调查的文艺工作者中，2012 年月平均收入在 1200 元以下的占 6.7%，在 1201 ~ 3500 元的占 77.8%，在 3501 ~ 5000 元的占 11.9%，在 5001 ~ 10000 元的占 1%，在 10000 元以上的占 2.6%；2012 年在文化方面的月平均消费水平在 100 元以下的占 18%，在 101 ~ 300 元的占 47%，在 301 ~ 500 元的占 11.9%，在 501 ~ 1000 元之间的占 8.2%，在 1000 元以上的占 14.9%。

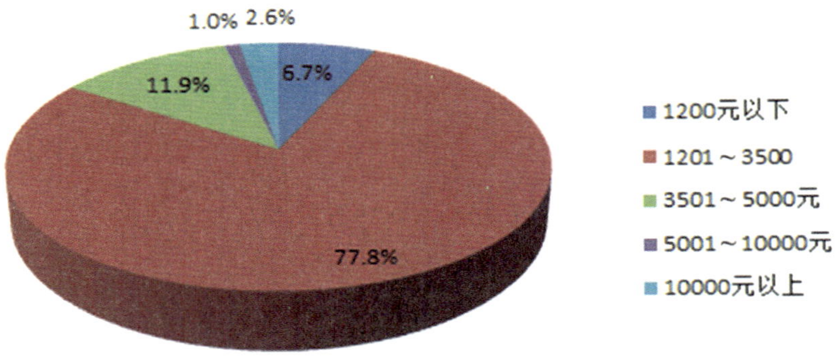

节后文艺工作者 2012 年度月均收入分布

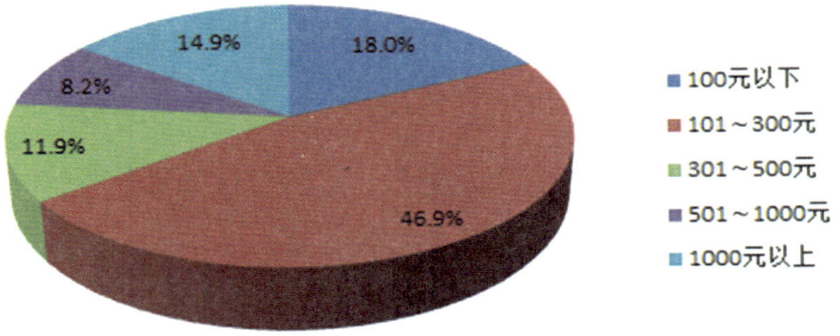

节后文艺工作者 2012 年度文化方面消费情况

二、十艺节与民众的关系：民众参与程度分析

（一）总体参与程度分析

1. 总体参与广泛度

十艺节后，根据调查统计数据，在山东省内 3032 份有效问卷中，省内公众知道中国艺术节的占 62.6%，不知道的占 37.4%；而省外 2537 份有效的公众问卷中，知道中国艺术节的占 14.7%，不知道中国艺术节的比例高达 85.3%，省内公众的参与广泛度明显高于省外公众。详见下图：

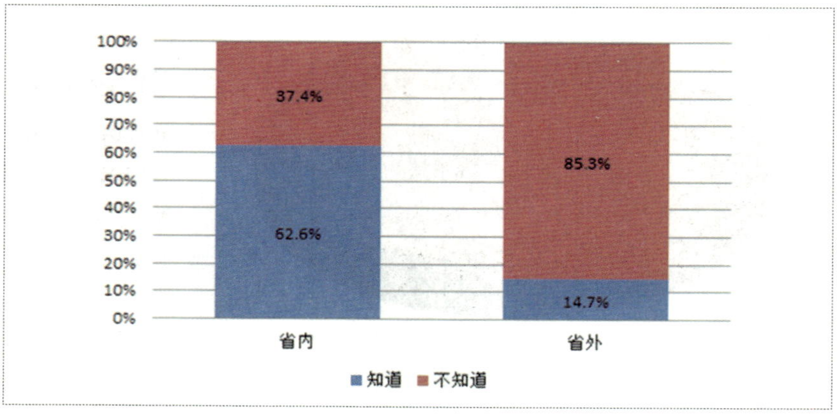

省内外受访公众知道中国艺术节的情况

另一方面，根据调查数据，在所有省内受访者中，观看或参加过中国艺术节相关项目或活动的占 26.8%，而在所有省外受访者中，观看或参加过中国艺术节相关项目或活动的公众比例仅为 7.2%，参与广泛度明显低于山东省内公众。详见下图：

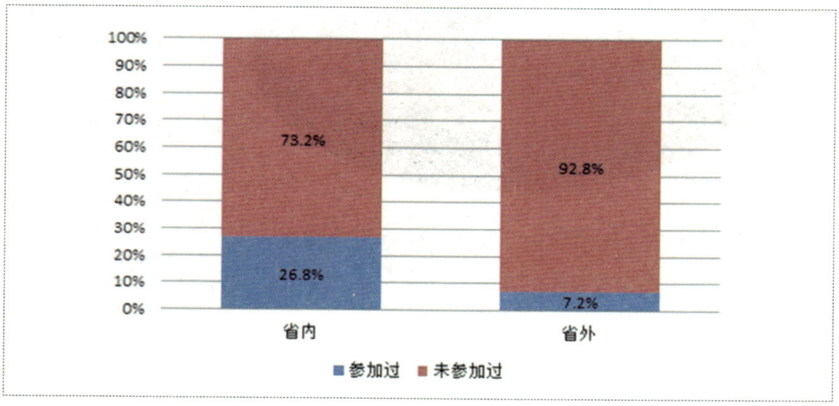

省内外受访公众参与中国艺术节的广泛度

2. 总体参与的深刻度

（1）省内外公众对中国艺术节的了解程度

在省内 1523 份有效回答的公众问卷中，仅有 7.4% 的受访者非常了解中国艺术节，24.7% 的受访者表示比较了解，有超过一半受访者了解程度一般，仅有 1% 的受访者完全不了解中国艺术节；在省外 380 份有效回答的公众问卷中，则仅有 3.2% 的受访者非常了解中国艺术节，而 31.8% 的受访者比较了解，3.9% 的受访者完全不了解中国艺术节。详见下图：

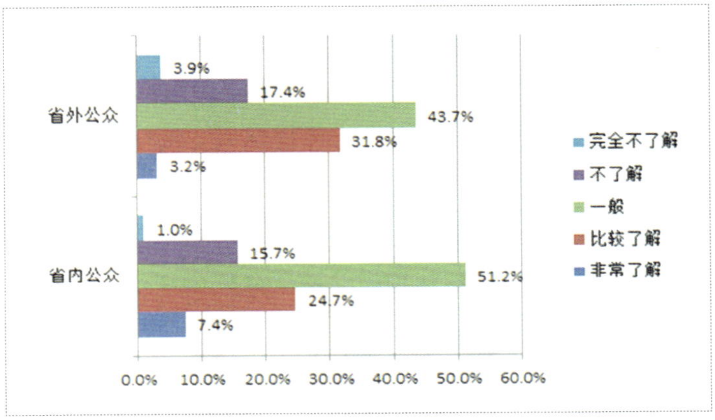

节后省内外公众对中国艺术节的了解程度

（2）节前社会公众对中国艺术节各会场的认知度

在是否知道中国艺术节问题上，山东省内公众以 43.8% 的知晓率高于省外公众 20.7% 的知晓率，显然，通过前期的宣传造势工作，中国艺术节在省内外已经有了一定认知度。山东省内的公众由于地缘优势对十艺节了解更深，有 57.9% 的公众知道十艺节举办地点，高于省外公众 20.8% 的比率。在对十艺节各个主、分会场的了解方面，数据显示：

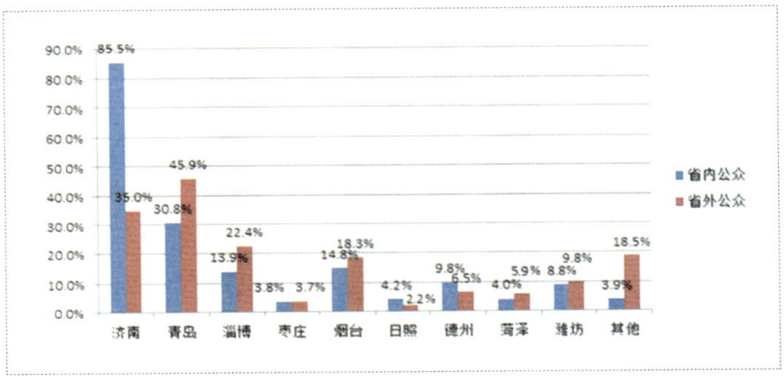

节前省内外公众对十艺节会场认知度

省内外公众对于十艺节各会场的认知度存在有一定的差异，济南以 85.5% 的认知度位列省内第一，青岛则以 45.9% 的认知度位列省外第一。青岛本身在省外城市知名度高于济南是导致青岛会场的省外认知度高于济南主会场的一大原因，本次调研数据也显示，有23.6%的省外受访者曾去过青岛，而仅有13.1%的省外受访者去过济南，因此，各会场的认知度与承办城市在省内外的知名度应有相当之关联。如果想做好主、分会场的宣传，其承办城市必须发挥自身优势，提高城市知名度，从而提升宣传成效。

（3）受访者了解十艺节的时间

在省内外全部有效公众问卷中，分别有 50.2% 和 22.9% 的受访者在“艺术节开始前”就已经了解到十艺节，36.9% 和 43.4% 在“艺术节举办之中”开始了解，十艺节组办方在艺术节期间的宣传极大提高了十艺节的省外知晓程度。另有 12.9% 及 33.7% 的受访者在“活动结束之后”才了解到十艺节。如下图所示：

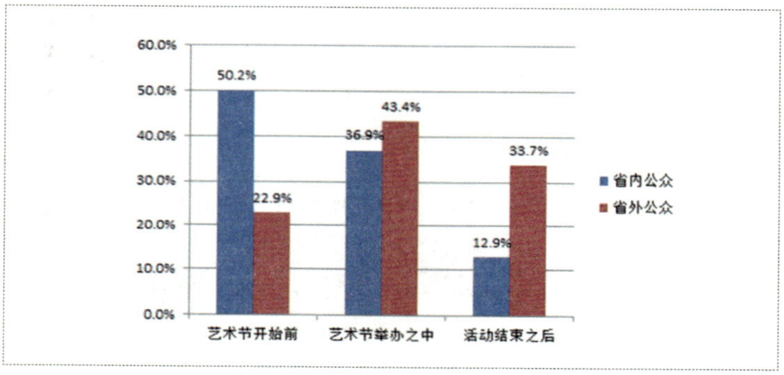

省内外受访公众了解十艺节的时间

（4）受访者对十艺节的主题的认知情况

十艺节结束以后，当问及“您是否知道山东十艺节的主题”时，文艺工作者明显高于普通公众。如下图所示：

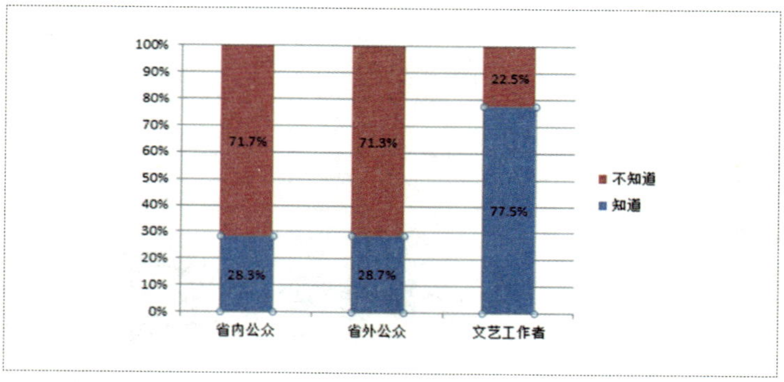

节后省内外公众及文艺工作者对十艺节主题的认识情况

从上图不难看出，即使在十艺节结束以后，省内外公众对十艺节主题的知晓程度也并不高，可见十艺节的宣传工作广泛度和深入度仍有待加强。而文艺工作者由于其大多数本事就是十艺节文化活动的参与者，因而知晓度相对比较高。

（二）分地区参与程度比较分析

1. 济南市主会场与青岛等分会场公众参与程度比较分析

公众参与可分为以下几类：一是曾经观看或参与过中国艺术节；二是观看方式或途径；三是观看过的节目类型。根据这三类，我们再分别进行样本描述和数据分析。

（1）根据节后对济南、青岛、德州、烟台以及淄博这五个会场所进行的调查显示：民众对艺术节的了解程度和参与程度都很高。其中济南受访者对艺术节的知晓度最高，达到 70.3%；此外，调研数据显示，还是有相当一部分受访者直接观看或参与过艺术节，其中济南有 39.1% 的受访者观看或参与，青岛有 33.7% 的受访者观看或参与，烟台有 30.6% 的受访者观看或参与，德州有 36.9% 的受访者观看或参与，淄博有 52.9% 的受访者观看或参与。如下图所示：

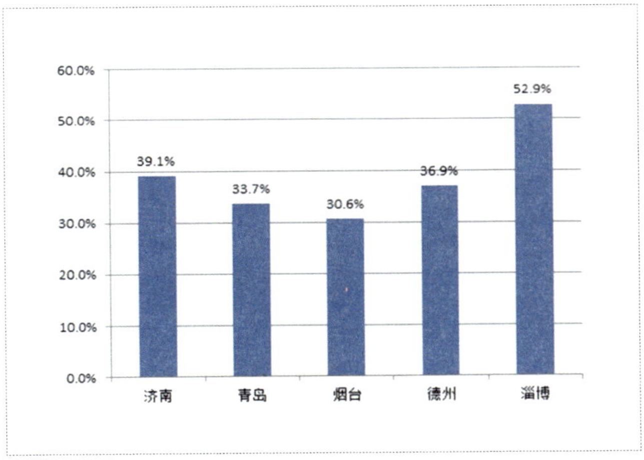

您是否观看或参与过中国艺术节

（2）观看渠道

观看渠道包括：现场观看、电视、网络、广播电台、影碟和其他。

具体见下图：

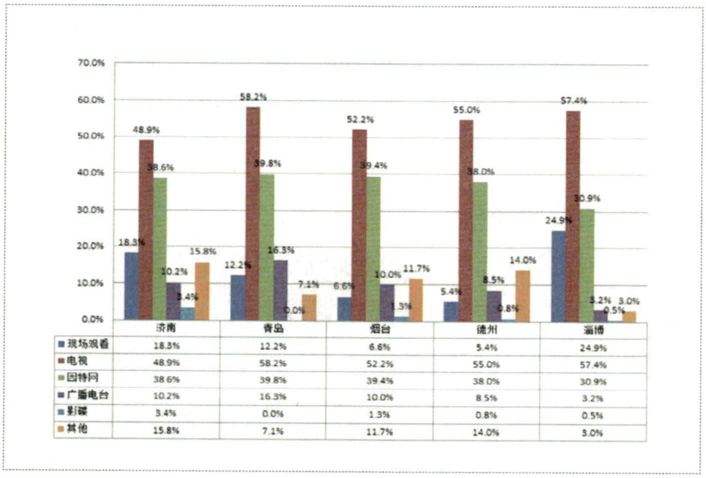

省内公众观看十艺节的渠道

从上图可以看出，传统的媒介——电视还是普通大众最为接受和习惯的观看渠道，而近年来发展势头迅猛的因特网也成为人们普遍的选择。而在选择现场观看则存在有一定的地域差距，比如淄博受访者选择现场观看的比例达到 24.9%，而烟台受访者选择现场观看的比例仅为 6.6%。

（3）观看过的节目类型

本次艺术节的节目可谓种类繁多，音乐会、歌舞晚会、曲艺晚会、美术展览、京剧、话剧等应有尽有，给了广大市民非常多的选择。总体来看，歌舞晚会、曲艺晚会和美术展览是最受欢迎的，其参与比例分别达到 30.1%、24.9% 和 23.7%，而京剧、舞剧的参与比例则相对较低，分别仅为 7.6% 和 8.3%。详见下图：

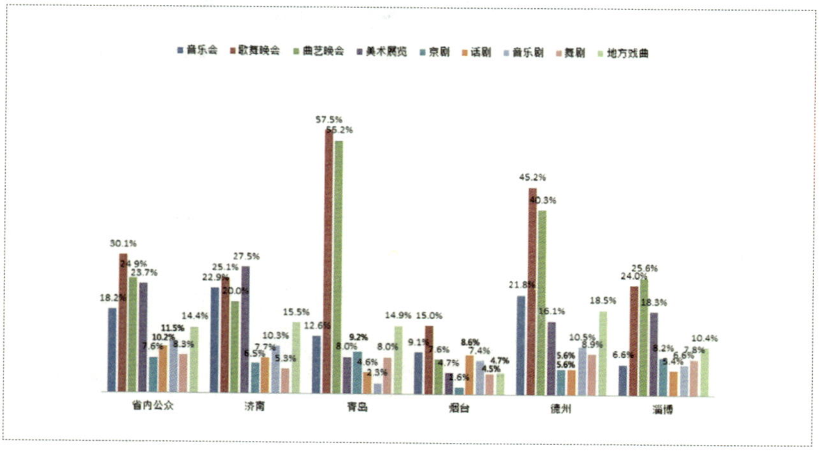

十艺节省内公众观看过的节目类型

从上图可知，各地受访者观看过的节目还是有所区别的，比如济南市受访者观看美术展览的人数最多，这可能与新建成的济南市美术馆有直接关系。烟台的受访者观看歌舞晚会的比例最高，而淄博则是观看曲艺晚会的比例最高，达到 25.6%。

2. 省内、省外公众与文艺工作者的参与程度比较分析

（1）受访者欣赏十艺节的方式

在问及“您是通过哪些方式欣赏山东十艺节节目的”时，省内、省外公众问卷以及文艺工作者全部有效问卷中，分别有 18.6%、21.5% 和 87.6% 的受访者选择了“现场观看”；分别有 52.5%、74.3% 和 20.7% 的受访者选择了“电视”；36.2%、63.6% 及 6.2% 受访者选择“因特网”；7.8%、27.8% 以及 5.2% 的受访者选择了“广播电台”；2%、9.3% 和 1.6% 的受访者选择了“影碟”，10.7%、14.4% 以及 1.6% 的受访者选择了“其他”。可见省外公众对于电视、因特网等方式的依赖程度明显高于省内公众，而文艺工作者作为业内人士，现场观看的比例非常高，采用其他方式则明显偏少。如下图所示：

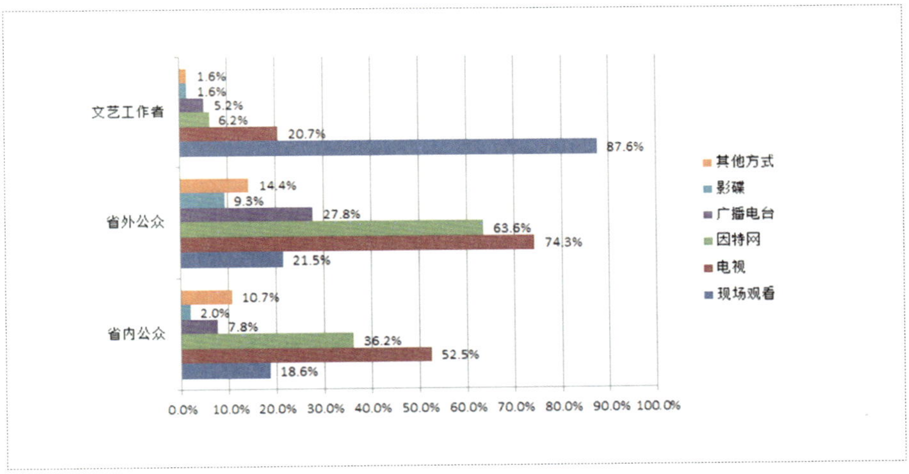

节后省内外公众及文艺工作者观看十艺节的途径

（2）受访者观看过的十艺节节目比较分析

根据下图所示，我们可以看出，无论是省内公众、省外公众还是文艺工作者，选择观看歌舞晚会比重都很大，其中省外公众达到 53%，省内公众为 30.1%，文艺工作者为 62.2%，因为这类节目更大众化、更贴近百姓，是老百姓所喜闻乐见的文艺形式。而在其他比较受欢迎的节目中，三类群体有着一定的分化，比如舞剧和话剧受到文艺工作者的欢迎，而曲艺晚会、美术展览则受到省内外公众的欢迎。相较之选择观看京剧的受访者普遍较少，也反映了传统艺术精品的曲高和寡和观众流失日趋严重的问题。

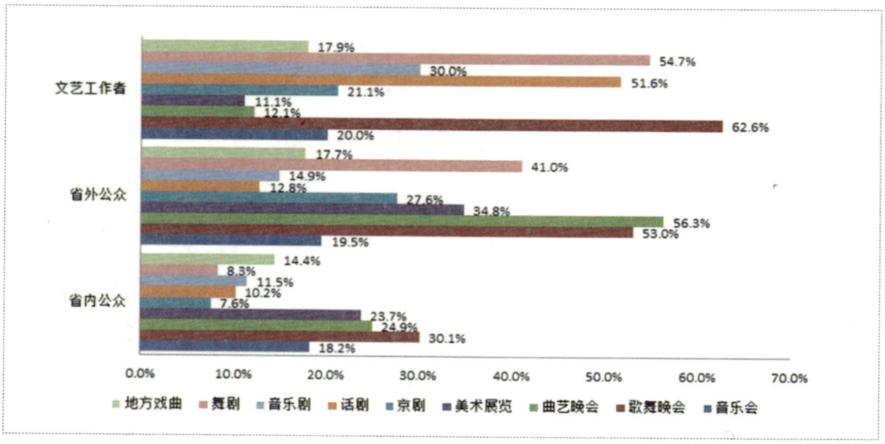

受访者看过的十艺节节目比较

三、十艺节与文艺发展的关系：对文艺发展影响力分析

（一）公众对于艺术节与文艺发展关系的评价

1. 节前社会公众对艺术节与文艺发展关系的评价

（1）节前省内外公众对举办十艺节对本省文化事业发展有无关系的评价

①节前省内公众就十艺节的举办对本省文化事业发展有无关系的评价

在针对山东举办十艺节对其所在城市文化基础设施改善程度的调查中，省内公众认为改善程度很大的占 33%、一般的占 39.6%、比较小的占 19.1%、没有影响的占 8.3%。详见下图：

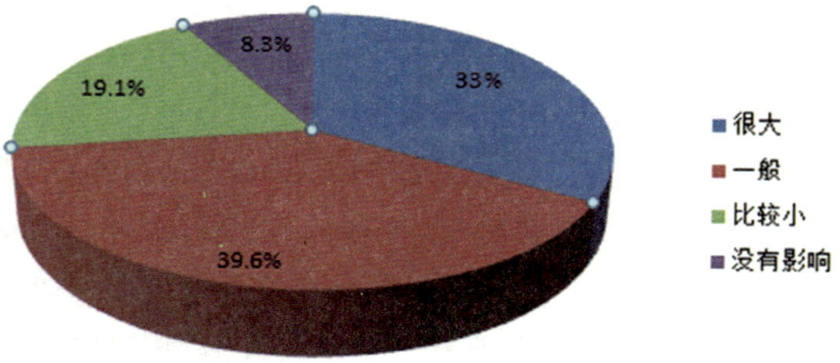

您认为举办十艺节对您所在城市文化基础设施的改善程度

②节前省外公众就十艺节的举办对本省文化事业发展有无关系的评价

根据调查数据显，省外 72.9% 的受访者认为十艺节的举办对本省文化事业发展有推动作用，有 23.3% 的受访者认为关系不大，仅 3.8% 的受访者认为十艺节的举办对本省文化事业发展完全无关。可见公众对于山东举办中国艺术节对其文化事业发展的推动作用还是持积极肯定的态度的。详见下图：

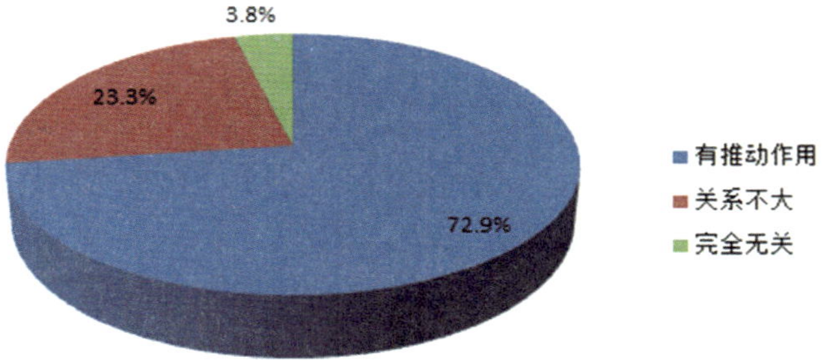

受访者针对十艺节的举办对本省文化事业发展作用的评价

（2）节前省外公众就十艺节举办对加强全国各地文化联系的评价

从下图可知，49.4% 的省外公众认为十艺节的举办对加强全国各地文化联系作用很大，而 38.2% 的省外公众认为作用一般，仅 4.4% 的受访者认为没有作用。

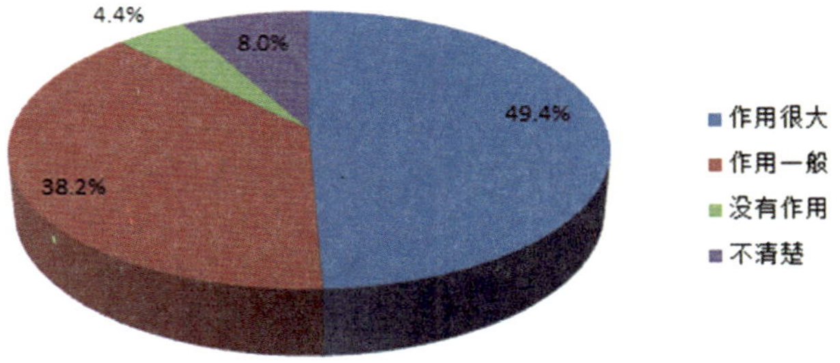

节前省外公众就十艺节的举办对加强全国各地文化联系的评价

2. 节后社会公众对艺术节与文艺发展关系的评价

在节后课题组对省内外公众就“山东举办中国艺术节后城市文化基础设施改善程度”的看法进行问卷调查时，省内 6.9% 的受访者认为改善程度非常大，37.6% 的受访者认为比较大，仅 5.5% 的受访者认为改善程度非常小。详见下图：

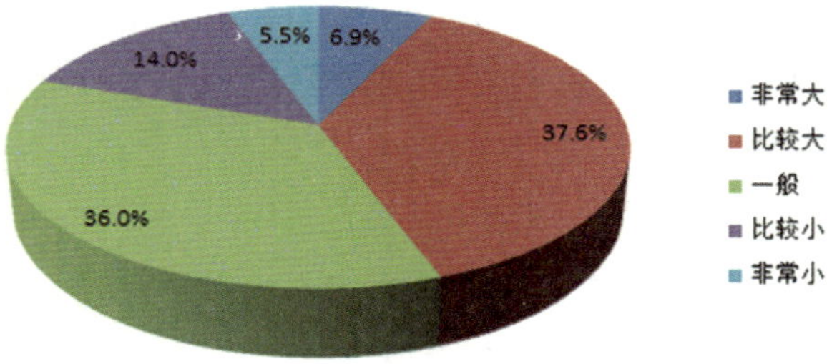

节后省内公众对山东省举办十艺节后城市文化基础设施改善程度评价

根据节前和节后的统计数据，节后有 44.5% 的省内公众认为十艺节对山东城市文化基础设施改善的程度非常大或比较大，比节前的情况有了一定提升，说明十艺节的成功举办确实使山东省内公众感受了文化基础设施的改善。

（二）文艺工作者对于艺术节与文艺发展关系的评价

1. 节前文艺工作者对艺术节与文艺发展关系的评价

（1）山东举办中国艺术节后城市文化基础设施改善程度

在十艺节前，课题组就省内文艺工作者对“城市文化基础设施改善程度”的评价进行的问卷调查显示，在主会场济南市和分会场青岛市、德州市、淄博市，分别有 57.1%、41.3%、63% 和 76.5% 的文艺工作者认为改善程度很大，分别有 37.2%、43%、18% 和 22.4% 的文艺工作者认为改善程度一般，分别有 5.6%、15.7%、19% 和 1% 的文艺工作者认为改善程度比较小。因此，在举办十艺节前，文艺工作者对城市文化基础设施的改善情况还是比较认同的，但是各地评价也因地而异，其中淄博、德州较好。详见表 9-3：

表 9-3　节前省内文艺工作者对山东举办十艺节城市文化基础设施改善程度的评价

	济南	青岛	淄博	德州	总体
很大	57.2%	41.3%	63%	76.6%	58.3%
一般	37.2%	43%	18%	22.4%	32%
比较小	5.6%	15.7%	19%	1%	9.7%

（2）节前省内文艺工作者就十艺节的举办对我国文化精品产生影响的评价

从下表可知，节前省内济南、淄博和德州三个会场有超过 60% 的文艺工作者认为举办十艺节对我国文化精品产生作用很大；而青岛的情况稍差，有 44.2% 的文艺工作者认为举办十艺节对我国文化精品产生作用很大。详见表 9-4：

表 9-4 节前省内文艺工作者就十艺节对文化精品产生影响的评价

单位：（人，%）

	济南		青岛		淄博		德州	
	数量	有效比率	数量	有效比率	数量	有效比率	数量	有效比率
作用很大	125	63.7	53	44.2	60	61.8	67	69.8
作用一般	56	28.6	46	38.3	19	19.6	26	27.1
影响较小	6	3.1	10	8.3	15	15.5	1	1
说不清楚	6	4.6	11	9.2	3	3.1	2	2.1
有效总数	196	100	120	100	97	100	96	100

2. 节中文艺工作者对艺术节与文艺发展关系的评价

（1）节中文艺工作者对中国艺术节在全国文化艺术界影响力的评价

根据节中对文艺工作者进行的问卷调查数据显示，90.7% 的文艺工作者认为中国艺术节在全国文化艺术界中的影响力越来越大，3.3% 的文艺工作者认为基本持平，仅有 6% 的文艺工作者认为尚待改进。详见下图：

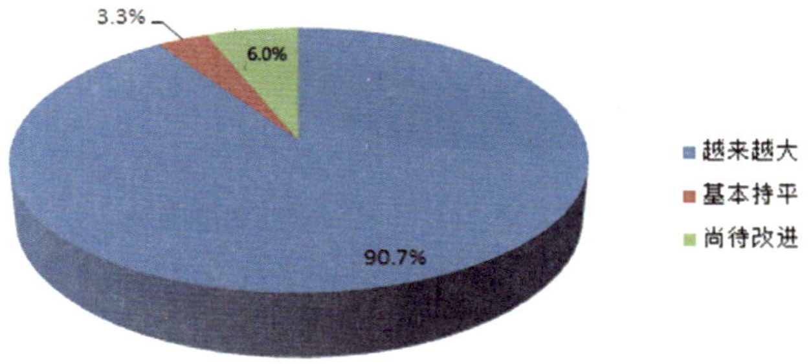

文艺工作者对中国艺术节在全国文化艺术界的影响力评价

（2）节中省内文艺工作者就十艺节对艺术团队的主要影响和作用的评价

在所有接受问卷调查的受众中，有 91.3% 的受访者认为十艺节的对艺术团队的主要影响和作用是打造精品艺术，58.7% 的受访者认为是提高演出水平，80% 的受访者认为是培养锻炼新人，57.3% 的受访者认为是加强横向交流，55.3% 的受访者认为是提高商演水平，13.3% 的受访者认为是其他作用。详见下图：

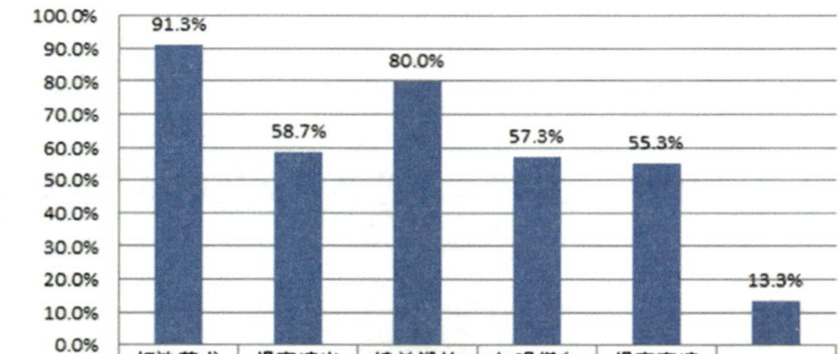

	打造艺术精品	提高演出水平	培养锻炼新人	加强横向交流	提高商演机会	其他作用
有效比率	91.3%	58.7%	80.0%	57.3%	55.3%	13.3%

节中省内文艺工作者就十艺节对艺术团队的主要影响和作用的评价

（3）节中省内文艺工作者就十艺节提供更多商演机会作用的评价

调研数据显示，没有受访者在艺术节期间获得商演合同，有 66.7% 的受访者认为十艺节在提供更多的商演机会方面作用很大，32% 的受访者认为作用一般，仅有 1.3% 的受访者认为没有作用。详见下图：

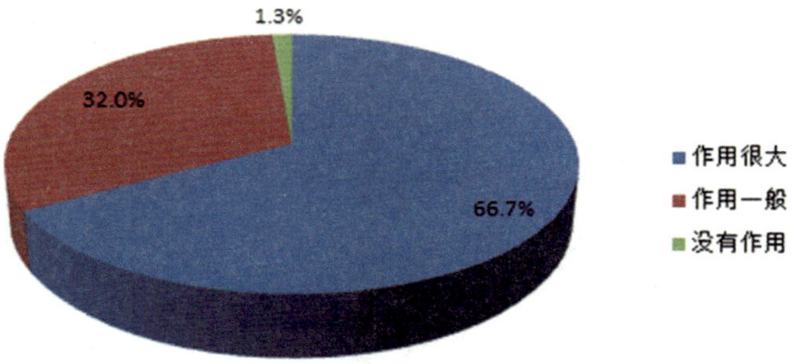

节中省内文艺工作者就十艺节对艺术团队的主要影响和作用的评价

（4）节中省内文艺工作者对十艺节促进所在省市地区文化艺术创新作用的评价

调研数据显示，70.9% 的受访者认为十艺节对促进其所在省市地区文化艺术创新具有很大的影响，有 25.7% 的受访者认为影响较大，有 3.4% 的受访者认为影响一般，没有受访者认为没有影响。详见下图：

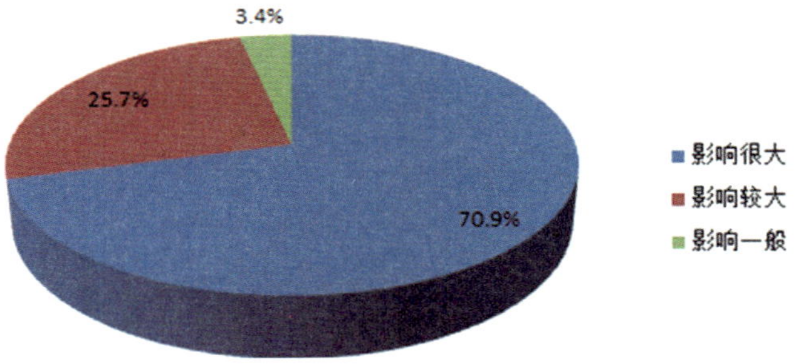

节中省内文艺工作者对十艺节促进所在省市地区文化艺术创新作用的评价

3. 节后文艺工作者对艺术节与文艺发展关系的评价

（1）节后省内文艺工作者对山东举办中国艺术节后城市文化基础设施改善程度的评价

十艺节后，课题组对省内文艺工作者就“您认为山东举办中国艺术节后，城市文化基础设施改善的程度”调查数据显示，18.2% 的文艺工作者认为十艺节后山东城市文化基础设施改善程度非常大，50% 的文艺工作者认为改善程度比较大，仅 3.1% 的受访者认为改善程度非常小，这一数据与节前省内受访者相关数据比较明显少了很多，可见十艺节过后，文艺工作者对山东城市文化基础设施改善的好评度明显提高。详见下图：

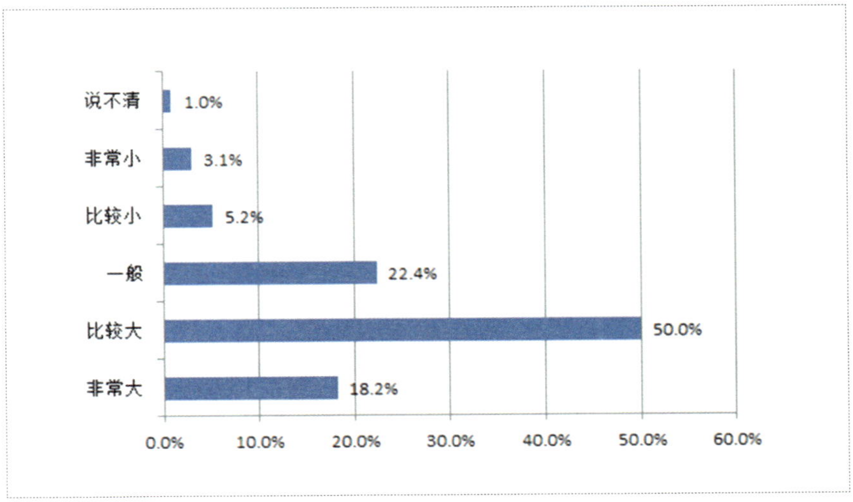

文艺工作者认为节后山东城市文化基础设施改善程度

针对本届十艺节的特色，节后课题组对文艺工作者也进行了调查，其中过半受访者认为节目精彩，27.5% 的受访者认为组织出色，10.9% 的受访者认为群众参与是特色。详见下图：

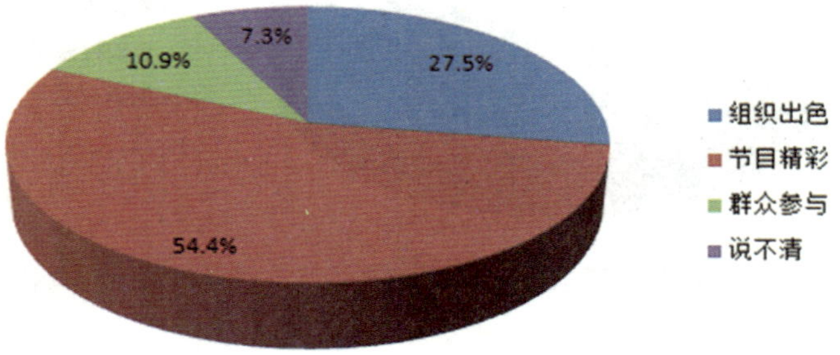

十艺节的特色

（2）节后省内文艺工作者认为举办十艺节对山东文化有更大的影响

在节后对省内文艺工作者进行的“请客观评价中国艺术节对山东的影响”的评价中，相较于政治和经济，文化影响更高，其中有 53.4% 的受访者认为文化影响非常大，有 31.4% 的受访者认为文化影响比较大，15.2% 的受访者认为文化影响一般，无受访者认为比较小或非常小。详见下图：

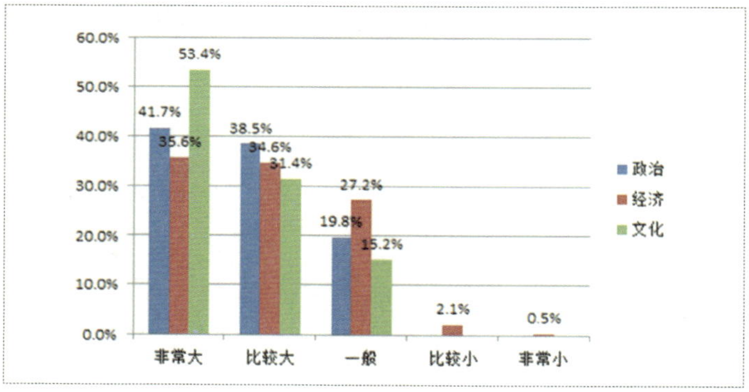

节后省内文艺工作者就举办中国艺术节对山东产生的影响评价

四、十艺节与区域发展的关系：对山东经济社会影响力分析

（一）公众对于十艺节与区域发展关系的看法

1. 节前社会公众对十艺节与区域发展关系的看法

（1）节前省内公众对山东省举办十艺节的感觉描述

十艺节前，我们对省内公众就“您对山东省举办十艺节的感觉”进行了问卷调查，超过半数受访者为山东省举办十艺节感到自豪，而 29.8% 的受访者认为感觉一般，11.4% 的公众认为无所谓。详见下图：

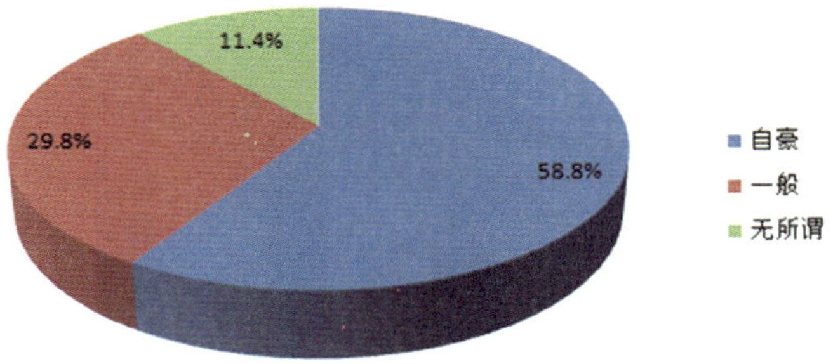

节前省内社会公众对山东省举办十艺节的感觉

（2）节前省内公众对于十艺节主分会场知晓程度样本描述

十艺节前，我们对省内公众就“您是否知道第十届中国艺术节有哪些分会场”的知晓程度进行问卷调查，在全部有效问卷中，通过横向比较，主会场济南的知晓度最高，达 85.5%，其次是青岛市、烟台市和淄博市，分别为 30.8%、14.8% 和 13.9%，但其他分会场的知晓度普遍不高，均未超过 10%；在进行纵向比较时，我们又可以发现，省内公众对济南主会场的知晓度极高，均超过 70%，对自己所在地的知晓度也相对较高，比如烟台受访者有 60.9% 知道十艺节烟台分会场，43.2% 的淄博受访者知道十艺节淄博分会场。由此可见，山东省举办十艺节，济南市主会场和各当地会场在受访者中还是具有相当影响的。

表 9–5　节前社会公众对于十艺节主分会场知晓程度样本描述（单位：%）

	选择“知道”的受访者比例									
	济南	青岛	淄博	枣庄	烟台	日照	德州	菏泽	潍坊	其他
济南	90.9	20	6	2.6	8.1	2.3	1.2	1.8	7.5	3.5
青岛	77.8	47.2	12.5	5.6	25	2.8	2.8	5.6	11.1	1.4
烟台	70.1	50.6	13.8	3.4	60.9	6.9	11.5	6.9	6.9	3.4
淄博	88.6	46.5	43.2	9.2	15.1	8.6	13.5	10.3	15.7	3.8
德州	75.3	32.9	9.4	1.2	8.8	5.3	36.5	2.4	5.3	6.5
总体	85.5	30.8	13.9	3.8	14.8	4.2	9.8	4	8.8	3.9

（3）节前省内社会公众就“山东举办十艺节对城市有哪些影响”回答的样本分布

十艺节前，对省内社会公众就“山东举办十艺节对城市有哪些影响”进行问卷调查。数据显示，60.9% 的受访者认为山东省举办十艺节可以提高城市知名度，30.9% 的公众认为可以增强市民认同感，47.1% 的受访者认为可以提升市民文化素质，39.9% 的受访者认为可以拉动经济与文化消费。详见下图：

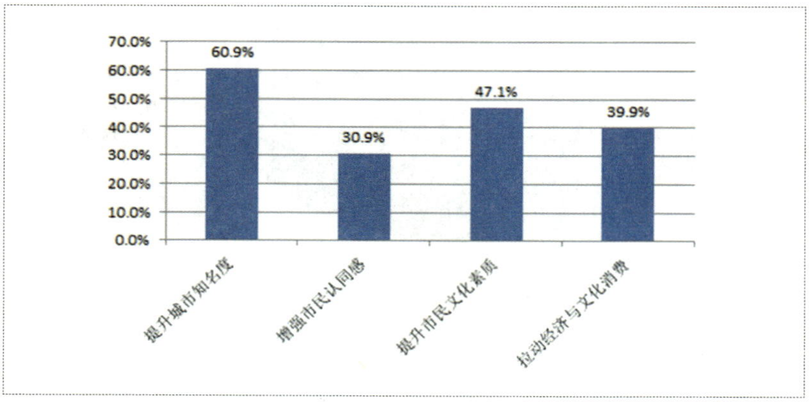

您认为山东举办十艺节对城市有哪些影响

（4）节前省内公众就“您认为十艺节可以在哪些方面促进本地经济发展”调查数据样本描述

课题组于节前对省内公众就“您认为十艺节可以在哪些方面促进本地经济发展”的看法进行了问卷调查，调查项目分为旅游、就业、消费和其他四项，其中 72.4% 的受访者认为在旅游方面促进本地经济发展，23.6% 的受访者认为在就业方面促进本地经济发展，64.2% 的受访者认为在消费方面促进本地经济发展，13% 的受访者认为在其他方面可以促进本地经济发展。详见下图：

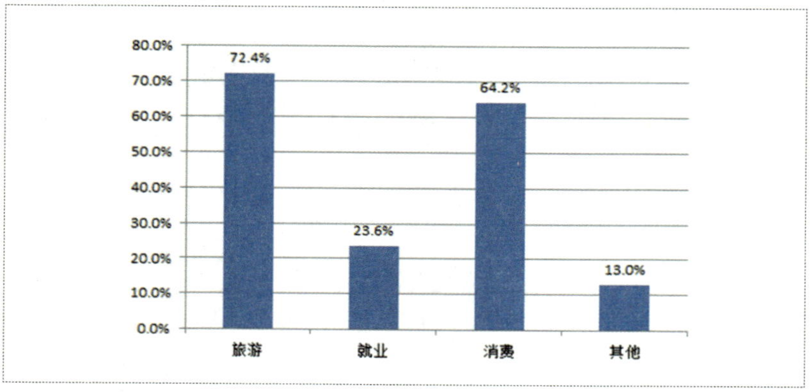

您认为十艺节能否从旅游、就业、消费及其他方面促进本地经济发展

2. 节后社会公众对十艺节与区域发展关系的看法

节后课题组对省内外公众就以下几个方面的看法进行了问卷调查，一是对山东举办中国艺术节的感觉；二是山东举办中国艺术节后对山东城市的感觉；三是山东举办中国艺术节对城市形象提高的影响。

（1）节后省内外公众对山东举办十艺节的感觉

根据节后对省内公众就“您对山东举办中国艺术节的感觉”问题进行调查的统计数据，28.4% 的公众认为很自豪，36.3% 的公众认为一般，而 35.3% 的受访者则认为没有感觉。详见下图：

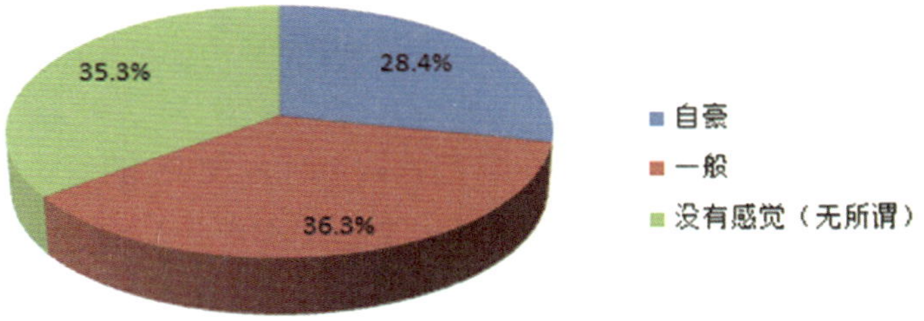

节后省内公众就“您对山东举办中国艺术节的感觉”看法分布图示

而对省外公众就同一问题进行问卷调查时，31.6% 的省外公众认为山东省抓住了这次机会，而 45.4% 的受访者则为本省没有争取到举办中国艺术节这个机会而感到遗憾，有 23% 的受访者表示无所谓。这说明许多人为本省没有争取到这样的机会感到遗憾，艺术节的举办会给当地带来综合的社会效益，从而认为山东省举办艺术节是很明智的选择，由此可见老百姓对于节日带来的经济及社会效益的认识已经达到一定程度。详见下图：

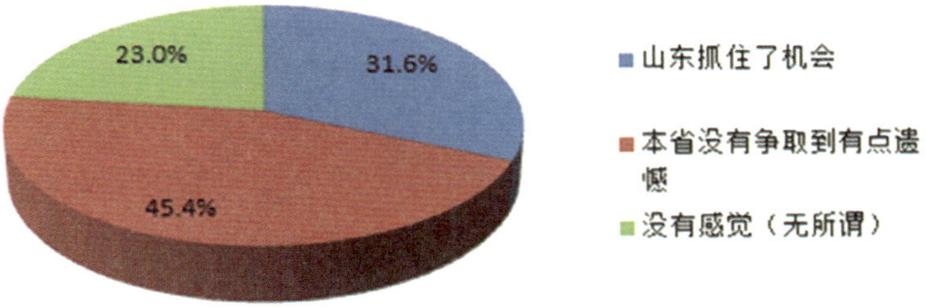

省外公众对山东能够举办中国艺术节的感觉

（2）节后省内外公众就“山东举办中国艺术节后对山东城市的感觉”的看法

数据显示，16.3% 的受访者在山东举办中国艺术节后，更加喜欢山东各城市，而

54.3% 的受访者则表示对这些城市更为了解，仍有 29.4% 的受访者持无所谓的态度。详见下图：

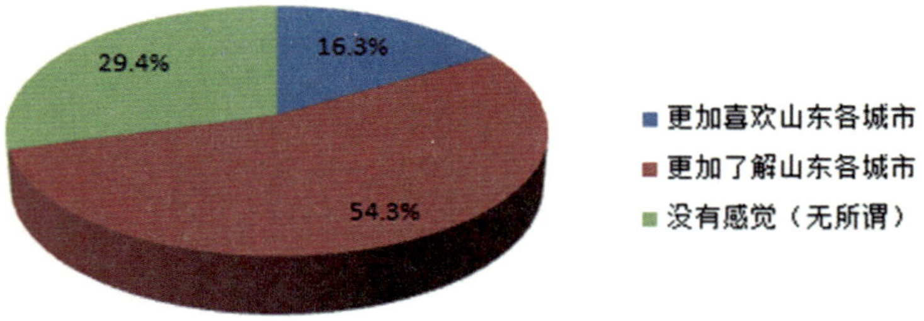

节后省内公众在山东举办中国艺术节后对山东城市的感觉

而课题组对省外公众就同一问题进行问卷调查时，27.3% 的受访者认为山东在举办中国艺术节后会更加关注山东，49.1% 的受访者认为会更加了解山东，而其余 23.6% 的受访者则表示没有感觉。绝大部分的受访者将会在这次艺术节后更加关注和了解山东，从这方面来说，十艺节的举办是相当成功的，这为山东提供了潜在的商机。山东省应在艺术节结束后，继续加大宣传力度，使更多异地人民了解山东、喜爱山东。详见下图：

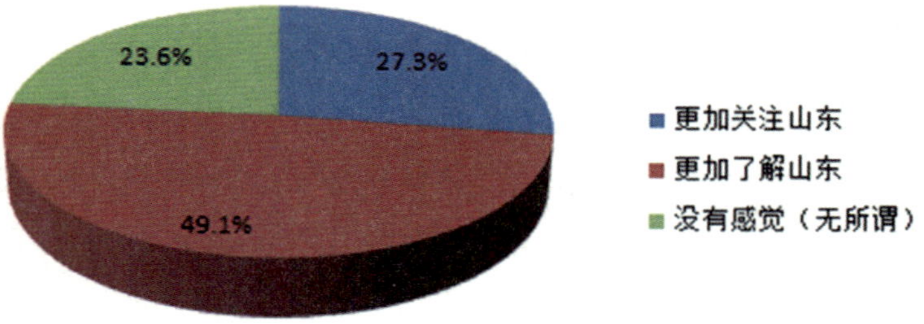

节后省外公众在山东举办中国艺术节后对山东的感觉

（3）节后对省内外公众就“山东举办中国艺术节对城市形象提高的影响”的看法

调研数据显示，超过半数公众认为山东举办中国艺术节对其城市形象的提高具有较大影响，仅 3.1% 的受访者认为作用非常小。而省外公众对十艺节提高山东城市形象的认可度比省内公众而言有所降低。详见下图：

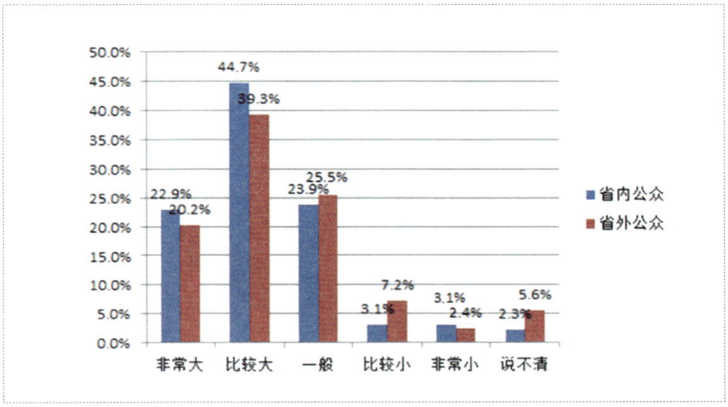

节后省内公众认为山东举办中国艺术节对城市形象提高的影响

（二）文艺工作者对于十艺节与区域发展关系的看法

1. 节前文艺工作者对十艺节与区域发展关系的看法

（1）节前省内文艺工作者就山东举办中国艺术节对城市形象提高影响的看法

节前课题组对省内文艺工作者就“您认为山东举办中国艺术节对城市形象提高的影响”这一问题的看法进行了问卷调查，60.4% 的受访者认为影响很大，29.1% 的受访者认为影响一般，仅 10.5% 的受访者认为影响比较小或者没有影响。详见下图：

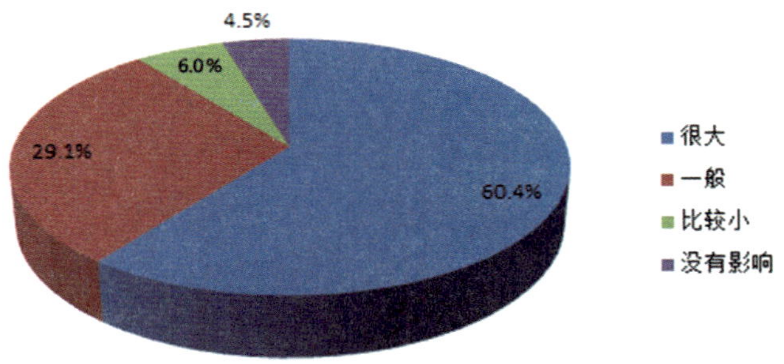

节前省内文艺工作者就山东举办中国艺术节对城市形象提高的影响的看法

（2）节前省内文艺工作者就山东举办中国艺术节对城市文化基础设施改善程度的看法

十艺节课题组就省内文艺工作者对“城市文化基础设施改善程度”的评价进行的问卷调查显示，58.3% 的文艺工作者认为改善程度很大，32% 的文艺工作者认为改善程度一般，仅有 9.7% 的文艺工作者认为改善程度比较小。详见下图：

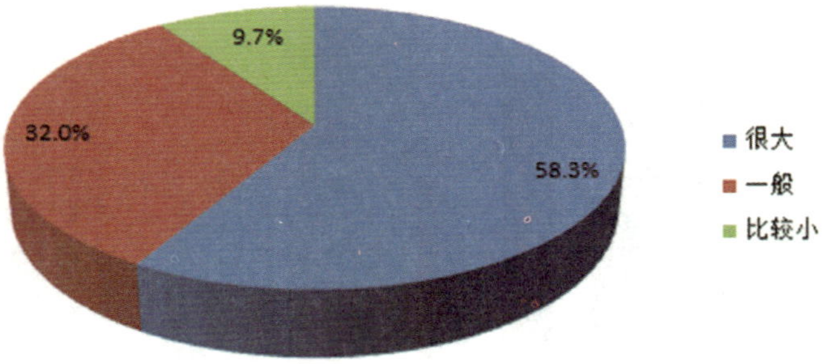

节前省内文艺工作者就山东举办中国艺术节后城市文化基础设施改善程度的评价

2. 节后文艺工作者对十艺节与区域发展关系的看法

关于节后文艺工作者对十艺节与区域发展关系的看法，我们从以下三方面进行分析，一是“您认为山东举办中国艺术节对城市形象提高的影响”；二是“您认为山东举办中国艺术节后，城市文化基础设施改善的程度”；三是客观评价举办中国艺术节对山东的影响。

（1）节后课题组对省内文艺工作者就“您认为山东举办中国艺术节对城市形象提高的影响”进行了问卷调查，33.7% 的受访者认为影响非常大，39.9% 的受访者认为影响比较大，仅 5.2% 的受访者认为影响比较小。详见下图：

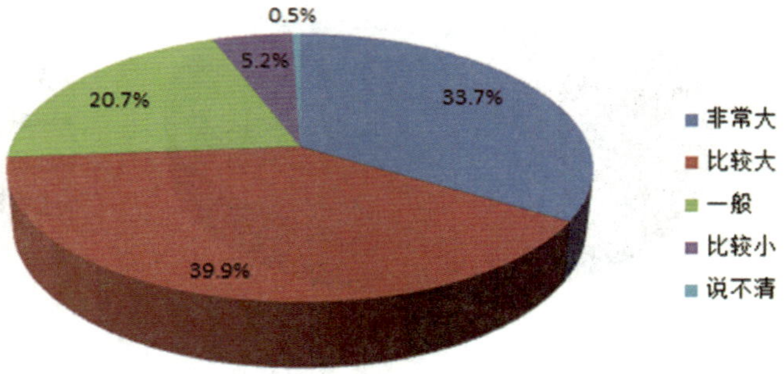

节后省内文艺工作者就山东举办中国艺术节对城市形象提高的影响的看法

（2）节后省内文艺工作者就山东举办中国艺术节对城市文化基础设施改善程度的看法

十艺节落幕后，课题组对省内文艺工作者就“您认为山东举办中国艺术节后，城市文化基础设施改善的程度”进行了问卷调查，18.2% 的文艺工作者认为改善程度非常大，50.1%的文艺工作者认为比较大，仅3.1%的受访者认为改善程度非常小。详见下图：

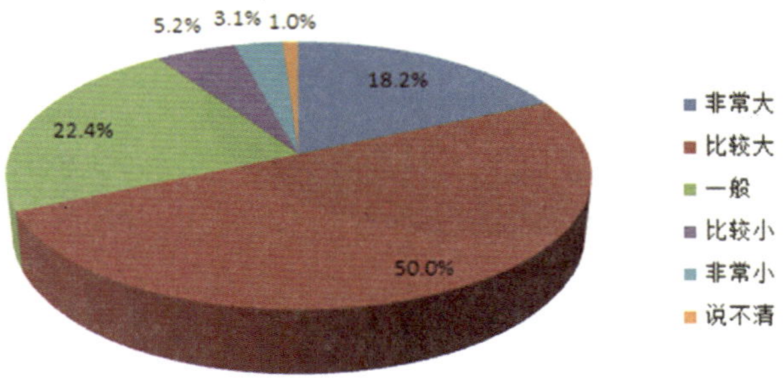

节后省内文艺工作者就山东举办中国艺术节后城市文化基础设施改善程度的评价

（三）十艺节对文化消费的影响

1. 省内外公众消费数额比较

根据节后对省内外公众就“艺术节期间，您估计你直接或间接参与艺术节的消费”进行调查的统计数据，25.6%的公众在艺术节期间没有产生直接或间接消费，消费额在50元以下的公众占35.4%，消费额在50～200元区间的受访者为27.3%，而消费额在300元以上的受访者仅2.5%，可见在艺术节期间省内公众直接或间接参与艺术节所产生的消费额相当有限，还有很大的发展潜力。详见下图：

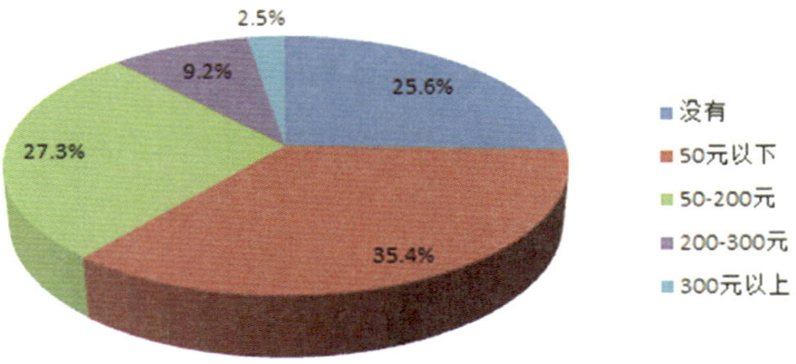

艺术节期间，省内公众直接或间接参与艺术节的消费

课题组对省外公众就同一问题进行了调查，省外高达48.9%的受访者没有直接或间接参与艺术节的消费，消费额在50元以下的受访者为16.4%，消费额在50～200元的受访者为22.5%，而消费额在300元以上的受访者为5.3%。详见下图：

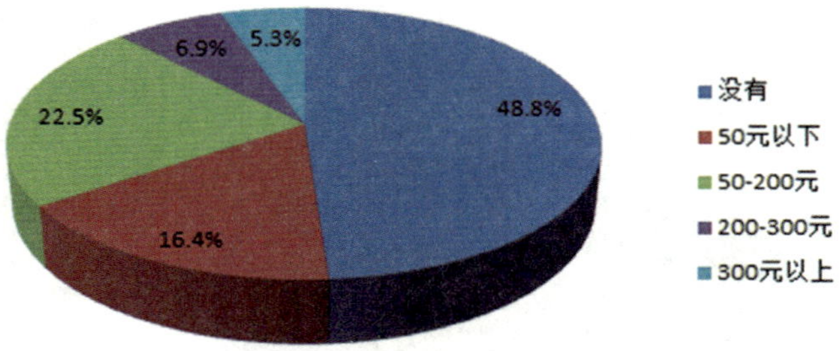

艺术节期间，省外公众直接或间接参与艺术节的消费

2. 省内外公众消费类型比较

此外，课题组又对节后省内外公众的具体消费行为进行了进一步的调查，在产生消费行为的全部有效回答中，省内及省外公众分别有 32.9% 和 23.1% 的受访者选择了购买纪念品，19.6% 和 14.9% 的受访者选择购票观看节目，有 21.2% 和 8% 的公众选择到艺术节举办地旅游，省内公众的消费力度明显高于省外公众。详见下图：

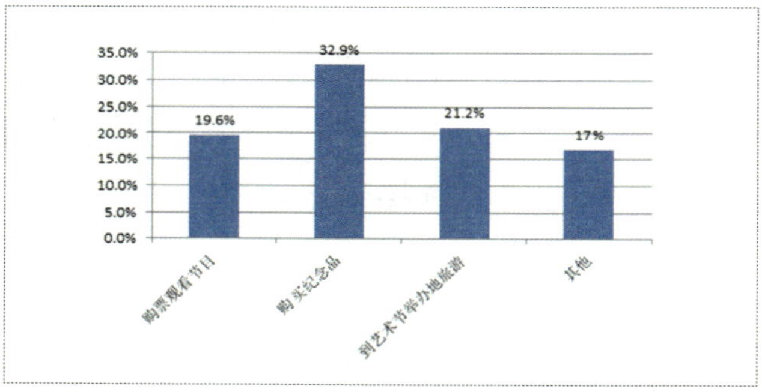

省内公众在艺术节期间有哪些与艺术节相关的消费行为

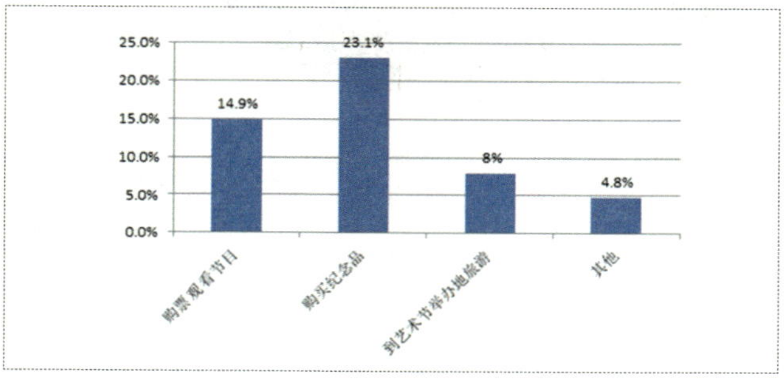

省外公众在艺术节期间有哪些与艺术节相关的消费行为

五、十艺节满意度调查：公众和社会对十艺节总体评价

（一）公众满意度

1. 节后公众对于十艺节节目质量的评价

十艺节结束后，为更加深入了解社会公众对十艺节节目质量的综合评价，课题组再次对省内外社会公众进行了更为细致深入的问卷调查，调查数据显示，无论是省内还是省外，均有超过半数的公众对本次艺术节的节目类型、内容、形式和演员水平给予了肯定赞许的评价，只有不到 5% 公众认为本次艺术节的类型、内容、形式和演员水平比较差（贫乏）。详见下图：

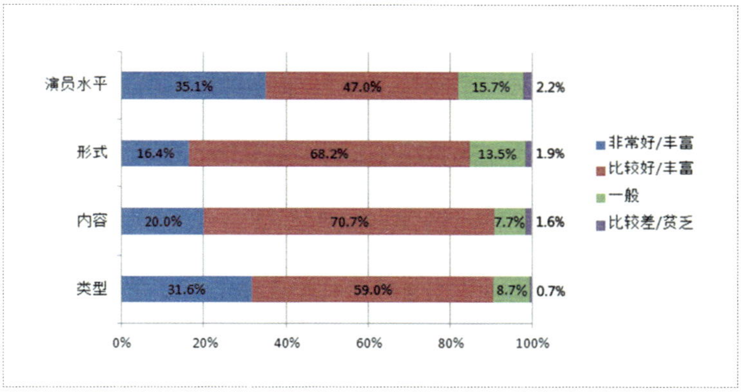

省内公众对山东十艺节的演员水平及节目形式、内容、类型的评价

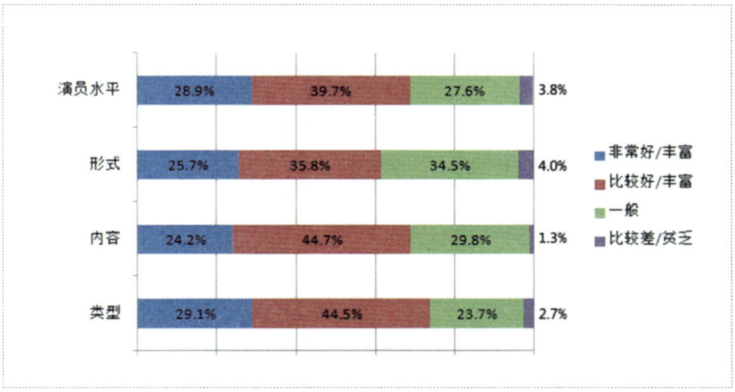

省外公众对山东十艺节的演员水平及节目形式、内容、类型的评价

2. 节后文艺工作者对于十艺节节目质量的评价

除了省内外的公众，文艺工作者对本次中国艺术节节目质量的意见也很重要。为

此我们在节后对文艺工作者也进行了同样的问卷调查，统计数据显示，80% 左右的文艺工作者对本次艺术节的节目整体水平评价比较高，尤其是节目类型、内容和演员水平三项，持赞许观点的受访者总数均在80%以上，而持否定态度的受访者则均不超过4%。详见下图：

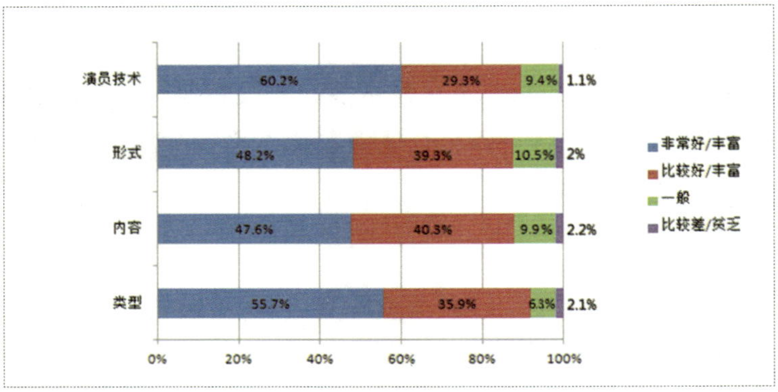

省内文艺工作者对十艺节的演员水平及节目形式、内容、类型的评价

（二）社会满意度

1. 节后公众对于十艺节的总体评价

在对社会公众对十艺节的总体评价进行问卷调查时，课题组选取了省内和省外公众对本次十艺节的活动组织管理、活动场地、活动规模和活动持续时间四项参数进行样本统计和描述分析，从统计数据中我们可知，对这四项参数持肯定态度的省内公众均在 80% 以上，尤其是在活动场地、组织管理及活动场地三方面，省内公众的评价都超过了 85%，而对这四项参数表示不满意的省内公众极少。详见下图：

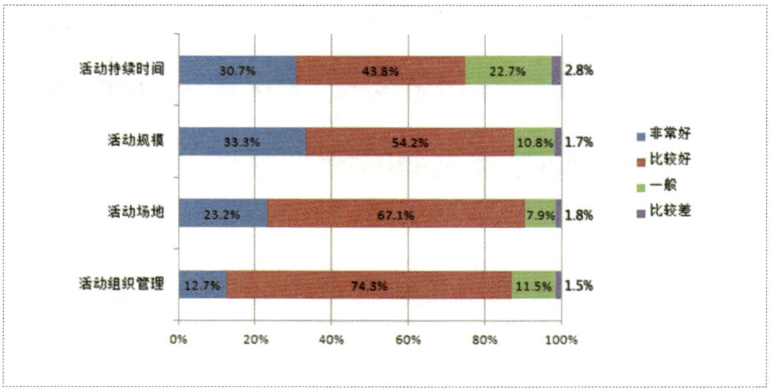

节后省内公众对十艺节的总体评价

节后对于省外公众我们就同样的问题进行问卷调查，统计数据结果与省内相比，省外公众满意度普遍低于省内公众，而不满意的比重又普遍高于省内。详见下图：

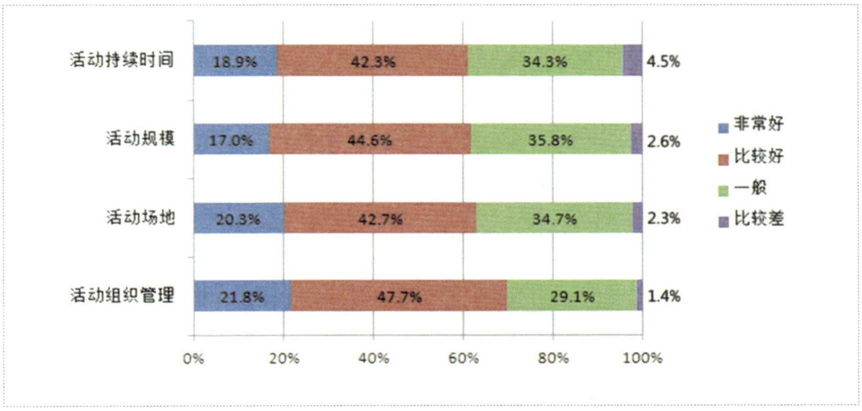

节后省外公众对十艺节的总体评价

2. 节后文艺工作者对于十艺节的总体评价

我们将节后文艺工作者对十艺节的总体评价分以下四方面进行分析：一是对十艺节活动的总体评价；二是对十艺节节目的总体评价；三是对十艺节效果的满意度；四是对山东今后继续举办此类活动的看法。具体分析如下：

（1）节后文艺工作者对十艺节活动的总体评价

从下图中我们可以看出，节后省内的文艺工作者对本次艺术节活动的总体评价还是相当高的，四项参数均有超过 80% 的受访者持肯定态度，仅有不到 2.5% 的受访者认为本次艺术节活动比较差。

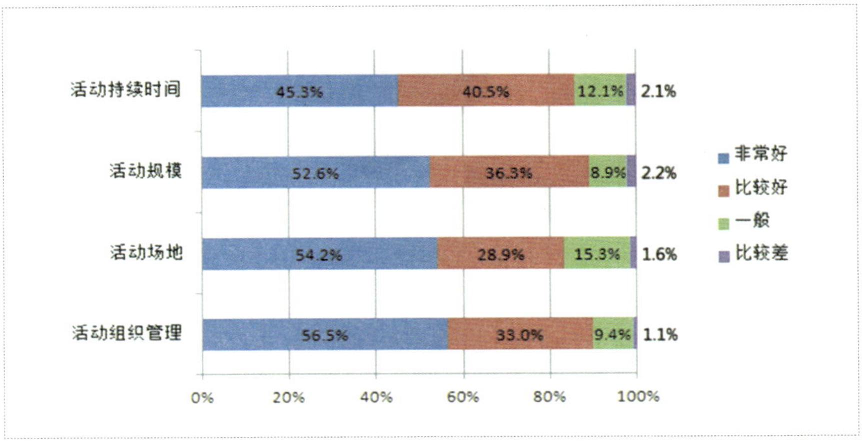

节后文艺工作者对十艺节活动的总体评价

（2）节后文艺工作者对十艺节节目的总体评价

从下图可以看出，85% 以上的文艺工作者对本次艺术节的演员水平、节目内容和类型都给予了肯定的评价，将近 88% 的文艺工作者对节目形式给予了肯定评价，而仅有很少的文艺工作者对节目的总体评价比较差。

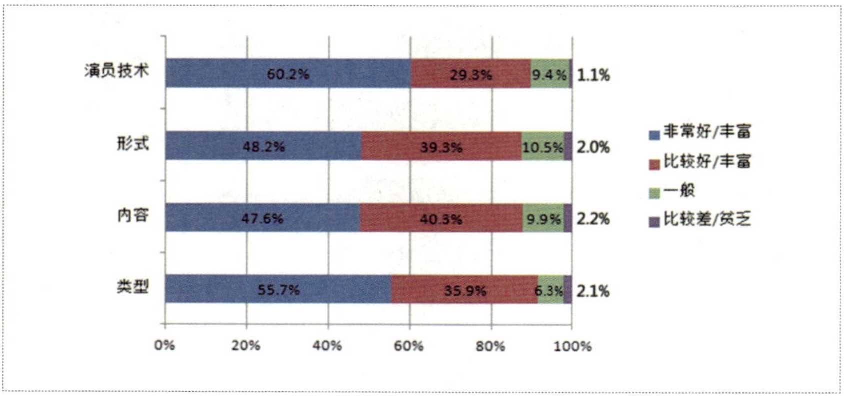

节后文艺工作者对十艺节节目的总体评价

（3）节后文艺工作者对十艺节效果的满意度

从下图可知，87% 以上的文艺工作者都对本次艺术节的效果表示满意，有 12.4% 的文艺工作者认为本次艺术节的效果一般，对本次艺术节的效果持比较失望看法的文艺工作者为 0，可见本次艺术节总体来说还是非常成功的。

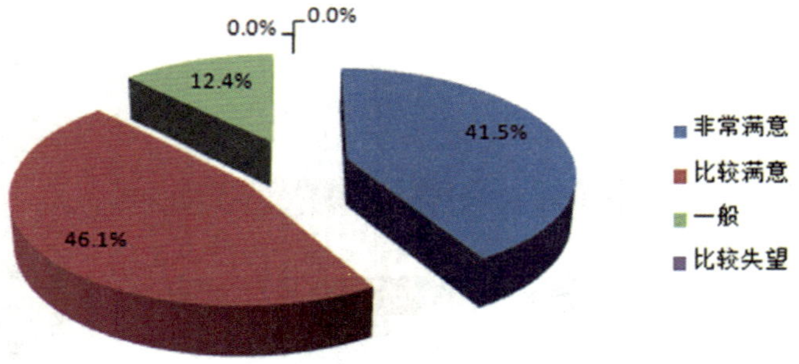

节后文艺工作者对十艺节效果的满意度

（4）节后文艺工作者对山东今后继续举办类似活动的看法

十艺节圆满落下帷幕后，我们对省内文艺工作者就“山东举办十艺节后，您还希望山东今后继续举办类似活动吗”这一问题的看法进行了问卷调查，数据显示，88.6%

的受访者希望继续举办，仅 3.1% 的受访者不希望继续举办类似活动，而有 8.3% 的受访者对此持无所谓看法。详见下图：

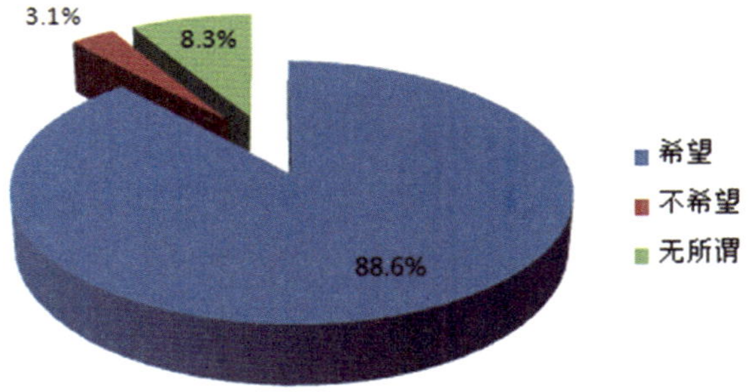

节后文艺工作者对山东今后继续举办类似活动的看法

六、国家艺术节优化发展：问题与对策建议

（一）主要问题

1. 市场化运作能力仍有待加强

一般而言，中国艺术节大致划分为四个阶段，即中国艺术节的奠基阶段、初步转型阶段、综合性发展阶段以及进一步完善拓展阶段。在不同的发展阶段中，中国艺术节的组织模式和运作机制有所不同。不同阶段分别对应着中央主办地方协办，中央与地方政府共同举办，政府主导与市场运营相协调，政府主导、省市联办等四种不同组织模式和运作机制。而伴随着组织模式和运作机制的变化，中国艺术节的筹资机制也在不断地发展和完善，已经从最初的中央拨款发展为以国家财政补贴为主，社会赞助、演展收入、营销收入、广告宣传和彩票公益金收入为辅的多元筹资机制。

本届中国艺术节便是借鉴了八艺节和九艺节的办节经验，在加大政府资金投入的同时，积极争取社会力量参与艺术节。总体来看，十艺节在市场化运作方面做了很多的努力，也取得了一定的成果：筹资渠道多样，既包括省、市财政拨款以及国家专项经费，也包括企业赞助及广告经营收入、社会捐赠、特许商品授权及经营收入和文化产品展销拍卖收入等；市场开拓成绩也较为突出，截至十艺节闭幕，签约合同金额折合人民币 3.16 亿元，签约企业涵盖基础能源、邮政通信、交通运输、保险服务等多个领域。

但是必须要指出的是，十艺节的资金来源仍要以财政补贴为主，像社会赞助等其他渠道获得的收入仍然有限。十艺节在资金筹措方面与上海国际艺术节和爱丁堡艺术节等国内外知名艺术节相比还是存在有一定的差距的，比如上海国际艺术节总成本的80%～90%依靠市场运作筹资，其中，约有70%来自于票房收入，30%来自于企业赞助；爱丁堡艺术节通过门票销售、赞助与捐赠获得的收入约占总收入的55%，而中央和地方政府部门的补贴约占45%。

2. 宣传工作仍有欠缺，品牌影响力辐射范围有限

由于中国艺术节采取轮流办节的模式，一直以来难以形成稳定增长的影响力，与上海国际艺术节和其他国外知名艺术节相比，中国艺术节的影响力相对有限。在此背景之下，每届中国艺术节的筹办省份自己的宣传工作便显得极为重要，十艺节的宣传渠道主要是电视、报纸、网站、手机及户外宣传方，在手段和模式上均超过历届。十艺节在山东省内的宣传工作做得相对突出，其知晓度达到62.6%，其中济南主会场的知晓度高达85.8%。然而省外公众对十艺节的知晓度则相对有限，总体知晓度仅为14.7%。而就省外公众对十艺节各会场的知晓情况来看，省外公众受制于各城市的固有印象十分明显，比如青岛会场在省外的知晓度为45.9%，高于济南主会场的35%，这一数据与省外公众去过山东各个城市的比例吻合。（如下图所示）这说明，省外公众对十艺节的了解仍然受制于对各个城市的固有印象，没有因为十艺节的自身宣传得到根本的改变。

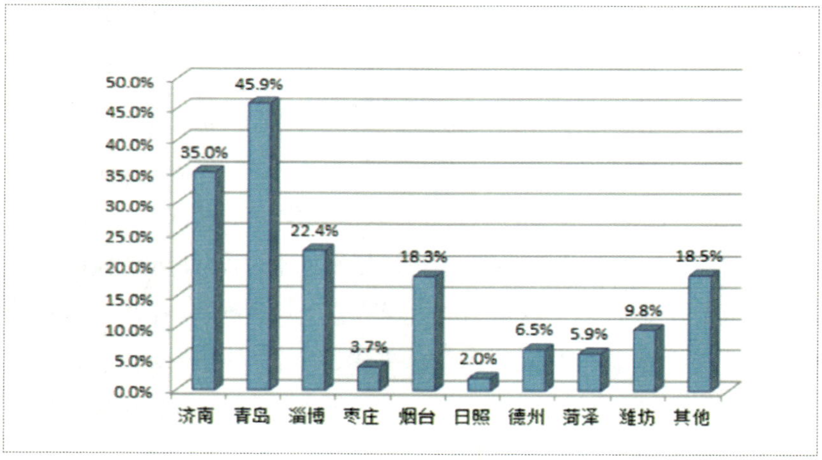

省外公众对十艺节各会场的知晓程度

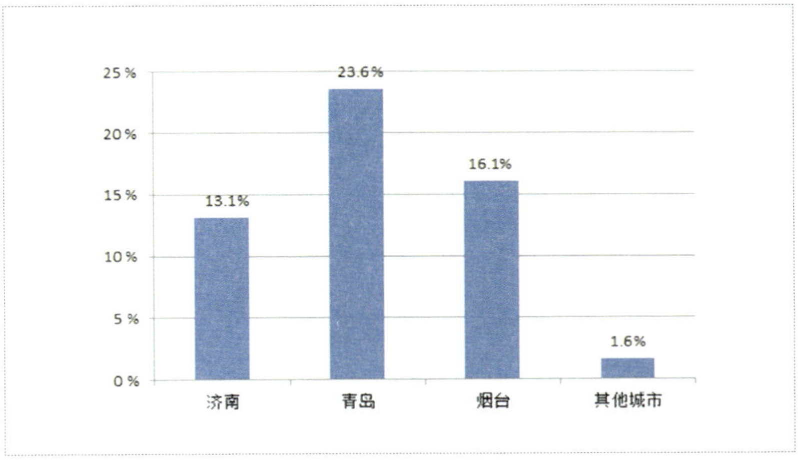

省外公众到过的山东城市

省外宣传工作的欠缺或许是导致省外受访者对十艺节会场了解受制于固有的城市印象。十艺节的整体宣传方面主要依靠电视、报纸、网站、手机及户外宣传方式。以济南市为例，市内的主会场灯光墙体、交通主出入口、公共电子屏、出租车显示屏、醒目的户外广告到处都能看到十艺节的形象宣传，可以认为十艺节宣传渠道的覆盖面是相当广泛的，但某些宣传渠道的利用却相对不足，尤其是对于省外公众更易获取十艺节相关信息的网络渠道和移动终端等新媒体。以目前在国内颇具影响力的新浪微博为例，十艺节主办方早在 2011 年就开通了十艺节官方微博，但其利用率和影响力明显不佳，仅有 946 名粉丝。与之形成鲜明对比的是中国上海国际艺术节官方微博的同一时间粉丝数量达到 109866 人，发表微博数量为 1393 条，微博活跃程度明显高于十艺节官方微博。此外在移动互联领域，“掌上十艺节”作为十艺节的官方 APP，其下载量不到 50 次，且没有任何的评论，几乎达不到任何宣传效果。

3. 社会效益凸显，经济拉动作用有限

中国艺术节经过 26 年的变迁，其市场化色彩愈来愈浓厚，但“官办”性质依然没有改变。中国艺术节办节的落脚点从始至终都不只有一个，兼顾社会效益与经济效益成为十艺节主办方的追求。然而，与历届艺术节一样，十艺节没有根本改变经济拉动能力不明显这一固有困境，公众的文化消费潜力并没有随着公众参与文化活动的热情得到充分的挖掘。主办方采取的票价策略和数量众多的公益演出虽然凸显了十艺节的社会效益，但也一定程度上抑制了公众的文化消费热情。调研数据也显示出了文化消费的疲软，省内公众十艺节期间文化消费在 300 元以上的仅占 2.5%，而消费在 50 元以下的达 61%。

除此以外，十艺节对其他产业的带动效用也十分有限，以旅游为例，在所有知晓十艺节的省外公众中，表达出想到十艺节举办地旅游的仅为 8%。而在芬兰伊卡利宁市举办的手风琴艺术节期间，每名艺术节参观者平均花费 208 欧元，其中艺术节门票占 24%，餐饮占 23%，住宿占 20%，当地商店消费占 15%，加油站消费占 8%，其他费用为 10%。因为艺术节带来的可观收入，芬兰许多大小城市都纷纷在艺术节中寻求城市发展的新机遇。

（二）对策建议

1. 完善组织架构，打造中国艺术节的运作主体

由于中国艺术节每三年一届且由各省轮流举办，难以形成长时效且稳定增长的影响力，并且举办中国艺术节对于各级地方政府的专业化组织能力有着极大的考验。考虑到现阶段固定举办地点的可能性极小且不利于其余各省的文化发展，因此建议应进一步拓展中国艺术节基金会的业务范围，将其打造成为在文化部领导下的专业化运作机构或咨询机构，并维持其构成人员的专业性和稳定性，以弥补新一届地方主办政府在艺术节筹划和运作中的经验不足。其基本职责是代表文化部具体承办中国艺术节，主要任务是负责筹措办节资金，协助各地方承办省市政府具体运作中国艺术节。国家文化和财政主管部门增加对于中国艺术节的财政资助，将财政拨款委托给中国艺术节基金会统一管理和运作。借助于这一途径，努力实现中国艺术节的办节模式由政府主办向政府与社会合办转变，切实提升办节效率，推动中国艺术节的发展与国际接轨。同时建议在中国艺术节基金会下设立“中国艺术节研究中心”，旨在加强对中国艺术节的理论研究，承担起中国艺术节的研究、策划和宣传等具体任务。

2. 充分利用网络传媒，加大宣传力度和广度

中国艺术节由于举办的时间短，筹办周期长，所以要求筹办方能在短时间内运用一切可用之资源、渠道、手段来加强宣传攻势，强化宣传力度，扩大宣传范围，挖掘宣传深度。从十艺节的宣传来看，其省外宣传效果相对有限，不仅制约了中国艺术节的长效发展，同时也不利于山东省的形象推广。从相关数据来看，十艺节在网络宣传，特别是新兴网络媒体的推广方面还做得相对不足。因此建议，今后中国艺术节的筹办方要想在国内甚至国际上提升品牌知名度和影响力，必须重视互联网和移动互联网等新兴传播渠道。充分利用微博、手机客户端在宣传上的便捷性、灵活性以及易传播性等特点，让民众能够更方便、快捷地获得中国艺术节的宣传信息，进而了解并参与中国艺术节的活动，是今后中国艺术节在宣传上需要特别关注并改善的。

3. 立足于艺术节的大众化宗旨，并充分挖掘艺术节经济效用

中国艺术节作为“人民的节日”，具有公益性，是当前国家公共文化服务体系建设的重要组成部分。作为社会主义文艺事业的一部分，其源头活水在于人民群众，只有全心全意为人民群众服务，只有充分调动他们的积极性和主创性，让他们参与到艺术节中来，才能真正使艺术节获得生命力，才能真正实现艺术节的价值。在这一方面，十艺节有许多成功的经验，如举办专场性活动，加强大众艺术教育，政府补贴演出门票等等。除此以外，中国艺术节还应充分挖掘艺术节的经济效用，开发并积极宣传十艺节关联产品，宣传当地旅游，起到引领文化消费的作用。

附录一

基于文艺工作者调研报告

为了解艺术节对政治、经济、文化、社会的影响状况，以促进和谐社会的建构与发展，课题组对十艺节进行了全方位调查。作为艺术节重要参与者，文艺工作者是艺术节质量的一个重要影响因素。本报告以济南、青岛、德州、淄博四市的文艺工作者为调查对象，对他们的基本情况及其对十艺节的了解程度进行调查，力求获取文艺工作者对十艺节的真实、客观评价。

一、调查经过与样本描述

（一）节前调查的范围和样本描述

十艺节之前，课题组在青岛和德州两市共发放问卷 527 份，有效回收 525 份。受访者男女性别比例为 52：48，男性文艺工作者略多于女性文艺工作者；年龄从 15 岁至 60 岁不等，30 ~ 40 岁年龄段的人数相比于其他年龄段较多，整体上，受访者年龄结构分布合理。受访者中，85.4% 居住在本市，且大部分文艺工作者居住在城区（居住在郊区和农村的人数仅占 13% 左右），对本地基本情况相对了解。从政治面貌上看，中共党员和普通群众分别占 37.9% 和 55.6%，民主党派人士较少；从宗教信仰看，无宗教信仰人士占 79.7%，信仰基督教、伊斯兰教、佛教及道教的人数分别占 4.2%、2.4%、10.9% 和 2.4%；从职业分类来看，受访者中有 331 位是专业技术人员，占 64%；管理人员 64 人，占总比重的 12%；此外，还有 20% 的经营人员和 4% 的其他岗位人员（见图 F1-1）。由此可见，专业技术人员在受访者中占比较高，这无疑加强了问卷样本的说服力。

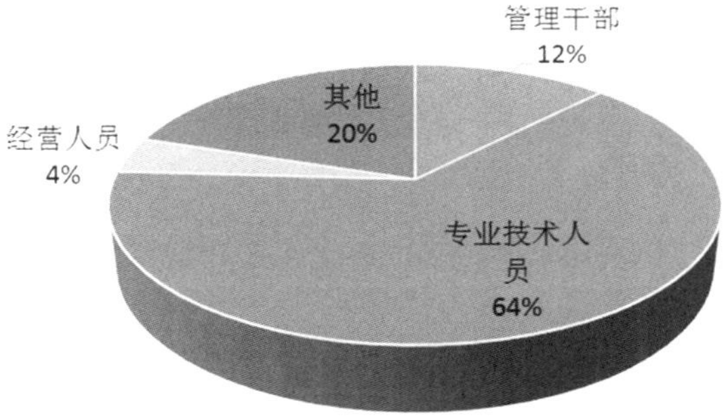

图 F1-1：节前受访者职业分布状况

在婚姻状况中，已婚人士占 73.5%。从文化程度来看，本科生占 36.6%，研究生及以上占 5.4%，高中和专科学历人数占 52.2%，初中学历人数占 5.8%（见表 F1-1），说明受访者文化程度总体较高，能对本届艺术节做出更为专业的评价。

表 F1-1　节前受访者文化程度分布状况

文化程度	人数（人）	百分比（%）
初中及以下	30	5.8
高中（中专）	158	30.4
大专	113	21.8
本科	190	36.6
研究生及以上	28	5.4
合计	519	100

（注：有效问卷中有 6 人未对此作答，在此并未列出，表中的百分比为有效百分比）

在问及“最大的兴趣爱好”的时候，受访者对于听音乐、读书看报、观看曲艺舞蹈的兴趣甚浓，超过 50%。图 F1-2 为受访者兴趣爱好分布状况。

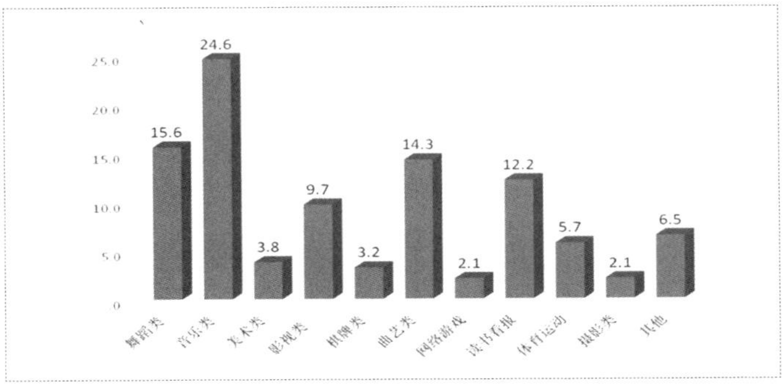

图 F1-2：节前受访者兴趣爱好分布状况

从受访者2012年月平均收入来看，1200元以下占11.5%，1201～3500元占53.8%，3501～5000元占27.2%，5001～10000元占6.7%，10000元以上的仅占0.8%。（见图F1-3）据统计，2012年一季度青岛人均月收入2751元，可见大部分受访者收入与青岛市平均收入水平相当或略高。

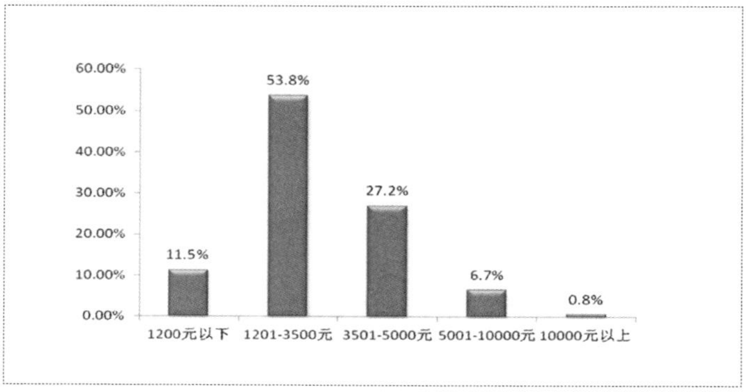

图F1-3：节前受访者2012年月平均收入分布状况

据调查，2012年文艺工作者在文化方面的月平均消费水平在100元以下的占22.2%，101～300元占33.3%，301～500元占18.7%，501～1000元占4.8%，1000元以上占21%。（见图F1-4）与往年调查所得数据比较，2012年文艺工作者的文化消费支出有了明显增加，特别是消费额度达到1000元以上的人数大幅增加，说明文艺工作者越来越重视文化消费。

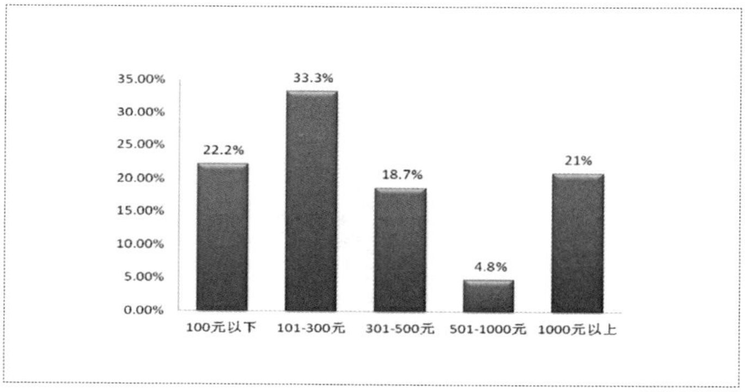

图F1-4：节前受访者2012年月文化消费水平状况

（二）节中调查的范围和样本描述

十艺节举办期间，课题组在济南、青岛、淄博、德州四市共发放第十届中国艺术节社会影响调查问卷（节中文艺工作者卷）200 份，其中有效问卷 150 份，问卷有效率为 75%。

在问卷调查中，课题组就中国艺术节在全国文化艺术界的影响力和文艺工作者对艺术节组织举办的评价等问题进行了调查，并进一步了解了调查对象对筹办中国艺术节的具体建议及对策。

（三）节后调查的范围和样本描述

十艺节之后，调查组对德州和青岛的文艺工作者发放了 300 份问卷，其中有效问卷 296 份，问卷有效率为 98%，受访对象男女性别比例为 52.4∶47.6，年龄从 14 岁到 78 岁。其中中共党员与群众所占比例分别为 32% 和 59%，民主党派人士占 9%。从文化程度看，大专及以下学历占 49.47%，本科及以上学历占 50.53%；从职业看，演职人员占 71.6%，文化管理干部占 5.8%，文艺演出单位管理人员占 12.1%，艺术院校教职工占 0.5%，文化设施管理人员占 3.2%，其他人员占 6.8%。（见图 F1-5）

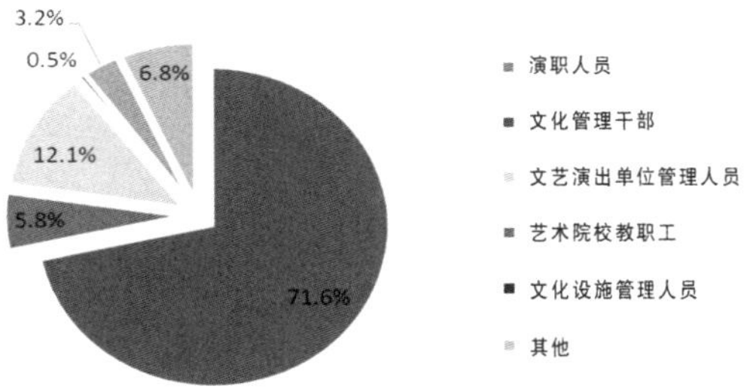

图 F1-5：节后受访者职业分布状况

在受访者中，2012 年月平均收入在 1200 元以下占 6.7%，1201 ~ 3500 占 77.8%，3501 ~ 5000 元占 11.9%，5000 元以上占 3.6%（见图 F1-6），节后受访者与节前受访者相比，收入较高。

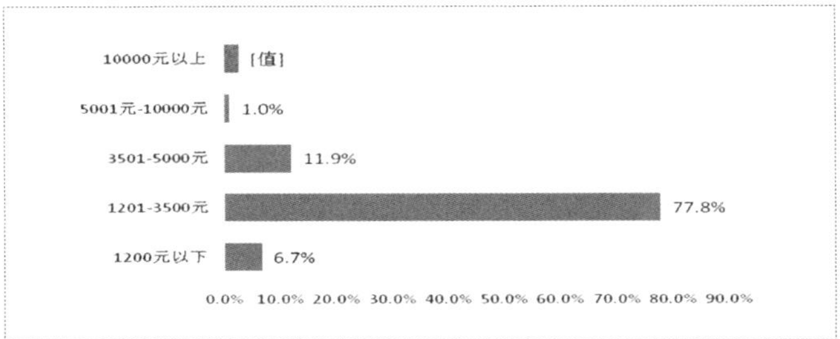

图 F1-6：节后受访者 2012 年月平均收入状况

在文化方面消费方面，受访者月平均消费水平 100 元以下占 18%，101 ~ 300 元 46.9%，301 ~ 500 元占 11.9%，501 ~ 1000 元占 8.2%，1000 元以上占 14.9%（见图 F1-7），相比之下，这一组数字表明节后受访者的文化消费水平高于节前受访者的文化消费水平。

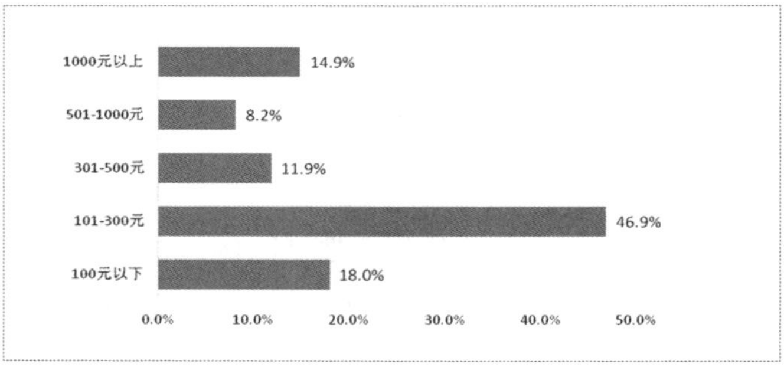

图 F1-7：节后受访者 2012 年月文化消费水平

二、十艺节文艺工作者的参与程度分析

（一）节前文艺工作者对十艺节知晓程度比较分析

1. 节前总体知晓情况分析

（1）济南为受访者知晓比例最高，高达 91.3%

关于对十艺节的知晓情况方面，在问及“您知道第十届中国艺术节有哪些会场”时，在全部有效样本中，选择济南、青岛、淄博、枣庄、烟台、日照、德州、菏泽、潍坊及曲阜的受访者分别为 91.3%、81.7%、43.9%、8.3%、41.2%、23.5%、30.1%、19%、25.4% 和 9.9%。（见图 F1-8）由此可见，济南和青岛为受访对象知晓的比例明显居高，这与其城市地位及注重宣传有关，其他城市为受访者所知晓的比例明显不是很高，特别是枣庄和曲阜，其知晓比例均不到 10%，说明各分地在宣传上还应多下工夫。

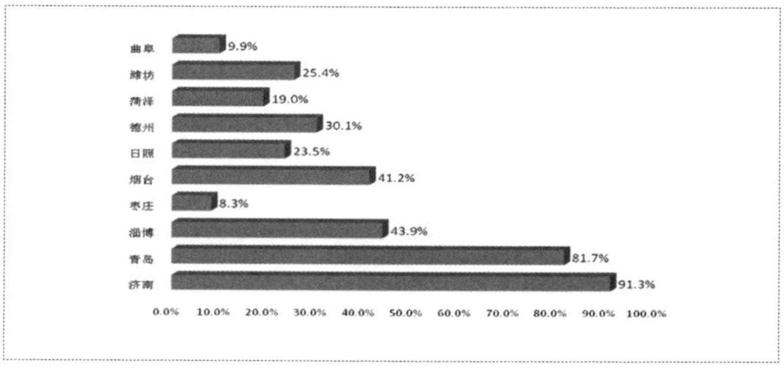

图 F1-8：节前受访者对十艺节会场的了解

（2）49% 的受访者知道十艺节的宗旨，过半受访者不知道

关于十艺节宗旨，49% 的受访者表示知道，51% 表示不知道（见表 F1-2），表示不知道的受访者高于表示知道的受访者比例，说明主办方在宣传十艺节宗旨方面有待进一步加强。

表 F1-2 节前受访者对十艺节宗旨的了解情况

了解程度	人数（人）	百分比（%）
知道	223	49
不知道	232	51
合计	455	100

（3）受访者对十艺节相关知识比较了解

对于十艺节相关知识的了解，525 个受访者中了解艺术节节歌、艺术节节徽、吉祥物和专用标志的比例分别为 68.6%、74%、74.7% 和 74%（见图 F1-9），这组数据表明文艺工作者对十艺节的相关知识比较了解。

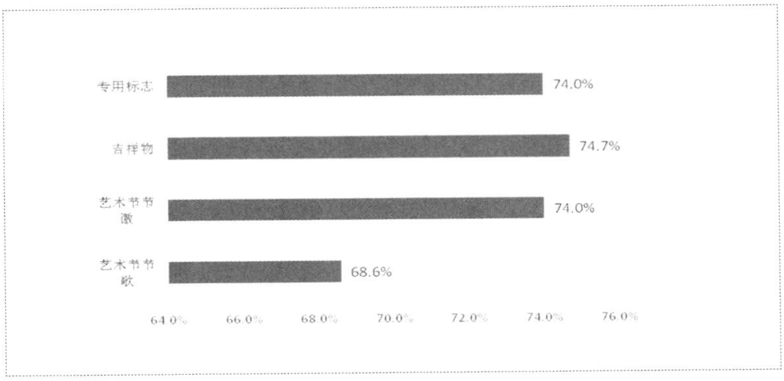

图 F1-9：节前受访者对十艺节相关知识的了解

（4）受访者对十艺节活动认识不均衡，经贸及旅游活动受关注度较低

对十艺节活动的认识方面，全部有效样本中，选择专业艺术活动、群众文化活动、展览活动、经贸活动、旅游活动、开幕式以及闭幕式的受访者分别为 71.9%、64.9%、45.2%、9.7%、14.9%、76% 和 70.4%（见图 F1-10），可见，十艺节的专业艺术活动、开幕式、闭幕式、群众文化活动受到大多数文艺工作者的关注，相反，他们对经贸活动和旅游活动关注较少，这可能与受访者职业及相关部门宣传不足有关，将在一定程度上限制十艺节的经济影响力。

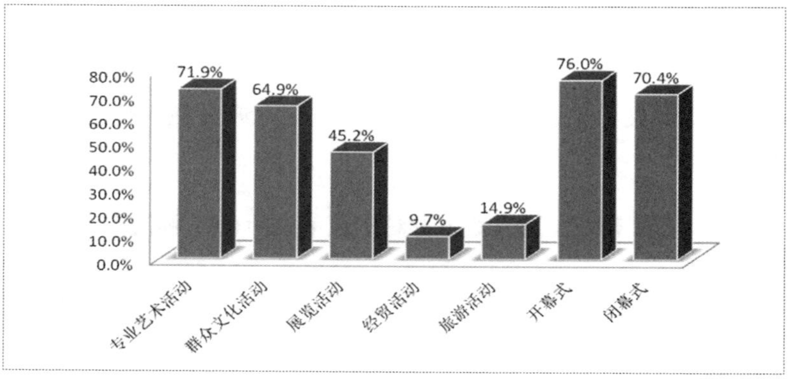

图 F1-10：节前受访者对十艺节活动的知晓情况

（5）受访者对十艺节具体节目了解比较全面

在对十艺节具体节目类型的了解上，受访者知道有音乐会的占 45.4%，歌舞晚会占 55.5%，曲艺晚会占 43.9%，美术展览占 35%，京剧占 60.4%，话剧占 49%，音乐剧占 41.6%，舞剧占 43.5%，地方戏曲占 59.8%（见图 F1-11），这说明受其职业影响，受访文艺工作者对十艺节活动的具体内容了解还是比较全面的。

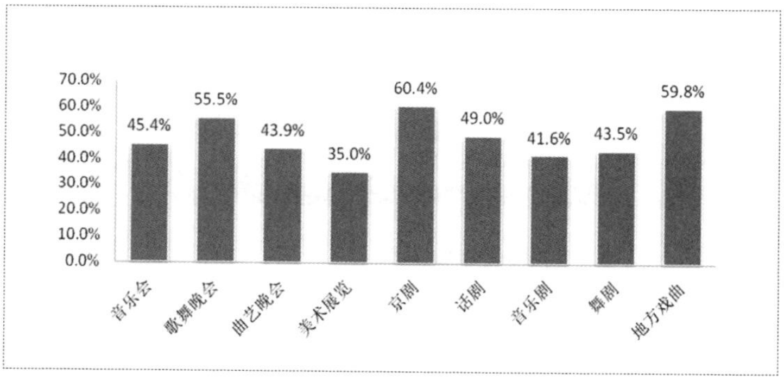

图 F1-11：节前受访者对十艺节具体节目类型的知晓情况

2. 节前各会场受访者对十艺节的知晓情况比较分析

（1）济南和青岛会场为大多数受访者了解，相比之下，其他会场为受访者所知晓的程度普遍较低

关于对十艺节的知晓情况方面，在问及“您知道第十届中国艺术节有哪些会场”时，济南 198 个有效样本中，高达 97% 的受访对象知道有济南，78.3% 的受访者知道有青岛；相比之下，其他分会场为济南文艺工作者知晓的比例大部分在 40% 以下。青岛 127 个有效样本中，高达 86.8% 的受访对象知道有青岛，济南为 74.4% 的青岛文艺工作

者所知晓；相比之下，其他分会场如曲阜为青岛文艺工作者知晓仅 6.6%；德州 100 个有效样本中，高达 97.9% 的受访对象知道有济南会场，超过知道德州本地有会场的人数（72.9%），此外青岛为德州文艺工作者所知晓的比例较高（74%）；相比之下，枣庄为德州文艺工作者知晓的比例仅为 7.3%。淄博 100 个有效样本中，高达 97% 的受访对象知道有淄博，94% 和 90% 的受访对象分别知道有济南和青岛，知道烟台与潍坊分会场的淄博文艺工作者的比例均在 50% 以上，而知道枣庄与曲阜的淄博文艺工作者的比例分别只有 5% 和 3%（见表 F1–3）：

表 F1–3 节前受访者对十艺节举办会场的了解

	济南		青岛		德州		淄博	
	比例（%）	排序	比例（%）	排序	比例（%）	排序	比例（%）	排序
济南	97	1	74.4	2	97.9	1	94	2
青岛	78.3	2	86.8	1	74	2	90	3
淄博	37.9	4	20.7	4	30.2	4	97	1
枣庄	11.1	10	7.4	9	7.3	10	5	9
烟台	40.9	3	31.4	3	26	5	68	4
日照	30.8	5	12.4	7	13.5	8	32	7
德州	16.2	8	8.3	8	72.9	3	43	6
菏泽	28.8	6	13.2	6	13.5	8	12	8
潍坊	19.7	7	15.7	5	16.7	6	57	5
曲阜	13.1	9	6.6	10	14.6	7	3	10

本组数据表明，各地受访者对本地会场比较了解。济南、青岛、淄博和烟台为大多数受访者了解，相比之下，枣庄和曲阜会场为受访者所知晓的程度不高，与各地的经济条件、地理位置及宣传程度有关。

（2）各地受访者对十艺节宗旨了解程度分布不均

在问及“你是否知道山东第十届中国艺术节的主题”时，济南 198 个有效样本中，58.6% 的受访者选择知道，不知道的有 41.4%；青岛 127 个有效样本中有 70.9% 的受访者选择不知道；淄博 100 个有效样本中有 47.7% 的受访者选择知道，德州 100 个有效样本中有 56.7% 的受访者选择知道，不知道为 43.3%。这一组数据表明济南和德州受访者对十艺节宗旨了解程度较高，相比之下，青岛受访者对十艺节宗旨知晓程度较低，表明十艺节相关知识宣传方面存在不足。

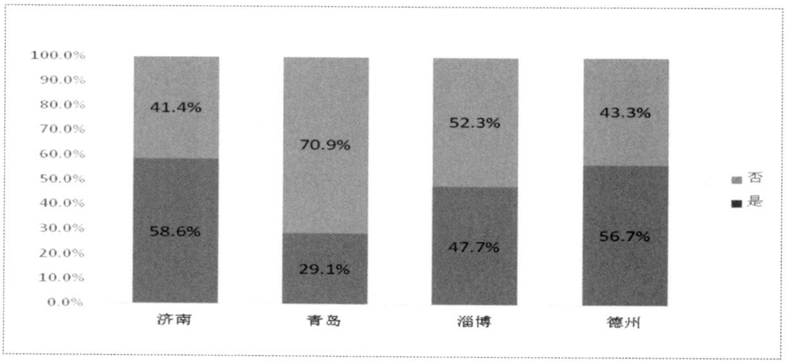

图 F1-12：节前各地受访者对十艺节宗旨知晓情况对比

（3）除济南外，各地受访者对十艺节相关知识知晓度都不高

对于艺术节节歌、艺术节节徽、吉祥物和专用标志的了解比例，济南受访者分别为62.4%、62.8%、69.8%和65.2%；青岛受访者分别为20.3%、29.3%、28.1%和25.8%；淄博受访者分别为26%、36%、53%和49%；德州受访者分别为24.7%、24.5%、23.7%和19.6%。（见图 F1-13）本组数据反映了各地文艺工作者对十艺节的相关知识了解的程度不高，且存在较大差异，其中济南受访者了解程度相对较高，这一结果与前述总体分析一致，表明在十艺节相关知识的宣传上存在着地区性的差异，当然也与受访者的职业有较大关联。

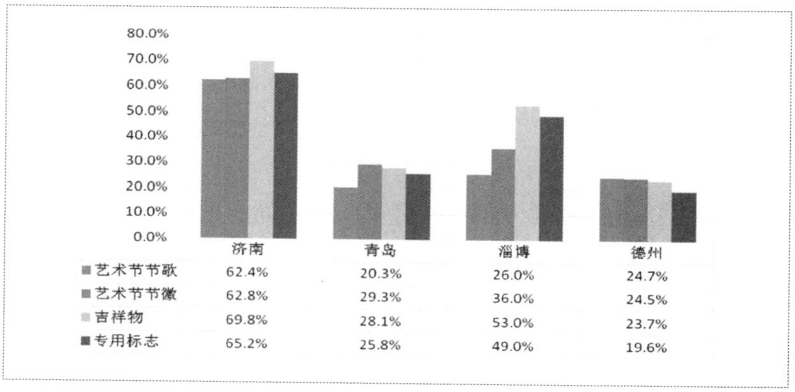

图 F1-13：节前各地受访者对十艺节相关知识知晓情况对比

（4）各地受访者对十艺节活动知晓情况大致相同

在对十艺节活动的认识方面，各地受访者对各类型活动的知晓情况见下表。

表 F1–4　节前受访者对十艺节活动的知晓情况对比

	济南		青岛		德州		淄博	
	比例（%）	排序	比例（%）	排序	比例（%）	排序	比例（%）	排序
专业艺术活动	70.5	1	61.1	4	69.4	4	91	1
群众文化活动	62	3	74.6	1	74.5	3	31.8	2
展览活动	39.5	5	50.8	5	56.1	5	18.8	6
经贸活动	13	7	7.1	7	7.1	7	20.6	5
旅游活动	22.5	6	12.7	6	11.2	6	5.9	7
开幕式	70.5	1	71.4	2	89.8	1	25.9	3
闭幕式	59.5	4	70.6	3	85.7	2	24.7	4

从上表可以看出，各地受访者对十艺节主要文化活动认识大致相同，专业艺术活动、开幕式、闭幕式、群众文化活动受到各地较多文艺工作者的关注，相比之下，人们对经贸活动和旅游活动关注较少，特别是青岛和德州，对经贸活动和旅游活动了解程度较低，这既与受访者的职业有关，同时也与各地对十艺节活动宣传不足有关，在一定程度上限制了十艺节的经济影响力。

（5）各地受访者对十艺节具体节目类型知晓情况无明显差异

各地受访者对十艺节活动的具体节目类型了解见下表。

表 F1–5　节前各地受访者对十艺节具体节目知晓情况对比

	济南		青岛		德州		淄博	
	比例（%）	排序	比例（%）	排序	比例（%）	排序	比例（%）	排序
音乐会	51	5	53	2	51	6	20	8
歌舞晚会	65	2	62.4	1	58.2	4	26	6
曲艺晚会	50.5	6	53	2	43.9	7	20	8
美术展览	34.5	8	45.3	4	37.8	9	21	7
京剧	64.5	3	28.2	8	74.5	1	76	1
话剧	65.5	1	31.6	7	43.3	8	42	4
音乐剧	37.5	7	26.5	9	70.1	2	40	5
舞剧	34.5	8	35.9	5	57.1	5	57	3
地方戏曲	62.5	4	35.9	5	69.4	3	73	2

从上表可以看出，受其职业影响，各地受访者对十艺节活动的具体内容了解的都比较全面，并没有很显著的差异，这一组数据也与节前总分析的数据一致。

（二）节后文艺工作者对十艺节的参与程度比较分析

1. 节后总体分析

（1）观赏十艺节方式多样，现场观看的方式最受青睐

在回答“您是通过哪些方式欣赏山东第十届中国艺术节节目”时，196 名受访者中，有 87.6% 选择现场观看，20.7% 选择电视，6.2% 选择互联网，5.2% 选择广播电台，22.8% 选择报纸，1.6% 选择影碟，此外，有 1.6% 的受众选择了其他方式。（见图 F1−14）由此可见，由于选择方式多种多样，受访者可以通过自己喜欢的途径直接或间接参与十艺节，这在一定程度上扩大了文艺工作者的参与度。受职业影响，选择现场观看方式的受访者较多，表明文艺工作者能更贴切地感受十艺节，更客观地对其进行评价。

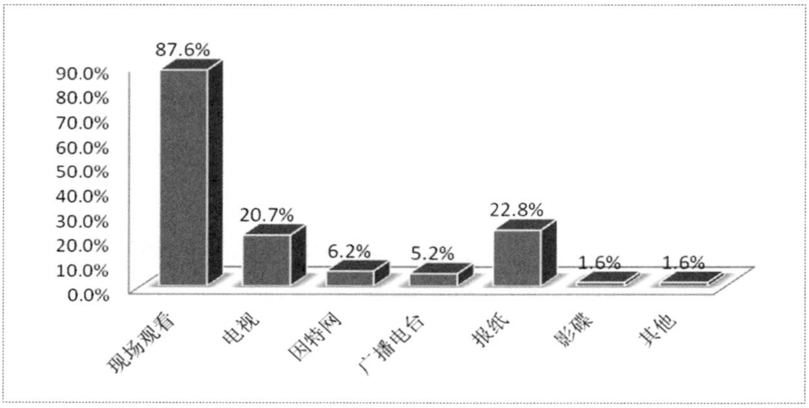

图 F1−14：节后受访者欣赏十艺节节目所选途径的情况

（2）受访者对十艺节活动认识差异显著，经贸和旅游活动关注度较低

在对十艺节活动的认识方面，196 名受访者选择专业艺术活动、群众文化活动、展览活动、经贸活动、旅游活动、开幕式、闭幕式分别为 88.6%、62.7%、42%、9.3%、7.8%、76.7% 以及 78.2%（见图 F1−15），可见，十艺节的专业艺术活动、开幕式、闭幕式、群众文化活动受到较多文艺工作者的关注，相比之下，与节前一样，受访者对经贸活动和旅游活动关注较少，在一定程度上限制了十艺节的经济影响力。

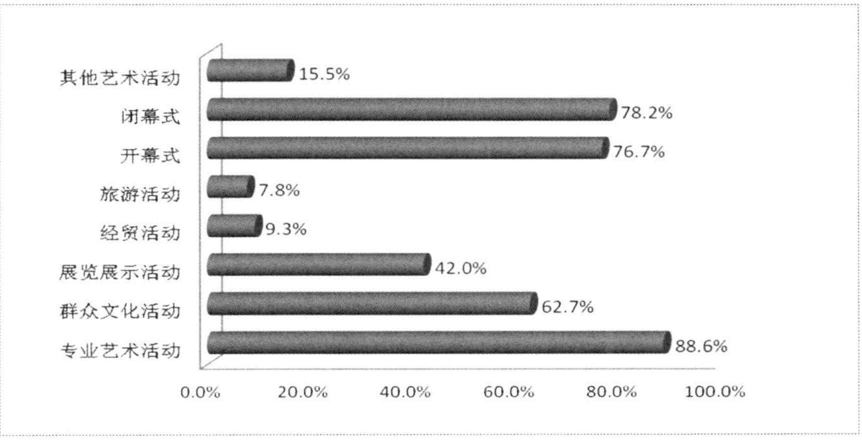

图 F1-15：节后受访者对十艺节活动的知晓情况

（3）受访者对十艺节各节目参与度不高，歌舞晚会相对较高

在问及“您看过十艺节哪些节目”时，196 名受访者中，20% 选择音乐会，62.6% 选择歌舞晚会，12.1% 选择曲艺晚会，11.1% 选择美术展览，21.1% 选择京剧，51.6% 选择话剧，30% 选择音乐剧，54.7% 选择舞剧，17.9% 选择地方戏曲。（见图 F1-16）本组数据表明，除歌舞晚会、舞剧、话剧外，受访者对十艺节其他节目的参与度都不太高，应该是节目的艺术样式与受访者个人爱好、文化程度及收入水平等因素共同作用的结果。

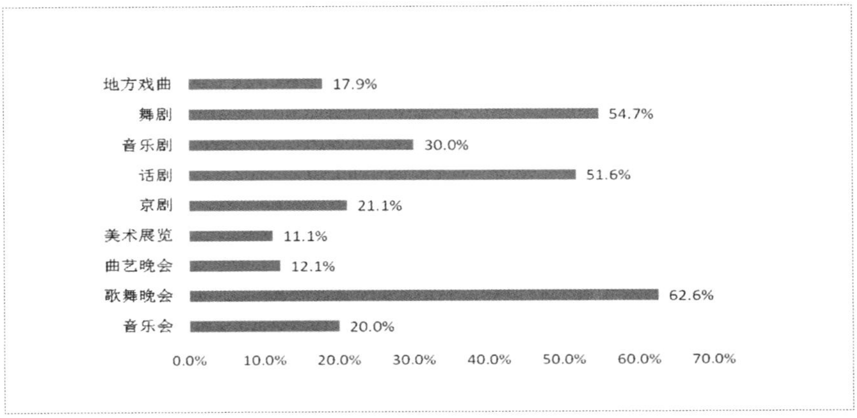

图 F1-16：节后受访者对十艺节节目的参与情况

2. 节后文艺工作者对十艺节的参与程度分析

（1）各地受访者欣赏十艺节节目方式多样，以现场观看为多

文艺工作者欣赏十艺节节目的途径和方式多种多样，调查表明文艺工作者选择了不同的途径欣赏十艺节节目，各地受访者欣赏十艺节节目方式的具体情况见图 F1-17。

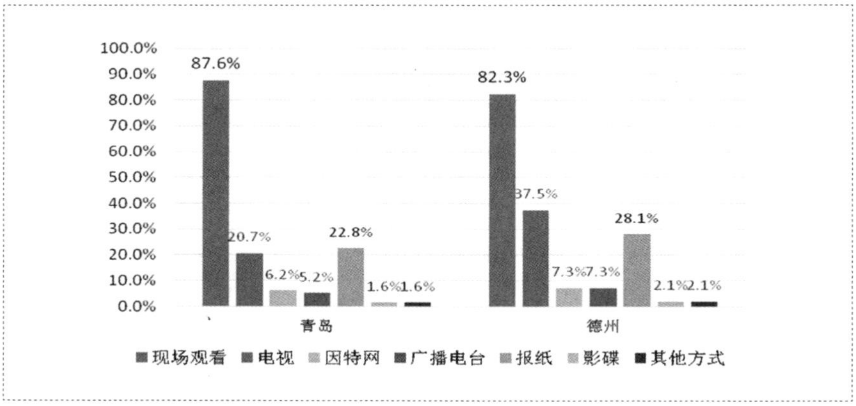

图 F1-17：节后各地受访者欣赏十艺节节目方式的比较

从上图可知，各城市受访者欣赏十艺节节目的途径多种多样，既有直接参与，又有间接参与，既有传统媒介方式，又有现代媒介方式，现场观看、电视以及报纸方式是大部分受访者欣赏和了解十艺节节目的主要选择。

（2）受访者对十艺节主题都有一定的认识或了解

在问及“您是否知道山东第十届中国艺术节的主题”时，青岛市 196 个有效样本中，77.5% 的受访者选择知道，22.5% 的受访者选择不知道；德州市 100 个有效样本中，87.2% 的受访者选择知道，12.8% 的受访者选择不知道，从图 F1-18 中可以看出，受访者对十艺节主题知晓比例较高。

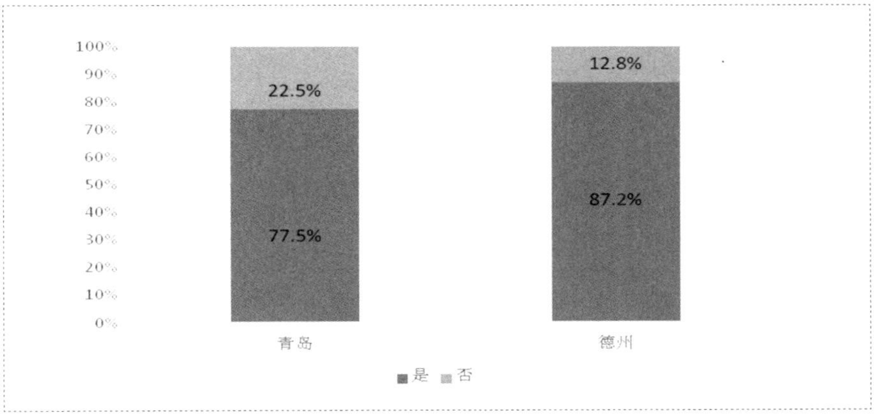

图 F1-18：节后各地受访者对十艺节主题认识的比较

（3）各地受访者对十艺节活动认识差异较大，总体而言，传统活动关注度较高，经贸旅游活动关注度较低

在对十艺节活动的认识方面，各地受访者对十艺节活动认识情况见图 F1-19。

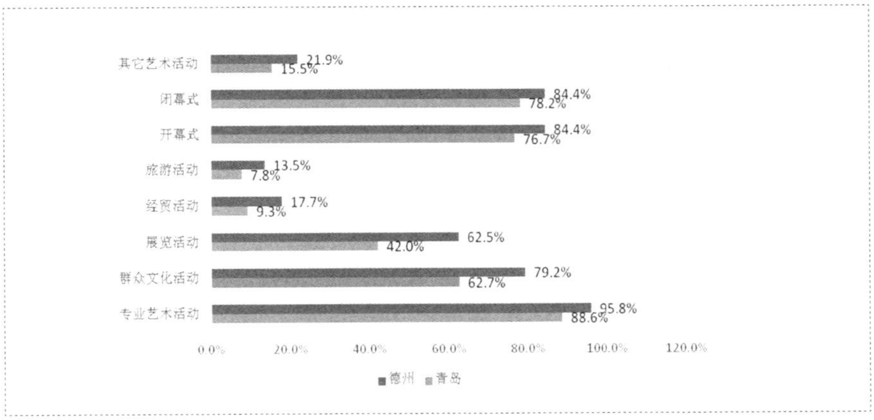

图 F1-19：节后各地受访者对十艺节活动认识的比较

从上图得知，各地受访者在对十艺节活动的认识上存在较大差异，但总体而言，十艺节的专业艺术活动、开幕式、闭幕式、群众文化活动受到较多文艺工作者的关注，相比之下，人们对经贸活动和旅游活动关注较少，这表明大部分受访者只关注十艺节本体内容，对节庆延伸的经济影响力认识有待提高。

（4）各地受访者观看十艺节节目情况既存在一致性，又有差异性，在个别节目上，受访者的偏爱度变动幅度较大

在问及“您看过十艺节哪些节目”时，受访者观看十艺节节目情况见图 F1−20。

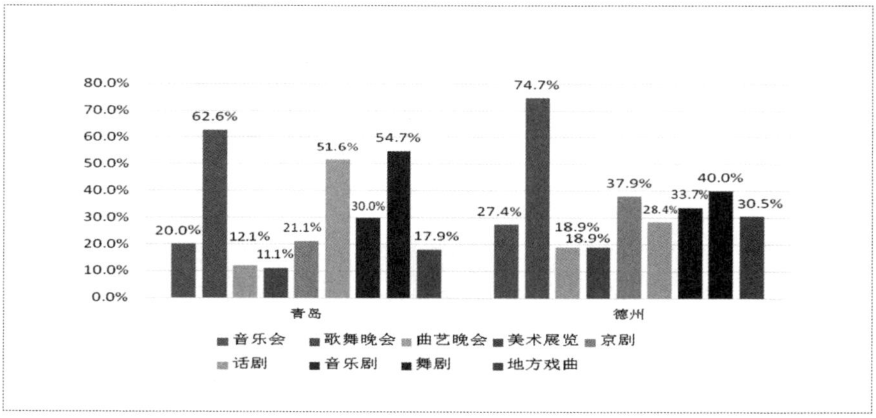

图 F1−20：节后各地受访者观看十艺节节目情况的比较分析

上图表明，各地受访者对十艺节节目的偏爱情况既存在一致性，又具有差异性。在个别节目上，各地受访者的偏爱度变动幅度较大，如京剧，德州受访者偏爱度高于青岛受访者，反映了受访者文化程度、兴趣爱好以及受访地文化氛围的不同。

三、十艺节对文艺发展的影响力分析

（一）节前文艺工作者的评价

1. 总体评价

（1）大部分受访者认为十艺节的举办将对山东城市文化基础实施有很大的改善

十艺节作为艺术的盛会，它的举办毫无疑问将对山东省文化艺术发展产生重大推动作用。受访的文艺工作者对十艺节与文化艺术发展的关系更有发言权。十艺节举办前，针对十艺节与文艺发展的关系，我们设计了三个方面的问题从不同的角度向受访者进行调查。这三个问题分别是“山东承办第十届中国艺术节对城市文化基础设施改善的程度”、“山东举办第十届中国艺术节对市民的业余文化生活改善的程度”和“第十届中国艺术节的举办对我国文化精品生产的作用”，从问卷反馈的信息来看，525 张有效答卷中，认为山东承办十艺节对城市文化基础设施改善程度很大的占 58.3%，认为改善程度一般的占 32%，9.7% 认为改善程度较小。（见图 F1−21）由此可见，

大部分受访文艺工作者认为十艺节的举办将对山东城市文化基础实施有很大的改善，反映了受访者以十艺节为契机进一步提高山东文化发展所必要的基础条件的深切愿望，以此来推动山东文化的发展。

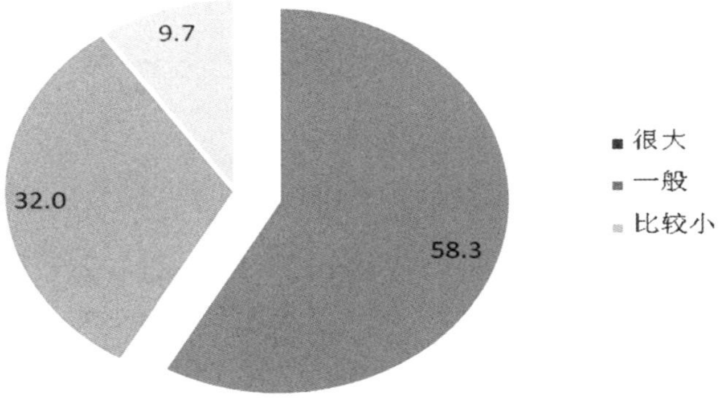

图 F1-21：节前受访者关于山东承办十艺节对城市文化基础设施改善程度的评价

（2）大多数受访者认为十艺节的举办将对市民业余文化生活产生很大影响

关于山东举办十艺节对市民的业余文化生活改善程度的评价方面，525 张有效答卷中，51.7% 认为改善程度很大，36.3% 认为改善程度一般，12% 认为改善程度比较小。（见图 F1-22）这反映了大部分受访文艺工作者认为十艺节的举办对市民的业余文化生活产生会产生重要的影响，也表明了文艺工作者对山东未来文化产业发展的信心与热情。

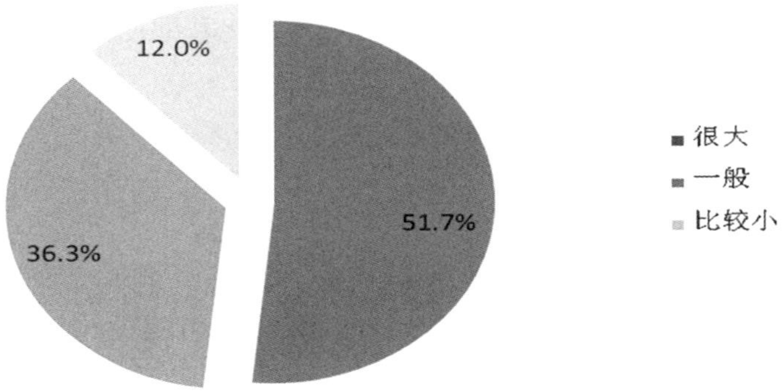

图 F1-22：节前受访者关于山东承办十艺节对业余文化生活改善程度的评价

（3）大部分受访者认为十艺节对我国文化精品生产有很大促进作用

受访者在评价十艺节的举办对我国文化精品生产有何作用时，525 张有效答卷中，59.9% 认为作用很大，28.9% 认为作用一般，6.3% 认为影响比较少，4.9% 认为说不清楚。

（见图 F1-23）这一组数据反映了大部分文艺工作者认为十艺节将会促进我国文化精品的生产。艺术节的举办可以极大地促进文艺工作者的创作积极性，这是一次展示其才华、体现其价值的最好机会，同时通过“优胜劣汰”的公平竞争原则，促使更多更优秀的文化精品展现在公众面前，使他们享受一次真正的文化大餐，提高他们的艺术鉴赏力，陶冶他们的情操，反过来又会激励文艺工作者以较大的激情投入到文化艺术精品的创作中去。

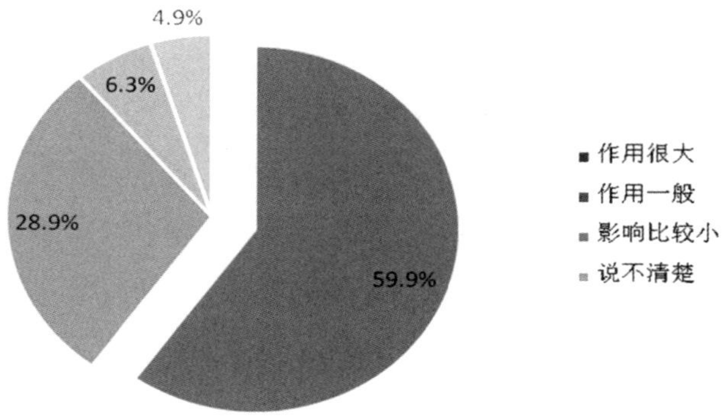

图 F1-23：节前受访者关于山东承办十艺节对我国文化精品生产影响的评价

2. 各会场评价

（1）各地受访者关于十艺节对城市文化基础设施改善程度的评价不尽一致

关于十艺节对城市文化基础设施改善程度，各地评价见图 F1-24。济南、淄博、德州大部分受访者认为十艺节的举办将对其城市文化基础设施的改善迎来一个难得的发展机遇期。青岛受访者认为举办十艺节对其城市文化基础设施的改善具有一般或很大作用的比例相当。

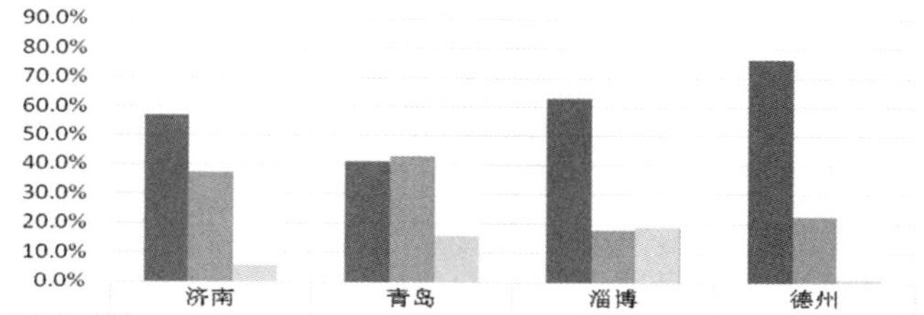

	济南	青岛	淄博	德州
很大	57.1%	41.3%	63.0%	76.5%
一般	37.2%	43.0%	18.0%	22.4%
比较小	5.6%	15.7%	19.0%	1.0%

图 F1-24：节前各地受访者关于山东承办十艺节对城市文化基础设施改善程度的评价

（2）各地受访者关于十艺节对市民业余文化生活改善程度的评价存有差异

关于十艺节对市民的业余文化生活改善程度，各地受访者的评价见图 F1-25。从这组数据可以看出，济南、淄博和德州大部分受访者认为举办十艺节将对该地市民的业余文化生活有很大改善，青岛大部分受访者则认为影响一般。

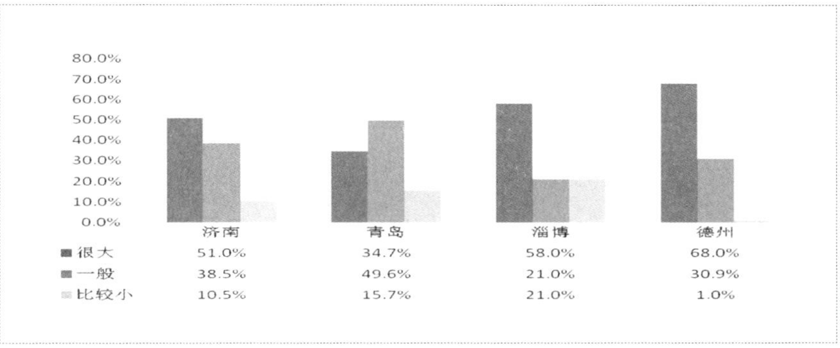

图 F1-25：节前各地受访者关于山东承办十艺节对市民业余文化生活的评价

（3）各地受访者关于十艺节对我国文化精品生产影响的评价大致相同，认为有较大影响

关于十艺节的举办对我国文化精品生产影响，各地受访者评价见图 F1-26。由图可知，大部分受访者认为山东承办十艺节将对我国文化精品生产产生较大的影响，比例均超过 50%，青岛持这种观点的受访者比例不过 50%。反映了十艺节的举办将对山东文化的发展产生重大推动作用，将对人们精神层次的提高具有重大影响成为大多数人的共识。

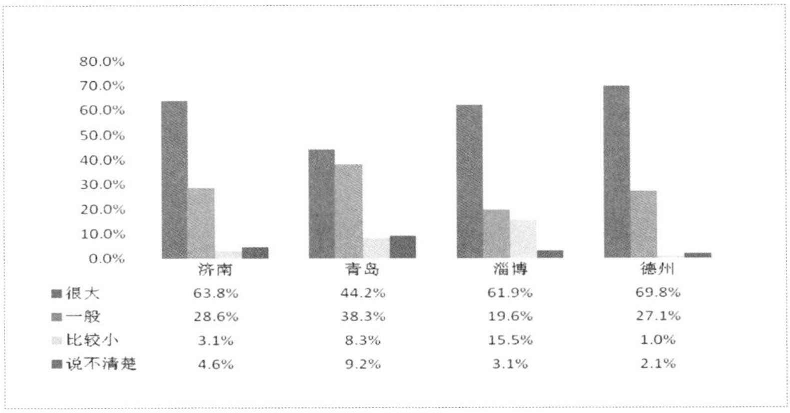

图 F1-26：节前各地受访者关于山东承办十艺节对我国文化精品生产影响的评价

（二）节后文艺工作者的评价

1. 总体评价

（1）大部分受访者认为山东承办十艺节对其城市文化基础设施改善程度较大

十艺节举办后，文艺工作者通过切实的参与和关注，对艺术节与文艺发展的关系有更为真实的认识。在问及山东举办中国艺术节后城市文化基础设施改善程度时，296 张有效答卷中，17.7% 认为改善程度特别大，52.8% 认为比较大，21.9% 认为一般，4.5% 认为比较小，2.4% 认为非常小，0.7% 认为说不清。（见图 F1–27）调查表明，70.5% 的受访者认为改善程度特别大或比较大，其中，超过 1/3 的受访者认为特别大。反映了十艺节的举办对山东文化的发展的确有较大的促进作用，与他们之前的期望是一致的。山东通过筹备十艺节，一大批具有国家一流水准的大剧院、文化体育中心和文化场馆相继建成，整体提升了山东省文化基础设施的规模和档次，丰富了城市文化的功能格局，完善了公共文化服务体系，彰显了山东主要城市的文化魅力。

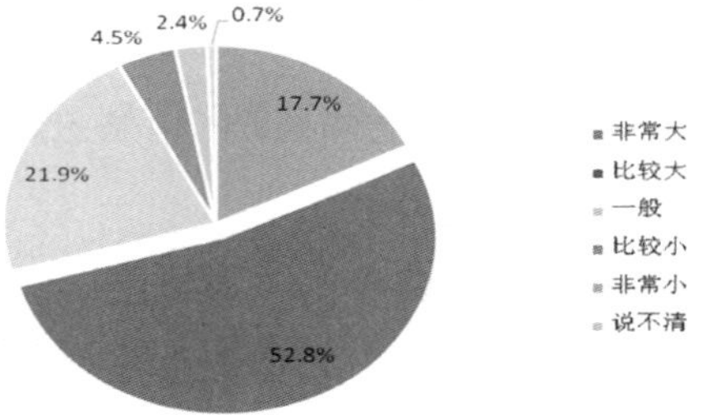

图 F1–27：节后受访者关于山东承办十艺节对城市文化基础设施改善程度的评价

（2）大多数受访者认为十艺节对山东文化的发展有较大的影响力

在问及举办中国艺术节对山东的影响时，296 名受访者中有 54% 认为影响非常大，31% 认为影响比较大，15% 认为影响一般。（见图 F1–28）由此可见，高水平的艺术作品、丰富多彩的群众文化活动、浓郁的文化氛围等，使 85% 的受访者认为十艺节对山东文化的发展有影响力。

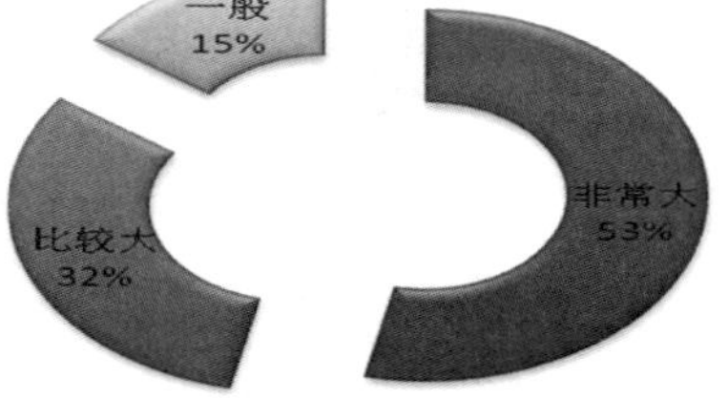

图 F1–28：节后受访者关于十艺节对山东文化影响的客观评价

2. 各区域评价

（1）各区域受访者关于十艺节对山东城市文化基础设施改善程度的评价比较一致，认为影响将比较大

关于十艺节对山东城市文化基础设施改善程度的评价，受访者对其的评价见图F1-29。十艺节的举办促成各地一大批艺术场馆以及相关文化基础设施的建设并投入使用，大部分受访者能深切地体会十艺节对城市文化基础设施的巨大影响，各会场所在地对此认识比较一致。

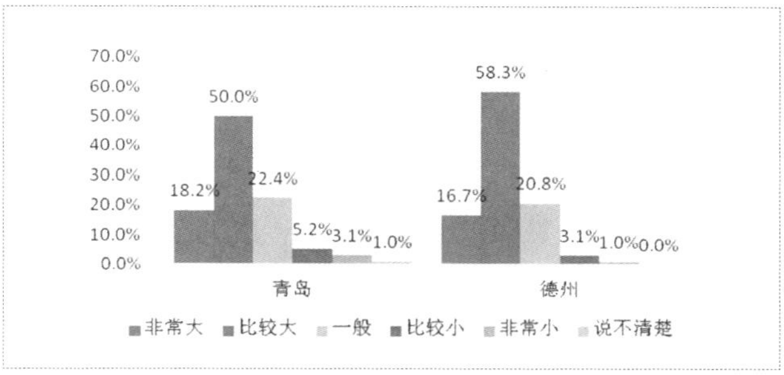

图 F1-29：节后受访者关于十艺节对山东城市文化基础设施改善程度的评价

（2）大多数受访者认为十艺节对山东文化发展产生较大影响

关于“请您客观评价举办中国艺术节对山东的影响”，受访者的评价见图F1-30。大部分受访者认为举办十艺节对山东的文化产生较大的影响，这与前面的总体分析是一致的。由此得知，十艺节的举办是展示山东文化的一个最好的平台，是促进山东文化继续发展创新的一个重要契机，为山东建设文化强省提供了新的动力。

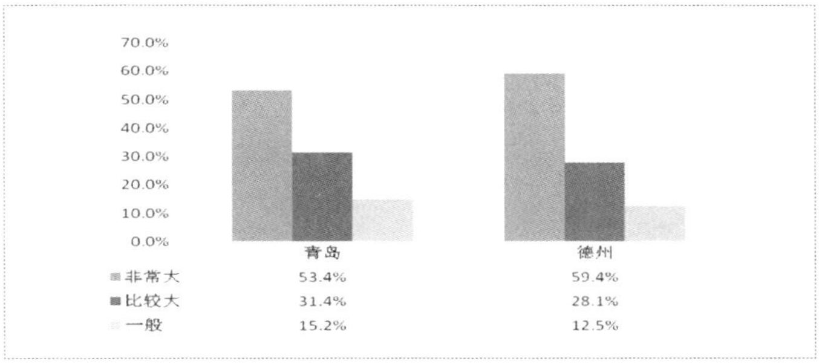

图 F1-30：节后受访者关于十艺节对山东文化影响的客观评价

四、十艺节对山东经济社会的影响力分析

（一）节前文艺工作者的看法

1. 大部分受访者认为山东承办十艺节将对城市形象的提高有很大影响

中国艺术节作为国家级的艺术盛会，它的举办将对当地社会发展产生深远的影响，特别是对举办地的经济有较大的拉动力。许多城市申办中国艺术节的主要目的是希冀通过举办艺术节对当地社会和经济发展注入新鲜的血液，带动当地经济的快速发展。在问及“您认为山东承办第十届中国艺术节将对城市形象的提高有怎样的影响”时，525张有效答卷中，60%认为很大，29%认为一般，6%认为比较小，5%认为没有影响。（见图F1-31）答案表明，举办十艺节有利于促进主分会场所在城市的文化旅游、交通卫生、市容市貌等基础设施的建设，加快城市发展；有利于促进承办城市加大治安、交通、市场秩序的整治力度，加强城市管理，提升城市整体形象，因而大部分的受访者认为十艺节将对举办城市形象的提高有很大影响。

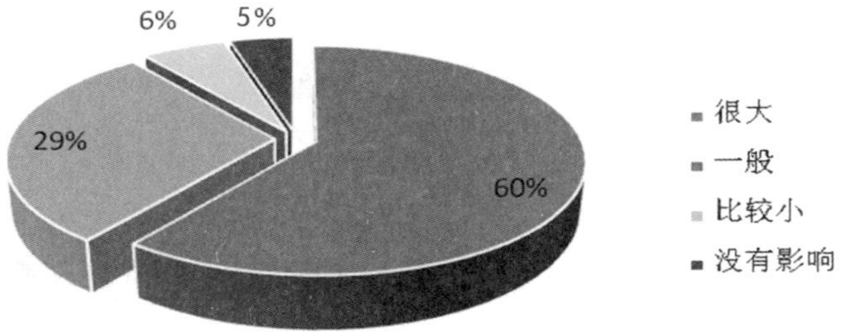

图F1-31：节前受访者关于山东承办十艺节将对城市形象影响的评价

2. 各地受访者关于山东承办十艺节将对城市形象提高的评价比较一致，认为将产生较大影响

在问及“您认为山东承办第十届中国艺术节将对城市形象的提高有怎样的影响”时，各地受访者的看法见图F1-32。从图中可以看出，受访者对此的看法比较一致，大部分都认为山东承办十艺节将对城市形象有较大的提高。

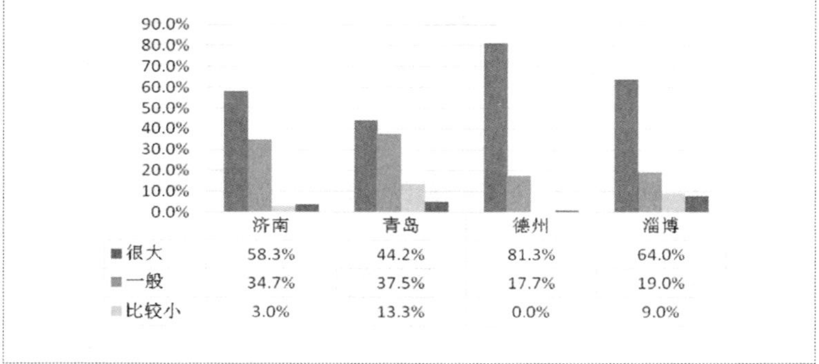

图F1-32：节前各地受访者关于山东承办十艺节将对城市形象提高的评价

（二）节后文艺工作者的看法

1. 总体评价

（1）大部分受访者认为山东承办十艺节将对城市形象的提高产生显著影响

十艺节之后，文艺工作者对十艺节与区域发展的关系有更为客观的看法。在问及“您认为山东举办第十届中国艺术节将对城市形象的提高有怎样的影响”时，296 张有效答卷中，34.3% 认为非常大，40.9% 认为比较大，19.7% 认为一般，4.8% 认为比较小，0.3% 认为说不清。（见图 F1-33）调查显示，大部分受访者通过亲身感受，认为十艺节对举办城市形象提高的影响比较显著，这与他们之前的预期相符合。

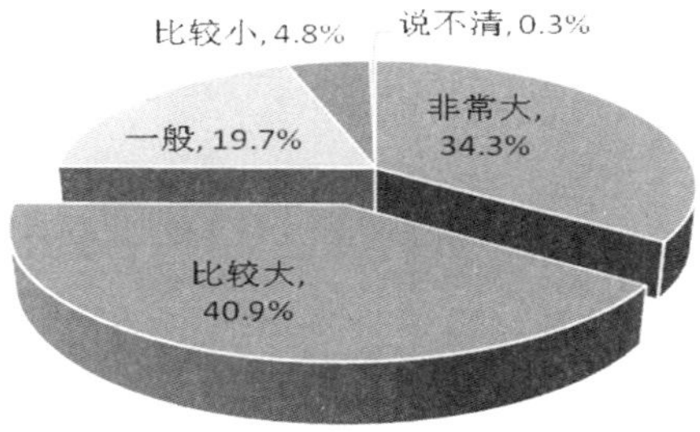

图 F1-33：节后受访者关于山东承办十艺节将对城市形象影响的评价

（2）大部分受访者认为十艺节对山东经济的影响比较明显

关于山东举办中国艺术节对经济的影响，在 296 张有效答卷中，37% 认为影响非常大，34.8% 认为影响比较大，25.8% 认为影响一般，2.1% 认为影响比较小，仅有 0.3% 的人认为影响非常小。（见图 F1-34）由此可见，文化和经济是两个相互作用、相互促进的因子，经济的发展促进文化的更新，而文化在经济发展的过程中同样起到推动和提升作用，图中数据表明大部分的受访者认为十艺节对山东经济的影响比较明显，能较好地促进山东经济的发展。

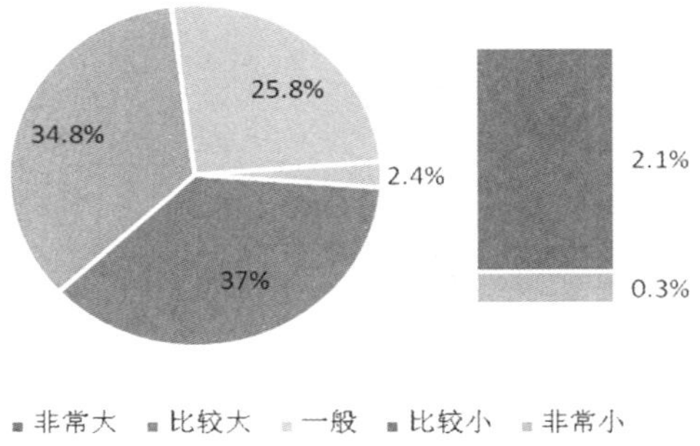

图 F1-34：节后受访者关于举办十艺节对山东经济影响的评价

2. 各区域评价

（1）各区域大多数受访者关于山东承办十艺节将对城市形象影响的评价比较积极

在问及“您认为山东举办第十届中国艺术节将对城市形象的提高有怎样的影响”时，受访者的看法见图 F1-35。图中数据表明大部分受访者认为山东承办十艺节将对其城市形象的提高有正面的、积极的、建设性的作用，十艺节的举办客观上达到了预期的目的，实现了它“提升城市文化形象”的宗旨。

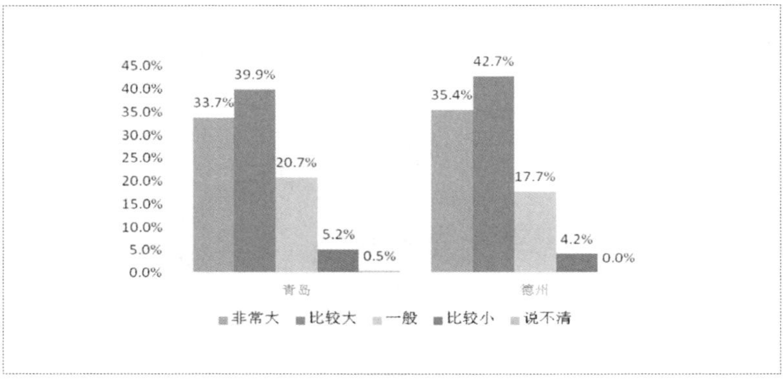

图 F1-35：节后受访者关于山东承办十艺节将对城市形象影响的评价

（2）大部分受访者认为举办十艺节对山东经济有较大的影响

关于举办中国艺术节对山东经济的影响，受访者看法见图 F1-36。从图中可以看出，大部分受访者认为山东举办十艺节对其经济有非常大或比较大的影响，在一定程度上推动了山东经济的发展。

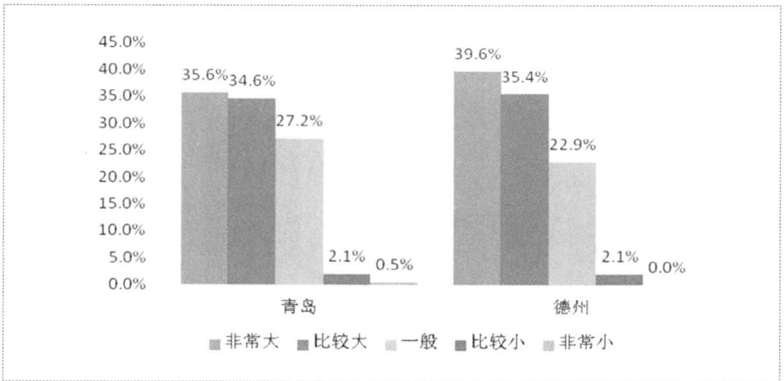

图 F1-36：节后受访者关于举办十艺节对山东经济影响的评价

五、文化行业对十艺节的总体评价

（一）节前文艺工作者对十艺节前期准备工作的评价

1. 受访者对十艺节前期的宣传工作有一定的认可，但认可度一般

十艺节的前期准备工作如何，将对十艺节的举办有着至关重要的影响，它包括宣传工作、策划工作、组织工作等。关于对前期宣传工作效果的评价，在 525 张有效答卷中，45% 认为效果很好，50% 认为效果一般，5% 认为效果很差（见图 F1-37），这表明受访者对十艺节前期的宣传工作虽有一定认可，但认可度较为一般，各举办地对艺术节的宣传有待加强。

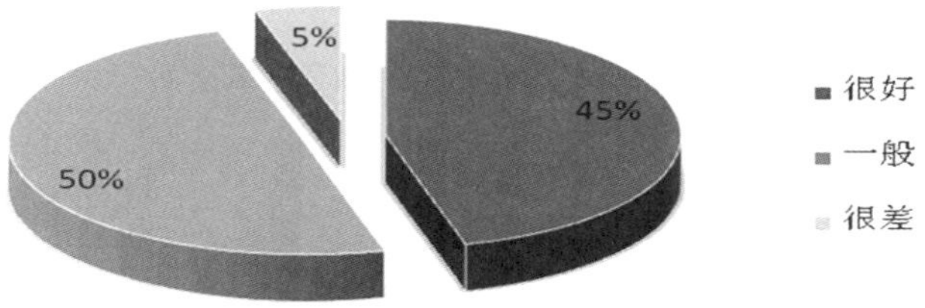

图 F1-37：节前受访者对十艺节前期宣传的评价

十艺节的宣传效果将影响受访者对它的知晓与参与，从以上数据可以看出，文艺工作者对十艺节举办前期的宣传效果满意度并不是很高，从而使他们的参与度大打折扣。

2. 受访者对十艺节前期的策划、组织工作认可度较高

在对前期策划工作的评价方面，在 525 张有效答卷中，45% 认为很好，35.5% 认为比较好，15.7% 认为一般，2.5% 和 1.2% 认为比较差和很差。由此可知，大部分受访者对十艺节前期策划工作比较满意；在对前期组织管理工作的评价时，在 525 张有效答卷中，43.2% 认为很好，35.3% 认为比较好，17.2% 认为一般，2.9% 和 1.4% 认为比较差和很差。数据显示，大部分文艺工作者对十艺节前期的组织管理感到满意（见图 F1-38），由此可知，受访者对十艺节前期策划工作、组织工作的认可度要高于其宣传工作，十艺节在前期的宣传活动中还有一定的提升空间。

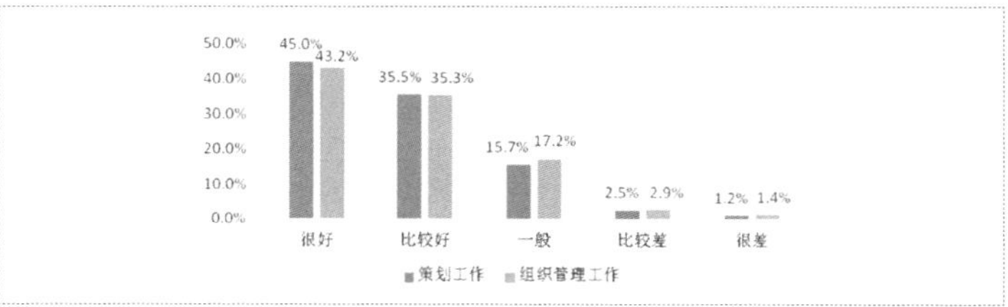

图 F1-38：节前受访者对十艺节前期策划以及组织管理工作的评价

（二）节后文艺工作者对十艺节的总体评价

1. 大部分受访者对十艺节活动比较满意

十艺节后，调查组为获取真实客观的信息，对受访文艺工作者进行了多方面的问卷调查。关于十艺节活动的评价方面，从活动组织管理角度，在 296 个有效样本中，56.6% 认为非常好，33.2% 认为比较好，9.1% 认为一般，1% 认为比较差；从活动场地角度来评价，54% 认为非常好，30.5% 认为比较好，14% 认为一般，1.4% 认为比较差；从活动规模角度评价，53% 认为非常好，36.8% 认为比较好，8.1% 认为一般，2.1% 认为比较差；从活动持续时间方面来评价，44.9% 认为非常好，42.5% 认为比较好，10.5% 认为一般，2.1% 认为比较差。（见图 F1−39）由此可见，尽管存在一些问题，但十艺节从整体上来看还是令人满意的，是一次成功的艺术节。

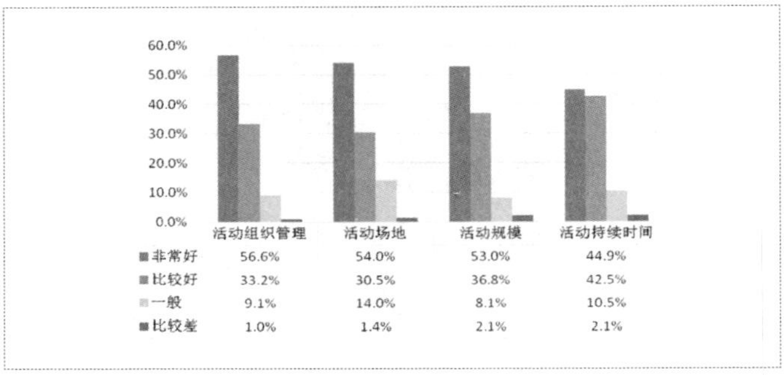

图 F1−39：节后受访者对十艺节活动的评价

2. 大部分受访者对十艺节的宣传效果比较认可，1/3 的受访者认为宣传效果一般或比较差

关于十艺节宣传效果的评价，在 296 张有效答卷中，22.1% 认为非常好，56.4% 认为比较好，18.7% 认为一般，2.1% 认为比较差，0.7% 说不清。（见图 F1−40）由此可见，大部分受访者（78.4%）对十艺节的宣传效果总体认可，不过也有 1/3 的受访者认为宣传效果一般或比较差。

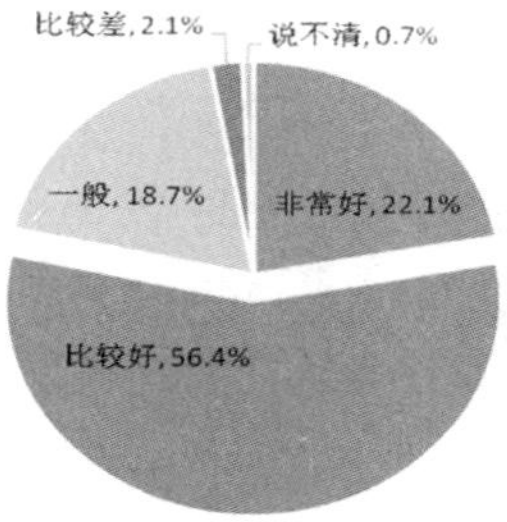

图 F1−40：节后受访者对十艺节宣传效果的评价

3. 受访者对十艺节节目质量比较认可

关于十艺节节目的评价，在节目类型上，在 296 张有效答卷中，58.3% 认为节目类型非常丰富，34% 认为比较丰富，5.9% 认为一般，1.7% 认为比较贫乏；在节目内容上，49.1% 认为非常好，39.7% 认为比较好，9.4% 认为一般，1.7% 认为比较差；在节目形式上，49.5% 表示非常好，38.7% 表示比较好，9.8% 表示一般，2.1% 表示比较差；在演员技术上，认为非常好的占 61.3%，认为比较好的占 28.6%，认为一般的为 9.1%，认为比较差的为 1%。（见图 F1-41）由此可见，关于本届艺术节的节目，从类型、内容、形式到演员水平，基本上得到受访文艺工作者的认可。

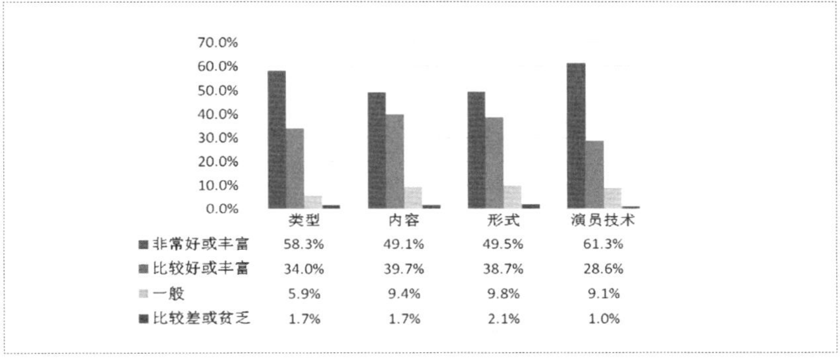

图 F1-41：节后受访者对十艺节节目的评价

4. 大部分受访者认可十艺节门票价格

关于山东第十届中国艺术节的门票价格，在 296 张有效答卷中，只有 1% 认为非常贵，18% 认为比较贵，67% 认为一般，13% 认为比较便宜，认为非常便宜的占 1%。（见图 F1-42）由此可见，大部分受访者认为十艺节门票价格是可以接受的，从而带动了广大群众对十艺节的广泛参与。

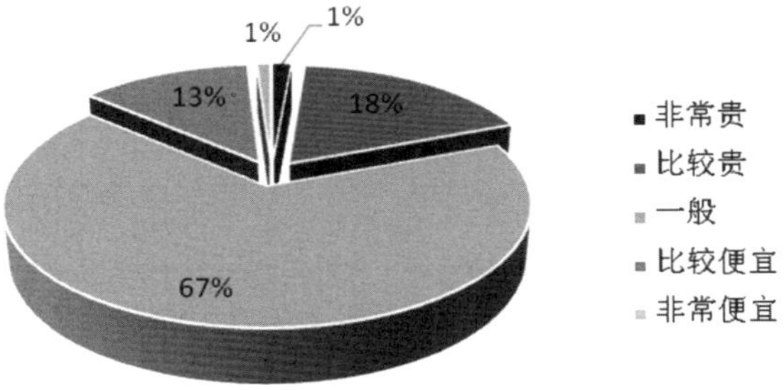

图 F1-42：节后受访者对十艺节门票价格的评价

5. 大部分受访者对十艺节的总体满意度比较高

关于对山东第十届中国艺术节的效果满意度，在 296 张有效答卷中，45.3% 表示非常满意，43.3% 表示比较满意，11.4% 表示一般，比较失望和非常失望无。（见图 F1-43）这表明绝大多数（88.8%）受访者对十艺节的满意度较高，充分体现了本届艺术节举办成功。

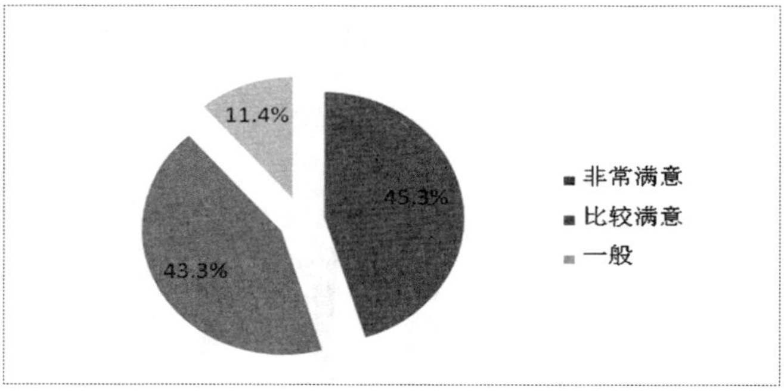

图 F1-43：节后受访者对十艺节效果满意度的评价

六、对中国艺术节的影响因素分析

（一）文化程度、收入状况对文艺工作者参与程度的影响

根据 SPSS22.0 软件进行的交叉分析，可以得到文艺工作者、文化程度、收入状况对其参与程度影响的相关性数据。（见表 F1-6 和表 F1-7）

1. 受访者文化程度与其观看十艺节节目场数有较大相关性，受访者文化程度越高，越可能参与更多十艺节活动

表 F1-6　文艺工作者文化程度与其观看十艺节节目场数的交叉分析

		您看过几场十艺节节目				总计
		0 场	1~5 场	5~10 场	10 场以上	
文化程度	初中及以下	30%	70%	0%	0%	100%
	高中（中专）	0%	73.6%	17%	9.4%	100%
	大专	0%	65%	18.8%	16.2%	100%
	本科	0%	45.3%	25.2%	29.5%	100%
	研究生及以上	0%	100%	0%	0%	100%

上表可知，十艺节期间，文化程度初中及以下、高中（中专）、大专、本科的受访者大部分看了 1 ~ 5 场节目，与此文化程度相对应看过 5 场以上的受访者分别为 0%、17%、18.8% 以及 25.2%，文化程度为研究生及以上的受访者基本都看过 1 ~ 5 场十艺节节目，由此可见，受访者的文化程度与其参与十艺节节目呈现较大相关性，受访者文化程度越高，越有可能观看更多十艺节节目。

2. 受访者 2012 年平均月收入状况与其观看十艺节节目场数呈同向变化，受访者月收入水平越高，其参与观看节目场次可能越多

表 F1–7 文艺工作者 2012 年月收入状况与其观看十艺节节目场次的交叉分析

		您看过几场十艺节节目				总计
		0 场	1~5 场	5~10 场	10 场以上	
2012 年月平均收入	1200 元以下	17.6%	58.9%	5.9%	17.6%	100%
	1201~3500 元	1.3%	58.2%	19.6%	20.9%	100%
	3501~5000 元	0%	47.4%	34.2%	18.4%	100%
	5001~10000 元	0%	50%	50%	0%	100%
	10000 元以上	0%	57.1%	0%	42.9%	100%

由上表可知，十艺节期间，月收入在 1200 元以下、1201 ~ 3500 元、3501 ~ 5000 元以及 5001 ~ 10000 元的受访者大部分看了 1 ~ 5 场节目，与此收入水平相对应的看过 5 场以上的受访者分别为 23.3%、40.5%、52.6% 以及 50%，月收入在 10000 元以上的受访者中有 57.1% 的人看过 1 ~ 5 场十艺节节目，42.9% 的受访者看过 5 场以上。从这一组数据可以看出，受访者的月收入水平状况与其观看十艺节节目场次呈同向变化，意味着受访者月收入水平越高，其观看节目的场次越多。

（二）文化程度、收入状况对文艺工作者总体评价的影响

1. 文化程度、收入状况对文艺工作者就十艺节对文艺发展看法的影响

（1）受访者文化程度、月收入状况与其就十艺节对城市文化基础设施改善程度的评价不呈线性相关，他们之间的变化方向不一致

表 F1-8 文艺工作者文化程度与其关于十艺节对城市文化基础设施改善程度评价的交叉分析

		您认为十艺节对城市文化基础设施的改善程度						总计
		非常大	比较大	一般	比较小	非常小	说不清	
文化程度	初中及以下		40.0%		60.0%			100%
	高中（中专）	21.2%	36.5%	34.6%	5.8%	1.9%		100%
	大专	15.0%	57.5%	27.5%				100%
	本科	20.1%	59.1%	12.9%	2.9%	3.6%	1.4%	100%
	研究生及以上			100%				100%

上表数据显示，高中（中专）、大专、本科文化程度的受访者中大部分认为山东举办中国艺术节后，城市文化基础设施的改善程度将比较大，相比之下，初中及以下以及研究生及以上文化程度的受访者中对此的积极评价要低，而对此的负面评价比例相对比其他文化程度的受访者要高，如研究生及以上文化程度的受访者中都认为改善程度将一般，不过从数据也可以看出，受访者文化程度与其关于十艺节后山东城市文化基础设施改善程度的评价并不呈线性变化。

表 F1-9 文艺工作者收入状况与其关于十艺节对城市文化基础设施改善程度评价的交叉分析

		您认为十艺节对城市文化基础设施的改善程度						总计
		非常大	比较大	一般	比较小	非常小	说不清	
2012年月平均收入	1200 元以下	5.9%	23.5%	29.4%	41.2%			100%
	1201~3500 元	15.2%	57.6%	22.3%	2.2%	1.8%	0.9%	100%
	3501~5000 元	42.1%	26.3%	21.1%	2.6%	7.9%		100%
	5001~10000 元		100%					100%
	10000 元以上		100%					100%

上表可知，月收入 5000 元以下各收入段的受访者大部分认为山东举办中国艺术节对其城市文化基础设施改善的影响比较大，其中 5001~10000 元和 10000 元以上收入段的受访者认为影响非常大的比例相对其他收入水平段的受访者要高，这表明受访者收入水平与其关于山东举办中国艺术节对其城市文化基础设施改善影响的评价有一定的关联，但二者变化方向并不一致。

（2）受访者文化程度、月收入状况与其关于十艺节对山东文化影响的评价有一定关联，但他们之间的变化方向并不一致

表 F1-10 文艺工作者文化程度与其关于十艺节对山东文化影响评价的交叉分析

		十艺节对山东文化的影响			总计
		非常大	比较大	一般	
文化程度	初中及以下	40.0%		60.0%	100%
	高中（中专）	43.4%	37.7%	18.9%	100%
	大专	55.0%	36.2%	8.8%	100%
	本科	63.5%	26.3%	10.2%	100%
	研究生及其以上		100%		100%

从上表可以看出，各文化程度的受访者大部分认为山东举办中国艺术节对山东文化的影响比较大，其中本科文化程度受访者认为影响非常大的比例相对其他文化程度的受访者要高，相比而言，研究生及以上文化程度的受访者关于山东举办中国艺术节对山东文化影响的积极评价比其他文化程度的受访者要低，这表明受访者文化程度与其关于山东举办中国艺术节对山东文化影响的评价有一定的关联，但二者变化方向并不完全一致。

表 F1-11 文艺工作者收入状况与其关于十艺节对山东文化影响评价的交叉分析

		您认为十艺节对山东文化的影响			总计
		非常大	比较大	一般	
2012年月平均收入	1200 元以下	29.4%	11.8%	58.8%	100%
	1201~3500 元	58.0%	30.8%	11.2%	100%
	3501~5000 元	54.1%	32.4%	13.5%	100%
	5001~10000 元		50%	50%	100%
	10000 元以上	57.1%	42.9%		100%

从上表可以看出，月收入 5000 元以下各收入段的受访者中大部分认为山东举办中国艺术节对山东文化的影响比较大，其中 1201~3500 元收入段的受访者认为影响非常大的比例相对其他收入水平段的受访者要高，相比而言，月收入 5001~10000 元的受访者关于山东举办中国艺术节对山东文化影响的积极评价比其他文化程度的受访者要低，这表明受访者收入水平与其关于山东举办中国艺术节对山东文化影响的评价有一定的关联，但二者不呈直接的线性相关。

2. 文化程度、月收入状况对文艺工作者关于十艺节对经济发展看法的影响

（1）受访者文化程度、月收入状况与其关于十艺节对城市形象提高程度的评价有

一定关联，但他们之间不呈线性相关

表 F1–12 文艺工作者文化程度与其关于十艺节对城市形象提高程度评价的交叉分析

		山东举办中国艺术节对城市形象提高的影响					总计
		非常大	比较大	一般	比较小	说不清	
文化程度	初中及以下	40.0%			60.0%		100%
	高中（中专）	34.0%	47.2%	7.5%	11.3%		100%
	大专	32.4%	50.0%	16.3%	1.3%		100%
	本科	36.7%	36.7%	25.2%	0.7%	0.7%	100%
	研究生及以上		100%				100%

从上表可以看出，各文化程度的受访者大部分认为山东举办中国艺术节对城市形象提高的影响比较大，其中初中及其以下文化程度的受访者认为影响非常大的比例相对其他文化程度的受访者要高，相比而言，研究生及以上文化程度的受访者关于山东举办中国艺术节对城市形象提高的积极评价比其他文化程度的受访者要低，由此可以得知受访者文化程度与其关于山东举办中国艺术节对城市形象提高的评价有一定的关联，但二者变化方向并不一致。

表 F1–13 文艺工作者收入状况与其关于十艺节对城市形象提高程度评价的交叉分析

		您认为十艺节对城市文化基础设施改善程度						总计
		非常大	比较大	一般	比较小	非常小	说不清	
2012年月平均收入	1200 元以下	11.8%	23.5%	29.4%	35.3%			100%
	1201~3500 元	35.6%	40.9%	20.0%	3.1%		0.4%	100%
	3501~5000 元	44.7%	39.5%	15.8%				100%
	5001~10000 元			50.0%	50.0%			100%
	10000 元以上		100%					100%

上表表明，月平均收入 1200 元以下、1201 ~ 3500 元、3501 ~ 5000 元以及 10000 元以上的受访者大部分认为山东举办中国艺术节对城市形象提高有较大的影响，相比而言，收入在 5001 ~ 10000 元的受访者中大部分对其正面评价不高，由此可知，受访者的月平均收入与其关于山东举办中国艺术节对城市形象提高的评价不呈线性相关，

各收入阶层的受访者的评价不一致。

（2）受访者文化程度、月收入与其关于十艺节对山东经济影响的评价有一定关联，但它们之间不呈线性相关

表 F1–14 文艺工作者文化程度与其关于十艺节对山东经济影响评价的交叉分析

		您认为十艺节对山东经济的影响				合计
		非常大	比较大	一般	比较小	
文化程度	初中及以下		40.0%	60.0%		100%
	高中（中专）	41.5%	28.3%	24.5%	5.7%	100%
	大专	38.7%	36.2%	21.3%	3.8%	100%
	本科	38.7%	36.5%	24.8%		100%
	研究生及其以上		100%			100%

从上表可以看出，研究生以下文化程度的受访者中大部分认为山东举办中国艺术节对其经济的影响比较大，相比而言，研究生及以上文化程度的受访者关于山东举办中国艺术节对其经济影响的积极评价比其他文化程度的受访者要低，这表明受访者文化程度与其关于山东举办中国艺术节对其经济影响的评价有一定的关联，但二者不呈直接线性相关。

表 F1–15 文艺工作者收入状况与其关于十艺节对山东经济影响评价的交叉分析

		您认为十艺节对山东经济的影响					总计
		非常大	比较大	一般	比较小	非常小	
2012年月平均收入	1200 元以下	11.8%	29.4%	58.8%			100%
	1201~3500 元	39.7%	33.1%	24.1%	2.7%	0.4%	100%
	3501~5000 元	32.5%	40.5%	27.0%			100%
	5001~10000 元		100%				100%
	10000 元以上	42.9%	57.1%				100%

从上表可以看出，各收入水平段的受访者大部分认为山东举办中国艺术节对山东经济的影响比较大，其中 5001 ~ 10000 元与 10000 元以上收入段的受访者认为影响非常大的比例相等，而其在认为影响非常大这一项在样本中却不存在比例，这表明受访者收入水平与其关于山东举办中国艺术节对山东经济影响的评价有一定的关联，但二者变化方向并不完全一致。

3. 文化程度、收入状况对文艺工作者关于十艺节总体评价的影响

（1）受访者文化程度与其关于十艺节门票价格的评价有一定关联，但不呈线性相关，受访者月收入状况与其关于十艺节门票价格的评价呈反向变化

表 F1–16　文艺工作者文化程度与其关于十艺节门票价格评价的交叉分析

		总体来说，您认为山东十艺节的门票价格					总计
		非常贵	比较贵	一般	比较便宜	非常便宜	
文化程度	初中及以下			100%			100%
	高中（中专）		28.3%	66.0%	5.7%		100%
	大专		17.5%	71.2%	11.3%		100%
	本科	0.7%	14.6%	65.0%	17.5%	2.2%	100%
	研究生及其以上		100%				100%

从上表可以看出，各个文化程度的受访者大都认为十艺节门票价格一般，其中研究生及以上文化程度受访者中均认为十艺节门票价格比较贵，这个比例超过其他各个文化程度关于十艺节门票价格比较贵的评价比例，由此可见，受访者的文化程度与其关于十艺节门票价格的评价有一定关联，但不呈线性相关。

表 F1–17　文艺工作者收入状况与其关于十艺节门票价格评价的交叉分析

		您认为山东十艺节的门票价格					总计
		非常贵	比较贵	一般	比较便宜	非常便宜	
2012 年月平均收入	1200 元以下		35.3%	52.9%		11.8%	100%
	1201~3500 元	1.8%	17.0%	74.5%	6.3%	0.4%	100%
	3501~5000 元		15.8%	26.3%	57.9%		100%
	5001~10000 元			100%			100%
	10000 元以上		14.3%	57.1%	28.6%		100%

从上面的数据可以看出，月平均收入水平 1200 元以下、1201 ~ 3500 元和 3501 ~ 5000 元的受访者中大部分认为十艺节的门票价格比较贵，其中认为比较贵的比例分别为 35.3%、17% 和 15.8%，月平均收入在 5001 ~ 10000 元的受访者均认为价格一般，月收入水平在 10000 元以上的受访者中只有 14.3% 认为比较贵，其余都认为一般或较便宜，由此可知，受访者对十艺节门票的评价与其收入水平有较大的关联，一般而言，月收入水平越高的受访者认为十艺节门票价格相对合理，他们可以接受，而对月收入水平

较低的受访者来说，十艺节门票价格比较高，超过他们接受的心理价格，因此，要想使十艺节真正实现人民的节日的宗旨，必须推出部分低价票，尽可能地增加艺术节的广泛参与度。

（2）受访者文化程度、月收入状况与其关于十艺节效果满意度评价有一定关联，但二者之间的线性关系并不明显

表 F1–18　文艺工作者文化程度与其关于十艺节效果满意度评价的交叉分析

		您对山东十艺节的效果满意度					总计
		非常满意	比较满意	一般	比较失望	非常失望	
文化程度	初中及以下	40.0%	30.0%	30.0%			100%
	高中（中专）	34.0%	52.8%	13.2%			100%
	大专	45.0%	41.2%	13.8%			100%
	本科	51.1%	42.4%	6.5%			100%
	研究生及其以上	100%					100%

从上表可以看出，各文化程度的受访者中大部分对山东十艺节效果的满意度较高，其中研究生和本科文化程度受访者的满意度比例相对其他文化程度的受访者较高。相比而言，大专文化程度的受访者对山东举办中国艺术节对山东文化影响的负面评价比高中文化程度的受访者还要高，这表明受访者文化程度与其关于山东举办中国艺术节对山东文化影响的评价有一定的关联，但二者变化方向并不绝对一致。

表 F1–19　文艺工作者收入状况与其关于十艺节效果满意度评价的交叉分析

		您对山东十艺节的效果满意度					总计
		非常满意	比较满意	一般	比较失望	非常失望	
2012 年月平均收入	1200 元以下	11.8%	64.7%	23.5%			100%
	1201~3500 元	44.9%	44.4%	10.7%			100%
	3501~5000 元	63.2%	23.6%	13.2%			100%
	5001~10000 元		100%				100%
	10000 元以上	57.1%	42.9%				100%

上表显示，各层次月收入状况的受访者均对十艺节的效果比较满意，相比之下，月收入 3501 ~ 5000 元的受访者对十艺节效果非常满意的比例为 63.2%，这一比例明显

高于其他月收入段受访者相同评价的比例，这表明，受访者月平均收入状况与其关于十艺节效果的满意度评价有一定的关联，不过二者的线性相关性不明显。

七、问题与对策

十艺节是山东承办的一次国家级的大型艺术活动，总的来说是非常成功的，但也存在一些不足，需要在以后的艺术节或类似的文化活动中加以改善。

（一）主要问题

1. 宣传途径有待优化，群众参与存在提升空间

艺术节是文化艺术界的“全运会”。十艺节省筹委会把系列庆祝活动作为贯彻落实党的十七届六中全会精神的具体实践行动，坚持“全省办节、全民参与”的原则，确定了“走进十艺节、全民齐参与”的宣传主题，并将这一主题贯穿全过程。为普及中国艺术节知识，十艺节省筹委会组织了中国艺术节大型图片展。这是艺术节历史上第一次系统展示、全面回顾历届中国艺术节举办情况的展览，进一步扩大了中国艺术节品牌知名度和影响力。为吸引群众了解、支持和参与艺术节，十艺节省筹委会和有关单位深入田间地头、工厂、学校、医院、军营等，组织实施了千米长卷万人签名活动。为营造全民参与十艺节的热烈氛围，各地举办了丰富多彩的群众文艺演出活动。筹委会还建立了十艺节官方网站，扩大艺术节的宣传领域；从 2012 年 5 月份开始，山东省的新闻媒体拿出专门的版面和时段，宣传报道艺术节筹备情况；距艺术节开幕 365 天，在主、分会场所在地城市的主干道、主要区域，设立醒目的艺术节倒计时牌；招募志愿者在各公园、广场进行宣传等等。尽管十艺节筹委会对十艺节的宣传不遗余力，但从调查中依然可以看到，十艺节宣传工作仍然存在一些不足，比如，十艺节举办前，在对前期宣传工作效果的评价方面，525 张有效答卷中，45% 认为效果很好，50% 认为效果一般，5% 认为效果很差，这表明受访者对十艺节前期的宣传工作有一定的认可，但认可度不是特别高，各举办地还应在加强宣传方面下工夫。在节前询问是否知道十艺节的宗旨时，受访者中有 49% 表示知道，51% 表示不知道，说明主办方在宣传十艺节宗旨的广度和效果方面不够理想。以“艺术的盛会、人民的节日”为宗旨的国家级艺术节不应是部分人的节日，而是全体人民的节日。

2. 节庆经济影响力有限，有待提升和进一步挖掘

中国艺术节作为国家级高水平的综合性艺术活动，在弘扬民族优秀文化、繁荣社会主义文艺、丰富人民群众的文化生活等方面发挥重要作用，同时，在促进举办地社会和经济的发展方面具有重大的推动力和影响力。各地纷纷借举办各种节日盛会的契机，大力发展当地经济，节庆经济已成为当今具有诸多功能的新经济形态。其价值主要体现在两个方面：一是直接创造巨大的经济效益，主要指在节日期间通过经贸洽谈，签订一批可观的招商引资合同，为地方产品拓宽销路，为地方旅游收入创下新高等等。二是为当地对外开放和经济加速发展创造突破口，提供催化剂。在群雄逐鹿经济战场的今天，如何能在同一经济圈、同一起跑线、同一资源禀赋的条件下，率先打破区域平衡，独占发展先机，实现经济的飞跃式发展，这是每一个关注社会发展和民族兴旺的地方政府必须认真思考的问题。成功的节庆活动，可以为一个区域的经济发展营造出不可多得的发展机遇，在直接经济价值背后更隐藏着弥足珍贵的巨量财富。十艺节对山东及各分会场地方经济的发展产生了显著的影响，调查中受访者充分肯定了十艺节对山东经济发展的影响力，但一个不容忽视的问题是，山东十艺节对当地经济的推动和影响能力还没有充分挖掘。比如，不论是节前还是节后，在对文艺工作者的调查中可以发现，他们对十艺节期间的经贸活动了解较少，节前仅有 9.7% 的受访者对经贸活动知晓，相比高达 75% 以上的受访者对十艺节专业艺术活动、群众文化活动、开幕式、闭幕式的了解，这一比例显然差强人意，节后这一比例更是有所下降，仅为 7.8%。这反映了受访者的节庆经济理念并不强烈，在他们眼里，十艺节就是艺术的节日，与经济的关系并不大，这种现象可能与受访者的职业和观念有关；从另一个角度来看，也与十艺节筹委会的整体宣传方式、深度和广度以及覆盖面有关，反映了十艺节对当地社会和经济发展的推动能力有待挖掘。只有当人们充分认识到十艺节所带来的经济影响力并充分利用和发挥时，艺术节的经济影响力才能完全凸显。

3. 文化影响力持续性不够，需要进一步加强

十艺节高水平的艺术作品、丰富多彩的群众文化活动、浓郁的文化氛围，为人民群众参与艺术、享受艺术，提供了一次难得的机遇。广大群众通过“欣赏、参与、共建”这些文化艺术活动，提高了思想素质、文化素质和艺术鉴赏水平。同时，十艺节为山东省留下了丰富的文化设施和文化精品，如：一大批群众受惠的艺术场馆，城市社区群众文化活动场所，一批文化广场和文化活动室；一批群众喜爱的精神产品，如山东梆子《两狼山上》、柳琴戏《沂蒙情》、杂技剧《家乡》、儿童剧《我的麦哲伦海峡》，京剧《东方朔》等，都是弘扬时代精神、突出山东特色、思想性艺术性观赏性和谐统一的精品剧目。但是，要想真正长期持久地发挥其对群众文化生活的作用，关键在于对文化设施的合理有效利用。此外，从节前对文艺工作者关于山东举办十艺节对市民的业余文化生活改善程度的调查来看，525 张有效答卷中，51.7% 认为改善程度将会很大，36.3% 认为改善程度将一般，12% 认为改善程度将比较小，可见十艺节对市民业余文化生活的改善程度与市民的期望值有一定差距。后十艺节时期，要充分利用文化设施和文化产品，让十艺节在山东全省继续发挥影响和推动作用。

（二）基本对策建议

十艺节存在的不足，不仅仅十艺节独有，在历届艺术节都有不同程度表现，这涉及办节体制机制和诸多顶层设计的问题。如何更加完善地、最大限度地体现艺术节的宗旨“艺术的盛会、人民的节日”，以及如何解决艺术节的功能定位问题，本报告提出如下对策建议。

1. 组织协调，加大宣传

中国艺术节是人民的节日，是艺术的盛会。山东省为吸引全社会的广泛关注，争取社会各界的大力支持，使艺术节家喻户晓，深入人心，首先应该在宣传方面上要做好科学组织、协调和安排工作。应该组织主要新闻媒体协调沟通，深入研究各媒体的影响、定位和栏目特点，根据十艺节的需求量身定做好宣传方案，这个方案要尽可能地体现出新时代新闻媒体宣传强大的特点以及突出各媒体的优势特点，还要结合十艺节的具体情况和需求，以达到提高十艺节影响力的效果；第二，通过在新闻媒体上刊播十艺节公益广告、形象片（专题片）和在户外媒体、重点场所张贴十艺节标志、吉祥物、宣传口号、宣传画等形式，有步骤、有节奏地逐步加大十艺节的社会宣传力度，形成浓厚热烈的社会宣传氛围，吸引全社会关注十艺节、支持十艺节、参与十艺节。例如：对《人民日报》等主要新闻媒体提出专项策划建议，根据反馈的意见和建议，在之后的报道中加强组织协调，争取获得良好的宣传效果，以有力地主导舆论。第三，还可以通过请专业人士座谈等形式，在各行各业中加大宣传，提高影响力，充分调动全省各行各业的积极性，形成“全民参与艺术节、人人都是东道主”的浓郁氛围。要通过举办中国艺术节，提高全省人民的思想素质、文化素质和艺术鉴赏水平，为改善山东投资环境、促进山东经济和社会事业全面发展、推动三个文明建设作贡献。

2. 市场主导，创新机制

十艺节的优惠票销售场面火爆，反映了市民中蕴藏着的巨大文化需求。这也表明，公共文化服务本身也可以创造出巨大的市场需求。政府的有效引导，既可以为群众提供更多更好的公共文化产品和服务，又可以促进文化产业的快速发展。在十艺节中，演艺产品市场化虽然取得了斐然成就，但是相较国外，演艺产品交易渠道仍较窄，演艺产品所衍生的产业链较短，整个营销市场仍不够广阔。中国艺术节在运作方式上要转变思路，扩大艺术节市场开发准入范围，鼓励社会力量参与艺术节演出营销、资金筹措、组织接待、宣传策划、票务广告等方面工作，实行公开招标、经营权出让、项目冠名、股份合作等运作方法，以开放、创新的姿态，积极利用艺术节品牌资源，广泛吸纳社会力量共同参与办节，加强合同管理，规范合同行为，防范合同风险。充分征求法律顾问意见，严格合同签订、变更、进展和完成程序，确保合同内容完善，表述准确，细节严谨。坚持谁开发谁执行的原则，专人跟踪管理，执行到底。有效整合十艺节场馆、演艺等资源，大力开展十艺节票务营销，全力做好赞助企业回报工作，探索市场化办节的新思路，尝试走出一条艺术与市场相结合、文化和企业共发展的新路子。

3. 降低参与门槛，拓宽参与度

中国艺术节定位是“艺术的盛会、人民的节日”，是融合艺术性、群众性于一体的综合性节庆活动。为了扩大中国艺术节的影响力，应该进一步降低门槛，扩大覆盖面，建立并完善中国艺术节群众参与机制，使得中国艺术节不再仅仅是精英文化活动的舞台，更是大众文化活动的舞台。可以通过举办大学生、农民工、工人、教师、农民、老年人、少儿等专场演出，将精英文化与大众文化、商业性演出与公益性演出结合起来。

4. 打造个性名片，根植群众

十艺节虽然在一定程度上展现山东齐鲁文化，但是艺术节本身仍是综合性的，面面俱到，不利于突出亮点、形成品牌。每一届中国艺术节都应该突出个性：第一，可以举办地城市的文化特色为基调，将艺术节与城市充分融合，通过艺术节的展现，形成城市的特色名片，并将这一理念贯穿于整个艺术节的宣传以及开幕式、闭幕式中；第二，可以突出某一个艺术主题，在此类艺术形式的作品演出上集中宣传、展示。另外，目前，在艺术创作中存在一种怪象，即许多艺术创作的目的就是为了获奖，而不顾广大群众对文化艺术的强烈需求，这也反映了文艺产品生产与消费脱节的现象，这种怪圈的结果就是艺术被束之高阁，远离群众，面临越来越尴尬的局面，最后将会失去生命力，因此，山东省要充分认识新时期艺术创作的必要性与重要性，要以十艺节为契机，充分挖掘艺术创作潜力，发现和推出一批新创的、深受群众欢迎的、传之久远的艺术精品，最终贯彻落实科学发展观以及构建和谐社会的理念。

5. 构建后十艺节效益机制

十艺节是党的十八大之后举办的第一个国家级艺术盛会，山东省在十艺节上创造了历史最好成绩，增强了全社会的文化自觉和文化自信；文化基础设施建设力度空前，公共文化服务体系日趋完善；文化艺术创作全面繁荣，涌现出一大批精品力作；文化体制创新步伐加快，文化产业发展取得新突破；服务保障和舆论宣传及时到位；充分展示了山东良好形象，有力推进了文化强省建设，为山东省乃至全国文化建设留下了宝贵财富。如何充分利用十艺节的契机，充分发挥“后十艺节效应”，以促进和激发山东省的政治、经济、社会以及文化事业的发展，是山东省所面临的重要问题。因此，山东省应认真总结十艺节创造的宝贵经验和良好作风，紧紧围绕加快文化强省建设，紧紧围绕打造全国重要区域性文化中心、各项工作进入全国第一方阵这一重大战略目标，抢抓科学发展和十艺节“两大机遇”，大力实施精品带动、人才振兴、创新驱动“三大战略”，突出艺术创作、文化设施建设、服务水平提升、文化产业发展、文化市场繁荣、文化区域建设、文化遗产保护、文化宣传推介、齐鲁文化走出去、文化队伍建设等“十项重点”，整体创建国家公共文化服务体系示范区，实现山东文化强省建设新跨越。

附录二

来自山东省外调研报告
——基于北京、上海、广东、浙江、湖北、甘肃的调查

为准确评估中国艺术节的经济社会影响力，课题组省外分组在艺术节举办前后选取了曾经举办过或即将举办中国艺术节的省市普通公众进行实证调查，以求深入而准确地了解十艺节对山东及有关省市的社会、经济、文化等方面产生的影响及其相关效益，以此为中国艺术节持续发展提供理论支持。根据问卷调查和实地考察的情况，本调研报告分以下六个部分：

1. 省外调查样本描述：主要包括节前和节后对社会公众进行调查的范围和样本描述以及比较分析；

2. 十艺节与民众的关系：主要包括山东省外各地区普通公众总体参与的广泛度与深刻度分析；

3. 省外公众对十艺节的总体满意度评价：主要包括公众对艺术节节目质量、组织工作、最大特色、宣传效果以及参与方便程度的评价；

4. 十艺节与区域发展的关系：对山东省文化形象的影响力分析，包括公众对于十艺节文化联系功能的认同度、十艺节与山东知名度的提升和十艺节对文化事业发展的影响；

5. 十艺节影响因素分析：包括文化程度、收入状况等对十艺节公众参与度及满意度的影响分析；

6. 根据调查结果总结出十艺节存在的问题并提出基本对策和建议。

一、省外调查的样本情况

（一）省外节前调查的范围和样本

为了解省外普通公众对中国艺术节及山东省举办十艺节的看法，课题组在十艺节举办的前期及后期分别对省外公众进行了问卷调查。为保证样本的平均性、覆盖面和有效性，课题组选取了不同省市、不同层面的各类人群进行问卷调查。节前主要选择在北京、上海、广东、浙江、湖北、甘肃六个省市进行公众问卷调查。在北京市选取了 510 人进行调查，有效样本数 510；在上海选取了 425 人进行调查，有效样本数 425；在广东选取了 502 人进行调查，有效样本数 502；在浙江选取了 490 人进行调查，有效样本数 490；在湖北省选取了 490 人进行调查，有效样本数 489；在甘肃选取了 545 人进行调查，有效样本数 544。下文将从受访公众的职业分布情况、文化程度分布情况、2012 年月平均收入情况、2012 年月平均收入情况与文化消费金额的关系等方面进行山东省外各地区节前调查的样本描述。

受访公众来自各行各业，其职业相对比重较大的有学生、教师、职员、工人及自由职业者。通过对这六个地区的受访者进行调查发现，学生所占比例最高，为 34.7%，自由职业者和教师相对较多，分别占 5.7% 和 5.3%，而职员占 2.5%，工人占 2.1%，另外，无职业的受访者所占比例较高，占 16.8%。（见图 F2-1）

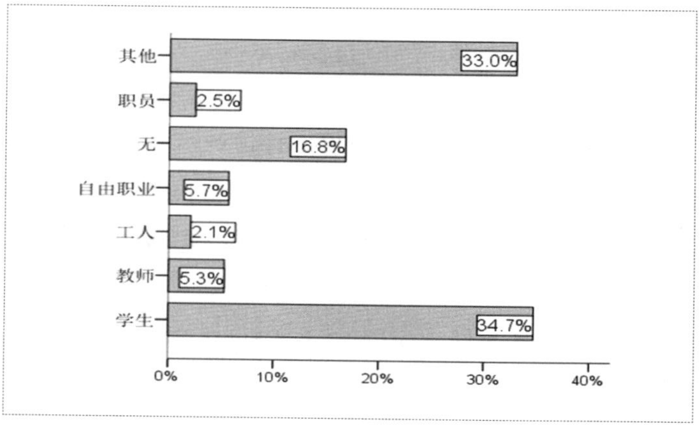

图 F2-1：节前受访的省外公众职业分布情况

节前受访公众的文化程度分布如下：学历在初中及以下的占总人数的 8.1%，高中（中专）学历占总人数的 18.7%，大专学历占总人数的 19.2%，本科学历占总人数的 41.8%，研究生及以上学历占总人数的 12.2%。（见图 F2-2）从整体来看，节前受访的省外公众文化水平相对较高，本科学历占总人数的近半数，本科及以上学历占总人数达 54%，超过受访公众总人数的一半。

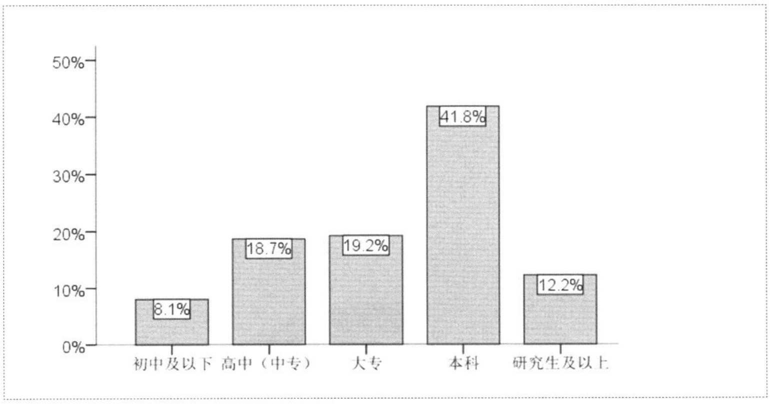

图 F2-2：节前受访的省外公众文化程度分布情况

受访公众 2012 年的月平均收入情况如图 F2-3 所示，在 1200 元以下的占总人数的 31.3%，1201 ~ 3500 元的占总人数的 30.3%，3501 ~ 5000 元的占总人数的 23.4%，5001 ~ 10000 元的占总人数的 11.2%，10000 元以上的占总人数的 3.8%。3500 元以上的占 38.4%，5000 元以上的占 15%，受访公众的收入水平较前几届艺术节有较大提升。

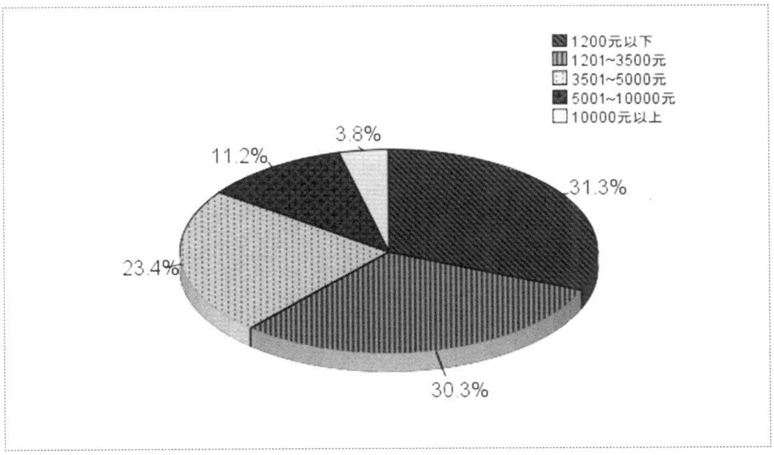

图 F2-3：节前受访的省外公众 2012 年月平均收入情况

节前受访公众 2012 年在文化方面的月平均消费水平如图 F2-4 所示，100 元以下占总人数的 21.5%，101 ~ 300 元占总人数的 23.5%，301 ~ 500 元占总人数的 19.5%，501 ~ 1000 占元总人数的 18.9%，在 1000 元以上的占总人数的 16.6%，各个消费层次的人数所占比例相对比较平均，均为 20% 左右。

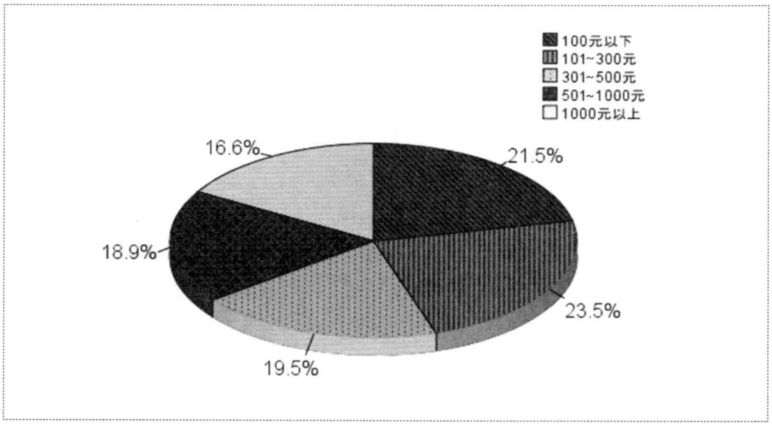

图 F2-4：节前受访的省外公众 2012 年文化方面月平均消费情况

通过对北京、浙江、广东、湖北、甘肃五个地区节后受访公众的 2012 年月平均收入状况与文化消费金额的关系的分析来看（见图 F2-5），受访者月平均收入在 1200 元以下的，在文化方面的月平均消费水平在 100 元以下的人数比较多；月平均收入在 1201 ~ 3500 元的，在文化方面的月平均消费水平在 101 ~ 300 元的人数最多，约占 30%，其次为月平均消费水平在 100 元以下的，约占 24%；受访者月平均收入在 3501 ~ 5000 元的，文化月消费水平在 301 ~ 500 元的所占比例最大，约占 29%，其次为消费水平在 101 ~ 300 元和 1000 元以上，分别占 22%、21%；受访者月平均收入在 5001 ~ 10000 元的，文化方面的月平均消费水平在 1000 元以上的所占比例最高，约为 33%，其他消费层次所占比例相差不大；受访者月平均收入在 10000 元以上的，文化方面的月平均消费水平在 1000 元以上人数最多，约占 38%。从如上数据不难看出，收入水平的高低是影响人们在文化方面的消费金额高低的重要因素，收入越高，在文化方面的消费金额越高。

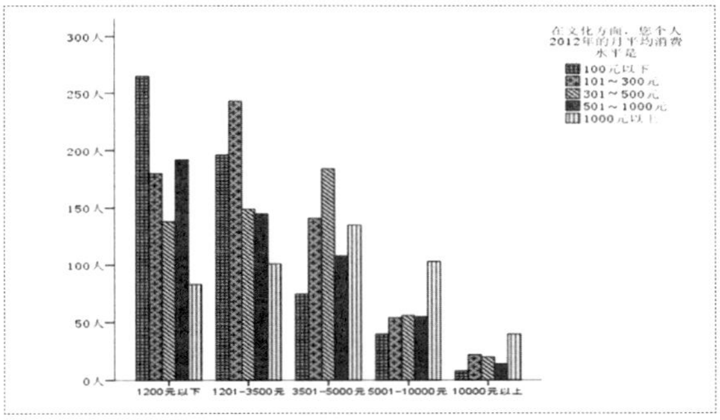

图 F2-5：节前受访的省外公众 2012 年月平均收入与文化方面月平均消费金额的关系

（二）山东省外节后调查的范围和样本

课题组选择在北京、浙江、广东、湖北、甘肃五个省市进行了节后的问卷调查。在北京市选择了 500 人进行调查，有效样本数 500；在浙江选择了 500 人进行调查，有效样本数 500；在广东选择了 500 人进行调查，有效样本数 500；在湖北选择了 500 人进行调查，有效样本数 499；在甘肃选择了 537 人进行调查，有效样本数 537。下文将从受访公众的职业分布情况、文化程度分布情况、2012 年月平均收入情况、2012 年月平均收入状况与文化消费金额的关系等方面进行山东省外各地区节后调查的样本描述。

通过对以上几个地区的受访者进行调查可以发现，受访公众来自各行各业，其中相对比例比较高的有学生、服务业工作人员以及专业技术人员，所占比例均在 10% 以上，学生占 33.7%，服务业工作者占 11%，专业技术人员占 10.7%。（见图 F2-6）而对比节前及节后受访者，我们可以发现学生所占比例在两次调查样本中均为最高，节前为 34.5%，节后为 33.7%，且比例非常接近。这样的调查结果与上述几个地区高校众多、第三产业发展良好有较大关系。

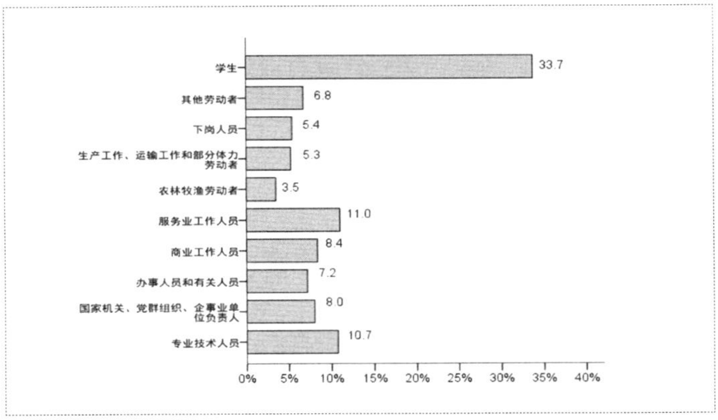

图 F2-6：节后受访的省外公众职业分布情况

节后受访公众的文化程度分布情况为：初中及以下占总人数的 12%，高中（中专）占总人数的 22.3%，大专占总人数的 19.9%，本科占总人数 34.4%，研究生及以上占总人数的 11.4%，其中本科及以上占总人数的 45.8%，整体文化水平较高。（见图 F2-7）

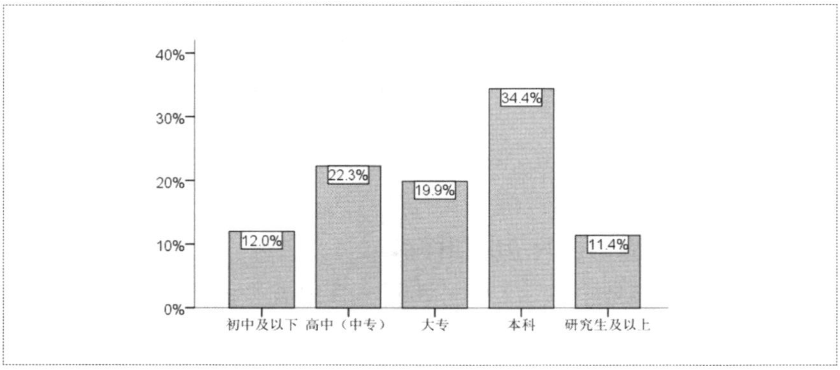

图 F2-7：节后受访的省外公众文化程度分布情况

节后受访公众 2012 年的月平均收入情况如图 F2-8 所示，1200 元以下占总人数的 36.1%，1201 ~ 3500 元占总人数的 32.4%，3501 ~ 5000 元占总人数的 20.5%，5001 ~ 10000 元占总人数的 8.2%，10000 元以上占总人数的 2.8%。

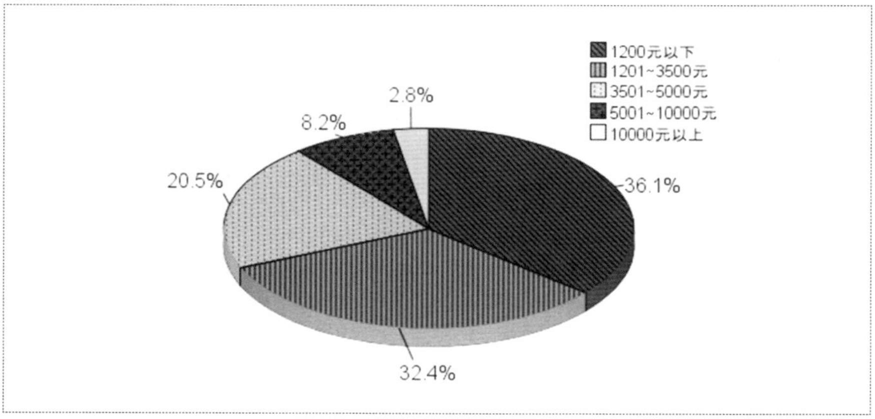

图 F2-8：节后受访的省外公众 2012 年月平均收入情况

节后受访公众 2012 年在文化方面的月平均消费水平如图 F2-9 所示，100 元以下占总人数的 28.2%，101 ~ 300 元占总人数的 27.5%，301 ~ 500 元占总人数的 13.4%，501 ~ 1000 元占总人数的 17.4%，在 1000 元以上占总人数的 13.5%。

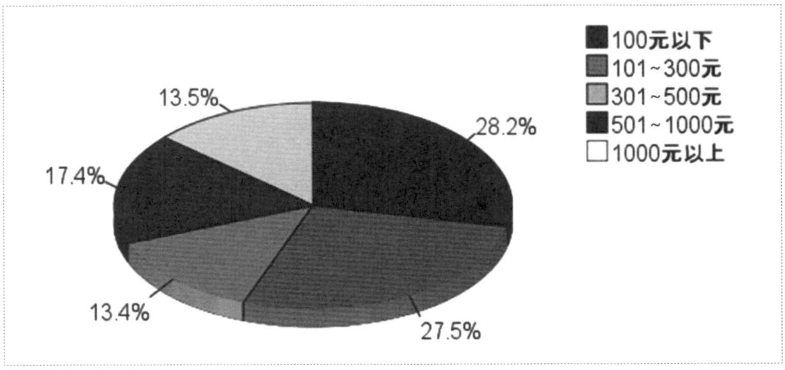

图 F2-9：节后受访的省外公众 2012 年文化方面月平均消费情况

通过对北京、浙江、广东、湖北、甘肃五个地区节后受访公众的 2012 年月平均收入状况与文化消费金额的关系的分析来看（见图 F2-10），受访者月平均收入在 1200 元以下的，在文化方面的月平均消费在 100 元以下的人数较多；月平均收入在 1201 ~ 3500 元的受访者，在文化方面的月平均消费在 100 元以下的人数与在 101 ~ 300 元的人数比较多，均占 30% 左右。受访者月平均收入在 3501 ~ 5000 元的，文化月平均消费水平在 101 ~ 300 元的所占比例最高，约为 37%，其次为消费水平在 301 ~ 500 元的约占 22%；受访者月平均收入在 5001 ~ 10000 元的，文化方面的月平均消费在 501 ~ 1000 元与 1000 元以上的所占比例最高，均为 27%，其次为 101 ~ 300 元、301 ~ 500 元，约占 18%；受访者月平均收入在 10000 元以上的，文化方面的月平均消费在 1000 元以上人数最多，约占 56%。从如上数据不难看出，收入水平的高低是影响人们在文化方面的消费金额高低的重要因素，收入越高，在文化方面的消费水平越高。

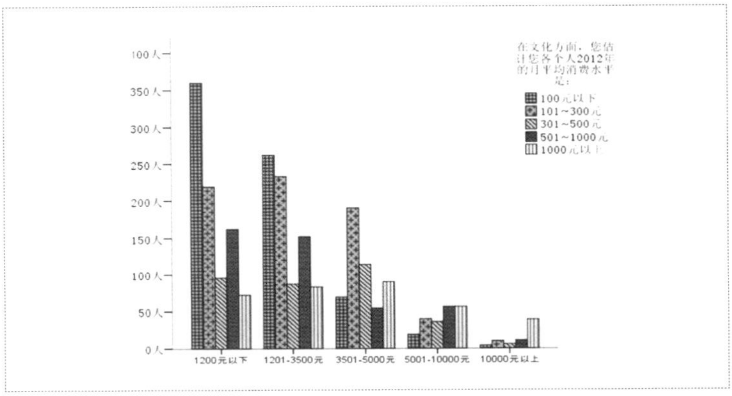

图 F2-10：节后受访的省外公众 2012 年月平均收入情况与文化方面月平均消费金额的关系

（三）山东省外节前及节后调查范围和样本情况对比

如前所述，课题组节前在北京、上海、浙江、广东、湖北、甘肃六个地区进行了问卷调查，节后在北京、浙江、广东、湖北、甘肃五个地区进行了问卷调查，受访公众来自各行各业，主要有学生、教师、服务业工作人员、专业技术人员、商业工作者以及国家干部。

表 F2-1 十艺节前后受访的省外公众文化程度分布情况

文化程度	初中及以下（%）	高中（中专）（%）	大专（%）	本科（%）	研究生及以上（%）
节前	8.1	18.7	19.2	41.8	12.2
节后	12.0	22.3	19.9	34.4	11.4
平均比例	10.5	20.5	19.6	38.1	11.8

由以上平均数据可以看出，节前及节后受访者的学历大部分在大专及以上，大专及以上文化程度的受访者所占比例达到了 69.5%，说明此次选取的山东省外受访者的学历大多都比较高。但分列各个地区的受访者，也会发现不同地区的受访者文化程度的分布呈现出一定的地域特色，如北京地区，节前受访者文化程度在大专及以上的占 75.1%，节后受访者文化程度在大专及以上的占 57.5%；在湖北地区，节前受访者文化程度在大专及以上的占 82.2%，在本科及以上的占 60.1%，节后受访者文化程度在大专及以上的占 75.1%，在本科及以上的占 55.1%，这与受访公众所在地区高等院校众多有关。而从浙江地区的数据来看，节前受访者文化程度在大专及以下的占 44.8%，节后受访者文化程度在大专及以下的占 67.3%，明显高于其他地区，这样的数据比例充分反映了浙江地区民营经济发达、外来务工人员多的现实。

通过对比节前及节后受访公众的 2012 年月平均收入状况可以看出，受访公众 2012 年的月平均收入在 3500 元及以下的所占比例较大，平均比例为 65.1%，月平均收入在 5000 元以下的占 87.1%，而 5000 元及以上的只占 13%。通过之前的数据分析我们知道，收入水平是影响文化消费能力的重要因素，由于收入水平的限制，大部分受访者的文化消费水平较低，文化方面的月平均消费水平在 300 元以下的受访者占 50.4%，在 500 元以下的占 66.9%，而在 1000 元以上的仅占 15.1%。

与文化程度相似，通过数据分析可以知道，不同地区的受访者，2012 年月平均收入情况均呈现相应的地域差异。在北京地区，受访公众 2012 年的月平均收入在 3500 元及以下的所占比例为 49.5%，明显低于全国平均水平（65.1%），月平均收入在 5000 元及以上的占 17.8%，也高于全国平均水平（13%）。（见表 F2-2、表 F2-3、表 F2-4）

表 F2-2 十艺节前后受访的省外公众 2012 年月平均收入情况

月均收入	1200 元以下（%）	1201~3500 元（%）	3501~5000 元（%）	5001~10000 元（%）	10000 元以上（%）
节前	31.3	30.3	23.4	11.2	3.8
节后	36.1	32.4	20.5	8.2	2.8
平均比例	33.6	31.4	22.0	9.7	3.3

表 F2-3 十艺节前后受访的省外公众 2012 年文化方面月平均消费情况

月文化消费	100 元以下（%）	101~300 元（%）	301~500 元（%）	501~1000 元（%）	1000 元以上（%）
节前	21.5	23.5	19.5	18.9	16.6
节后	28.2	27.5	13.4	17.4	13.5
平均比例	24.9	25.5	16.5	18.2	15.1

表 F2-4 十艺节前后受访的北京市公众 2012 年月平均收入情况

月均收入	1200 元以下	1201~3500 元	3501~5000 元	5001~10000 元	10000 元以上
节前	12.1	31.5	36.9	16.3	3.2
节后	15.6	39.6	28.8	10.2	5.8
平均比例	13.9	35.6	32.9	13.3	4.5

二、山东省外民众总体参与程度分析

（一）山东省外参与广泛度分析

省外地区参与广泛度分析主要以省外地区受访公众对中国艺术节的知晓程度、观看十艺节的打算、对十艺节的了解途径等各方面为例进行数据说明。

1. 省外公众对中国艺术节的知晓程度低

课题组在十艺节节前与节后均对省外公众进行了中国艺术节知晓情况的调查，根据节前是否知道中国艺术节调查的平均数据显示，选择“知道”的占 20.7%，选择“不知道”的占 79.3%，节前受访者知道中国艺术节的只占了 1/5。节后我们又对省外公众进行了同样的调查，调查数据显示，只有 15.7% 的公众知道中国艺术节，84.3% 的公众不知道。综合节前与节后数据，在所有省外受访者中，约有 18.4% 的公众知道中国艺术节，81.6% 的公众不知道。从北京、上海、浙江、广东、湖北、甘肃各个地方的数据来看，省外地区公众对中国艺术节的知晓程度低，除北京与浙江两地的受访公众知道中国艺术节的比例在 25% 以上外，其他四个地区知道中国艺术节的受访公众比例不到 20%。（见图 F2-11）

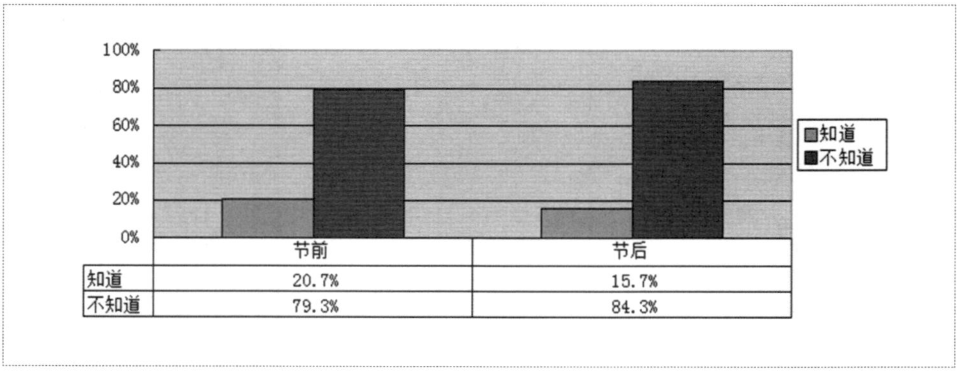

图 F2-11：十艺节前后受访的省外公众对中国艺术节的知晓情况

2. 节前受访的省外公众对中国艺术节的知晓程度要高于节后受访的省外公众

从表 F2-5 可以看出，节前受访公众所在的六个地区，除上海受访者知晓中国艺术节的比例在 20% 以下外，其他五个地区的知晓比例均在 20% 以上，且北京达到 30.9%，浙江达到 26.0%；而在十艺节之后，知晓中国艺术节的比例均低于节前（无上海数据），甘肃地区节后受访者知晓中国艺术节的比例仅占 7.3%，较节前的 20.7% 差距较大。这说明，山东省在节前的准备宣传阶段取得较好成绩，使更多的民众走近、了解中国艺术节，扩大了中国艺术节的整体影响力。

表 F2-5　十艺节前后受访的省外公众知晓中国艺术节的具体情况

地区	北京（%）	上海（%）	浙江（%）	广东（%）	湖北（%）	甘肃（%）	平均比例（%）
节前	30.9	16.8	26.0	20.7	20.7	20.7	22.6
节后	26.7	—	24.7	9.6	10.9	7.3	15.84

3. 省外公众对中国艺术节的知晓情况受到经济发展水平与是否举办过艺术节的双重影响

自 1987 年 9 月举办第一届中国艺术节至今，中国艺术节已举办了十届。综合此次艺术节山东省外各地区节前与节后对艺术节的知晓情况，六个地区知晓程度从高到低分别为北京、浙江、上海、湖北、广东、甘肃。（见表 F2-6）结合各地区的经济发展状况我们可以发现，经济水平越高，或是近期举办过中国艺术节的地区，对中国艺术节的知晓程度相对较高，如北京既是经济水平很高的地区，也曾两次主办过中国艺术节，受访公众对艺术节的知晓率高居榜首；浙江省地处长三角地区，经济发达，曾在 2004 年主办过第七届中国艺术节，受访公众对中国艺术节的知晓比例较高，为 25% 左右；上海虽然还未举办过艺术节，但是其经济发展水平与开放程度均居国内前列，受访公众对艺术节的知晓程度相对较高；而甘肃地区在所调查的六个地区中，受访公众知晓比例最低，虽然该地区曾举办过艺术节，但时间远在 1994 年，距今已近 20 年，而且甘肃地区地处我国西北部，开放程度相对较低，经济发展水平较为落后，民众对艺术节的知晓率低。

表 F2-6 历届中国艺术节举办的时间、地点

届数	一	二	三	四	五	六	七	八	九	十
时间（年）	1987	1989	1992	1994	1997	2000	2004	2007	2010	2013
地点	北京	北京	云南	甘肃	四川	江苏	浙江	湖北	广东	山东

4. 节前打算观看十艺节的省外公众比例不高

根据节前调查的数据显示，有观看十艺节打算的公众只占 23.1%，26.8% 的公众明确表示没有观看的打算，而 50.1% 的民众持观望态度，称是否观看十艺节“视节目情况而定”。如上数据说明，明确表示有观看十艺节的打算的省外民众比例有限。（见图 F2-12）

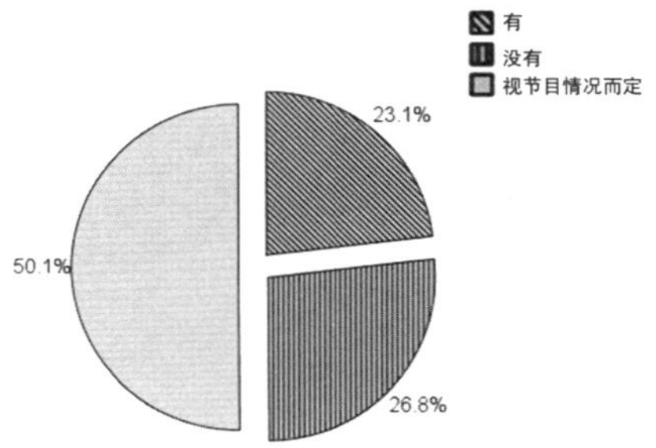

图 F2-12：受访的省外公众节前观看十艺节的打算的情况

5. 省外公众大多选择间接参与十艺节，选择现场观看的民众有限

通过节前及节后对山东省外公众欣赏十艺节节目方式的调查情况来看，在受访的省外公众中，无论节前还是节后，选择现场观看十艺节的公众所占比例均较低，节前仅占 11.3%，节后稍高为 20.4%，这说明山东省外的公众参与到此次艺术节的广度有限，大部分受访公众选择通过电视、网络等间接方式参与十艺节，比例均超过 50%。

表 F2-7　十艺节前后受访的省外公众欣赏十艺节的方式

方式	现场观看	电视	因特网	广播电台	其他
节前	11.3%	59.0%	51.1%	9.4%	7.0%
节后	20.4%	71.8%	64.3%	24.2%	24.5%

（二）山东省外各地区参与深刻度分析

山东省外各地区参与深刻度分析主要是以省外各地区受访公众对中国艺术节的了解程度、对十艺节举办地的知晓情况、对十艺节分会场的知晓情况、对十艺节宗旨的知晓情况、对十艺节主题的知晓情况、对十艺节活动的知晓情况、对十艺节节目的知晓情况、在十艺节期间直接或间接参与的消费情况等方面为例进行说明。

1. 大部分省外公众对中国艺术节了解程度不深

节后我们对受访者进行了“对中国艺术节的了解程度”的调查，数据显示，在知道中国艺术节的受访者中，45.2% 的公众选择了“一般”，30.8% 的公众选择了“比较了解”，3.2% 的公众选择了“非常了解”，20.8% 的公众对中国艺术节“不了解”或“完全不了解”。（见图 F2-13）不难看出，在被访公众中，大部分省外公众处于知晓或了解中国艺术节的水平，但是了解程度不深。

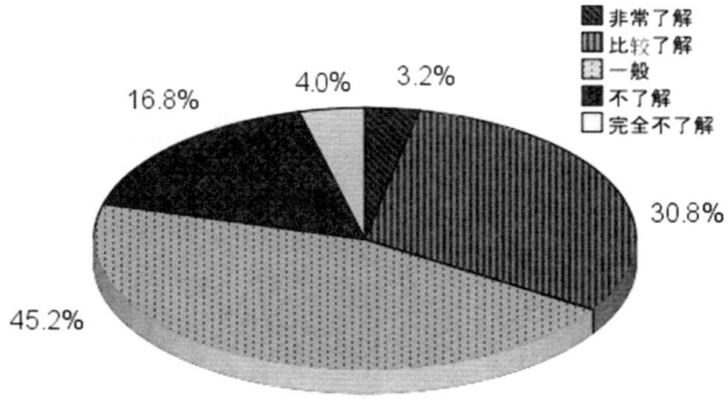

图 F2-13：节后受访的省外公众对中国艺术节的了解情况

2. 大部分省外公众对曾经举办过艺术节的城市了解不多

在艺术节开展前，课题组曾对省外公众进行了“您知道哪些城市举办过中国艺术节”的调查，调查数据显示，40.8% 的公众知道北京举办过，31.5% 的公众知道杭州举办过，26.1% 的公众知道南京举办过，19.9% 的公众知道昆明举办过，8.4% 的公众知道兰州举办过，11.2% 的公众知道成都举办过，而 20.3% 的公众选择了其他城市。（见图 F2-14）

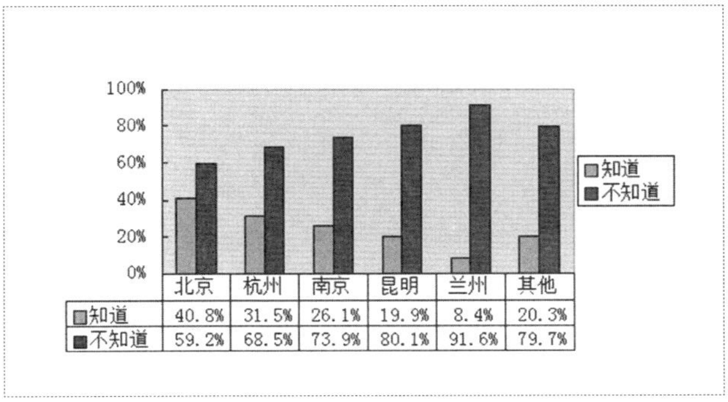

图 F2-14：节前受访的省外公众对曾经举办过艺术节的城市了解情况

3. 在知道或了解中国艺术节的省外公众中，有相当一部分公众观看或参与过中国艺术节

课题组在十艺节节前及节后分别对省外公众进行了“是否观看或参与过中国艺术节”的调查，调查数据显示，在知道中国艺术节的受访公众中，节前有 40% 的公众选择了“观看或参与过”，节后有 47% 的公众选择了“观看或参与过”，节后比例略有上升，接近半数。（见图 F2-15）

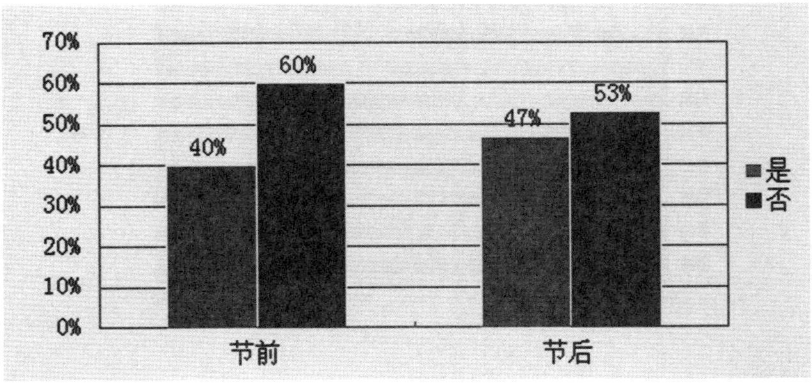

图 F2-15：受访的省外公众观看或参与过中国艺术节的情况

4. 大部分受访的省外公众不知道十艺节的举办地

节前，课题组对省外公众进行了“十艺节举办地知晓情况”的调查，调查数据显示，只有 20.8% 的公众知道举办地，有 79.2% 的人不知道，二者比例相差较大，这一对比说明省外公众对十艺节的举办地不熟悉。

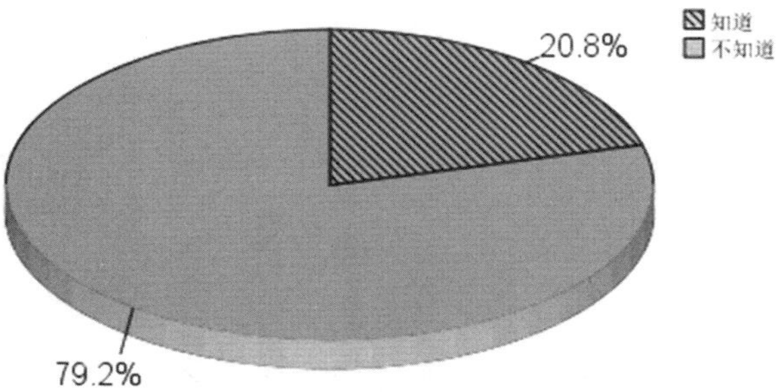

图 F2-16：节前受访的省外公众对十艺节举办地的知晓情况

5. 在知道十艺节举办地的前提下，省外公众对主会场及作为分会场的著名旅游城市的知晓程度高于其他分会场

在知道十艺节举办地的前提下，知道济南主会场的受访的省外公众占 35.2%，知道青岛分会场的占 46%，比例较高，知道淄博、烟台和其他分会场的分别占 22.3%、18.4%、18.4%，比例相对较高，而知道潍坊、德州、菏泽、枣庄、日照五个分会场的公众所占比例均较低，都在 10% 以下。（见图 F2-17）

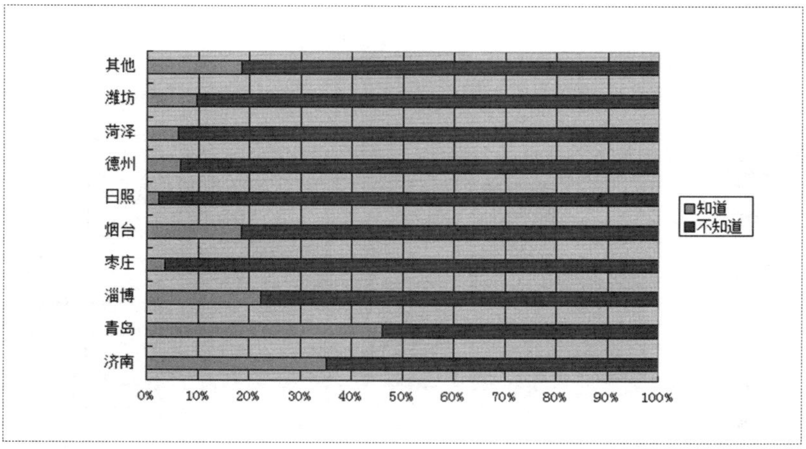

图 F2-17：节前受访的省外公众对十艺节会场的知晓情况

6. 省外公众对十艺节宗旨和主题的知晓度比较低

课题组在节前对省外公众进行了十艺节宗旨知晓情况的调查，节后又对十艺节的主题知晓情况进行了调查，据调查数据显示，知道十艺节宗旨的受访者占 10.9%，知道十艺节主题的占 28.0%，比例都比较低。（见图 F2-18）

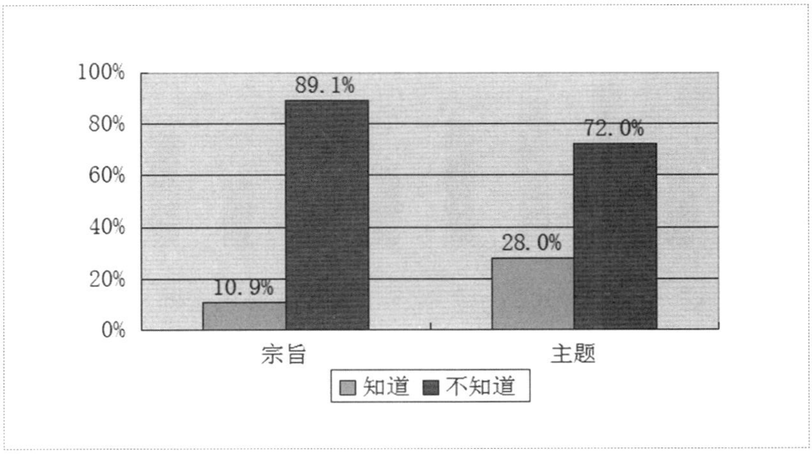

图 F2-18：受访的省外公众对十艺节宗旨和主题的知晓情况

7. 省外公众对十艺节活动的知晓情况较好

十艺节的活动有专业艺术活动、群众文化活动、展览活动、经贸活动、旅游活动以及演艺产品交易会六大类，通过节后对省外公众的调查发现，知道群众文化活动、展览活动、专业艺术活动以及演艺产品交易会的受访公众较多，比例都在 50% 以上，最高达到 80.3%；而知道旅游活动和经贸活动的较少，分别占 24.4%、16.6%。（见图 F2-19）

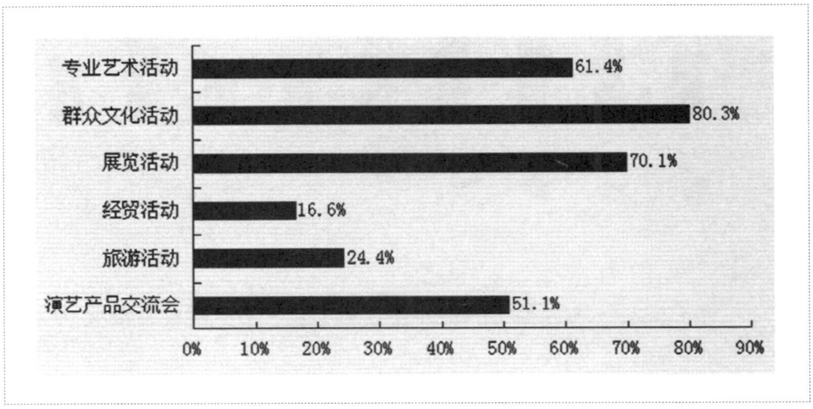

图 F2-19：节后受访的省外公众对十艺节活动的知晓情况

8. 省外公众对十艺节节目的了解情况较好

据省外公众对十艺节节目的知晓数据显示，公众对歌舞晚会、曲艺晚会、美术展览以及舞剧了解较多，比例均在 50% 以上；对京剧、音乐会、地方戏曲以及音乐剧了解较少，比例均在 30% 左右；而对话剧了解比例只占 15.8%。（见图 F2-20）

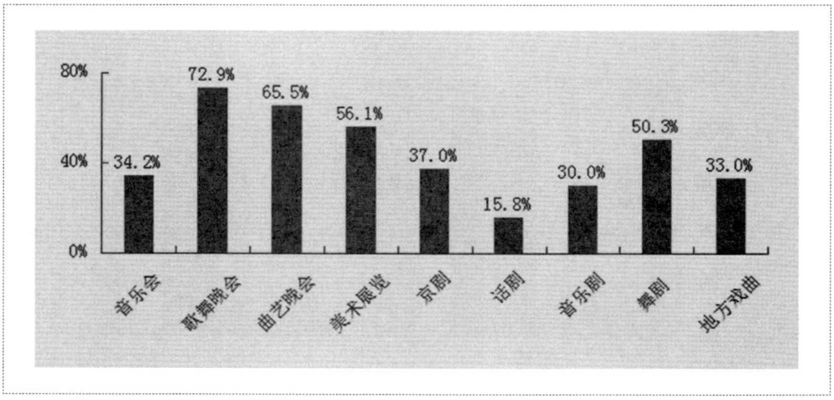

图 F2-20：节后受访的省外公众对十艺节节目的知晓情况

9. 在十艺节期间欣赏过节目的省外公众中，对曲艺晚会的关注人数最多

据调查数据显示，在十艺节期间观看过节目的公众中，关注曲艺晚会和歌舞晚会、舞剧的人最多，比例分别为 56.1%、51.7%、42.5%；其次为美术展览、京剧、音乐会与地方戏曲，最少的为音乐剧与话剧，比例在 15% 左右。（见图 F2-21）

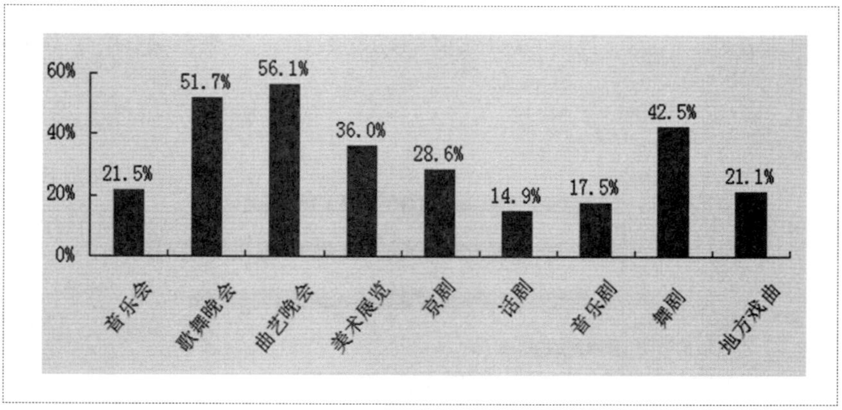

图 F2-21：节后受访的省外公众对十艺节节目的观看情况

10. 省外公众在十艺节期间大多没有直接参与或间接参与艺术节的消费

根据“省外公众在艺术节期间直接或间接参与艺术节的消费情况”的调查，51.5%

的受访公众在十艺节期间没有参与艺术节的消费，14.3% 的受访公众消费在 50 元以下，23.4% 的受访公众消费在 50 ~ 200 元，6% 的受访公众消费在 201 ~ 300 元，4.8% 的受访公众消费在 300 元以上。从调查数据可以看出，在十艺节期间直接或间接参与艺术节消费的公众消费金额大多数在 200 元以下，占 37.7%。（见图 F2-22）

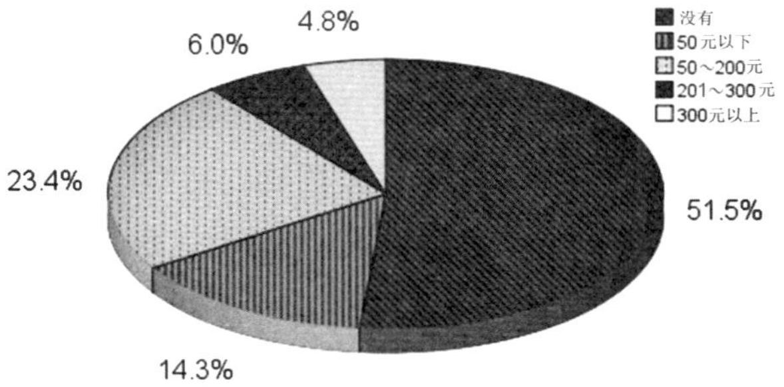

图 F2-22：受访的省外公众在十艺节期间直接或间接参与艺术节的消费情况

以上各类数据说明省外公众对十艺节的了解广度和深度仍然较为欠缺，了解的内容也大多局限于电视、网络报道较多的项目上，从而限制了人们对十艺节的感受力与参与度，同时也限制了人们对艺术节参与的深度与参与艺术节的消费水平。

三、山东省外社会公众对十艺节的总体满意度评价

1. 山东省外公众对十艺节节目质量的满意度比较高

表 F2-8　节后受访的省外公众对十艺节节目的评价

评价	非常好 / 丰富（%）	比较好 / 丰富（%）	一般（%）	比较差 / 贫乏（%）	非常差 / 贫乏（%）
类型	29.2	41.9	21.3	6.1	1.5
内容	25.5	40.9	28.8	4.8	0.0
形式	26.6	33.0	32.5	6.6	1.3
演员水平	29.9	36.4	26.0	5.4	2.3

从表 F2-8 可以看出，省外公众对十艺节节目质量的评价较高，大部分公众认为十艺节节目的类型、内容、形式以及演员水平都比较好。对节目类型的评价上，29.2% 和

41.9% 的公众认为非常好和比较好，总计 71.1%；对节目内容的评价上，25.5% 和 40.9% 的公众认为非常好和比较好，总计 66.3%；对节目形式的评价上，26.6% 和 33% 的公众认为非常好和比较好，总计 59.6%；对演员水平的评价上，29.9% 和 36.4% 的公众认为非常好和比较好，总计 66.2%。如上数据说明，十艺节的节目无论是从内容还是形式等各方面，均得到了省外公众的认可。

2. 山东省外公众对十艺节组织工作的满意度比较高

省外公众对十艺节组织工作的评价比较高，大多数受访公众认为十艺节组织工作中的活动组织管理、活动场地、活动规模以及活动的持续时间情况非常好和比较好。从调查数据可以看出，在对活动组织管理的评价上，22.7% 和 44% 的公众认为非常好和比较好，总计 66.8%；在对活动场地的评价上，20.5% 和 41.4% 的公众认为非常好和比较好，总计 62%；在对活动规模的评价上，17.7% 和 41.4% 的公众认为非常好和比较好，总计 59.1%；在对活动持续时间的评价上，19.5% 和 39.5% 的公众认为非常好和比较好，总计 59%。（见表 F2−9）由此看出，十艺节的组织工作受到省外大部分公众的好评。

表 F2–9 节后受访的省外公众对十艺节活动的相关评价

评价	活动组织管理（%）	活动场地（%）	活动规模（%）	活动持续时间（%）
非常好	22.7	20.5	17.7	19.5
比较好	44.0	41.4	41.4	39.5
一般	27.1	31.0	34.1	32.9
比较差	4.9	5.6	5.8	6.8
非常差	1.3	1.5	1.0	1.3

3. 山东省外公众对十艺节的活动和节目评价较高

根据省外公众对十艺节最大特色评价的调查数据显示，41.7% 的公众认为最大特色是群众文化活动丰富，27.1% 的公众认为最大特色是节目精彩，15.1% 的公众认为是组织更出色。（见图 F2−23）这些数据说明十艺节在活动的开展和节目的编排组织上受到了更多公众的认可。

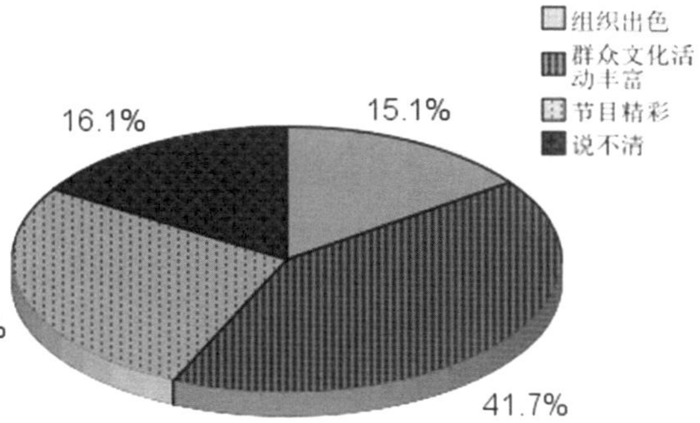

图 F2-23：节后受访的省外公众对十艺节的最大特色评价

4. 山东省外公众对十艺节的宣传效果评价较好

省外公众对十艺节的宣传效果评价调查数据显示，有 38.4% 的公众认为宣传效果一般，有 34.7% 的公众认为宣传效果比较好，有 8.8% 的公众认为宣传效果非常好。（见图 F2-24）对十艺节宣传效果持好评的公众比例为 43.5%，与第八届艺术节相比（比较好和非常好比例总和为 31.6%），十艺节的宣传力度较大，效果有所提升，但仍有很大的进步空间。

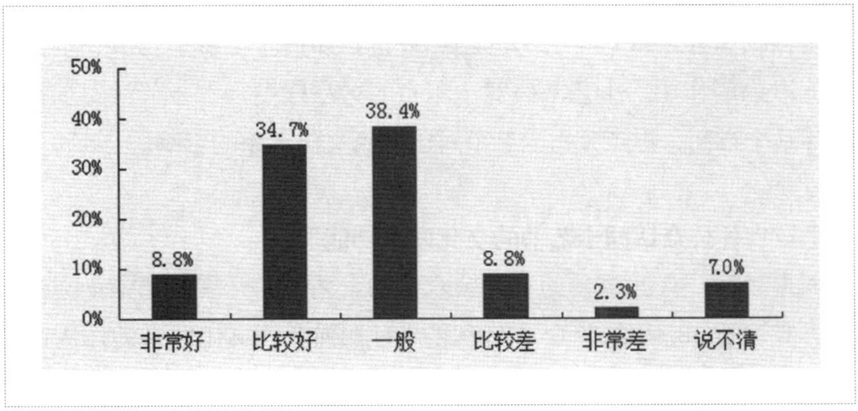

图 F2-24：节后受访的省外公众对十艺节的宣传效果评价

5. 山东省外公众对参与十艺节的方便程度评价一般

在省外公众对参与十艺节的方便程度评价中，有 37.2% 的公众认为方便程度一般，约 30% 的公众认为比较方便和非常方便，另外还有一定比例的公众认为参与到十艺节中比较难和非常难。（见图 F2-25）

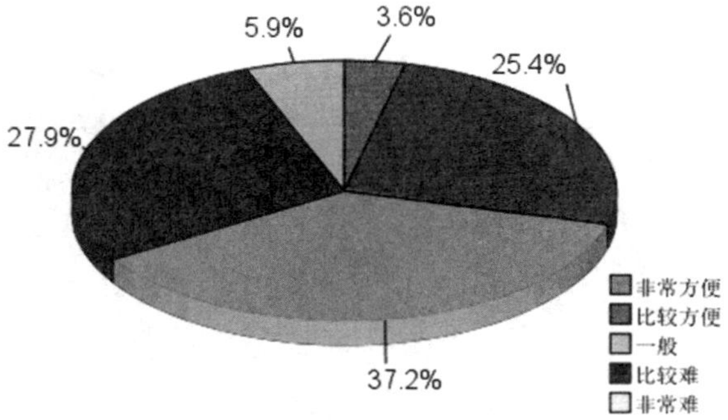

图 F2-25：节后受访的省外公众对参与十艺节的方便程度评价

以上五组数据表明，山东省外各地区的受访公众对十艺节的社会总体满意度较高，尤其是对十艺节的节目质量、活动开展以及组织工作给与了较高的评价和认可；与此同时，省外公众对十艺节的宣传效果以及参与到活动中的方便程度评价逊于活动的内容和组织工作，需要进一步提升与改进。

四、十艺节对山东省文化形象的影响

课题组根据省外公众对十艺节的基本评价，如何时了解十艺节、十艺节对加强全国各地文化联系的作用、十艺节后对山东省的关注程度、十艺节对山东省城市形象提高的影响等几个方面，重点分析十艺节对山东省文化形象的影响。

1. 近半数省外公众认同十艺节的文化联系功能

根据调查数据，有近 50% 的省外公众认为十艺节的开展对加强全国的文化联系有很大作用，其次有 38.3% 的公众认同十艺节对加强全国文化联系的作用，但认为作用一般。（见图 F2-26）这说明，绝大部分的公众对艺术节能够加强全国的文化联系持肯定态度。

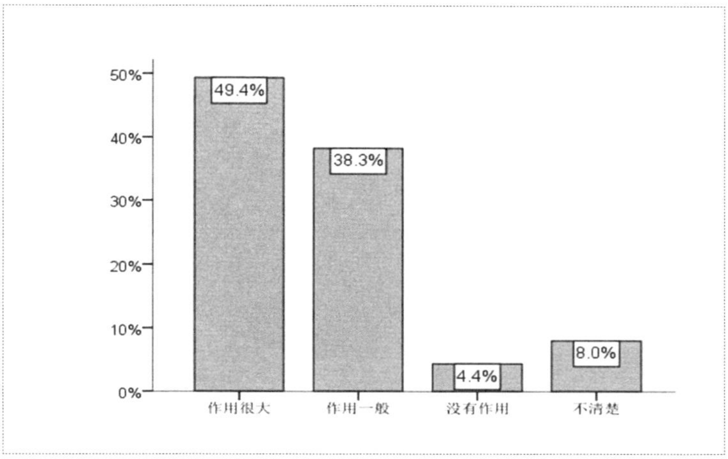

图 F2-26：节后受访的省外公众对十艺节加强全国各地文化联系作用的评价

2. 大部分省外公众认同十艺节的举办对山东省文化事业发展的推动作用

根据课题组的调查结果，72.9% 的省外公众认为十艺节的举办对山东省文化事业发展有推动作用，所占比例很高。这一数据说明，大部分省外公众对艺术节促进与文化事业的发展持肯定的态度。

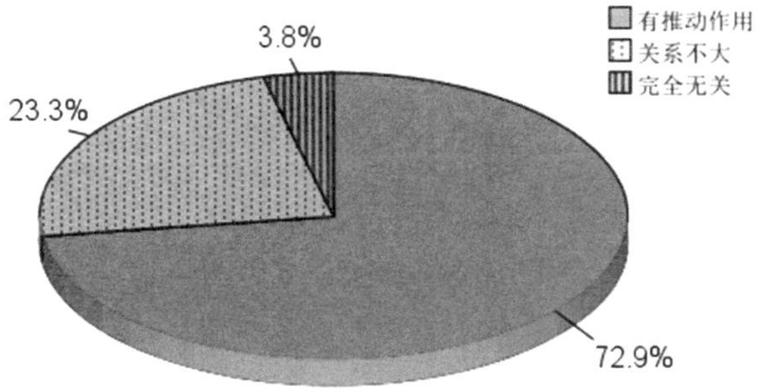

图 F2-27：节后受访的省外公众对十艺节推动山东省文化事业发展作用的评价

3. 十艺节的举办提高了山东省在全国的知名度

据课题组对省外公众进行的“举办十艺节后对山东的态度”调查数据显示，28.1% 的公众表示更加关注山东，47.8% 的公众表示十艺节之后更加了解山东。（见图 F2-28）这些数据说明十艺节的举办，为省外公众了解和关注山东提供了很好的契机和平台。

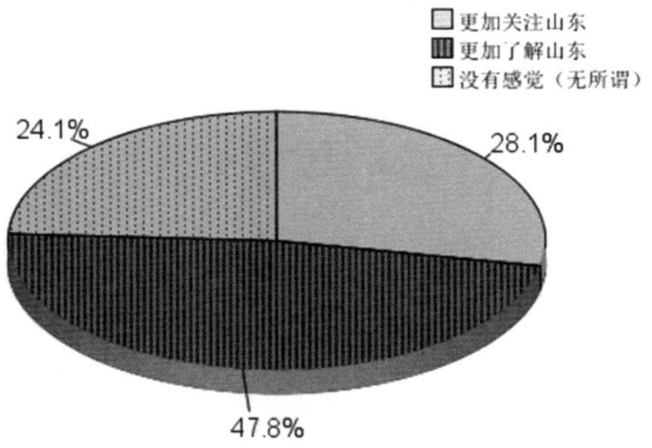

图 F2-28：节后受访的省外公众对山东的感觉

4. 十艺节的举办提高了山东省的城市形象

据调查数据显示，21.1% 的省外公众认为十艺节对提高山东的城市形象有非常大的作用，39.6% 的公众认为有比较大的作用，说明有 60% 多的省外公众认同十艺节对提高山东城市形象的积极作用（见图 F2-29）。

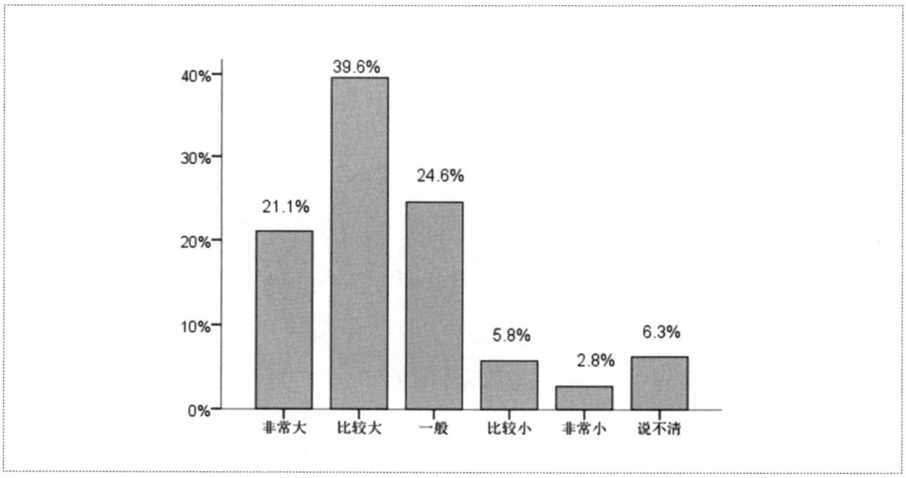

图 F2-29：节后受访的省外公众认为十艺节对城市形象的提高程度

5. 近八成省外公众在办节过程中或节后知道中国艺术节

据调查数据显示，42.1% 的省外公众在十艺节举办期间了解到山东省十艺节，而有 36.7% 的省外公众是在节后知道山东省十艺节（见图 F2-30），二者比例总和约为 80%。这些数据说明，十艺节的举办，是让外省民众更加了解山东、关注山东的大好机会。

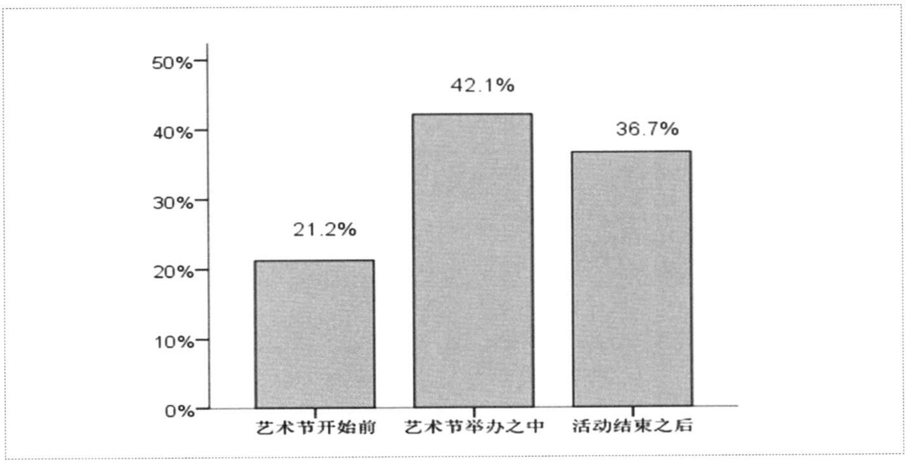

图 F2-30：受访的省外公众何时了解十艺节的情况

以上五组数据说明，十艺节为山东省提供了一个展示山东文化魅力、提升山东文化形象、发展山东文化事业的契机，也为各省外地区的公众提供了了解山东、关注山东的机遇和平台；与此同时，十艺节的成功举办，也在一定程度上加强了全国各地的文化联系，增强了文化的凝聚功能。

五、十艺节的影响因素分析

（一）文化程度、收入状况等对公众参与程度的影响

表 F2-10　文化程度与观看十艺节的打算的交叉分析

文化程度	您是否有观看十艺节的打算			
	有	没有	视节目情况而定	合计
初中及以下	21.4%	25.0%	53.6%	100%
高中（中专）	18.6%	32.9%	48.5%	100%
大专	28.9%	22.7%	48.4%	100%
本科	19.9%	27.0%	53.1%	100%
研究生及以上	28.2%	28.2%	43.6%	100%
平均	22.9%	27.1%	50.0%	

由表 F2-10 可以看出，文化程度与是否有观看十艺节的打算基本不相关。总体看来，

明确表示有观看打算的只占 22.9%，27.1% 的公众表示没有观看打算，而有一半的受访公众将视节目的情况而定。

表 F2–11　文化程度与知晓十艺节在哪里举办的交叉分析

文化程度	您知道十艺节在哪里举办吗		
	知道	不知道	合计
初中及以下	14.3%	85.7%	100%
高中（中专）	25.7%	74.3%	100%
大专	22.6%	77.4%	100%
本科	20.7%	79.3%	100%
研究生及以上	19.5%	80.5%	100%
平均	21.1%	78.9%	

从表 F2–11 可以看出，文化程度与是否知晓十艺节在哪里举办基本上不相关，知晓比例并没有随着文化程度的提高而上升或下降。

表 F2–12　文化程度与打算观看十艺节的方式的交叉分析

文化程度	您打算通过哪种方式来观看十艺节				
	电视	网络	现场观看	其他	合计
初中及以下	55.2%	27.6%	3.4%	13.8%	100%
高中（中专）	31.5%	35.6%	15.1%	17.8%	100%
大专	29.6%	47.0%	10.4%	13.0%	100%
本科	29.2%	58.0%	5.6%	7.2%	100%
研究生及以上	21.1%	52.6%	14.7%	11.6%	100%
平均	29.5%	50.4%	9.3%	10.9%	

由表 F2–12 可以看出，大部分省外公众选择网络作为他们观看十艺节的主要方式，我们也能从调查数据发现文化程度与观看方式之间的相关性，文化水平越高，选择电视这一方式的比例越低，初中及以下文化程度的省外公众，选择电视的占 55.2%，随着文化程度的升高，选择这一方式的比例依次为 31.5%、29.6%、29.2%、21.1%，逐渐下降；再者，在选择网络这一新兴媒体的公众中，大专、本科、研究生及以上的公众所占比

例也比初中及以下、高中（中专）所占比例要高出许多。这一数据说明文化程度越高，则更加青睐于借助新兴媒体观看十艺节。

表 F2-13 2012 年月平均收入状况与观看十艺节打算的交叉分析

2012 年月均收入状况	您是否有观看十艺节的打算			
	有	没有	视节目情况而定	合计
1200 元以下	19.3%	31.1%	49.6%	100%
1201~3500 元	19.8%	21.6%	58.6%	100%
3501~5000 元	29.9%	27.0%	43.1%	100%
5001~10000 元	23.4%	28.1%	48.5%	100%
10000 元以上	41.2%	41.2%	17.6%	100%
平均	23.9%	27.5%	48.6%	

从表 F2-13 可以看出，月平均收入状况对是否打算观看十艺节有一定的影响。在受访的省外公众中，收入水平越高的人，打算观看十艺节的比例越高，月收入在 3501 ~ 5000 元、5001 ~ 10000 元以及 10000 元以上打算观看十艺节的公众所占比例比月收入在 3500 元以下的公众比例要高出许多。

表 F2-14 2012 年月平均收入与观看十艺节的方式的交叉分析

2012 年月平均收入状况	您通过哪些方式观看十艺节						
	现场观看	电视	网络	广播电台	影碟	其他	合计
1200 元以下	9.1%	31.9%	34.7%	9.0%	4.9%	10.4%	100%
1201~3500 元	7.1%	39.1%	27.6%	16.2%	4.3%	5.7%	100%
3501~5000 元	9.7%	42.5%	26.1%	8.8%	6.2%	6.7%	100%
5001~10000 元	15.3%	36.1%	30.5%	8.4%	2.8%	6.9%	100%
10000 元以上	25.0%	15.0%	25.0%	5.0%	5.0%	25.0%	100%
平均	9.8%	37.6%	28.9%	11.1%	4.9%	7.7%	

由表 F2-14 可以看出，月收入在 1200 元以下、1201 ~ 3500 元、3501 ~ 5000 元、5001 ~ 10000 元及 10000 元以上的省外公众，选择现场观看的可能性分别为 9.1%、7.1%、

9.7%、15.3%、25%，这组数据说明，收入越高，选择前往现场观看的可能性就越大。

表 F2-15 2012 年月平均收入状况与十艺节期间直接或间接参与消费的交叉分析

您 2012 年月平均收入状况	艺术节期间，您直接或间接参与艺术节的消费					
	没有	50 元以下	50~200 元	201~300 元	300 元以上	合计
1200 元以下	49.5%	11.5%	26.4%	8.0%	4.6%	100%
1201~3500 元	52.2%	13.9%	24.3%	2.6%	7.0%	100%
3501~5000 元	59.9%	15.7%	15.0%	5.5%	3.9%	100%
5001~10000 元	34.6%	13.5%	38.5%	11.5%	1.9%	100%
10000 元以上	40.0%	26.6%	20.0%	6.7%	6.7%	100%
平均	51.3%	14.4%	23.5%	6.1%	4.8%	

从表 F2-15 可以看出，在十艺节期间没有直接或间接参与消费的省外公众中，2012 年月平均收入在 5001 ~ 10000 元及 10000 元以上的比其他稍低收入阶层的所占比例要低，这说明月收入水平越高，则越有意愿参与文化消费。

表 F2-16 文化程度与对艺术节的了解程度的交叉分析

文化程度	对于中国艺术节，您的了解程度是					
	非常了解	比较了解	一般	不了解	完全不了解	合计
初中及以下	—	43.8%	43.8%	—	12.4%	100%
高中（中专）	3.3%	38.9%	34.5%	18.9%	4.4%	100%
大专	3.3%	37.8%	40.0%	17.8%	1.1%	100%
本科	2.8%	22.8%	53.1%	17.9%	3.4%	100%
研究生及以上	5.1%	27.1%	47.4%	13.6%	6.8%	100%
平均	3.2%	31.2%	44.8%	16.8%	4.0%	

从表 F2-16 可以看出，在对艺术节的了解程度上，研究生及以上文化程度的省外公众，对艺术节非常了解的比例远远高于其他文化程度的公众；在了解程度一般的公众中，本科、研究生及以上的比例也比其他文化程度的公众所占比例更高。这些数据说明，文化程度与对艺术节的了解程度之间有一定的正相关。

（二）文化程度对满意度的影响

表 F2-17 文化程度与参与十艺节的方便程度的交叉分析

文化程度	对于中国艺术节，您认为的方便程度					
	非常方便	比较方便	一般	不方便	完全不方便	合计
初中及以下	—	12.5%	37.4%	31.3%	18.8%	100%
高中（中专）	3.4%	29.2%	34.8%	29.2%	3.4%	100%
大专	4.5%	23.7%	44.9%	21.3%	5.6%	100%
本科	3.6%	18.2%	38.8%	34.3%	5.1%	100%
研究生及以上	3.4%	41.4%	25.9%	20.7%	8.6%	100%
平均	3.6%	25.2%	37.3%	28.0%	5.9%	

从表 F2-17 可以看出，研究生及以上学历的公众认为参与到十艺节比较方便及非常方便的比例占 44.8%，比其他学历层次的公众都要高，而在非常难和比较难的评价中，研究生及以上学历层次的公众也比初中及以下、高中（中专）所占比例要低。这也在一定程度上说明学历越高，参与十艺节的方便程度越高。

表 F2-18 文化程度与十艺节的宣传效果的交叉分析

文化程度	您觉得山东十艺节的宣传效果						
	非常好	比较好	一般	比较差	非常差	说不清	合计
初中及以下	6.3%	12.5%	62.5%	18.7%	—	—	100%
高中（中专）	11.1%	36.7%	28.9%	10.0%	1.1%	12.2%	100%
大专	13.2%	37.4%	35.1%	8.8%	1.1%	4.4%	100%
本科	5.6%	33.1%	43.0%	8.5%	4.2%	5.6%	100%
研究生及以上	6.9%	36.2%	41.4%	5.2%	1.7%	8.6%	100%
平均	8.8%	34.5%	38.5%	8.8%	2.3%	7.1%	

从表 F2-18 可以看出，文化程度与对十艺节的宣传效果的看法基本不相关。但数据同时也说明，在所有受访省外公众中，认为十艺节的宣传效果比较好及非常好的公众占总人数的 43.3%，接近半数水平，这说明十艺节在宣传工作中虽然有提升的空间，但实际的宣传效果也较好。

表 F2-19　文化程度与认为十艺节最大特色的交叉分析

文化程度	您觉得参与山东十艺节最大的特色				
	组织出色	群众文化活动丰富	节目精彩	说不清	合计
初中及以下	12.5%	37.5%	43.7%	6.3%	100%
高中（中专）	14.4%	41.1%	27.8%	16.7%	100%
大专	20.9%	47.2%	18.7%	13.2%	100%
本科	12.0%	42.2%	28.9%	16.9%	100%
研究生及以上	13.8%	34.5%	31.0%	20.7%	100%
平均	14.9%	41.8%	27.2%	16.1%	

从表 F2-19 可以看出，文化程度与对十艺节的最大特色的选择之间并无直接关联，对十艺节最大特色的评价与文化程度并无明显相关性。

（三）文化程度对十艺节效用评价的影响

表 F2-20　文化程度与十艺节对文化事业发展推动作用的评价的交叉分析

文化程度	十艺节的举办对本省的文化事业发展有无关系			
	有推动作用	关系不大	完全无关	合计
初中及以下	72.2%	25.0%	2.8%	100%
高中（中专）	60.8%	29.7%	9.5%	100%
大专	70.0%	24.5%	5.5%	100%
本科	76.2%	21.7%	2.1%	100%
研究生及以上	77%	20.7%	2.3%	100%
平均	72.8%	23.4%	3.8%	

从表 F2-20 可以看出，在受访的省外公众中，有 72.8% 的公众认为十艺节的举办对山东省的文化事业发展有推动关系。而且，本科、研究生及以上文化程度的受访公众认为有推动作用的比例要高于大专、高中（中专）、初中及以下文化程度的受访公众，认为完全无关的公众中，本科、研究生及以上的公众所占比例也比稍低文化层次的公众所占比例要低，这说明学历越高，对十艺节推动山东文化事业发展的作用越肯定。

表 F2–21 文化程度与十艺节对加强全国文化联系的作用评价的交叉分析

文化程度	您觉得山东十艺节对加强全国文化联系的作用				
	作用很大	作用一般	没有作用	不清楚	合计
初中及以下	41.1%	26.5%	5.9%	26.5%	100%
高中（中专）	32.9%	44.7%	9.2%	13.2%	100%
大专	61.5%	28.4%	4.6%	5.5%	100%
本科	48.1%	41.4%	4.2%	6.3%	100%
研究生及以上	55.7%	39.8%	—	4.5%	100%
平均	49.5%	38.1%	4.4%	8.1%	

从表 F2–21 可以可以看出，在调查省外公众对十艺节对加强全国文化联系的作用评价中，有近半数的公众认为作用很大，有近四成公众对此作用表示认同，但认为作用一般。而且，从数据可以看出，研究生及以上、本科、大专文化程度的公众认同这一作用的比例比高中（中专）、初中及以下的比例要高出许多，这说明学历越高，对十艺节能够加强全国文化联系的作用越认同。

表 F2–22 文化程度与山东举办十艺节对山东省城市形象提高的影响评价的交叉分析

文化程度	您觉得山东举办十艺节对山东城市形象提高的影响						
	非常大	比较大	一般	比较小	非常小	说不清	合计
初中及以下	18.8%	31.2%	31.2%	12.5%	6.3%	—	100%
高中（中专）	25.6%	32.2%	22.2%	5.6%	3.3%	11.1%	100%
大专	26.3%	29.7%	29.7%	7.7%	3.3%	3.3%	100%
本科	14.6%	49.7%	23.8%	4.9%	2.8%	4.2%	100%
研究生及以上	22.5%	43.1%	20.7%	3.4%	—	10.3%	100%
平均	21.1%	39.4%	24.6%	5.8%	2.8%	6.3%	

从表 F2–22 可以看出，文化程度的高低与公众对十艺节之于山东城市形象提高的影响的看法基本上不相关。超过 60% 的公众认为十艺节对山东城市形象提高的影响非常大或比较大。

六、问题与对策

（一）存在的主要问题

1. 省外公众对十艺节了解的广度和深度不够

（1）十艺节的前期宣传有待加强

调查数据显示，42.1% 的省外公众是在艺术节举办之中了解到山东省十艺节的，而有 36.7% 的省外公众是在节后知道山东省十艺节的，二者比例总和约占 80%，而在十艺节举办之前就知晓此次活动的省外公众只占约 20%，这说明此次艺术节虽然节中、节后的宣传效果较好，但是活动前期的宣传工作仍然有待加强。

（2）十艺节的宣传途径有待丰富

调查数据显示，在对“如何了解到十艺节”的调查中，有 41% 的省外公众选择了电视，有 46.6% 的公众选择了网络，有 17.7% 的公众选择了广播电台，也有通过其他方式了解到十艺节的，但是比例都在 15% 及以下，所占比例不多。从这一数据可以看出，在对十艺节的宣传上，宣传媒介虽然较多，但是公众真正感知到的信息，仍然来自于比较大众化的电视、网络媒介，而其他的宣传媒介没有得到很好的利用，其效用也没能很好发挥出来，以至于公众获取信息的途径不够多样、实用。

（3）省外公众对十艺节的了解程度不够

通过调查数据可以看出，在对十艺节的了解程度上，只有 34.1% 的省外公众选择了比较了解或非常了解，而 65.9% 的公众选择了一般、不了解或者完全不了解。这组数据说明省外公众对十艺节的了解程度欠缺。同时在涉及十艺节的举办地点、各分会场、十艺节的主题与宗旨、十艺节的节目内容等较为具体的调查中，调查数据所反映出的了解程度也不深。对十艺节的了解不足，也是导致省外公众对活动参与度不够的重要因素。

2. 省外公众对十艺节的参与度不够

（1）现场观看比例小，对山东地区的直接经济贡献有限

节后调查数据显示，选择现场观看十艺节的省外公众只有 20.4%，有 79.6% 的省外公众选择间接参与此次活动，如通过电视、网络、广播电台、影碟等方式观看十艺节。不能直接参与到十艺节的现场活动中，不仅直接影响到与活动相关的经济活动，限制有关文化方面的消费，同时也抑制了山东地区的交通、住宿、旅游等相关产业的发展，对山东地区的直接经济贡献有限。

（2）十艺节期间直接或间接消费低

节后调查数据显示，省外公众直接或间接参与到十艺节的总体消费水平偏低。有

51.5% 的省外公众在十艺节期间没有相关消费，有 14.3% 的省外公众有 50 元以下的相关消费，整体消费水平偏低。与现场观看比例小相类似，低水平的消费限制了与十艺节相关产业的发展，对经济的推动作用不明显。

3. 节目专业性过强，对普通民众的吸引力不足

课题组对省外公众进行的对十艺节节目形式知晓情况的调查数据显示，知晓话剧的受访公众仅占 15.8%，音乐剧 30%、地方戏曲 33%、音乐会 34.2%、京剧 37%，而知晓情况较好的为歌舞晚会 72.9%、曲艺晚会 65.5%、美术展览 56.1%，相对比例高出许多。同时，在对省外公众观看十艺节节目的调查中发现，观看话剧的比例为 14.8%，音乐剧 17.5%、地方戏曲 21.1%、音乐会 21.5%、京剧 28.6%，而观看歌舞晚会的为 51.7%、曲艺晚会 56.1%、美术展览 36%，知晓比例与观看比例基本吻合。而对各类节目形式喜欢情况的调查数据显示，有 12.9% 的省外公众选择了话剧，地方戏曲 18.5%、音乐剧 18.8%、音乐会 19.9%、京剧 24%，而比例较高的为歌舞晚会 47.7%、曲艺晚会 42.5%、美术展览 31.4%。不难发现，对大众化的歌舞晚会、曲艺晚会及美术展览的调查数据显示，无论是在知晓情况、观看情况还是喜欢情况中，都比相对较为专业化、小众化的音乐剧、话剧、地方戏曲及京剧等所占比例要高出许多。这三组数据也可以说明，节目的专业性过强，对民众的吸引力反而不足，普通民众更喜闻乐见的是大众化的节目形式。

4. 普通公众参与到十艺节的方便程度有待提高

课题组调查数据显示，认为能够比较方便或非常方便参与到十艺节中的省外公众只占 29%，而 37.2% 的公众认为便捷程度一般，仍有 33.8% 的公众认为参与到十艺节中比较难或非常难。从中我们不难发现，省外公众对参与到十艺节的方便程度评价不高，普通公众参与到节日中的方便程度有待提高。

（二）基本对策与建议

1. 丰富宣传途径，加大宣传力度

中国艺术节的宣传效果直接影响到公众的知晓度、参与度与艺术节自身的影响力。十艺节的筹备活动始于 2011 年，于 2013 年 10 月 11 日正式开幕，活动持续至 26 日，历时半个月。这是一次举办时间短、准备周期长的节日与盛会。因此，要扩大艺术节的影响力、提高公众的知晓度与参与度，就必须在活动准备前期、活动举办过程中以及节后总结阶段丰富宣传途径、加大宣传力度，提高活动在人民群众中的影响力。此次艺术节在宣传中，虽然运用了电视、电台广播、海报、报纸、书籍、网络、短信等各种宣传媒介与平台，但是对民众影响力较大的只有电视、网络两类。因此在宣传过程中，对各类宣传方式的运用仍需加强，不仅要发挥传统媒介的作用，更要运用现代新兴传播方式，发挥通信技术的影响力，充分运用微信、微博等媒介，通过各种形式的媒体全方位、多角度地对中国艺术节进行全程跟踪报道，尽可能地吸引公众的注意力。主办方不仅要在各举办地对中国艺术节进行宣传，还应该最广泛地调动全国各省市各地区的民众以及外国友人参与到艺术节中，推动社会主义文化事业大繁荣、大发展，提升中国的文化软实力，扩大中国的文化事业在国际环境中的影响力。

2. 降低票价门槛，推行市场运作

在市场经济条件下，对参与到十艺节的诸多活动中设置票价门槛，既是对投入时间和精力打造各类演艺演出活动的工作人员的肯定与尊重，也是对市场经济发展规律的遵循。虽然在十艺节举办前期及活动中，主办方在省内诸多地区都进行了惠民演出，让许多公众都现场体验到了节日的欢乐与艺术的熏陶，但是在调查中课题组发现，许多普通公众仍然认为票价过高是影响他们现场参与艺术节的重要因素。因此，举办地要采取切实措施降低票价门槛，推行市场运作，不仅践行“政府主导”的原则，也要充分发挥市场的力量，鼓励各类有实力的企事业单位参与到活动中去，赞助活动的开展，切实让普通民众能够参与到“人民的节日”中。

3. 提高便利程度，方便公众参与

据课题组调查数据显示，省外公众对十艺节的参与便利度评价较低。尤其是相对于省内公众而言，省外公众想要参与到十艺节中去，面临着更多的诸如信息获取、交通住宿基础设施等各方面的阻力，因此主办方应当动员各方力量，及时准确地为省内省外公众提供有关十艺节的信息，同时做好各方协调沟通，完善基础设施，合理安排现有资源，力求普通公众能够井然有序、有条不紊地参与到艺术节中，维护好十艺节的秩序；与此同时又能够让普通公众切身感受到活动的便利与主办方的精心安排，提高公众参与的方便程度。

4. 加强艺术教育，提高人文素养

在调查中发现，观众知晓程度和喜欢程度较高的节目形式，都是平时普通生活中的诸如歌舞晚会、曲艺晚会等通俗易懂的大众化节目，而京剧、地方戏曲等节目吸引的观众较少，一方面是因为这些节目本身的专业性、地域性较强，欣赏和理解这些节目所需要的鉴赏力要求较高，受众较少，在普通公众中的吸引力和影响力较小；另一方面我国国民的艺术教育较为缺失，公民的人文素养仍有待提高，尤其是对京剧、话剧等小众节目的欣赏能力不足，这就导致在活动中某些节目的关注度低，要改变如此状况，可以通过举办各种形式的艺术活动大力培养公众对多种艺术形式的鉴赏力，加强国民的艺术教育，提高人文素养，培养潜在的欣赏人群。这样，既能够提高各种艺术形式对普通公众的吸引力，又能够通过普通公众的参与扩大这些艺术形式的影响力，提高其对经济社会发展的贡献率，同时促进文化的繁荣与发展。

5. 打造品牌节目，开办特色盛会

十艺节是“艺术的盛会、人民的节日”，是以“发展先进文化、繁荣文艺事业、促进文明进步”为主题的大型活动，是以“政府主导、文化惠民、突出特色、全民参与、开放创新、务实节俭”为原则的关乎全国各地文化发展的节日。此次艺术节虽然在组织工作、节目选送等各方面都给公众留下了深刻印象，但深入思考便会发现，山东省作为我国传统文化传播与发展的重要地区，还应该更加注重发挥本省优势，挖掘文化特色，通过群众喜闻乐见的节目形式来彰显独特的文化氛围与浓厚的文化底蕴，形成本省、本届艺术节的文化特色，打造品牌节目，举办真正具有特色的文化盛会。

附录三

济南主会场调研报告

济南市作为本次艺术节的主会场，承担了十艺节众多工作和职责。为准确评价中国艺术节举办对主会场经济社会发展的影响，课题组在艺术节举办前期、中期和后期对济南市普通民众及文艺工作者进行了问卷调查，根据问卷调查和实地考察的情况，本调研报告分以下六个部分：

1. 济南市调查样本描述：主要包括节前和节后对社会公众进行调查、节中对文艺工作者进行调查的范围和样本描述以及比较分析；

2. 十艺节与民众的关系：主要包括总体参与的广泛度与深刻度分析、行业内与行业外参与程度比较分析；

3. 十艺节与文艺发展的关系：对文艺发展的影响力分析，主要包括公众以及文艺工作者对艺术节与文艺发展关系的评价；

4. 十艺节与区域发展的关系：对济南市的整体影响力分析，包括公众及文艺工作者对于十艺节与济南发展关系的看法和十艺节对文化消费的影响；

5. 公众和文艺工作者对十艺节的总体评价；

6. 主会场存在的问题并提出基本对策和建议。

一、调查的经过及样本描述

为了解主会场公众及文化系统相关工作人员对中国艺术节及山东省举办十艺节的看法，课题组在十艺节举办的前期、中期及举办之后对济南市公众和文艺工作者进行了问卷调查。为了保证样本的平均性、覆盖面和有效性，课题组选取了不同层面的各类人群进行问卷调查，见表 F3-1：

表 F3-1 调研时间、调研对象及问卷数量一览表

时间及调研对象 / 问卷情况	节前（2013 年 7 月）	节中（2013 年 10 月）	节后（2013 年 11 月）
	社会公众	文艺工作者	社会公众
发放问卷（份）	1000	200	1000
回收问卷（份）	1000	200	853
回收率（%）	100	100	85.3

课题组在十艺节前期分别针对社会公众以及文艺工作者设计了不同的调查问卷，根据问卷数据，对济南市公众及文艺工作者的基本情况进行样本描述和比较分析。

（一）十艺节前期济南市公众基本情况

十艺节前，课题组在济南市共发放公众问卷 1000 份，有效回收 1000 份。在有效问卷中，从性别上看，男性占 49.9%，女性占 50.1%；从年龄上看，最大的 87 岁，最小的 10 岁，平均年龄 37.1 岁；从婚姻状况看，已婚者占 55.7%，未婚者占 44.3%；从政治面貌上看，23.4% 的公众为中共党员，2% 为民主党派人士，群众占 74.6%；从宗教信仰上看，信仰佛教占 7.6%，其次是基督教和伊斯兰教，分别占 5.7% 和 2.9%，83.5% 的公众无宗教信仰；从居住地看，来自城区的占 66.3%，郊区占 15.2%，农村占 18.5%；从文化程度上看，初中及以下的占 15.6%，高中（中专）占 23.9%，大专占 22.9%，本科占 32.5%，研究生及以上占 5.1%。从受访者最大的兴趣爱好看，喜欢音乐类、影视类、读书看报和体育运动的人数最多，分别占 24.1%、14.2%、15.6% 和 13.2%。（见图 F3-1、图 F3-2、图 F3-3、图 F3-4）

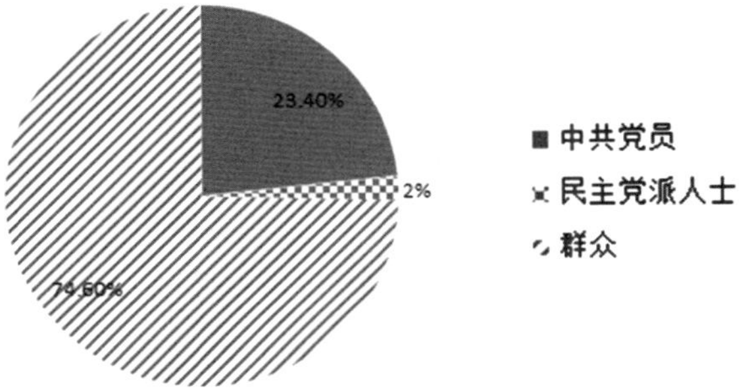

图 F3-1：节前受访的济南市公众政治面貌

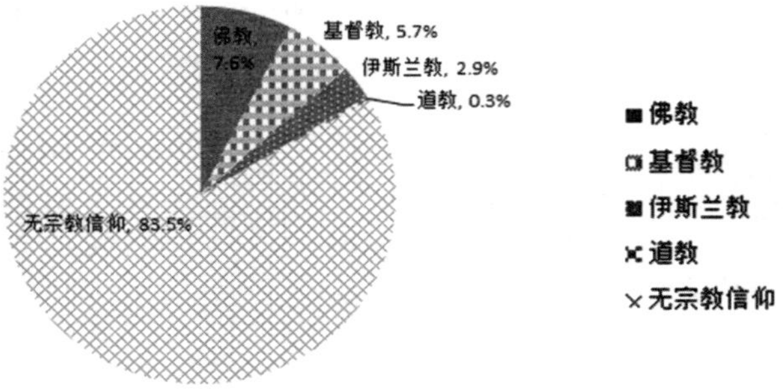

图 F3-2：节前受访的济南市公众宗教信仰

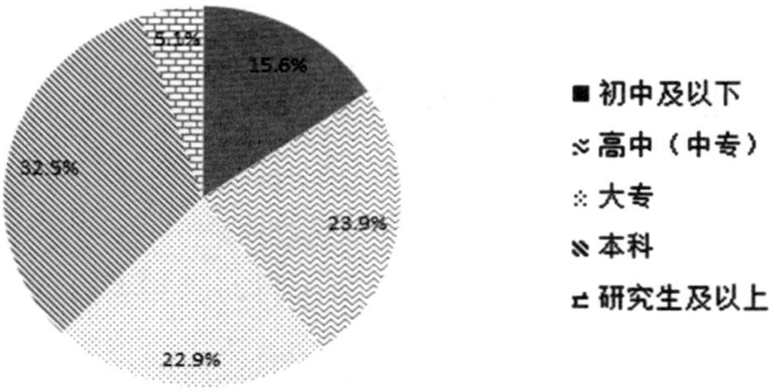

图 F3-3：节前受访的济南市公众文化程度

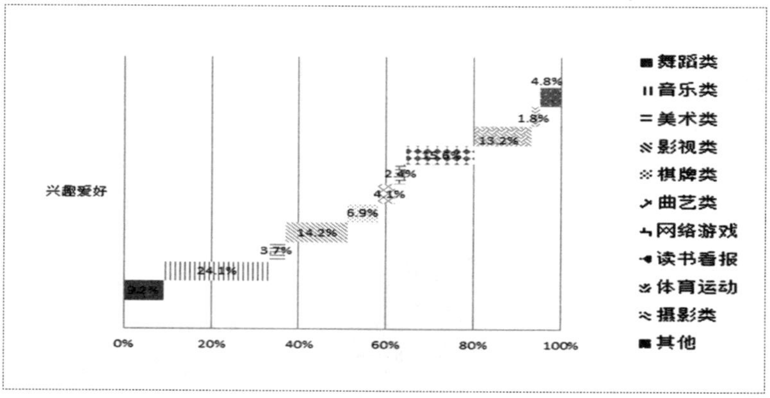

图 F3-4：节前受访的济南市公众兴趣爱好

在受访的公众中，2012 年度月均收入：1200 元以下占 31.1%，1201 ~ 3500 元占 41.1%，3501 ~ 5000 元占 17.7%，5001 ~ 10000 元占 6.5%，10000 元以上占 3.6%；文化消费月均水平：100 元以下占 27.4%，101 ~ 300 元占 29.7%，301 ~ 500 元占

15.2%，501～1000元占15.5%，1000元以上占12.2%。（见图F3-5、图F3-6）

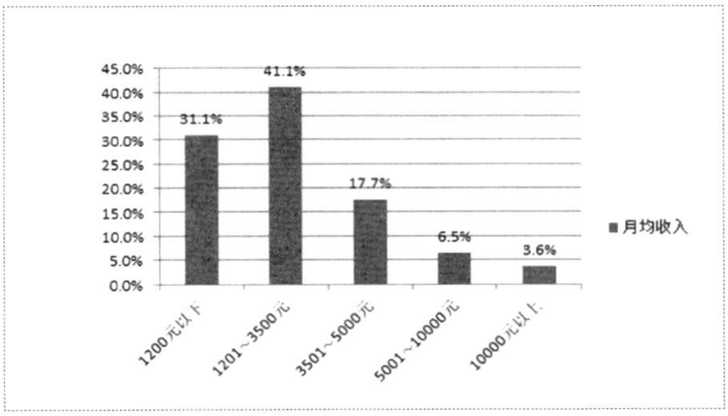

图F3-5：节前受访的济南市公众2012年月均收入分布

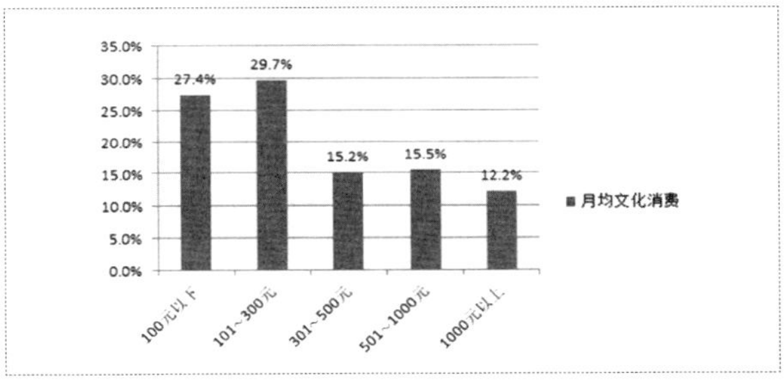

图F3-6：节前受访的济南市公众2012年在文化方面的消费情况

（二）文艺工作者的基本情况

在有效回收的200份文艺工作者调查问卷中，从性别上看，男性占56.5%，女性占43.5%；从年龄上看，最大的70岁，最小的16岁，平均年龄34.2岁；从婚姻状况来看，已婚者占66%，未婚者占34%；从政治面貌看，中共党员占40.7%，民主党派人士占4.5%，群众占54.8%；从宗教信仰上看，信仰佛教所占比重最大，为23.4%，其次是基督教、道教和伊斯兰教，分别为7.1%、4.3%和2.2%，无宗教信仰者达到63%；从岗位看，专业技术人员所占比例最大，达到56.9%，管理干部占11.2%，经营人员占3.6%，其他占28.4%；从居住地的属性划分来看，来自城区的占82.1%，来自郊区的占15.4%，来自农村的占2.6%；从居住地的区域划分来看，来自济南本市的占72.4%，来自山东省其他地市的占20.6%，来自外省的占7%；从文化程度上看，初中及以下的占8.8%，高中（中专）占29.4%，大专占27.3%，本科占31.4%，研究生及以上占3.1%；从最大的兴趣爱好来看，音乐类、舞蹈类和曲艺类最受文艺工作者的欢迎，比例分别达到25%、18.5%和10.5%。（见图F3-7、图F3-8）

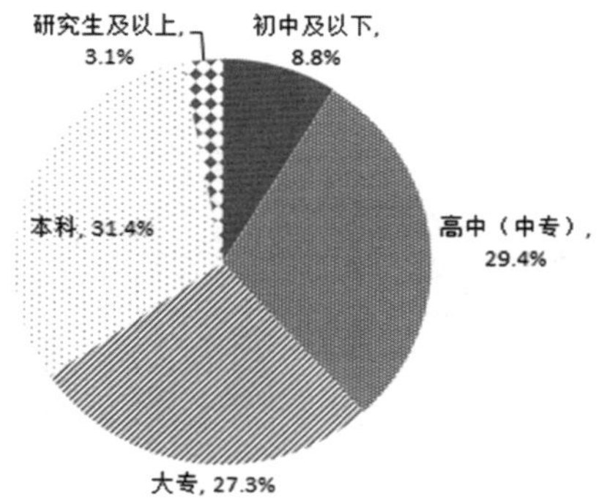

图 F3-7：十艺节期间受访的济南市文艺工作者文化程度

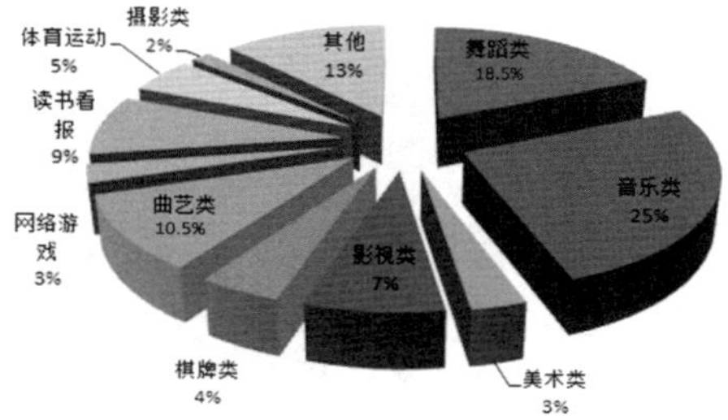

图 F3-8：十艺节期间受访的济南市文艺工作者兴趣爱好

在受访的文艺工作者中，2012 年度月均收入：1200 元以下占 7%，1201 ~ 3500 元占 46.2%，3501 ~ 5000 元占 36.2%，5001 ~ 10000 元占 9%，10000 元以上占 1.5%；2012 年文化消费月均水平：100 元以下占 10.1%，101 ~ 300 元占 23.1%，301 ~ 500 元占 27.1%，501 ~ 1000 元占 6.5%，1000 元以上占 33.2%。（见图 F3-9、F3-10）

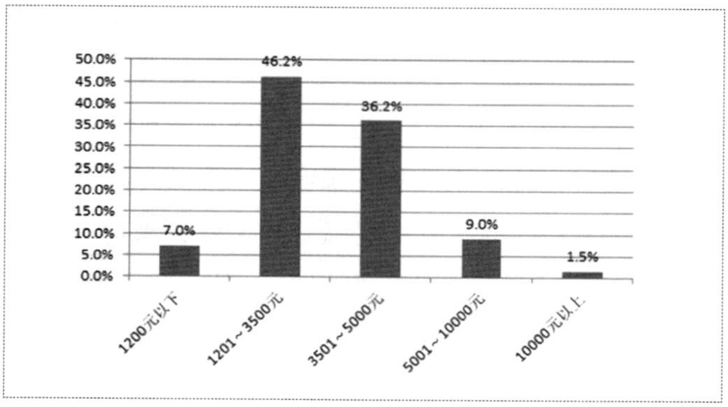

图 F3-9：十艺节期间受访的文艺工作者 2012 年月均收入分布

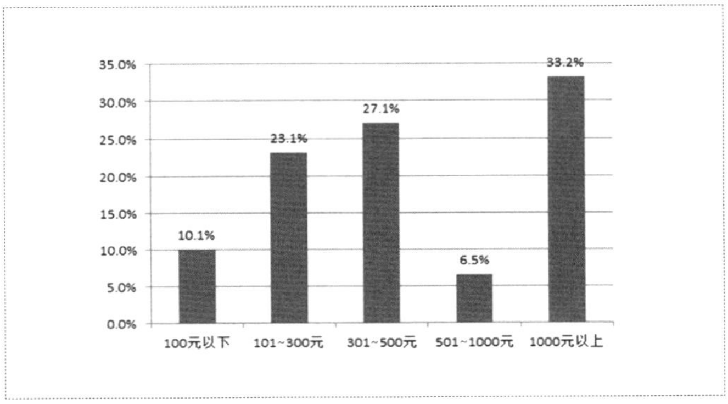

图 F3-10：十艺节期间受访文艺工作者 2012 年在文化方面的消费情况

（三）十艺节后公众基本情况

十艺节后，课题组在济南市共发放公众问卷 1000 份，有效回收 853 份。在有效问卷中，从性别上看，男性占 48.9%，女性占 51.1%；从年龄上看，18 岁以下占 1.5%，19 ~ 30 岁占 63.7%，31 ~ 40 岁占 19.3%，41 ~ 50 岁占 9.4%，51 ~ 60 岁占 3.8%，61 岁以上占 2.3%；从政治面貌上看，25.9% 的公众为中共党员，3.7% 为民主党派人士，群众占 70.4%；从居住地看，来自城区的占 72.3%，郊区占 13.5%，农村占 14.2%；从文化程度上看，初中及以下的占 4%，高中（中专）占 11.3%，大专占 17.8%，本科占 55%，研究生及以上占 11.9%。从受访者最大的兴趣爱好看，喜欢音乐类、影视类、读书看报和体育运动的人数最多，分别占 21.9%、15.4%、22.1% 和 13.4%。（见图 F3-11、图 F3-12）

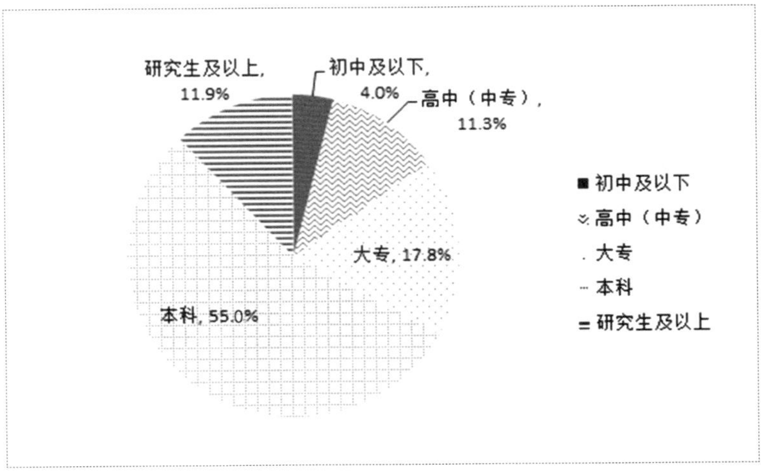

图 F3-11：节后受访的济南市公众文化程度

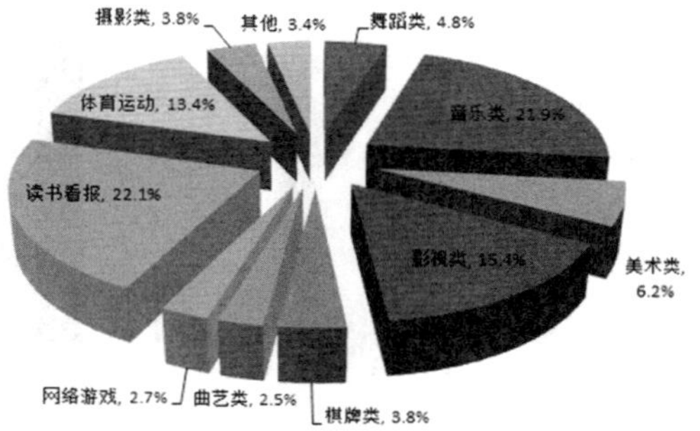

图 F3-12 节后受访的济南市公众兴趣爱好

此外，在受访的公众中，2012 年度月均收入：1200 元以下占 34.1%，1201 ~ 3500 元占 41%，3501 ~ 5000 元占 14.4%，5001 ~ 10000 元占 7.4%，10000 元以上占 3.1%；2012 年文化消费月均水平：100 元以下占 33.6%，101 ~ 300 元占 34.4%，301 ~ 500 元占 13%，501 ~ 1000 元占 11.3%，1000 元以上占 7.7%。（见图 F3-13、图 F3-14）

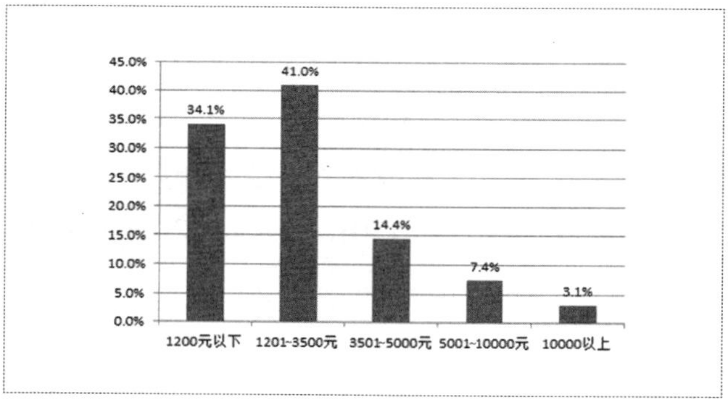

图 F3-13：节后受访的济南市公众 2012 年月均收入分布

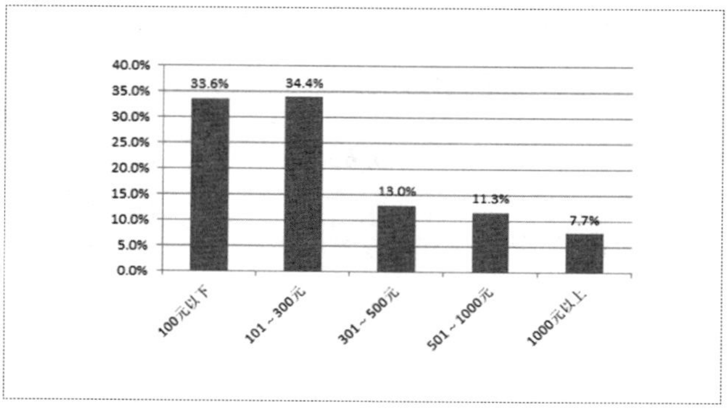

图 F3-14：节后受访的济南市公众 2012 年在文化方面的消费情况

二、十艺节与民众的关系：民众的参与程度分析

（一）总体参与程度分析

十艺节于 2013 年 10 月 26 日圆满结束，艺术节主办方通过多渠道、全方位、多角度的宣传报道吸引了全国人民的注意力，并通过形式多样的群众文化活动极大地激发当地群众参与艺术节的热情，提高了中国艺术节的社会知晓度。

1. 总体参与广泛度分析

根据调查统计结果，在节前调查的 1000 份公众问卷中，知道中国艺术节的有 625 份，知晓度为 62.5%；在节后调查的 849 份（缺失 4 份该选项信息）公众问卷中，有 597 份知道艺术节，知晓度为 70.3%。节后知晓度比节前提高了 7.8%，有了较大幅度的提升。（见图 F3-15）

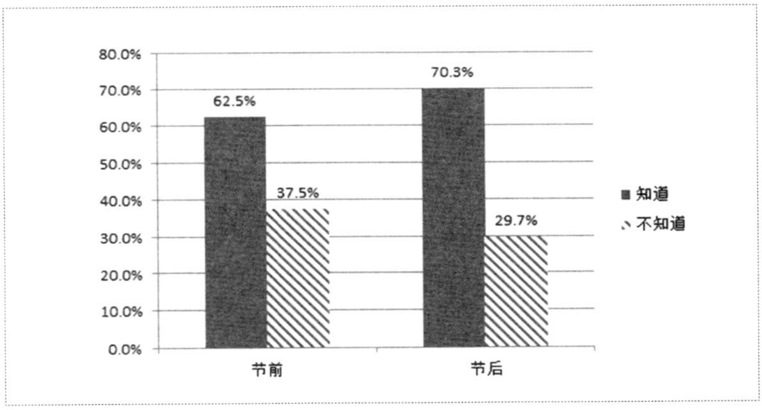

图 F3-15：第十届艺术节前后济南公众对中国艺术节的知晓情况

2. 济南市公众及文艺工作者总体参与的深刻度

（1）受访者对中国艺术节的总体认识程度

十艺节后针对济南市普通市民的调研数据显示，非常了解的公众占 3.9%，比较了解的占 15.9%，一般了解的占 60.2%，不了解的占 19.3%，完全不了解的占 0.8%。可见，在十艺节之后有信心说自己对十艺节非常了解的公众仍然较少，大部分公众仍然处于一般了解的状态，因此济南市对十艺节的宣传广度与深度还有待进一步提高。相比之下，文艺工作者对中国艺术节的了解程度相对较高，十艺节节中调研显示，非常了解的占 21.1%，比较了解的占 55.3%，一般了解的占 18%，不了解的占 5.6%。（见图 F3-16）

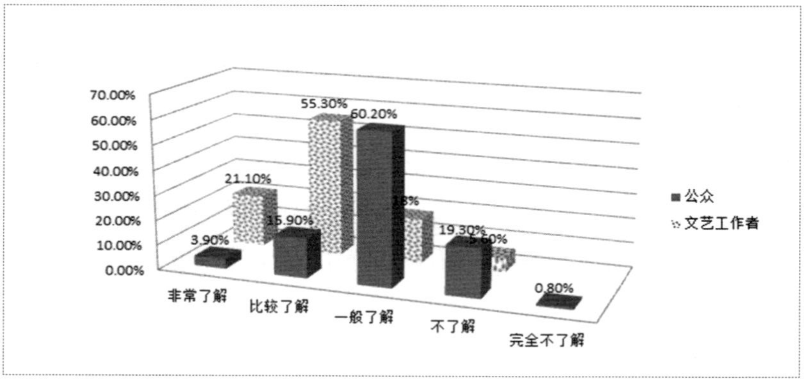

图 F3-16：节后济南市公众及节中济南市文艺工作者对中国艺术节的了解程度

（2）受访者对十艺节的基本认识程度

对于举办时间与地点的考察可以了解受访者对于中国艺术节的基本认识程度。在节前济南市全部知道中国艺术节的有效公众问卷中，有 68.8% 的受访者表示非常清楚十艺节的举办地，而明确了解十艺节何时举办的受访者达到 80.46%。可见，十艺节开幕之前，大部分济南市民对于十艺节还是有一个基本认识的。

而在节后的调研中，我们发现有 60% 的受访者在“艺术节开始前”就已经了解到中国艺术节，29% 的受访者是在“艺术节举办中”开始了解的，而只有 11% 的受访者是在活动结束之后才开始了解的，该项数据也与之前的调研数据基本吻合。因此，十艺节的节前宣传有效提升了艺术节在济南地区的社会知名度。（见图 F3-17）

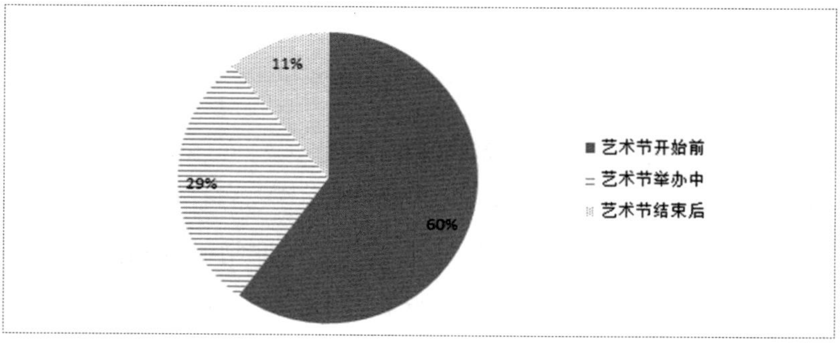

图 F3-17：济南市公众了解第十届艺术节的时间

对于举办会场的认识程度方面，在节前公众问卷的调研中，当问及“您知道十艺节有哪些会场吗？（多项选择）”表示知道济南是会场之一的公众达到 90.9%，而济南市民对于其他会场的了解程度却相当有限，除青岛以外的其他城市了解程度均不到 10%，可见十艺节在前期宣传时还存在一定的改进空间，对省内其他分会场的宣传显得不足。济南市文艺工作者对各会场的了解程度相对较好，调研数据显示，文艺工作者对济南、青岛、淄博和烟台等会场的知晓情况较好，其余城市的知晓情况相对较差。（见表 F3-2）

表 F3-2　节前济南市公众及节中文艺工作者对第十届中国艺术节会场的认知情况（%）

城市	济南	青岛	淄博	枣庄	烟台	日照	德州	菏泽	潍坊	其他
公众	90.9	20.0	6.0	2.6	8.1	2.3	1.2	1.8	7.5	3.5
文艺工作者	97.0	78.3	37.9	11.1	40.9	30.8	16.2	28.8	19.7	7.6

（3）受访者对中国艺术节更深层认识情况

对于十艺节主题、宗旨、节徽、吉祥物以及专用标志了解情况的调研属于更深层次的考察。在节前针对普通公众的调研中，当问及“您是否知道十艺节的宗旨”这一问题时，仅有 18% 的济南市民表示知晓。而在节后的调研中，当问及类似的“您知道山东十艺节的主题”时，有 26.9% 的济南市民表示知晓。因此，十艺节过后，普通的济南市民对于十艺节主题或宗旨这样相对较难问题的了解程度已经得到提升。

针对文艺工作者的调查显示，有 58.6% 的文艺工作者清楚中国艺术节的宗旨。此外，文艺工作者作为专业人群，对于艺术节节歌、节徽、吉祥物及专用标志的了解情况相对较好，熟知程度分别达到 25.4%、22.6%、28.6%、25.8%，听说过（含熟知、比较了解和听说过）以上程度的了解分别为 83.2%、86.4%、88.4%、85.4%。（见图 F3-18）

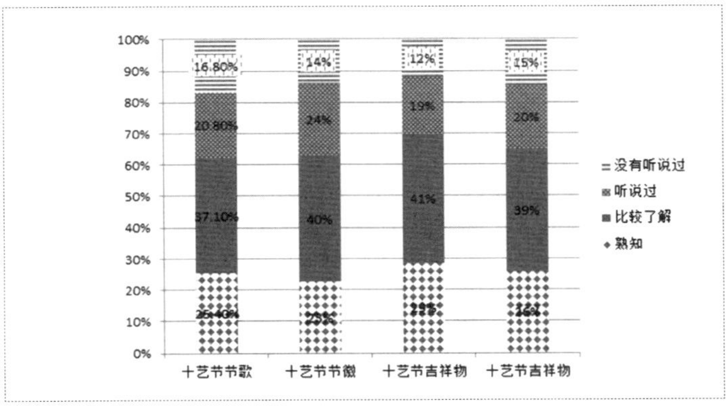

图 F3-18：济南市文艺工作者对第十届艺术节节歌等相关知识的了解情况

（4）受访者欣赏中国艺术节的方式

在观看往届中国艺术节节目的途径方面，普通的济南公众选择传统传媒—电视居多，占 70.2%，其次为新型传媒—互联网，占 30.4%，现场观看的仅占 13.7%，通过广播电台（7.3%）、其他途径（7.4%）和影碟（0.8%）欣赏往届中国艺术节节目的公众较少。由此可见，在中国艺术节的传播方式上，电视这一传统媒体仍然扮演着主要角色，网络等新媒体的作用也日益凸显，选择现场观看的观众比例偏低。

十艺节结束以后，济南的受访者观看中国艺术节节目的途径有了一些变化，电视作为主要传播媒介的作用有所降低，仅有 48.9% 的受访者通过电视观看中国艺术节剧（节）目，而通过现场和互联网观看的分别达到 18.3% 和 38.6%，通过广播电台（10.2%）、其他途径（15.8%）和影碟（3.4%）等方式欣赏中国艺术节也普遍得到提升，中国艺术节在家门口举办使得济南的普通民众有了更加多元化的观看方式，曾为主要观看方式的电视其重要性大大降低。（见图 F3-19）

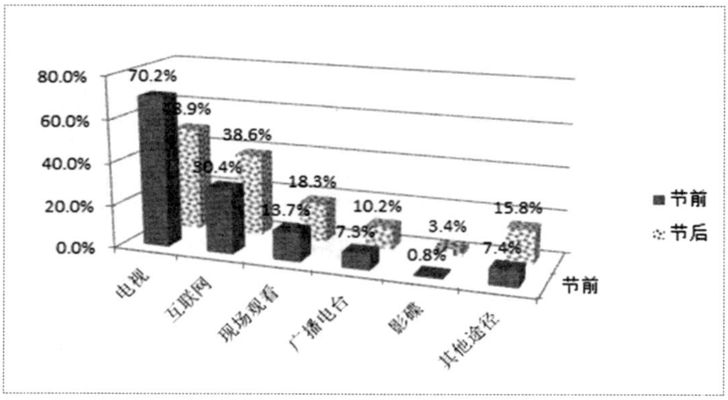

图 F3-19：第十届艺术节前后济南公众观看中国艺术节的途径

对于文艺工作者而言，他们观看中国艺术节的方式主要选择现场、电视和互联网，其比例相差不大，分别为 46.5%、54.5% 和 37.9%。（见图 F3-20）

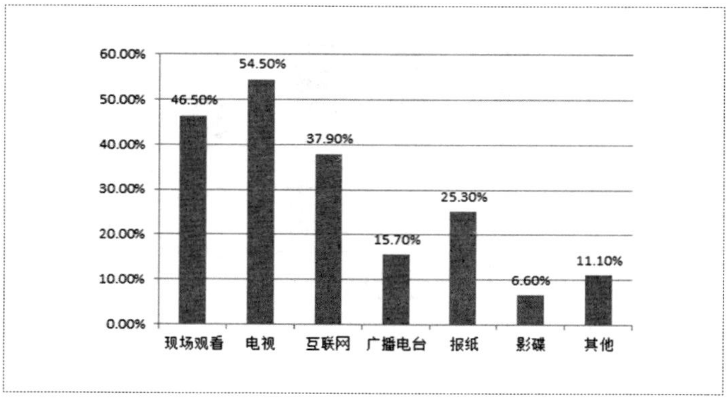

图 F3-20：济南市文艺工作者观看中国艺术节的途径

（二）行业内与行业外参与程度比较分析

1. 文化艺术工作者与公众参与广泛度比较

调查数据显示，文艺工作者对艺术节的参与程度较普通公众更高。在关注中国艺术节的普通公众中，曾经直接观看或参与过往届中国艺术节节目的比例是比较高的，节前为 38.4%，节后为 39.1%。相比之下，文艺工作者参与更为广泛，十艺节期间针对文艺工作者的调查显示，有 56.5% 的文艺工作者曾经观看或参与过中国艺术节。（见表 F3–3）

表 F3–3　是否观看或参加过中国艺术节（含十艺节）

	文艺工作者	公众（节前）	公众（节后）
观看或参加过	56.5%	38.4%	39.1%
未观看、参加过	43.5%	61.6%	60.9%

2. 文化艺术工作者与公众参与深刻度比较

（1）文化艺术工作者与公众参与十艺节各项活动情况比较

当问及“您知道第十届中国艺术节有哪些活动”时，济南公众对专业艺术活动、群众文化活动、开幕式及闭幕式的认知程度较高，而对经贸、旅游的认知程度则比较有限。（见表 F3–4）

表 F3–4　十艺节前后济南公众对艺术节活动的认知情况

活动项目	专业艺术活动	群众文化活动	展览活动	经贸活动	旅游活动	开幕式	闭幕式	演艺产品交易会
节前认知（%）	56.1	57.9	44.0	8.3	10.9	68.0	61.0	–
节后认知（%）	62.1	63.4	56.5	8.5	9	–	–	27.5

十艺节结束之后，济南公众对艺术节活动的认知情况普遍得到加强，在节后的调研中我们发现公众对于他们所熟悉的艺术节活动的喜爱程度也普遍较高，其中喜欢专业艺术活动的占 43.9%，喜欢群众文化活动的占 38.7%，喜欢展览活动的占 46.9%，喜欢经贸活动（5.4%）、旅游活动（14.6%）、演艺产品交易会（10.3%）的人数则普遍较少。（见图 F3–21）

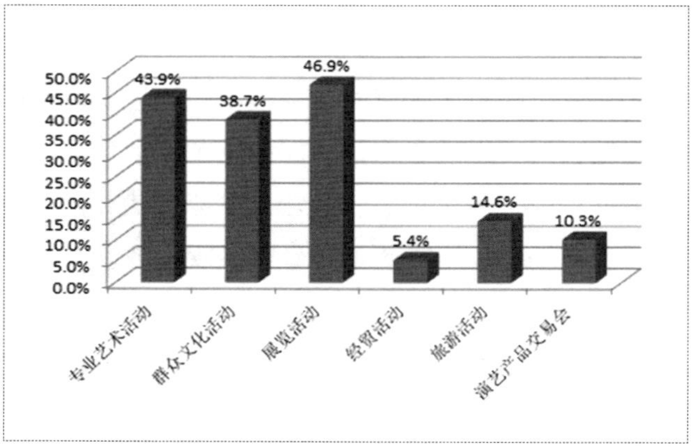

图 F3-21：节后济南市公众对各项活动的喜爱情况

相对于普通公众，文艺工作者对十艺节各项活动更为了解，其中知道专业艺术活动的为 70.5%，知道群众文化活动的为 62%，知道展览活动的为 39.5%，知道经贸活动的为 13%，知道旅游活动的为 22.5%，知道开、闭幕式的分别为 70.5 和 59.5%，其他为 21%。虽然，文艺工作者对十艺节各项活动均较为了解，但其参与意愿却相对不足，参与意愿最高的为专业艺术活动，为 44.4%，而参与意愿最低的经贸活动仅为 2%。（见图 F3-22）

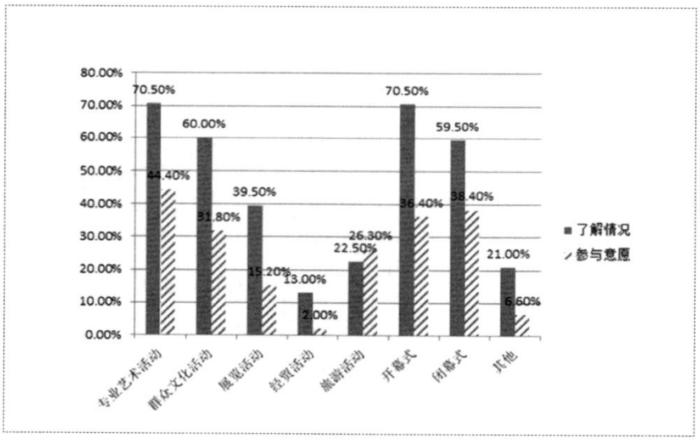

图 F3-22：文艺工作者对各项活动的了解情况及参与意愿

（2）文化艺术工作者与公众参与十艺节各项节目情况比较

调研数据显示，文艺工作者对于十艺节期间的文艺节目类型（除美术展览）的了解程度明显高于普通公众，其中京剧的知晓程度高达 64.5%，话剧的知晓程度高达 65.5%。（见图 F3-23）

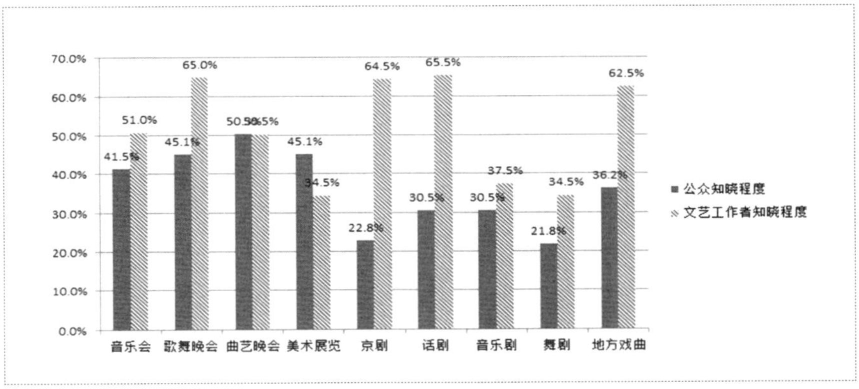

图 F3-23：文艺工作者与公众对于各项节目类型知晓程度比较

与知晓程度相对应的是公众的参与程度明显低于文艺工作者的参与程度，其中京剧、话剧的参与程度最低，分别为 6.5% 和 7.7%，相反，文艺工作者对于京剧、话剧等这类不受普通公众欢迎的节目参与意愿非常强烈，其中计划观看京剧的达到 41.2%，位列所有节目选项首位。这反映出两个群体对于文化的不同需求。相对而言，文艺工作者更加青睐参与艺术性较高的节目类型。（见图 F3-24）

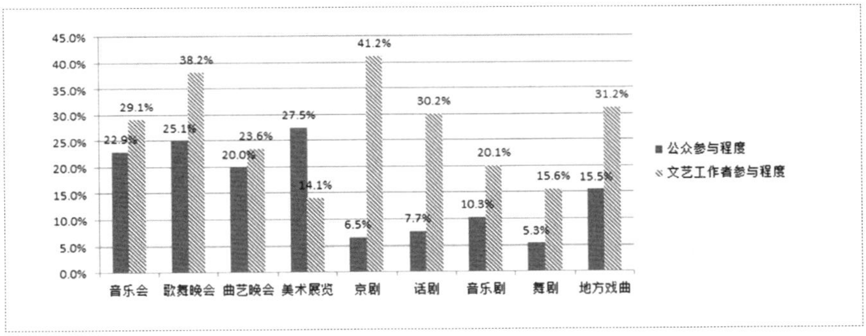

图 F3-24：文艺工作者与公众对于各项节目类型参与程度比较

三、十艺节与文艺发展的关系：对文艺发展的影响力分析

（一）中国艺术节对公众文化生活的影响

1. 公众对十艺节前后济南城市文化基础设施改善程度的评价

十艺节前，在针对山东举办十艺节对其所在城市文化基础设施改善程度的调查中，济南市公众认为改善程度很大的占 34.6%，一般的占 42.2%，比较小的占 18%，没有影响的占 5.2%；而十艺节后，认为改善程度非常大或比较大的公众占 47.7%，高出节

前 13.1 个百分点；认为改善程度一般的占 31.1%，认为改善程度比较小或非常小的占 16.9%，比节前少 6.3 个百分点，说不清的占 4.3%。观众调查数据表明十艺节的成功举办确实使山东的城市文化基础设施得到了很大改善。（见图 F3-25）

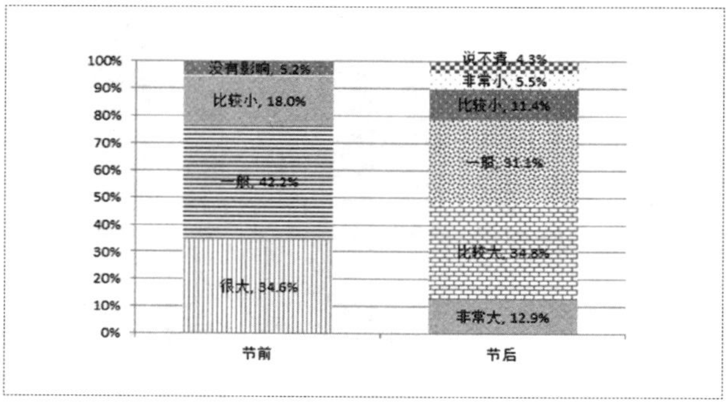

图 F3-25：十艺节前后济南公众对济南城市文化基础设施改善情况的评价

2. 十艺节对济南市公众文化生活的影响比较分析

根据调查数据，节前济南公众认为十艺节对其文化生活影响很大的占 27.1%，一般的占 45.5%，影响比较小的占 20.3%，没有影响的占 7.1%；而节后公众认为影响非常大或比较大的比率上升到 32.7%，而比较小或非常小的比率则上升为 25.8%。

（二）文艺工作者对于艺术节与文艺发展关系的评价

1. 文艺工作者对山东举办中国艺术节后城市文化基础设施改善程度的评价

相较于普通民众，文艺工作者对于成功举办十艺节后城市文化基础设施的改善情况有着更好的评价，有 57.2% 的受访者认为有很大的改善，有 37.2% 的受访者认为改善程度一般，有 5.6% 的受访者认为改善程度较小，无人认为没有影响。（见图 F3-26）

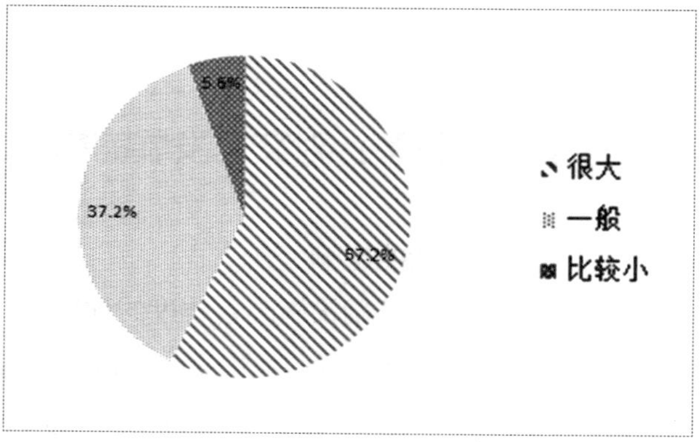

图 F3-26：节中文艺工作者对山东举办第十届艺术节对城市文化基础设施改善程度的评价

2. 文艺工作者对山东承办十艺节将对市民业余文化生活的改善情况的评价

文艺工作者给予“市民业余文化生活的改善”情况评价较高，51% 的受访者认为改善程度很大，38.5% 的受访者认为改善程度一般，只有 10.5% 的受访者认为改善程度较小，无人认为没有改善。（见图 F3-27）

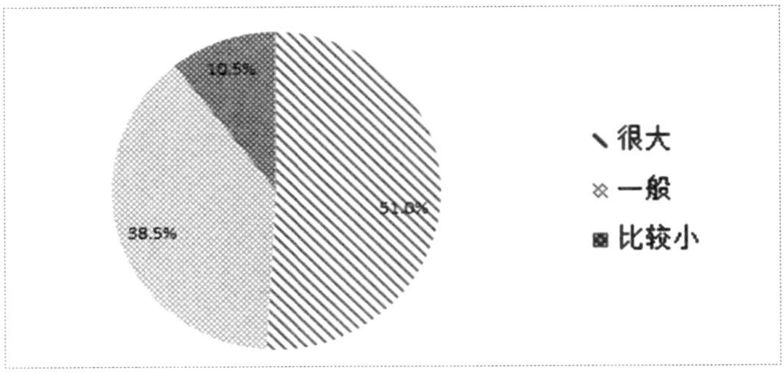

图 F3-27：节中文艺工作者对山东举办第十届艺术节对市民业余文化生活改善程度的评价

3. 济南文艺工作者就中国艺术节的举办对我国文化精品产生影响的评价

调研数据显示，有 63.7% 的文艺工作者认为举办中国艺术节对于我国文化精品产生作用很大，认为作用一般的有 28.6%，认为影响比较小的仅为 3.1%，其余 4.6% 的受访者说不清楚。（见图 F3-28）

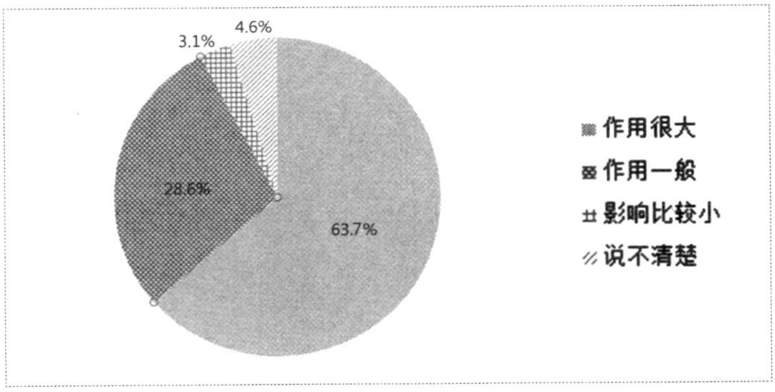

图 F3-28：节中济南文艺工作者就第十届艺术节的举办对我国文化精品产生影响的评价

四、十艺节与区域发展的关系：对经济社会的影响力分析

（一）济南公众及文艺工作者对于十艺节与区域社会发展关系的看法

1. 济南公众对山东省举办十艺节的感觉

十艺节前，我们对济南公众就“您对山东省举办十艺节的感觉”进行了问卷调查，

64% 的公众为山东省举办十艺节感到自豪，27.6% 的受访者认为感觉一般，8.4% 的公众认为无所谓。十艺节后，济南普通民众对于十艺节的好感度明显降低，表示自豪的公众降为 43.9%，而表示无所谓的受访者人数大幅度增加，其比例达到 23.1%。（见图 F3-29）

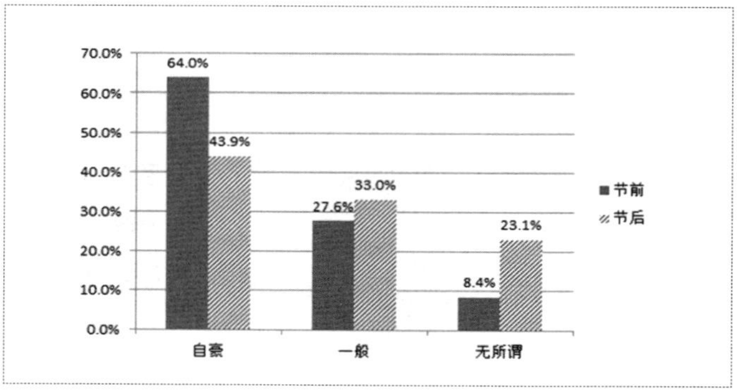

图 F3-29：十艺节前后济南公众对山东举办第十届艺术节的感觉

2. 十艺节前济南公众就“山东举办十艺节对城市有哪些影响”回答的样本分布

根据统计数据，在全部有效问卷中，64.4% 的受访者认为山东省举办十艺节可以提高城市知名度，31.9% 的公众认为可以提升市民文化素质，而 41.9% 的受访者则认为可以拉动经济与文化消费，39.8% 的受访者认为能够增强市民的认同感。（见图 F3-30）

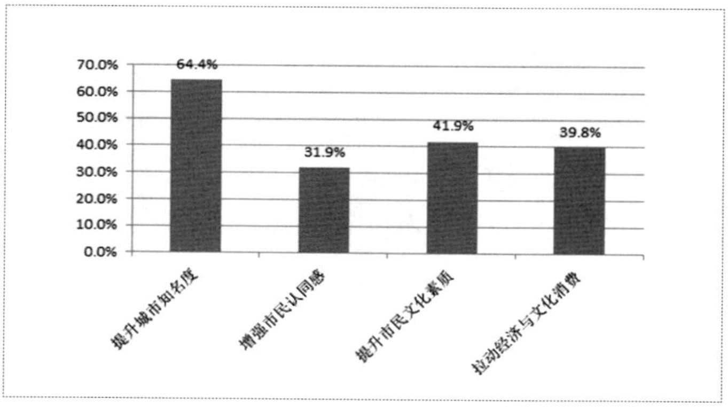

图 F3-30：节前公众认为山东举办十艺节对城市有哪些影响

3. 节后对济南公众就“山东举办中国艺术节后对山东城市的感觉”的看法

调查数据显示，24.4% 的受访者在山东举办中国艺术节后，更加喜欢山东各城市，而 42.7% 的受访者则对这些城市更为了解，32.9% 的受访者持无所谓的态度。（见图 F3-31）

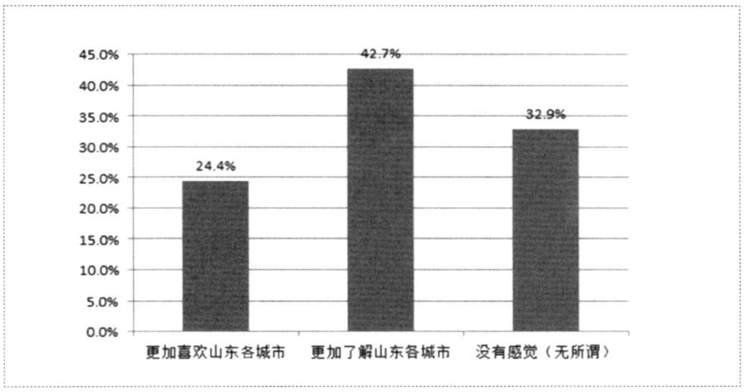

图 F3-31：节后济南公众对山东城市的感觉

4. 节后济南市公众以及艺术节期间文艺工作者就“您认为山东举办中国艺术节对城市形象提高的影响”的看法

统计数据显示，有超过半数的受访公众认为山东举办中国艺术节对其城市形象的提高具有较大影响（含影响非常大和比较大），仅 6.5% 的受访者认为作用非常小。与济南普通公众的基本评价类似，济南文艺工作者中也有超过半数的受访者认为十艺节对城市形象的提高有很大影响，认为没有影响或影响较小的共计 7%。（见图 F3-32）

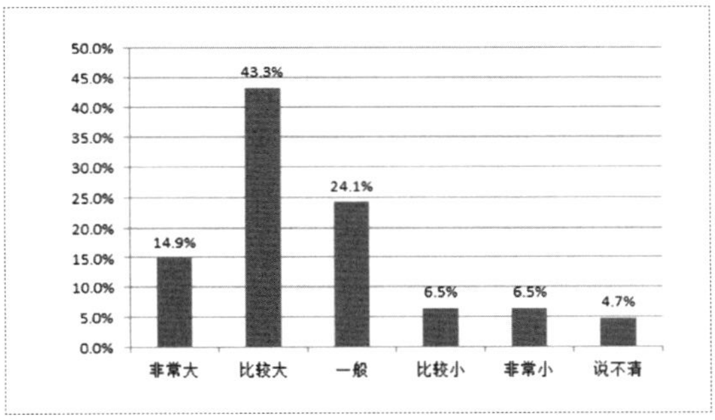

图 F3-32：节后济南公众认为十艺节对城市形象的提高程度

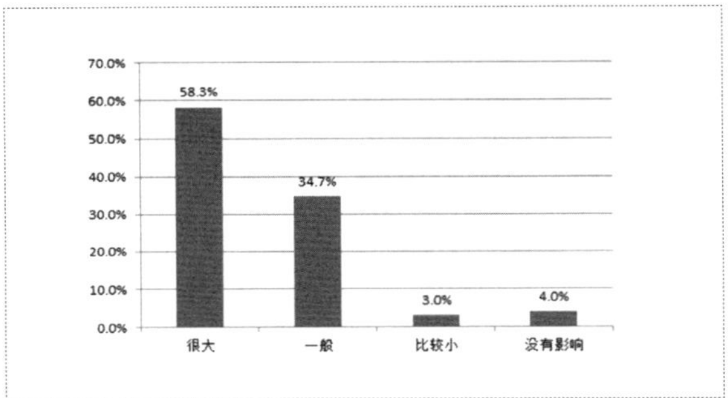

图 F3-33：十艺节期间济南文艺工作者认为十艺节对城市形象的提高程度

（二）济南公众对于十艺节与区域经济发展关系的看法

1. 节前济南市公众就“您认为十艺节可以在哪些方面促进本地经济发展”调查结果

调研数据显示，济南普通民众普遍认为旅游和消费能够通过十艺节相关效应受益，其支持比例分别达到 71.1% 和 70.6%，认为十艺节可以在就业方面促进本地发展的受访者相对较少，为 24.4%，此外，其他的受访者为 10.1%。（见图 F3-34）

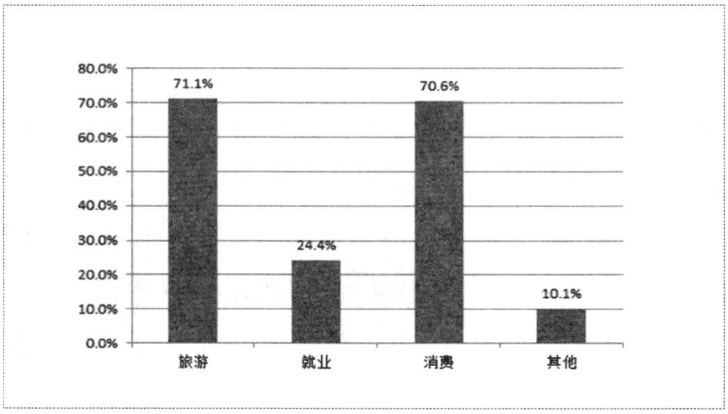

图 F3-34：节前济南公众认为十艺节能从旅游、就业等方面促进本地经济发展

2. 艺术节期间济南市公众产生的直接或间接消费

统计数据显示，43.2% 的公众在艺术节期间都没有产生直接或间接消费，消费额在 50 元以下的占 25.5%，消费额在 50～200 元的为 24.2%，消费额在 201～300 元的为 4.6%，而消费额在 300 元以上的仅 2.5%。可见在艺术节期间省内公众直接或间接参与艺术节所产生的消费额相当有限，还有很大的潜力。（见图 F3-35）

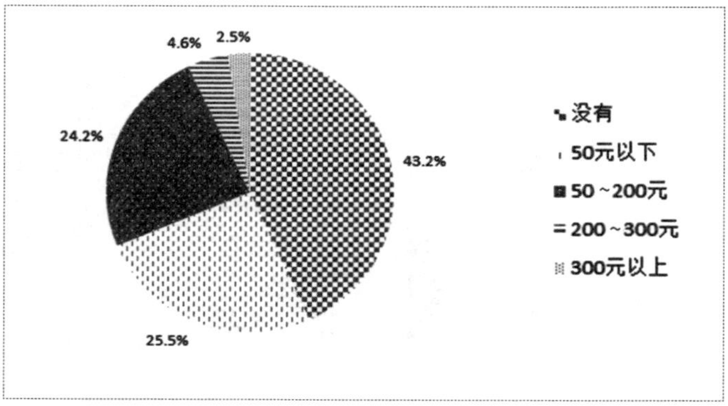

图 F3-35：艺术节期间济南公众的消费情况

根据上图数据，课题组又对其具体消费行为进行了深入调查，在产生消费行为的全部有效答卷中，20.8% 的受访者选择了购买纪念品，22.6% 的受访者选择购票观看节目，仅有 9.1% 的公众选择到艺术节举办地旅游。由此可见在深入挖掘公众消费力度上，还有许多工作可做。见下图：

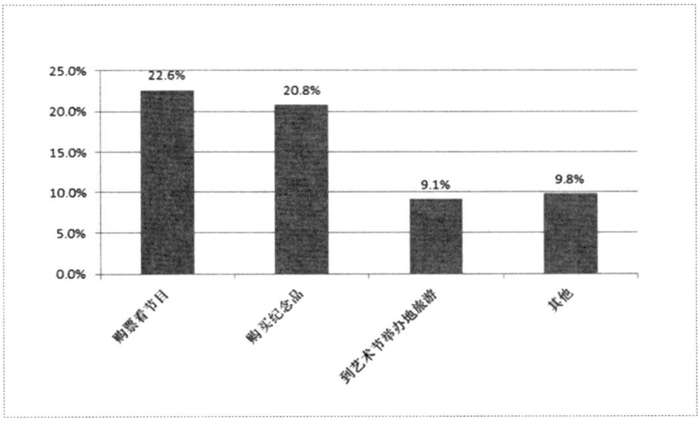

图 F3-36：艺术节期间济南公众的消费行为

五、社会和文化行业对十艺节的总体评价

（一）公众及文艺工作者对十艺节宣传效果的评价

1. 节后济南公众对十艺节宣传效果的总体评价

调研数据显示，十艺节结束以后，济南公众给予十艺节期间宣传效果以较高评价，其中认为宣传效果较好或非常好的公众达到 59.1%，认为宣传效果比较差或非常差的公众仅为 8.1%。（见图 F3-37）

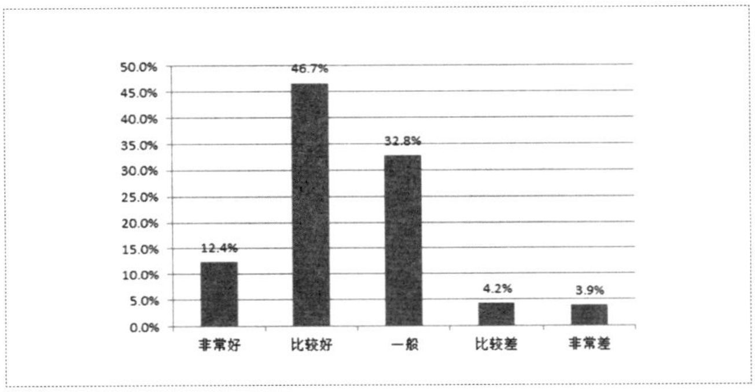

图 F3-37：节后济南公众对第十届艺术节宣传效果的总体评价

2. 济南文艺工作者对十艺节宣传效果的总体评价

作为十艺节的直接参与者，济南文艺工作者对于十艺节期间的宣传效果有着切身体会。总体来看，文艺工作者还是给予艺术节前期宣传工作以较高的评价，其中认为宣传效果很高的超过半数，达 50.6%，而认为很差的仅为 4.6%。（见图 F3-38）

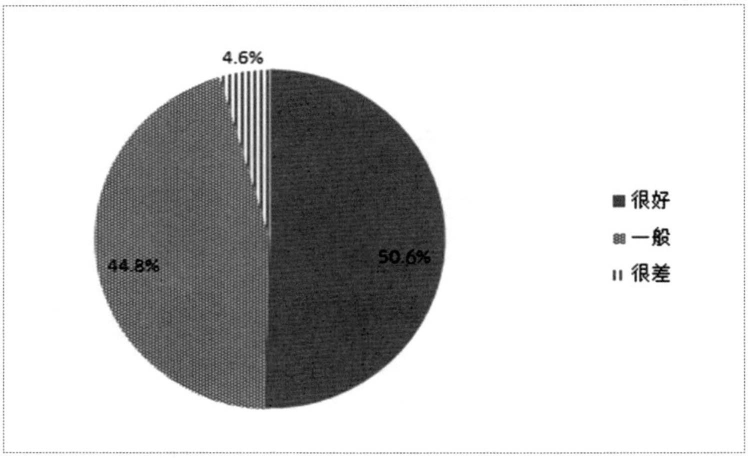

图 F3-38：济南文艺工作者对十艺节宣传效果的总体评价

评价宣传效果好的文艺工作者主要认为在十艺节在宣传方式（54.1%）和手段（30.8%）方面，而评价宣传效果一般或差的工作者则认为宣传效果差主要差在宣传手段（42.7%），可见文艺工作者对十艺节的评价主要差别表现在十艺节宣传手段。（见图 F3-39）

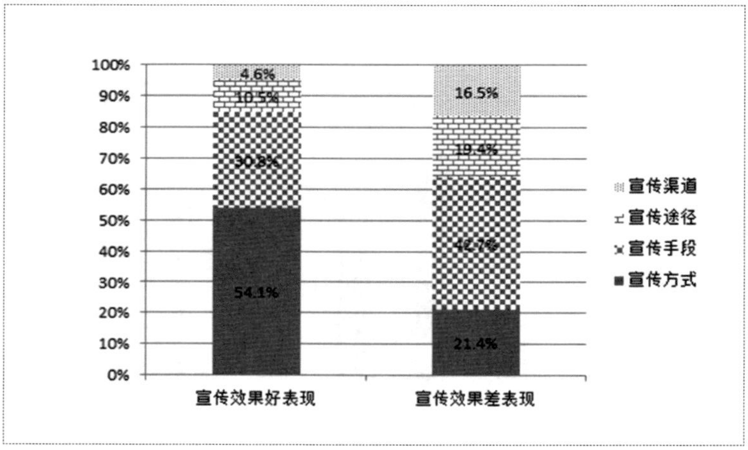

图 F3-39：济南文艺工作者对十艺节宣传效果的具体评价

（二）公众对十艺节节目质量的满意度

众所周知，中国艺术节的核心内容和灵魂所在是国内外艺术精品的集中展演，十艺节也不例外。十艺节无论是在舞台艺术的数量、质量上，还是在种类上，都是历届中国艺术节之最。为了解普通市民对十艺节节目质量的评价，课题组于十艺节结束之后对济南公众就节目的类型、内容、形式等方面进行了问卷调查，调查结果如下图所示：

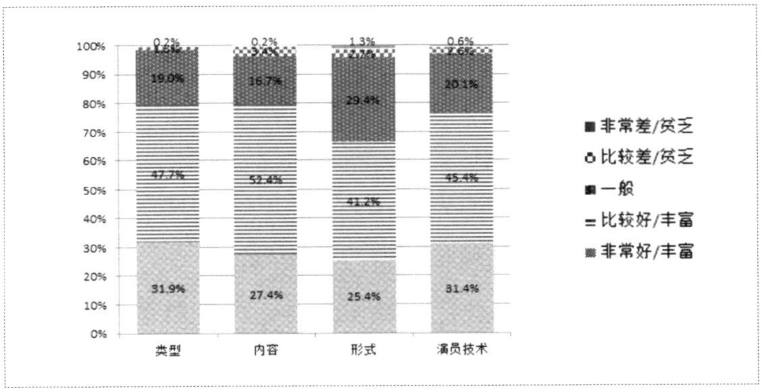

图 F3-40：节后济南公众对第十届艺术节节目的具体评价

从上图相关数据所反映的情况来看，济南市普通公众给予艺术节的节目以很高的评价，对于节目类型、内容、形式和演员技术表示非常差的受访者均不超过 1.3%，其中节目类型和节目内容的满意度相对较高，节目形式的满意度稍低。

（三）社会总体满意度

1. 节后济南公众对十艺节的总体评价

我们将节后公众对十艺节的总体评价氛围从以下三个方面进行分析，一是对十艺节最大特色的评价，二是对十艺节活动的总体评价，三是对山东今后继续举办此类活动的看法。具体分析如下：

（1）十艺节期间群众文化活动丰富最受济南公众肯定

我们将十艺节的最大特色大致归纳为三个方面，即组织出色、群众文化活动丰富和节目精彩。调研数据显示，群众文化活动丰富最受济南普通公众肯定，其选择比例高达 46.8%，而认为组织出色的公众则偏少，仅为 6.7%。（见图 F3-41）

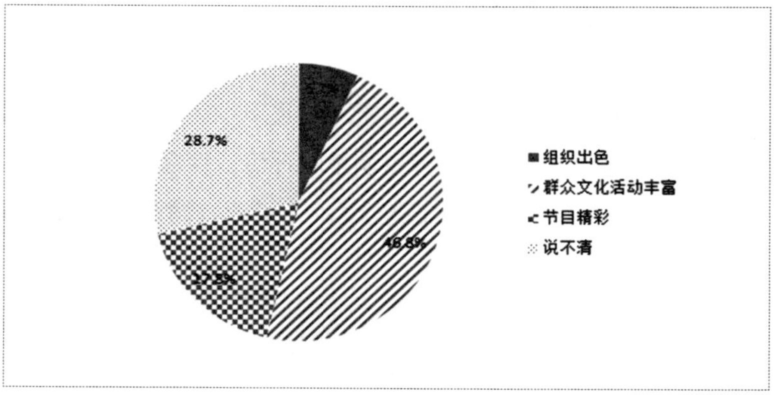

图 F3-41：济南公众所认为的十艺节最大特色

（2）济南公众对十艺节活动的总体评价

在对十艺节的总体满意度评价进行问卷调查时，课题组选取了公众对十艺节的活动组织管理、活动场地、活动规模和活动持续时间四项进行比较分析，根据数据可知，济南公众对十艺节的组织管理和活动场地满意度普遍较高，而对活动持续时间和规模的满意度则不尽如人意。（见图 F3-42）

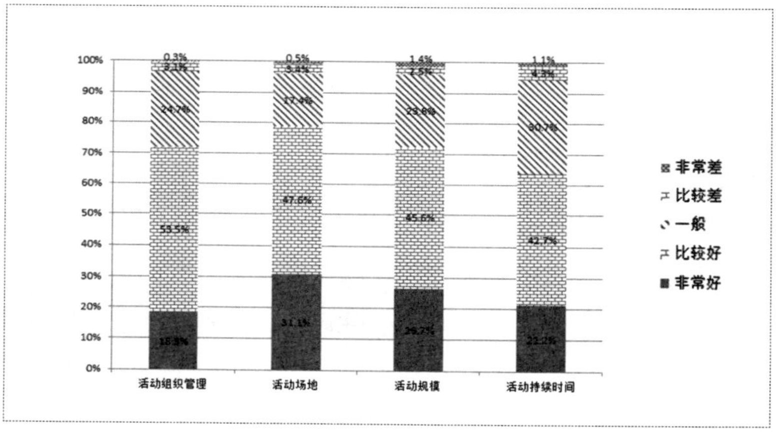

图 F3-42：济南公众对第十届艺术节的总体评价

（3）济南公众对山东今后继续举办类似活动的看法

十艺节结束以后，高达 72.5% 的济南公众希望山东今后继续承担类似的活动，而明确表达不希望承担类似活动的受访者仅有 4.9%。（见图 F3-43）

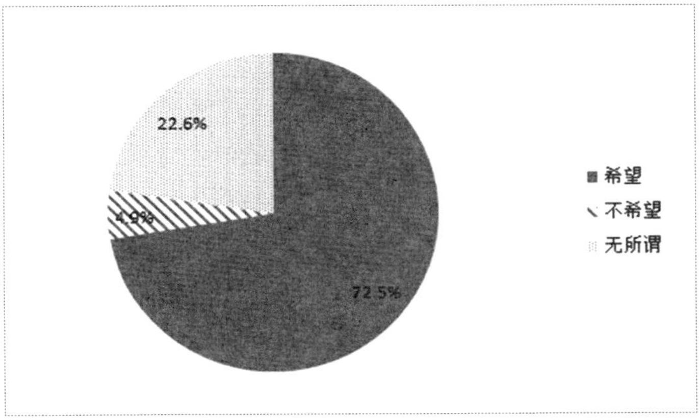

图 F3-43：节后济南公众对山东今后继续举办类似活动的看法

2. 济南文艺工作者对十艺节前期工作的总体评价

调研数据显示，济南文艺工作者对十艺节前期的诸如策划工作、组织管理、场地布置安排和活动规模等方面给予了较高的评价。（见图 F3-44）

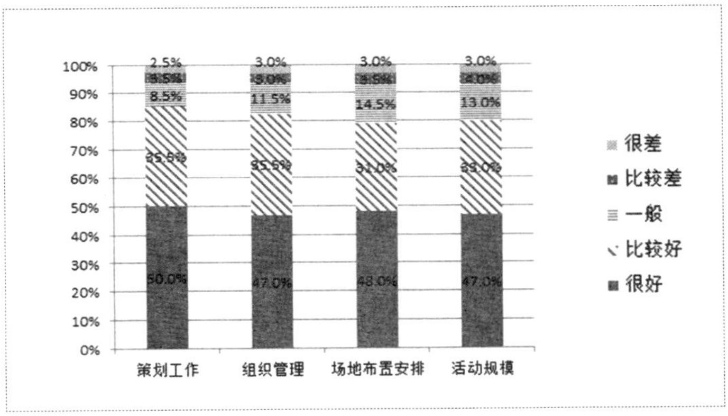

图 F3-44：济南文艺工作者对十艺节前期准备工作的总体评价

六、结论及建议

（一）济南主会场取得了预期效果

1. 一流场馆打造济南文化艺术殿堂

中国艺术节的承办，对推动地方文化大发展大繁荣，提升承办地的文化软实力，具有重大意义。从历届中国艺术节来看，艺术节的举办对承办地文化基础设施建设有着明显的促进作用。作为十艺节的主会场，济南在文化基础设施方面取得极大进步，“一院三馆”已经成为济南的文化新地标，也是济南文化跨越式发展的象征。特别是省会文化艺术中心成为济南普通市民关注的焦点，因此在中心大剧院修好之前，便有市民期望“等中心修好了，一定要去里面看场大戏”。课题组通过调研发现，济南市民对于身边的变化有着非常清晰的认识，十艺节举办之前，有 34.6% 的市民认为济南文化基础设施的改善程度很大，而经过十艺节之后，便有 47.7% 的普通市民认为济南文化基础设施有了较大程度的改善。

十艺节以前，济南由于缺乏专业的现代化大型演出场馆，无法引进高水平的大型演出，为备战十艺节而建成的济南大剧院完全具备承接大型高水平演出的条件，为济南市演出市场的繁荣提供了平台。此外，通过公开招标竞标，专业的演艺管理公司获得了场馆的经营权，通过其专业化的管理运作预期每年至少可以为大剧院引进 180 场高水平的演出。美术馆、图书馆和群艺馆等新建场馆同样为济南提升公共文化服务水平、服务山东广大群众搭建了基础的平台。

2. 节俭办节，突出群众文化服务特色

节俭简约、活泼隆重是十艺节办会的主旨。十艺节主会场的济南，力求把节俭贯穿于十艺节全过程之中，与此同时，大力推进文化惠民，让群众更加便利地参与和共享文化活动，把十艺节真正办成群众的节日。早在十艺节之前，形式多样的群众文化活动已经在泉城各地蓬勃开展：4 ~ 9 月，“喜迎十艺节 · 全民共欢乐”全国群众文化优秀节目惠民展演活动在济南各大广场连续上演；7 ~ 9 月，10 余项“全民共参与 · 十艺更精彩”系列群众文化活动正式启动；“喜迎十艺节 · 文化进社区”系列主题文化活动以及泉城金秋优秀剧目展演等活动也陆续开展。除了这类贴近生活的群众文化活动以外，济南市文广新局还创新群众文化活动形式，开展文化展演和优秀剧目展演活动，让群众文化走进文化艺术中心大剧院。他们始终坚持不请大腕，节俭务实，节约活动成本，增加活动场次，使普通的济南市民不花一分钱就可以看到艺术水平较高的表演，甚至可以参与其中、展示自我。课题组节前在济南的相关调研也同样反映，济南普通民众不仅了解（57.9% 的受访者）十艺节前的群众文化活动，同样也十分喜爱（38.7% 的受访者）丰富多彩的群众文化活动。

在济南举办的开幕式一改传统的大场面、大舞美、大制作形式，秉承简朴原则，原本长达 90 分钟的大型演出压缩成 16 分钟的开幕式，并演出了一台贴近群众生活的《百姓书记》。在这一办节新风尚的指引下，济南的群众文化活动发展更加迅速。调研数据反映出普通民众对于这一改变的肯定，相较于十艺节前 57.9% 的受访者知道群众文化活动，十艺节后知道群众文化活动受访者有了提升，达到 63.4%，有 38.7% 的受访者表示十分喜爱群众文化活动。在对十艺节进行总体评价时，群众文化活动的丰富多彩也是最受济南市民肯定的，其选择比例高达 46.8%，列于所有选项首位。

3. 票价惠民，引领济南文化消费

票务改革是十艺节的一大亮点，取消赠票，降低票价，主推 30 ~ 180 元中低票价，总体票价水平低于市场同类型演出 40%，使更多的普通市民能够买得起票，看得起演出。调研数据显示，在观看过十艺节演出的受访者之中，大多数的公众是通过个人买票去参观演出的，而通过举办方赠票、单位团体购票等方式获得演出票的则相对较少，分别为 10.4%，15.1%。（见图 F3-45）

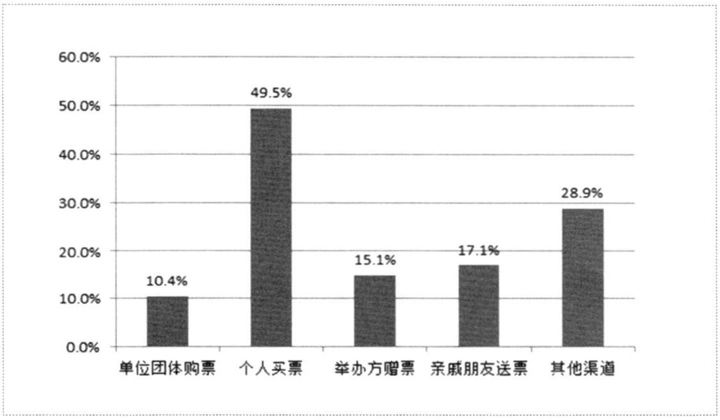

图 F3-45：济南公众获得演出票的渠道

虽然十艺节的票价相比以往的艺术节便宜了许多，许多场次的最低票价仅为 20 元，但是济南市民仍然认为十艺节的门票价格并非十分便宜，认为票价比较便宜和非常便宜的受访者分别仅占 11.1% 和 3.1%，大部分受访者仅认为门票价格一般（36.8%）。因此，十艺节的门票价格可能并未得到市民的一致认可。此外，主办方还专门组建十艺节票务管理中心，筹建了高标准的专业售票系统，创新售票形式，采取线上与线下、团购与零售相结合，借助网络、电话、团购等多种形式，基本可以满足各年龄层次社会群体的购票需求。

十艺节期间，超过半数（53%）的济南市民社会生活都或多或少受到十艺节的影响，有的市民与家人一道观赏剧目或参加展览（20.5%），有的市民经常谈论艺术节相关话题（17.8%），而有的市民则明显感到艺术节期间与朋友交往的机会变得更多（14.7%）。总体来看，济南主会场主办方通过降低票价、取消赠票来培养和引导济南市民自觉买票，繁荣济南演出市场。因此，“借十艺节来规范和提高市场运营水平，对山东演艺市场来说是一个新起点”。

（二）存在的问题

1. 宣传工作仍有欠缺，品牌影响力不足

相比于以往的中国艺术节，十艺节主办方在宣传方面有着许多创新之举，在采用传统宣传推介手段的同时，充分利用现代传播手段，通过网络媒体和门户网站，形成了立体的宣传网络。总体来看，济南主会场的宣传在济南市内取得显著效果，数据显示，济南市民对于十艺节的知晓度在节后已经达到了 70.3%。然而济南主会场在跨城市及跨省域的宣传方面效果却不理想。省内宣传方面，在知晓十艺节的济南市民中，对于省内其他会场的知晓度十分有限，仅有青岛会场的知晓度达到 20%，其余各城市会场的知晓度均未超过 10%，这与济南会场高达 90.9% 的知晓度成形鲜明对比。而省内其他城市对于济南主会场的知晓度明显下降，其知晓度为 79.6%，而例如青岛、淄博、烟台等城市的知晓度有显著提升，分别达到 42.8%、22.8%、22.2%。（见图 F3−46）

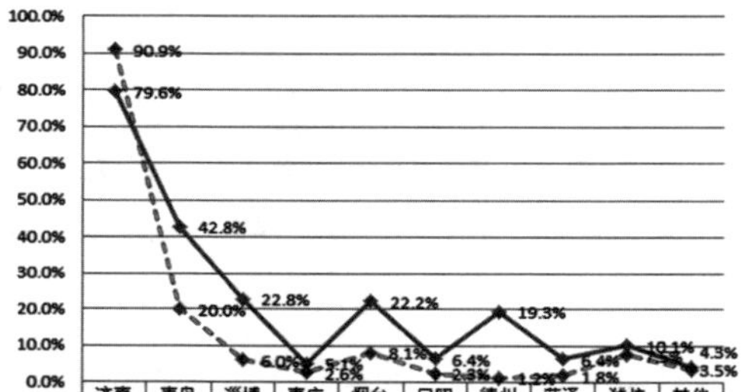

	济南	青岛	淄博	枣庄	烟台	日照	德州	菏泽	潍坊	其他
其他城市市民	79.6%	42.8%	22.8%	5.1%	22.2%	6.4%	19.3%	6.4%	10.1%	4.3%
济南市市民	90.9%	20.0%	6.0%	2.6%	8.1%	2.3%	1.2%	1.8%	7.5%	3.5%

图 F3−46：济南公众与省内其他城市公众对各会场的知晓程度

由此可见，济南主会场在省内宣传方面有两个特点：第一，济南市民对于其他城市会场的了解程度偏低，对于十艺节的整体发展不利；第二，省内其他城市市民对济南会场的知晓度相对减少，但总体而言济南主会场在省内是极具影响力的，省域内部宣传成效显著。

与济南主会场在省内一枝独秀相比，济南主会场在省外的影响力却明显不足，数据显示，青岛会场的知晓度达到 45.9%，甚至高于青岛会场在山东省内的总体知晓度 30.8%，而济南主会场的知晓度仅为 35%，省外影响力明显不如青岛。具体情况如图 F3−47 所示：

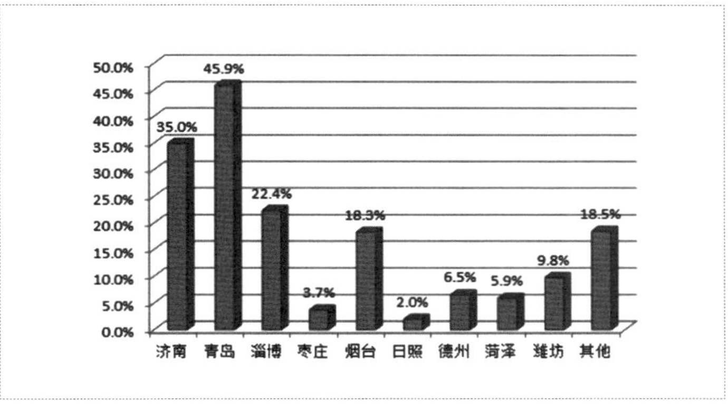

图 F3-47：省外公众对十艺节各会场的知晓程度

青岛本身的城市知名度高于济南可能是导致济南主会场在省外知晓度明显不足的一个原因。调研数据显示，省外受访者曾去过青岛的占 23.6%，而到过济南则相对较低，仅为 13.1%。（见图 F3-48）

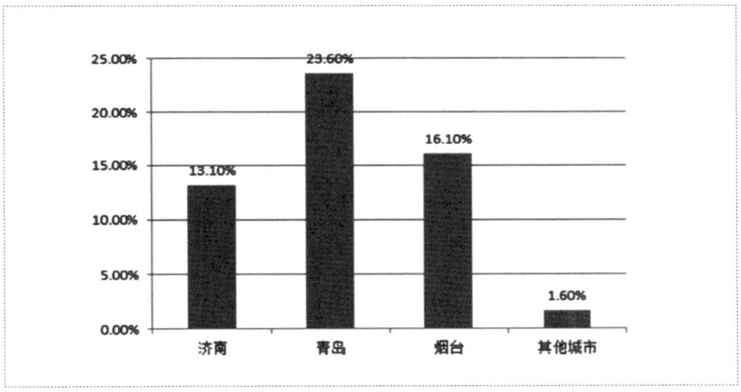

图 F3-48：省外公众到过的山东城市

十艺节整体影响力不足和省外宣传工作的欠缺导致省外受访者对十艺节会场了解受制于固有的城市印象。十艺节的整体宣传方面主要依靠电视、报纸、网站、手机及户外宣传方式。以济南市为例，市内的主会场灯光墙体、交通主出入口、公共电子屏、出租车显示屏、醒目的户外广告到处都能看到十艺节的形象宣传，可以认为十艺节宣传渠道的覆盖面是相当广泛的，但某些宣传渠道的利用却相对不足，尤其是对于省外公众更易获取十艺节相关信息的网络渠道和移动终端等新媒体利用不足。

2. 对于年轻消费群体缺乏足够吸引力

随着时代的变迁和科技的进步，年轻消费群体已经逐渐成为我国文化消费的主力。中国艺术节要持续健康地发展，吸引更多年轻人的关注和消费，显得极为重要。然而，济南主会场的相关数据显示，随着受访者年龄的增长，其对于中国艺术节的知晓程度总体呈下降趋势，但其观看或参与中国艺术节相关活动和项目的意愿反而更高。（见图 F3−49）

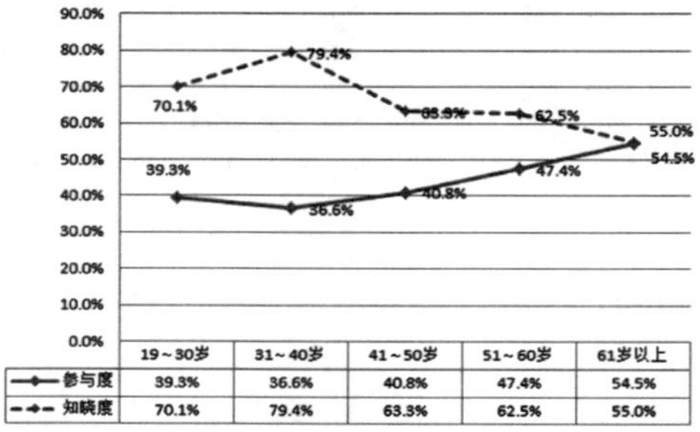

图 F3−49：济南公众知晓度、参与度与年龄的关系

正如上图所示，19 ~ 40 岁之间的中青年群体对中国艺术节的知晓度在 70% 以上，而随着年龄的增长，受访者对于中国艺术节的知晓程度呈下降趋势，61 岁以上受访者的知晓度为 55%，这一结果与受访者获取信息的便利程度有直接关系。然而随着年龄的增长，受访者的参与程度却在总体上呈现上升趋势，61 岁以上的受访者的参与度达到最高的 54.5%，而 19 ~ 30 岁以及 31 ~ 40 岁的受访者参与度分别为 39.3% 和 36.6%。可见十艺节对于中青年市民的吸引力明显不足，这便成为阻碍十艺节持续健康发展的一大障碍。

因此，中国艺术节的持续发展，需要建立起自己的品牌忠诚度，除了继续维持对中老人年稳定的吸引力以外，还需要依靠中国艺术节的举办使中青年人更加了关注传统文化艺术，吸引中青年甚至是少年消费群体的目光。

（三）几点建议

从济南主会场的情况来看，中国艺术节影响力的不足、新型宣传方式的欠缺和参与人群结构的缺陷是现存的主要问题，建议从以下三个方面进行改善：

1. 完善办节模式

中国艺术节每三年一届且由各省轮流举办，难以形成长时效且稳定增长的影响力，并且举办中国艺术节对于各级地方政府的专业化组织能力有着极大的考验。考虑到现阶段固定举办地点的可能性极小且不利于其余各省的文化发展，因此建议参考上海国际艺术节和爱丁堡艺术节的办节模式，在文化部的领导下组织成立专业运作机构或咨询机构，负责每届艺术节的运作以及日常宣传活动，并维持其构成人员的专业性和稳定性，以弥补新一届地方主办政府在艺术节筹划和运作中的经验不足。通过建立专业的运作机构，确定机构各部门的权利和义务，实现权责分开，保证艺术节筹划和运作工作的有序进行。

2. 充分利用新兴传播媒介

以济南主会场个案来看，十艺节在省外的宣传效果不佳，主办方主要还是依靠传统媒体进行宣传。课题组认为要想今后提高中国艺术节国内甚至国际的品牌知名度和影响力，必须重视互联网和移动互联网等新兴传播渠道。充分利用微博、手机客户端在宣传上的便捷性、灵活性以及易传播性等特点，让民众能够更方便、快捷地获得中国艺术节的宣传信息，进而了解并参与中国艺术节的活动，是今后中国艺术节在宣传上需要特别关注并改善的。

3. 年轻化是中国艺术节的必由之路

相关调研数据显示出十艺节对中青年人的吸引力明显不足，一方面是因为中青年人缺乏对中国艺术节的深度了解；另一方面则是由于艺术节节目与中青年人所熟悉和认同的艺术价值有所区别。基于此，课题组认为今后中国艺术节一方面应该加强宣传的力度，进行有效的目标营销，并结合艺术教育，培养年轻人对于中国传统艺术节和国家高雅艺术价值的认同；另一方面，现有的艺术节目在创作中也要有所突破，打造适合年轻消费者的艺术作品。

附录四

青岛分会场调研报告

本报告重点对十艺节举办之前、之后青岛地区的情况进行全方位、多层次的研究，力求获取不同时间段、不同群体对十艺节的评价与认识，做到客观公正地调查分析。根据所涉及的不同问题，本报告共分为以下七个部分：

1. 青岛市调查的样本描述：主要包括青岛市节前、节后调查的范围和样本描述，并对其进行总体的描述、对比和分析；

2. 十艺节与民众的关系：主要包括青岛市民众总体参与程度分析和分地区参与程度的比较分析；

3. 十艺节与文艺发展的关系：包括中国艺术节对公众文化生活、城市文化基础设施的影响以及中国艺术节对不同地区文艺发展影响力的对比分析；

4. 十艺节与区域发展的关系：包括公众对于十艺节与区域发展的看法和十艺节对文化消费的影响；

5. 社会公众对于十艺节的总体评价：主要分析公众对于十艺节宣传工作、节目质量的满意度以及公众对于十艺节的总体评价；

6. 中国艺术节社会影响力评估：主要分析中国艺术节对社会的影响力以及山东第十届艺术节对社会的影响力；

7. 问题与对策：分析第十届艺术节所存在的问题并给出建议。

一、青岛市调查的样本描述

（一）问卷设计

2013年10月11日至26日，十艺节在山东省举行。课题组先后在节前（2013年8月）和节后（2013年11月）对青岛市普通市民进行了问卷调查。节前调查问卷设计分为三个部分：1. 被调查者的基本情况；2. 市民对于中国艺术节的知晓情况；3. 市民在十艺节期间的参与及评价情况等。节后调查问卷设计分为两个部分：1. 被调查者的基本情况；2. 市民对于十艺节的知晓情况、参与情况以及具体评价等。

（二）样本描述

课题组在节前共发放第十届中国艺术节社会影响调查问卷（公众卷）500 份，有效回收问卷 500 份。节后共发放第十届中国艺术节社会影响调查问卷（公众卷）500 份，回收有效问卷 500 份。

1. 节前受访公众基本情况

在有效回收的 500 份节前调查问卷中，从性别上来看，男性占 35%，女性占 65%；从年龄上来看，受访者的年龄大多分布在 19 ~ 50 岁，其中，19 ~ 30 岁占 39%，31 ~ 40 岁占 21%，41 ~ 50 岁占 10.6%，其余 18 岁以下占 10.6%，51 ~ 60 岁占 5.8%，61 岁以上占 13%；从政治面貌来看，中共党员占 20.6%，民主党派人士占 0.8%，群众占 78.6%；从宗教信仰来看，选择“无宗教信仰”的人数最多，占到 76.5%，其他依次为：基督教占 19.4%，佛教占 3.1%，伊斯兰教占 0.6%，道教占 0.4%；从婚姻状况看，已婚占 59.9%，未婚占 40.1%；从文化程度上来看，初中及以下的占 9.9%，高中（中专）占 28.4%，大专占 33.2%，本科占 21.1%，研究生占 7.4%。（见表 F4–1）

表 F4–1　受访公众文化程度分布状况

文化程度	人数（人）	百分比（%）
初中及以下	49	9.9
高中（中专）	142	28.4
大专	166	33.2
本科	106	21.1
研究生	37	7.4
合　计	500	100

从居住地情况来看，城区占 80.3%，郊区占 14.1%，农村占 5.6%；在针对受访者兴趣爱好的调查中，音乐类的比例最高，占 28.9%，读书看报占 21.1%，影视类和体育运动分别占到 14.8% 和 10.7%，其他占 5.7%，舞蹈类占 5.3%，棋牌类占 4%，网络游戏占 3%，摄影类和美术类均占 2.6%，曲艺类占 1.2%。

在受访公众中，2012 年月平均收入 1200 元以下占 9.6%，1201 ~ 3500 占 58.9%，3501 ~ 5000 元占 21.3%，5001 ~ 10000 元占 6.9%，10000 元以上占 3.2%；2012 年文化消费月均 100 元以下占 41.8%，101 ~ 300 元占 30.1%，301 ~ 500 元占 12.7%，501 ~

1000 元占 6.8%，1000 元以上占 6.8%。

2. 节后受访公众基本情况

在节后有效回收的 500 份节后调查问卷中，从性别来看，男性占 53.2%，女性占 46.8%；从年龄来看，18 岁以下占 7%，19 ~ 30 岁占 35.2%，31 ~ 40 岁占 31%，41 ~ 50 岁占 16%，51 ~ 60 岁占 5.6%，61 岁以上占 5.2%。

从政治面貌来看，中共党员占 23.3%，民主党派人士占 3.4%，群众占 73.3%；从职业分布看，受访者中学生所占比例最高，占到了 20%，其他依次为：商业工作人员各占 14.9%，服务性工作人员占 13.7%，其他劳动者 12.7%，国家机关、党群组织、企事业单位负责人占 9.9%，生产工作、运输工作和部分体力劳动者占 9.1%，办事人员和有关人员占 7.9%，专业、技术人员占 5.8%，农林牧渔劳动者和下岗人员各占 3.0%；从文化程度来看，初中及以下占 20.6%，高中（中专）占 27.1%，大专占 18.2%，本科占 29.1%，研究生占 5.1%。（见表 F4–2）

表 F4–2 受访公众文化程度分布状况

文化程度	人数（人）	百分比（%）
初中及以下	103	20.6
高中（中专）	135	27.1
大专	91	18.2
本科	145	29.1
研究生	26	5.1
合计	500	100

从居住地情况来看，城区占 75.6%，郊区占 13.9%，农村占 10.5%；在针对被调查者兴趣爱好的调查中，读书看报比例最高，占 16.8%，舞蹈类占 16.0%，音乐类和体育运动分别占到 14.7%，影视类占 9.9%，其他占 8.1%，棋牌类占 6.5%，摄影类占 4.2%，网络游戏占 3.8%，美术类占 2.8%，曲艺类占 2.4%。

在受访公众中，2012 年月均收入 1200 元以下占 23.4%，1201 ~ 3500 元占 48.6%，3501 ~ 5000 元占 21.7%，5001 ~ 10000 元占 5.1%，10000 元以上占 1.2%；2012 年文化消月均 100 元以下占 51.8%，101 ~ 300 元占 32.1%，301 ~ 500 元占 4.2%，501 ~ 1000 元占 4.2%，1000 元以上占 1.4%。

二、十艺节与民众的关系

（一）青岛市总体参与度分析

十艺节于 2013 年 10 月 26 日圆满结束，多渠道、全方位的宣传报道和丰富多彩的群文活动激发了人民群众关注、参与艺术节的热情，同时也提高了中国艺术节的社会知晓度和影响力。

1. 青岛市公众总体参与广泛度分析

根据调查统计结果，在节前调查的 500 份问卷中，知道中国艺术节的有 90 份，知晓度为 18%；在节后调查的 500 份问卷中，有 106 份知道艺术节，知晓度为 20.6%。（见图 F4－1）

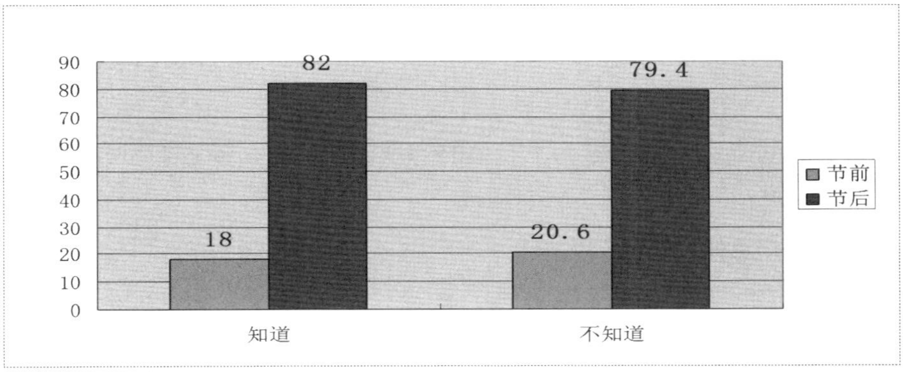

图 F4－1：青岛公众知晓度分析（图中数据为百分比）

通过节前及节后的对比来看，仅就青岛市的情况而言，节后公众对十艺节的知晓率高于节前，比例增高到 20.6%。由此可见，青岛市通过参与十艺节使更多的民众走近、了解中国艺术节，扩大了中国艺术节的整体影响力。当然，由于地理位置等客观因素的限制，导致了十艺节在青岛市内的整体宣传效果不太理想。因此，节后公众的整体关注度并没有比节前有明显提升。但是，根据统计数字显示，在持续关注中国艺术节的这部分人群中，曾经直接参与或观看过往届中国艺术节节目的比例还是比较高的，节前为 41.0%，节后为 33.7%。

在观看往届中国艺术节节目的途径方面，选择电视的最多，占到 72.4%，其次为互联网，比例占 37.9%，现场观看占 10.3%，广播电台（4.6%）、其他途径（4.6%）和影碟（3.4%）所占比例较低，均不超过 5%。由此可见，在中国艺术节的传播方式上，电视这一传统媒体仍然扮演着主要角色，网络等新媒体的作用也日益凸显，选择现场观看的观众比例仍然偏低。（见图 F4－2）

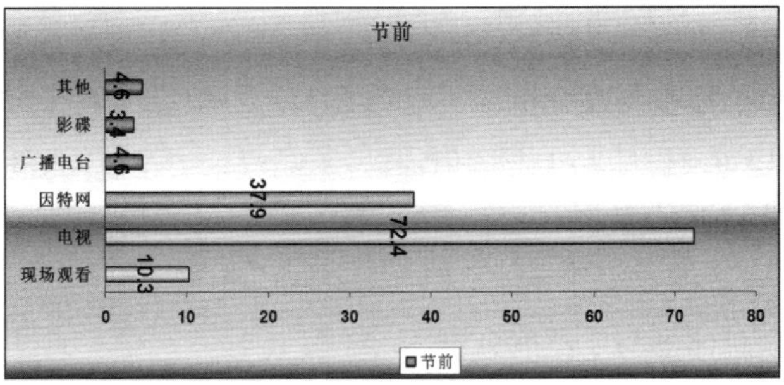

图 F4-2：您通过哪些途径欣赏过往届中国艺术节的节目（图中数据为百分比）

节后的调查数据显示，4.5% 的青岛公众认为能够非常方便地参与此次中国艺术节，36.4% 认为比较方便，48.9% 选择一般，6.8% 和 3.4% 认为参与艺术节较为困难或者非常困难。

总而言之，青岛公众对于参与十艺节的态度较为积极，多数参与者表示能够较为方便地参与艺术节。

2. 青岛市公众总体参与深刻度分析

在对中国艺术节的了解程度方面，选择一般的最多，占 42.2%，比较了解占 12.7%，不了解占 33.3%，完全不了解占 11.8%。（见图 F4-3）

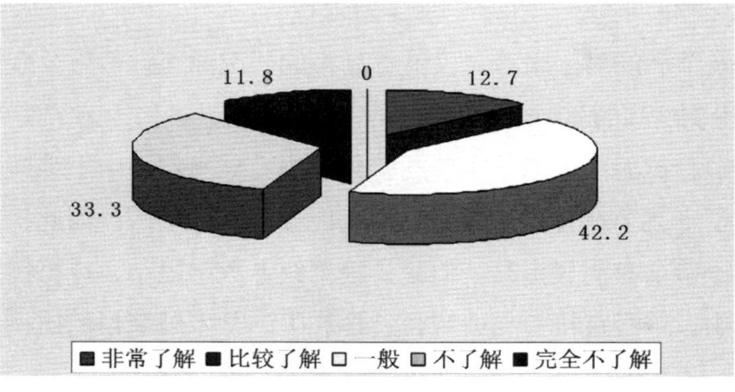

图 F4-3：您对于中国艺术节的了解程度（图中数据为百分比）

如图 F4-3 所示，公众对于中国艺术节的整体了解程度不高。值得注意的是，在针对该问题作出有效回答的调查问卷中，无一选择“非常了解”。此外，在是否知道山东十艺节主题的问题上，只有 19.4% 的人选择知道。调查结果说明：中国艺术节的宣传力度还有很大的提升空间。

关于公众对山东十艺节节目的了解程度，知道曲艺晚会和歌舞晚会的人数分别占69.7% 和 59.6%，音乐会占 41.6%，地方戏曲占 34.8%，美术展览和京剧分别占 25.8% 和21.3%，对话剧、音乐剧和舞剧相对了解较少，分别为 14.6%、12.5% 和 12.4%。

对中国艺术节丰富的节目类型，调查结果显示，观看过歌舞晚会的观众最多，占57.5%，曲艺晚会紧随其后，比例为 55.2%，地方戏曲和音乐会分别占 14.9% 和 12.6%，观看过京剧的占 9.2%，美术展览和舞剧分别占 8%，话剧占 4.6%，观看过音乐剧的观众最少，仅有 2.3%。（见表 F4–3）

表 F4–3　观众到现场观看演出的情况

节目	观看人数（人）	百分比（%）
音乐会	11	12.6
歌舞晚会	50	57.5
曲艺晚会	48	55.2
美术展览	7	8.0
京剧	8	9.2
话剧	4	4.6
音乐剧	2	2.3
舞剧	7	8.0
地方戏曲	13	14.9

如上表所示，青岛地区的公众对于歌舞晚会、曲艺晚会等大众文艺项目的参与度较高，而对于美术展览、舞剧、话剧以及音乐剧等节目类型不太关注。课题组在调研过程中发现，受访者对话剧、舞剧等现代舞台剧形式甚至缺乏最基本的了解。

（二）分地区参与程度比较分析

1. 青岛、济南与德州公众总体参与广泛度比较分析

在节前对济南、青岛、德州三地的公众知晓度调查中，济南市受访者知道中国艺术节的人为 62.5%，德州市为 43.3%，青岛市为 19.2%。（见图 F4–4）

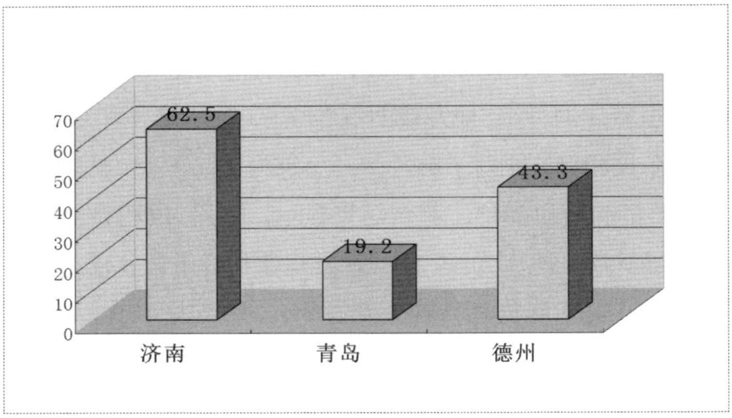

图 F4-4：节前济南、青岛、德州公众知晓度比较分析（图中数据为百分比）

作为十艺节的主会场，济南市受访公众对于中国艺术节的知晓度最高；德州市虽然地处内陆，但其前期准备及宣传工作较为充分，因此，十艺节在德州市有较好的群众基础；青岛市受访公众对于中国艺术节知晓度则相对较低。

但是，通过对了解中国艺术节的人群做进一步调查发现：青岛市有 41.7% 受访者曾经观看或参与过中国艺术节的项目或活动，德州市这一比例为 34.2%，相比较而言，济南市这一比例最低，仅为 24.1%。（见图 F4-5）

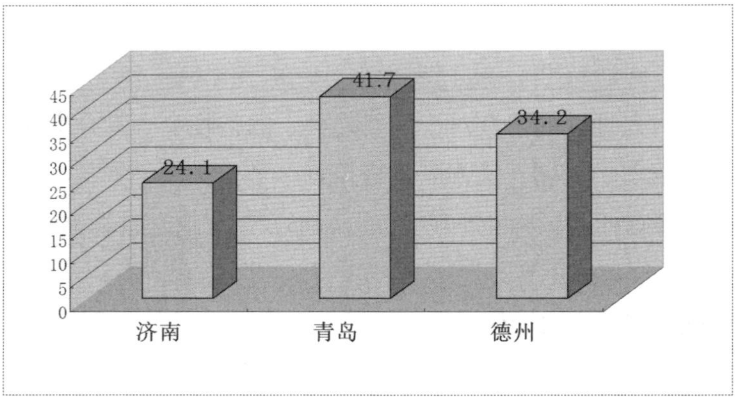

图 F4-5：您是否观看或参与过中国艺术节的项目或活动（图中数据为百分比）

由此可见，虽然青岛市受访者对于中国艺术节的知晓度不高，但是对于其中了解艺术节的人群而言，他们参与中国艺术节的积极性普遍较高，这与青岛市的经济文化发展水平相符合。

2. 青岛市、济南市与德州市公众总体参与深刻度比较分析

在是否知道山东十艺节的宗旨方面，济南市有 9.4% 的受访者选择知道，德州市为 16.9%，青岛市为 20.3%。（见图 F4-6）

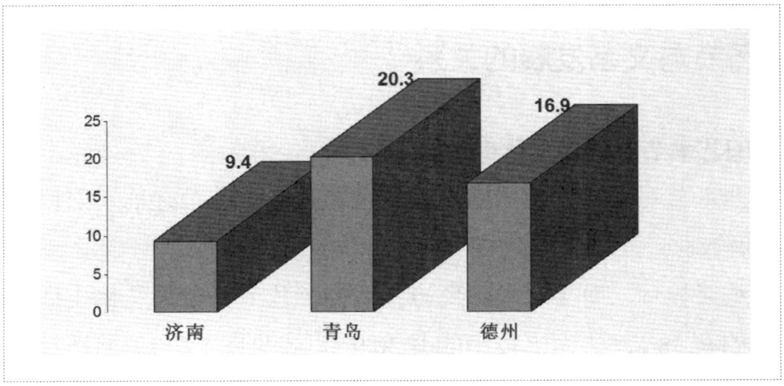

图 F4-6：您是否知道十艺节的宗旨（图中数据为百分比）

关于十艺节相关活动的了解程度，了解专业艺术活动的济南为 34.3%，青岛为 61%，德州为 50.3%；了解群众文化活动的济南为 35.5%，青岛为 71.4%，德州为 44.1%；了解展览活动的济南为 26.9%，青岛为 36.4%，德州为 27.9%；了解经贸活动的济南为 5.1%，青岛为 9.1%，德州为 4.5%；了解旅游活动的济南为 6.7%，青岛为 10.4%，德州为 12.8%；了解开幕式的济南为 41.6%，青岛为 76.6%，德州为 69.3%；了解闭幕式的济南为 37.3%，青岛为 71.4%，德州为 60.3%。（见图 F4-7）

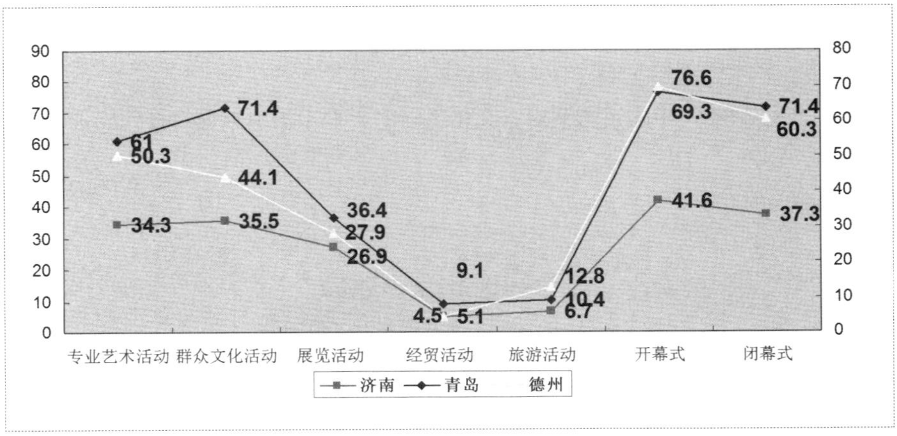

图 F4-7：您知道十艺节有哪些活动（图中数据为百分比）

从整体而言，青岛市民众对于十艺节相关活动的了解程度较高，德州次之，济南虽然是省会城市，但是当地民众对于艺术节相关活动的了解程度却较低；从具体活动而言，

不管是省会城市（济南）、沿海城市（青岛）或者内陆城市（德州），民众对于开幕式、闭幕式、群众文化活动以及专业艺术活动的关注度和知晓度普遍较高，展览活动和旅游活动处于第二序列，而经贸活动的知晓度普遍较低，三地比例均不超过 10%。

三、十艺节与文艺发展的关系

（一）中国艺术节对公众文化生活的影响

关于中国艺术节对于文艺发展的影响，课题组在十艺节之前和之后分别对青岛市公众做了相关调查。

节前调查结果显示，有 11.1% 的受访者认为十艺节将对其文化生活产生很大的影响，认为一般的有 58%，认为比较小的占 30.9%。（见图 F4-8）而在针对十艺节将对市民业余文化生活改善程度的调查中，认为将有很大改善的占 16.9%，认为一般的占 55.8%，认为改善程度比较小的 20.8%，认为没有影响的占 6.5%。（见图 F4-9）

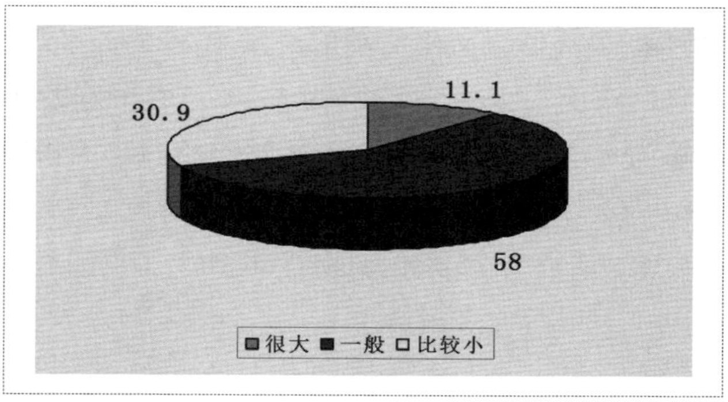

图 F4-8：中国艺术节对您文化生活的影响（图中数据为百分比）

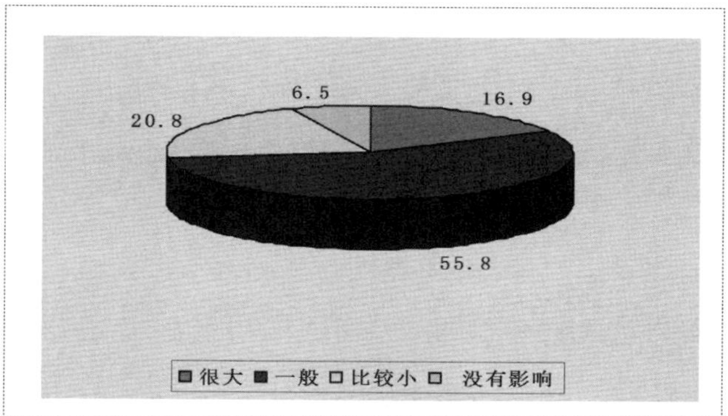

图 F4-9：中国艺术节对您文化生活改善的程度（图中数据为百分比）

节后调查结果显示，有 5.6% 的受访者认为艺术节对自身的文化生活带来非常大影响，认为影响比较大的占 11.3%，有 68.5% 认为影响一般，10.1% 和 4.5% 认为影响比较小或者非常小。（见图 F4−10）

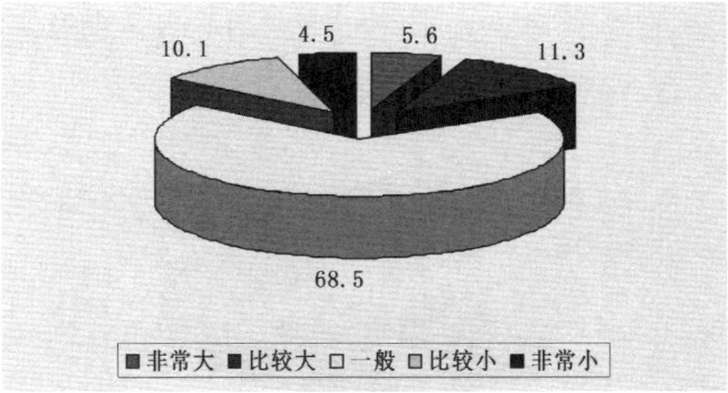

图 F4−10：十艺节对您的文化生活带来的影响程度（图中数据为百分比）

十艺节期间，8.9% 的受访者增加了与朋友交往的机会，11.1% 的受访者和家人一起观赏了艺术节的剧目或者参观展览，14.4% 的受访者因为受十艺节影响而经常谈论文化艺术。但是，仍有 66.7% 的受访者不太关注艺术节，十艺节期间，他们的生活与平常一样，没有什么特别。（见图 F4−11）

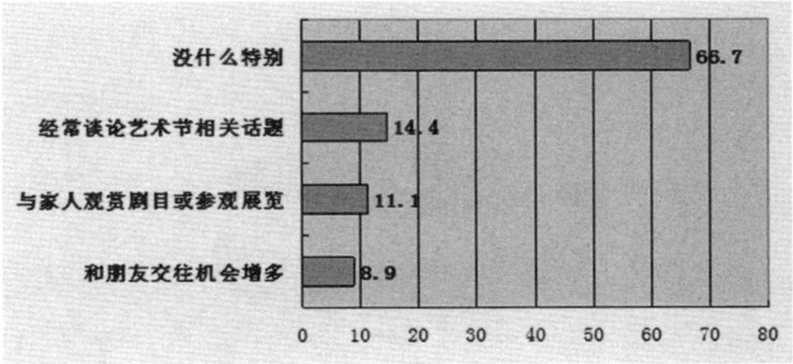

图 F4−11：十艺节期间，您的文化生活有哪些相关变化（图中数据为百分比）

对比图 F4−8、9、10、11 可以发现，十艺节之前，青岛市有相当一部分民众对于艺术节抱有较高期望，他们希望借助中国艺术节多形式、高水平的文化节目来改善自身的业余文化生活。节后的调查数据印证了这一点，在艺术节举办期间，有 11.1% 的被调查者和家人一起观看了艺术节的剧目或者参观展览。十艺节在人际交往、文化艺术、文华奖、群星奖的评选等方面都对青岛市公众产生了影响。但节后的调查数据显示，有 66.7% 的受访者认为十艺节对其文化生活没有产生太大影响，这与节前公众对于艺术节较高的期望形成了反差。

（二）中国艺术节对城市文化基础设施的影响

节前，在针对十艺节对其所在城市文化基础设施改善程度的调查中，认为改善程度很大的占 25.6%，一般的占 51.3%，比较小的占 14.1%，没有影响的占 9%。（见图 F4-12）

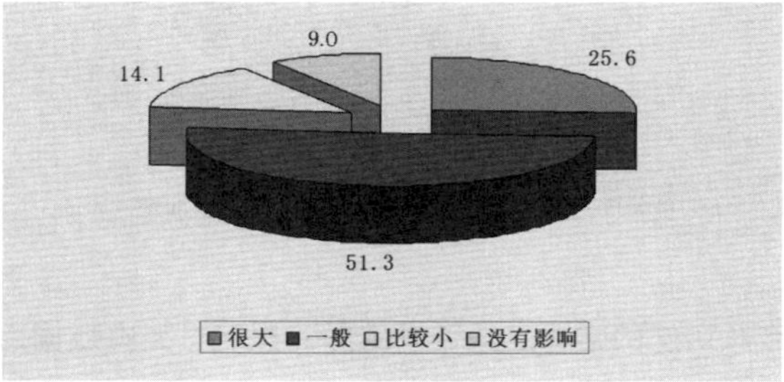

图 F4-12：您认为山东举办十艺节对您所在城市文化基础设施改善的程度（图中数据为百分比）

数据显示，3.3% 的受访者认为十艺节对当地城市文化基础设施改善的程度非常大，认为比较大的占 12.2%，一般占 65.6%，比较小占 8.9%，非常小占 2.2%，说不清占 7.8%（见图 F4-13）。

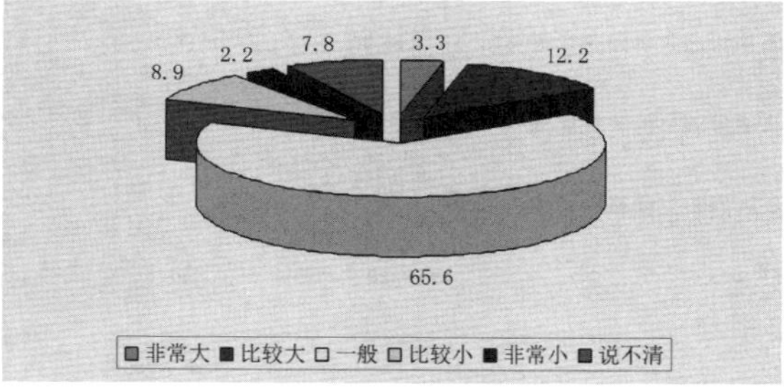

图 F4-13：您认为山东举办中国艺术节后城市文化基础设施改善的程度（图中数据为百分比）

对比图 F4-12、13，节前有 25.6% 的受访者认为十艺节将会对青岛市的城市文化基础设施带来很大程度改善，节后则仅有 15.5% 的受访者认为青岛举办中国艺术节后，当地城市文化基础设施将会得到非常大或者比较大的改善。这说明通过举办十艺节，越来越多的公众开始了解艺术节、认可艺术节，并且认为通过中国艺术节这种形式可以很好地改善当地城市的文化基础设施，但数据显示，青岛市文化基础设施的实际改善程度却并不能令更多的公众满意。

（三）中国艺术节对不同地区文艺发展影响力分析

在十艺节对自身文化生活的影响方面，济南市的调查数据显示，有 22.4% 的公众认为会带来很大影响，认为一般的占 53.7%，认为影响比较小的占 23.9%；德州市的数据显示，有 28.1% 的公众认为会带来很大影响，认为一般的占 49%，认为影响比较小的占 22.9%；青岛市的数据显示，有 11.1% 的公众认为会带来很大影响，认为一般的占 58%，认为影响比较小的占 30.9%。（见图 F4-14）

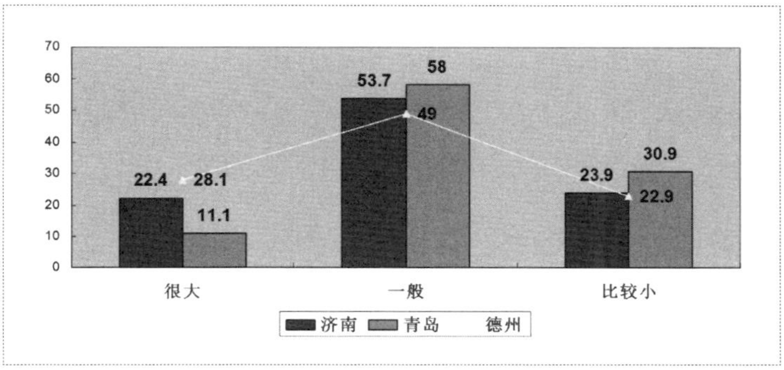

图 F4-14：您认为十艺节将对您的文化生活的影响（图中数据为百分比）

作为十艺节主会场，济南市公众对这一问题的认可度最高，共有 22.4% 的受访者认为中国艺术节将会对自身文化生活产生很大或比较大的影响；德州市有 19.7% 的民众认为中国艺术节会影响自身的文化生活；青岛市有 11.1% 的民众认可中国艺术节对于文化生活的影响力。

四、十艺节与区域发展的关系

（一）公众对于十艺节与区域发展关系的看法

节前对公众进行的调查数据显示，在青岛有 43.2% 的受访者对山东举办十艺节感到自豪，认为一般的有 45.7%，有 11.1% 的公众认为无所谓。

关于对城市形象的影响，受访者普遍认为，举办十艺节能够很好地提升青岛的城市形象。其中，认为将会提高城市知名度的占 46.8%，能够增强市民认同感的占 29.1%，能够提升市民文化素质的占 53.2%，认为将会拉动经济与文化消费的占 40.5%。

在十艺节对促进青岛经济发展发面，受访者认为能够促进旅游的认可度最高，达到 87.5%，促进消费的占 61.3%，促进就业的占 17.5%，其他占 13.8%。（见图 F4-15）

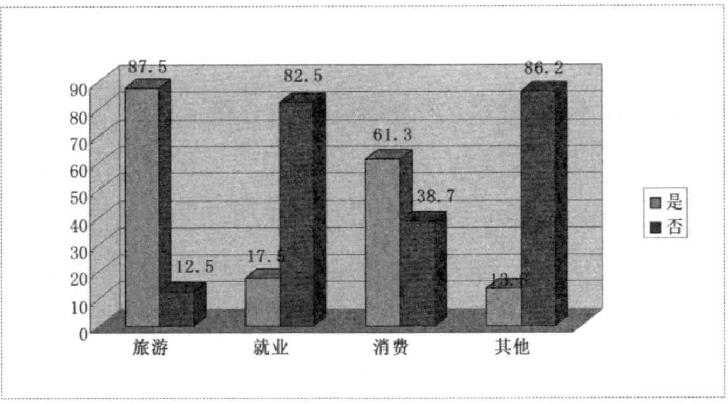

图 F4-15：您认为十艺节可以在哪些方面促进青岛经济发展（图中数据为百分比）

节后调查数据显示，40.7% 的受访者十艺节在山东举办后更加喜欢山东各个城市，37.2% 的受访者更加了解山东各个城市，有 22.1% 认为没有感觉（无所谓）。（见图 F4-16）

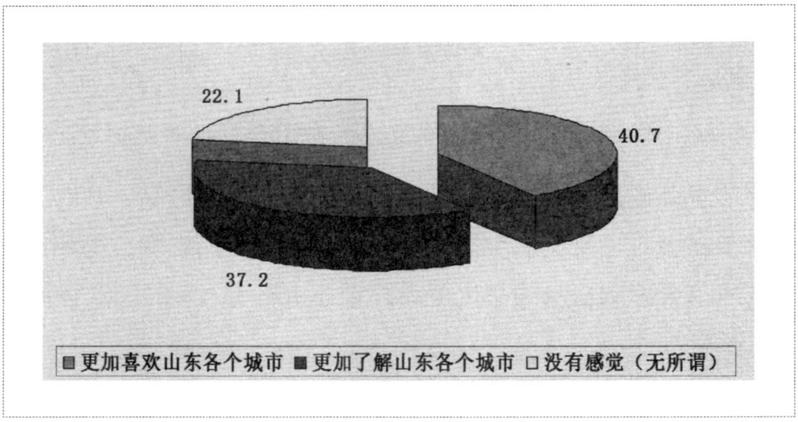

图 F4-16：山东主办中国艺术节后，您对山东的态度是（图中数据为百分比）

山东省成功举办十艺节后，更多的受访者对山东的关注度和了解度都显著增加。近八成的受访者认为，他们通过艺术节的形式喜欢或更加了解山东各城市，充分证明了十艺节对于山东的推广作用和宣传作用。

在举办中国艺术节对城市形象提高的影响方面，认为影响非常大的占 16.7%，比较大占 32.2%，一般占 42.2%，比较小占 3.3%，说不清占 5.6%。（见图 F4-17）

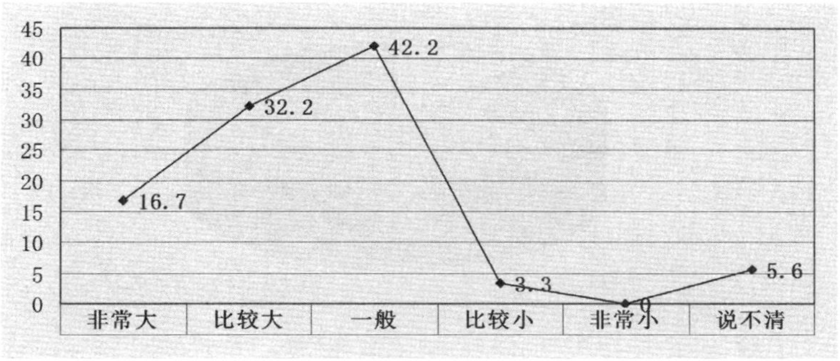

图 F4-17：您认为山东举办中国艺术节对青岛城市形象提高的影响（图中数据为百分比）

如图 F4-17 所示，选择非常大和比较大的比例共为 48.9%，而选择比较小和非常小的比例仅为 3.3%，这说明青岛市公众普遍认为举办中国艺术节将会对举办地的城市形象带来较大的提高。

53.9% 的青岛受访者对山东举办中国艺术节感到自豪，27% 感觉一般，19.1% 选择没有感觉（无所谓）。（见图 F4-18）关于是否还希望山东今后承担类似活动的调查中，88.8% 的青岛受访者选择希望，11.2% 的受访者选择无所谓，没有人选择不希望。（见图 F4-19）

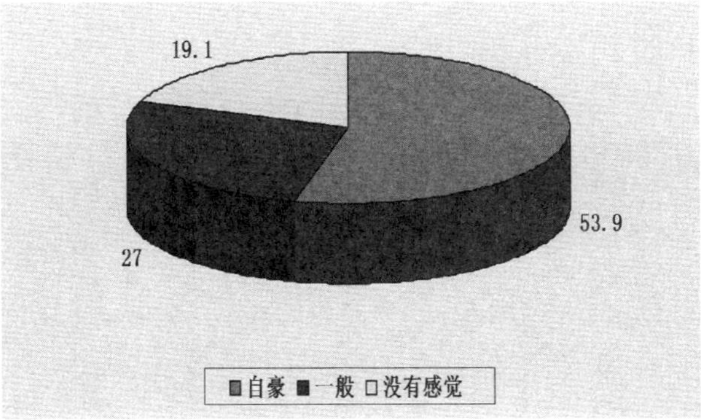

图 F4-18：您对山东举办中国艺术节的感觉（图中数据为百分比）

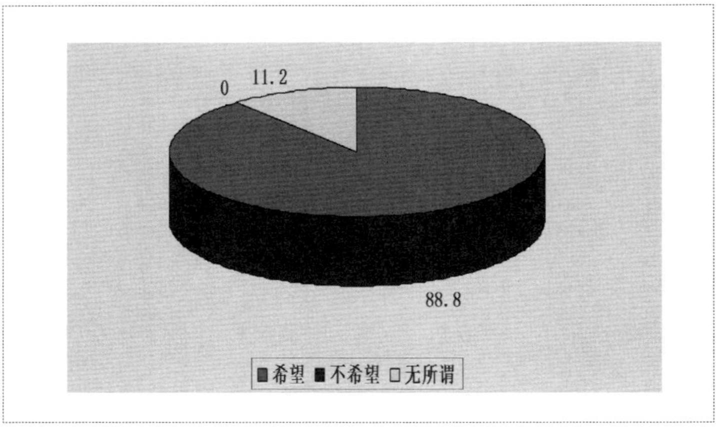

图 F4-19：您是否还希望山东举办类似节目（图中数据为百分比）

如上图所示，53.9% 的青岛受访者对山东举办十艺节感到自豪，88.8% 表示希望山东今后还承担类似活动。由此可见，虽然青岛只是十艺节的一个分会场，但艺术节在青岛已经具备了很好的群众基础，而且公众对于类似活动有很高的参与期望。

（二）公众对于十艺节与文化消费关系的看法

针对门票价格的调查显示，51.9% 的受访者接受 50 元以下的价位，接受 50 ~ 100 元的占 33.3%，接受 101 ~ 200 元的占 8.6%，接受 201 ~ 300 元的占 6.2%；节后的数据显示，十艺节期间，直接或者间接参与艺术节消费金额在 50 元以下的占 21.6%，50 ~ 200 元的占 22.7%，201 ~ 300 元的占 2.3%，300 元以上的占 2.3%，51.1% 的受访者没有消费。（见图 F4-20）

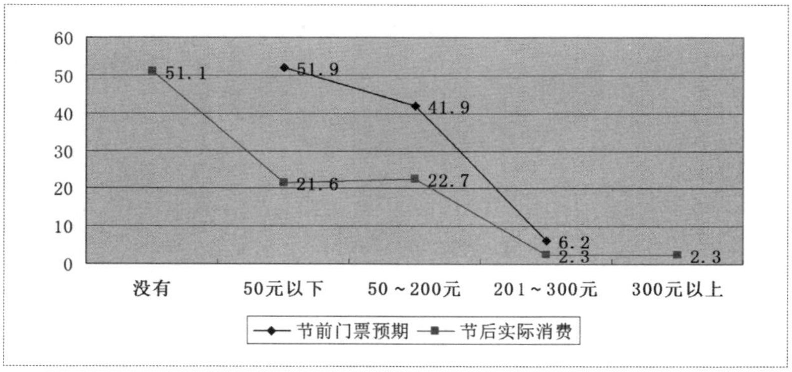

图 F4-20：公众节前门票预期和节后实际消费情况对比（图中数据为百分比）

节前，受访者对于中国艺术节门票预期的心理价位大多集中于 50 ~ 200 元之间，有 93.8% 的受访者能接受 200 元以下消费水平，但节后调查表明，实际消费金额在 200 元以下的比例只有 44.2%，51.1% 的受访者在十艺节期间没有参与任何消费。

针对公众的消费类型调查显示，没有消费的占 63.3%，购票看节目的占 19.3%，购买纪念品的占 3.4%，到举办地旅游的占 14.8%，选择其他消费类型的占 13.6%。（见图 F4-21）

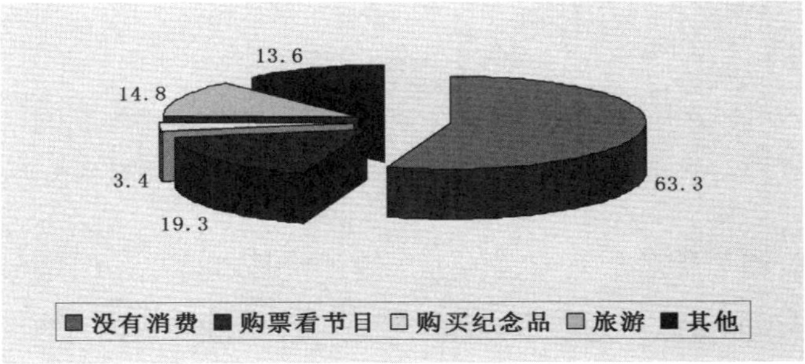

图 F4-21：艺术节期间，您选择了哪些消费（图中数据为百分比）

虽然节前受访者对中国艺术节表达了较高的消费需求意愿，但是十艺节期间有 63.3% 的公众未参与消费活动。在购票、购买纪念品、旅游和其他选项中，购票观看十艺节节目比例最高，达到 19.3%。通过对图 F4-20、21 的综合分析表明，青岛市公众在中国艺术节期间的实际消费水平远远未达到节前的预期，其消费潜力还有待于进一步挖掘。

五、社会公众对于十艺节的总体评价

（一）公众对于十艺节宣传工作的满意度

在对十艺节前期宣传工作的调查中，认为十艺节前期宣传工作做得很好的受访者有 6.4%，认为比较好的 32.1%，一般的占 48.7%，认为比较差和很差的分别占 7.7% 和 5.1%。节后调查数据显示，认为十艺节宣传效果非常好的占 20.2%，比较好占 34.8%，一般占 42.7%，认为比较差的占 1.1%，认为非常差的占 1.1%。（见图 F4-22）

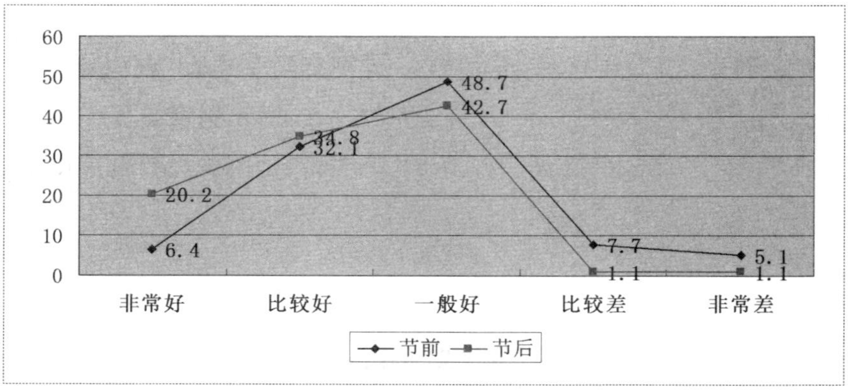

图 F4-22：公众对于十艺节宣传工作的评价（图中数据为百分比）

受访者在节前和节后对十艺节宣传工作的评价基本持平，但是节前认为非常好和比较好的占 38.5%，而节后认为非常好和比较好的比例升高，为 55%，尤其是节后认为宣传效果非常好比例有明显提高。表明十艺节成功举办之后，青岛公众对于山东十艺节宣传工作的认可度有所提升。

（二）公众对于十艺节节目质量的满意度

调查显示，认为十艺节节目类型非常好 / 丰富的达到 32.1%，认为比较好 / 丰富的 45.3%，一般的 22.6%，比较差 / 贫乏占 0%，非常差 / 贫乏占 0%；对节目内容的评价，认为非常好 / 丰富的有 32.1%，比较好 / 丰富的有 47.7%，一般的有 20.2%，比较差 / 贫乏占 0%，非常差 / 贫乏占 0%；对节目形式的评价，认为非常好 / 丰富的有 28.6%，比较好 / 丰富的有 45.2%，一般的有 26.2%，比较差 / 贫乏占 0%，非常差 / 贫乏占 0%；认为演员水平非常好 / 丰富的有 36.9%，比较好 / 丰富的有 40.5%，一般的有 22.6%，比较差 / 贫乏占 0%，非常差 / 贫乏占 0%。（见表 F4-4）

表 F4-4　您认为山东十艺节的节目

	非常好 / 丰富	比较好 / 丰富	一般	比较差 / 贫乏	非常差 / 贫乏
类型	32.1%	45.3%	22.6%	–	–
内容	32.1%	47.7%	20.2%	–	–
形式	28.6%	45.2%	26.2%	–	–
演员水平	36.9%	40.5%	22.6%	–	–

以上数据显示，受访者对于节目质量的满意度相当高，无论是节目类型、节目内容、节目形式，还是演员技术各个方面的正面评价都在80%左右，充分说明了公众对十艺节节目质量所持的肯定态度。

（三）公众对于十艺节的总体评价

节后，课题组从活动组织管理、活动场地、活动规模和活动持续时间四个方面对受访者进行了调查。结果显示，在十艺节的活动组织管理方面，受访者认为非常好占12.6%，比较好47.1%，一般40.3%，比较差0%，非常差0%；在活动场地方面，认为非常好占17.3%，比较好58%、一般24.7%，比较差0%，非常差0%；活动规模方面，认为非常好的占17.2%，比较好51.9%，一般30.9%，比较差0%，非常差0%；活动持续时间方面，认为非常好占17.4%，比较好51.3%，一般31.3%，比较差0%，非常差0%。（见表F4-5）

表F4-5 请您从下列方面评价山东十艺节

	非常好	比较好	一般	比较差	非常差
活动组织管理	12.6%	47.1%	40.3%	–	–
活动场地	17.3%	58%	24.7%	–	–
活动规模	17.2%	51.9%	30.9%	–	–
活动持续时间	17.4%	51.3%	31.3%	–	–

受访者对十艺节活动场地比较认可，满意度超过七成；活动规模和活持续时间的整体满意度接近七成，对活动组织管理整体评价排在最后，接近六成的受访者选择非常好或比较好。数据显示，青岛受访者对政府及相关部门在十艺节的整体表现还是认可的。

六、中国艺术节社会影响力评估

（一）中国艺术节对社会的影响力

节前，课题组针对公众对于历届中国艺术节的了解程度展开调查。（见图F4-23）

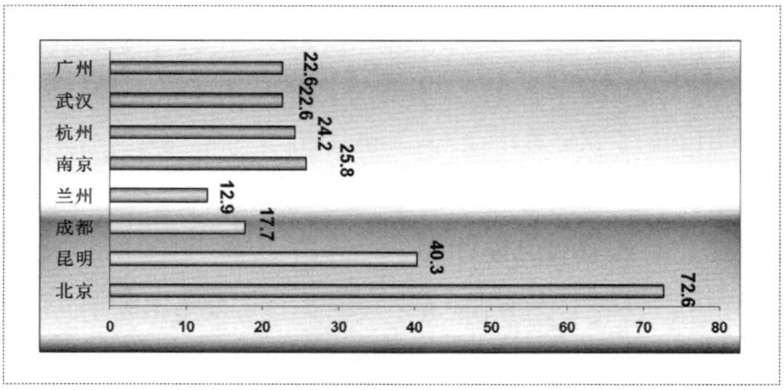

图 F4-23：您知道哪些城市举办过中国艺术节（图中数据为百分比）

在曾经举办过中国艺术节的城市中，北京作为首届和第二届中国艺术节的举办地，公众对其认知程度最高，为 72.6%，其次为昆明，比例为 40.3%，然后是南京、杭州、武汉和广州，比例分别为 25.8%、24.2%、22.6% 和 22.6%，成都的认知度为 17.7%，兰州的比例最低，只有 12.9%。这说明青岛公众对于中国艺术节的整体了解程度还有待提高。

调查显示，大多数受访者对第十一届中国艺术节的举办地并不清楚，这一比例高达 77%，只有 13.5% 的公众正确地选择了西安，选择上海的有 8.1%，还有 1.4% 选择了郑州。（见图 F4-24）

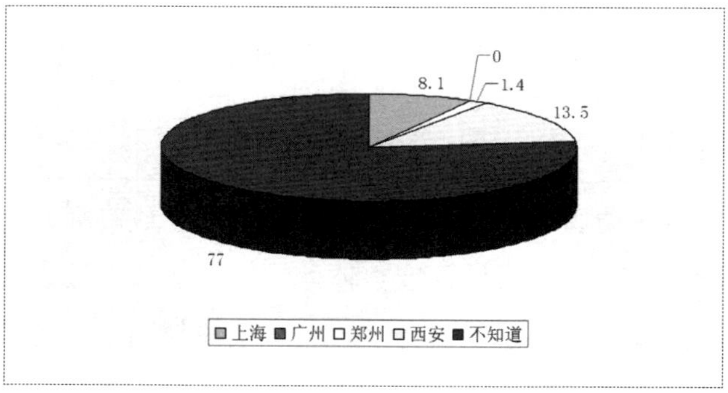

图 F4-24：你知道第十一届中国艺术节在哪个城市举办（图中数据为百分比）

（二）山东十艺节对社会的影响力

1. 节前公众对山东十艺节的知晓程度

通过节前的调查发现，58.4% 的受访者知道十艺节举办地，73.3% 知道具体举办时间，但知道中国艺术节宗旨的只有 20.3%，可见山东十艺节节前宣传效果不错，但是深入宣传还有待提高。

对于青岛市公众而言，电视是其了解十艺节的主要途径，报纸、电台广播、海报等传播途径也起到一定的作用。值得注意的是，尽管电视、报纸和电台广播等传统媒体仍然是信息传播的主要手段，但是作为新兴媒介——网络，其在宣传艺术节的过程中所起的重要作用正日益凸显，这一点应该引起关注。正是借助于多样化的宣传方式，最大限度地提高了十艺节的知名度。

针对公众对十艺节会场设置的调查显示，有 77.8% 的受访者选择省会济南，青岛为 47.2%，烟台为 25%，淄博和潍坊比例相近，分别为 12.5% 和 11.1%，枣庄、菏泽、日照和德州的比例较低，分别为 5.6%、5.6%、2.8% 和 2.8%，另外，还有 1.4% 的公众选择了其他。（见图 F4-25）

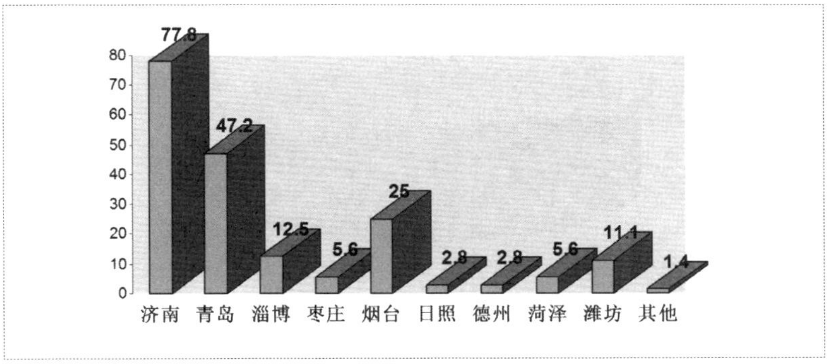

图 F4-25：您知道十艺节有哪些分会场（图中数据为百分比）

作为十艺节的主会场，受访者对济南的知晓度最高，青岛、烟台等东部主要沿海城市比例也较高，然后是淄博和潍坊，而中西部内陆城市知晓度整体较低。

公众知晓的深入性也可以通过其对十艺节活动的知晓情况得到佐证。（见图 F4-26）

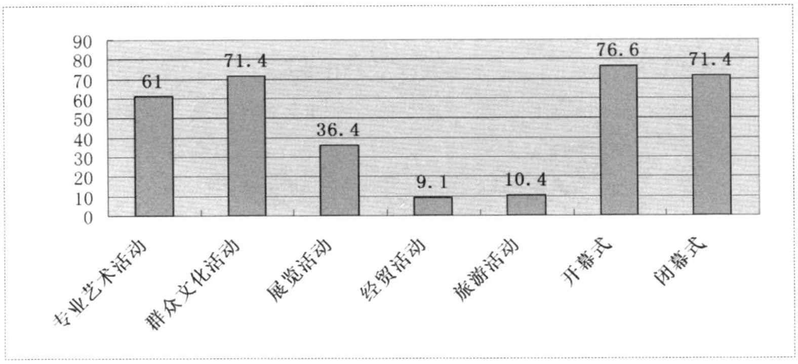

图 F4-26：您知道十艺节有哪些活动（图中数据为百分比）

从图 F4–26 可以看出，在艺术节的各项活动中，受访者对开幕式的知晓率最高，达到 76.6%；知晓率最低的是经贸活动，只有 9.1%，说明公众对十艺节的各项活动有所了解。其中，受访者对一些活动的知晓率达到半数以上，如专业艺术活动、群众文化活动、开幕式和闭幕式。由此可见，十艺节举办之前，青岛公众对于各项活动有了比较广泛而且深入的了解。

2. 节后公众对山东十艺节的知晓程度

节后，有关公众对于十艺节的知晓程度，课题组做了大量调查。数据显示，30.2% 的受访者在十艺节开始之前就已经对其有所了解，49% 在艺术节举办过程中了解到十艺节，20.8% 在活动结束之后了解。（见图 F4–27）

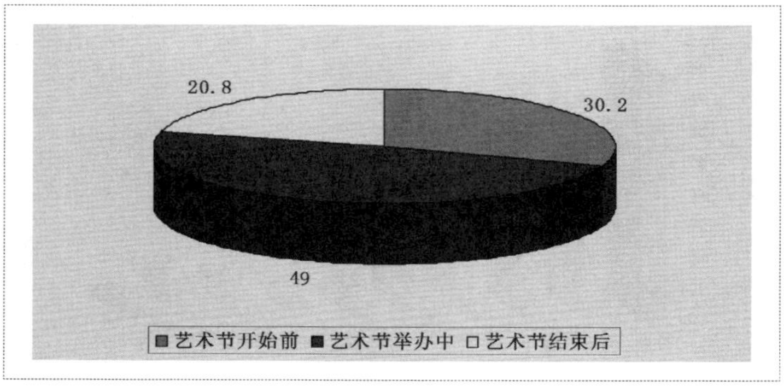

图 F4–27：您是在什么时段了解到山东十艺节的（图中数据为百分比）

在有关十艺节获取现场演出门票方式的调查中，单位团体购票占 3.3%、个人买票占 74.6%、举办方赠票占 3.3%、亲戚朋友送票占 1.1%、其他渠道占 4.4%、没有到现场占 13.3%，对到现场观看的公众而言，个人买票仍然是获取参与现场演出的主要方式。（见图 F4–28）

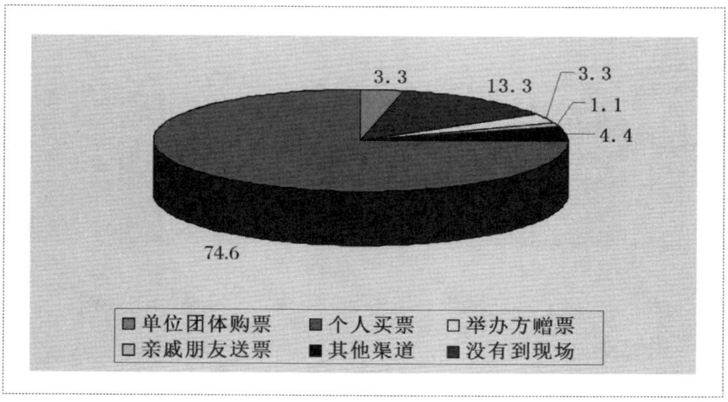

图 F4–28：您是通过哪种渠道到现场观看节目的（图中数据为百分比）

针对十艺节的票价，受访者认为票价比较贵的占 8%，认为票价一般的占 54.1%，认为票价比较便宜的占 2.3%，还有 35.6% 选择说不清。由此看见，票价的高低并非是影响公众参与艺术节的最主要因素，况且，超过半数的受访者认为十艺节的门票价格处在一般水平，而对中国艺术节的知晓度整体偏低才是导致没有更多的公众到现场参与艺术节的关键要素。

在对艺术节活动的认知程度方面，调查结果如下（见图 F4-29）：

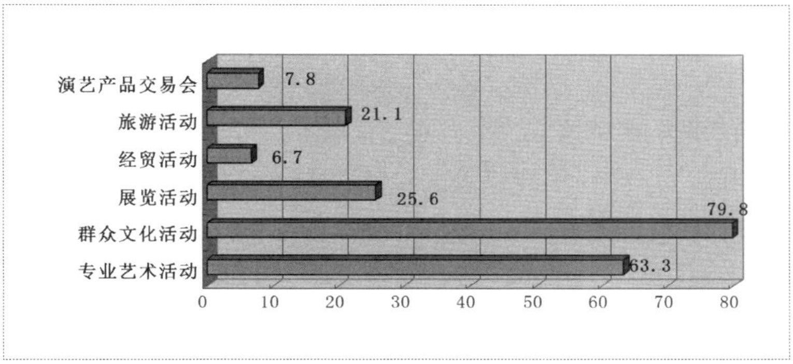

图 F4-29：您知道十艺节有哪些活动（图中数据为百分比）

受访者对于十艺节群众文化活动和专业艺术活动认知度最高，分别达到 79.8% 和 63.3%，其次为展览活动，为 25.6%，旅游活动为 21.1%，演出交易会为 7.8%，经贸活动为 6.7%。

3. 山东十艺节整体社会影响力分析

（1）十艺节节前社会影响力分析

节前调查显示，在观众最希望看到的节目类型中，音乐会和歌舞晚会比较受欢迎，比例分别占 57% 和 54.4%，其次为美术展览 41.8%，曲艺晚会 38%，音乐剧 30.4%，地方戏剧 26.6%，舞剧 25.6%，话剧 24.1%，京剧 15.2%，另有 5.1% 的受访者选择了其他节目类型。

在对观众最希望通过哪种方式欣赏艺术节节目的调查中，选择通过电视观看的观众比例最高（62.5%），其次为上网观看（40%）。值得注意的是，3.8% 的受访者表示对艺术节的节目不感兴趣，可能不会观看。（见图 F4-30）

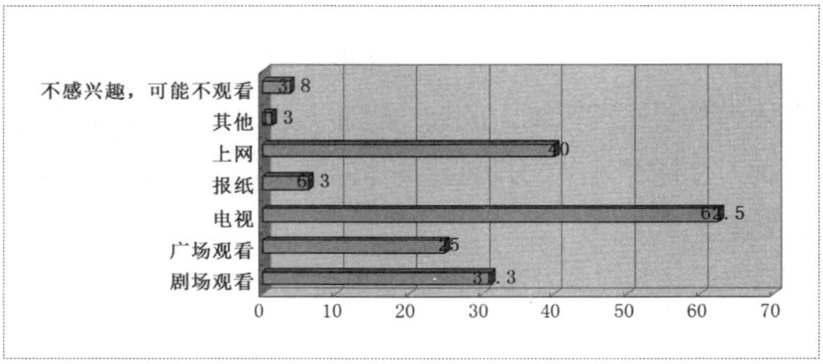

图 F4-30：您希望通过哪种方式欣赏艺术节的节目（图中数据为百分比）

在公众最希望的购买门票方式中，网上订购所占的比例最高，达到 69.1%，其次为到售票处购买门票，为 16.1%，电话订购和短信订购分别占 8.6% 和 3.7%，还有 2.5% 的受访者选择其他方式获取门票。（见图 F4-31）

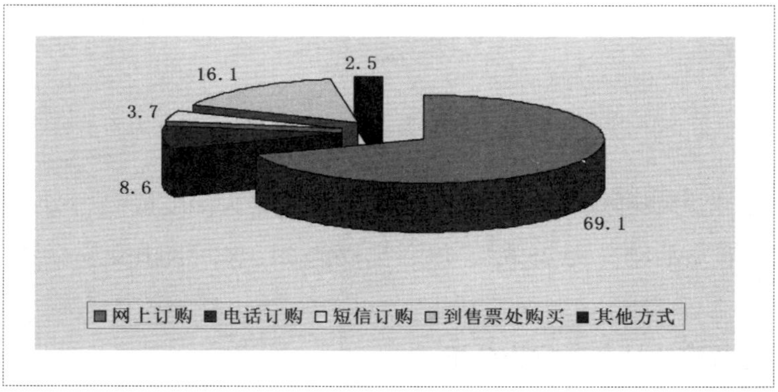

图 F4-31：您希望通过哪种方式来购买十艺节的门票（图中数据为百分比）

（2）十艺节节后社会影响力分析

节后，针对公众比较喜欢的艺术节活动调查结果显示，群众文化活动受欢迎程度最高，达到 65.2%，其次为专业艺术活动，为 45.6%，展览活动、旅游活动和演艺产品交易会分别为 11.2%、6.7% 和 3.3%，经贸活动没有受到普通公众的关注。（见图 F4-32）

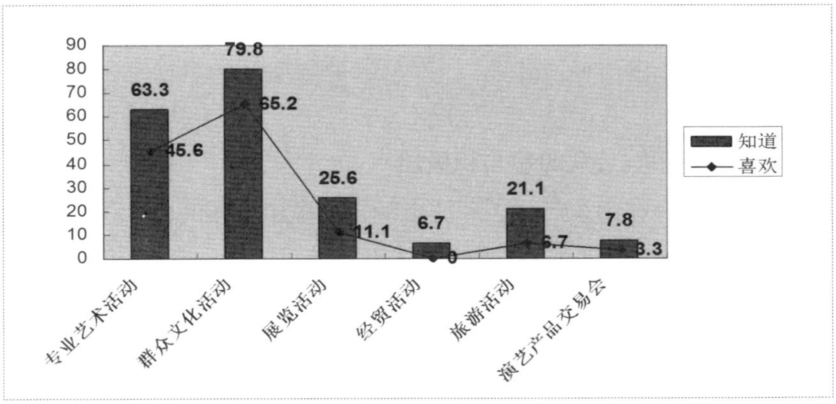

图 F4-32：公众知道 / 喜欢十艺节活动对比分析（图中数据为百分比）

不管是对艺术节活动的认知程度还是喜欢程度，专业艺术活动和群众文化活动所占的比例都较高；而且，对于艺术节所有活动而言，观众的认知程度都要高于喜欢程度。

针对公众比较喜欢的艺术节节目调查显示，歌舞晚会和曲艺晚会的受欢迎程度较高，分别为 49.4% 和 44.8%，其次是地方戏曲，比例为 13.8%，音乐会、京剧、美术展览、话剧、舞剧和音乐剧的比例均不超过 1 成，分别为 8%、6.9%、5.7%、3.4%、3.4% 和 0%。（见图 F4-33）

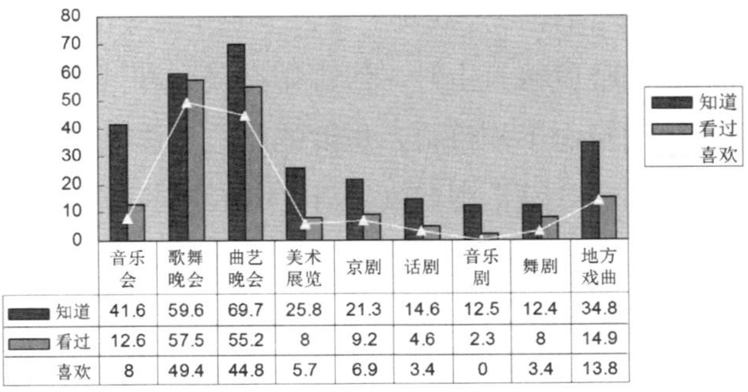

	音乐会	歌舞晚会	曲艺晚会	美术展览	京剧	话剧	音乐剧	舞剧	地方戏曲
知道	41.6	59.6	69.7	25.8	21.3	14.6	12.5	12.4	34.8
看过	12.6	57.5	55.2	8	9.2	4.6	2.3	8	14.9
喜欢	8	49.4	44.8	5.7	6.9	3.4	0	3.4	13.8

图 F4-33：公众知道 / 看过 / 喜欢十艺节节目对比分析（图中数据为百分比）

无论是认知度、参与度还是喜欢程度，歌舞晚会和曲艺晚会等大众化节目的比例都较高，音乐会、美术展览、京剧等专业性较强节目的知晓度较高，但是实际参与度和喜欢程度与知晓度都有较大落差。

此外，群众文化活动和精彩的节目也是本届艺术节的亮点所在。节后的数据显示，受访者认为群众文化活动丰富的占 37.5%，认为节目精彩的占 27.3%，还有 31.8% 的公众选择了说不清。

七、问题与对策

（一）主要问题

1. 宣传力度不够影响公众的参与积极性

十艺节的成功举办在山东产生了广泛影响，很多山东省的公众都直接参与到了艺术节的活动中，充分体现了中国艺术节作为“人民的节日”这一特色。但是通过调查发现，十艺节在青岛的宣传力度远不及济南，甚至与德州也有差距。（见图 F4-34）

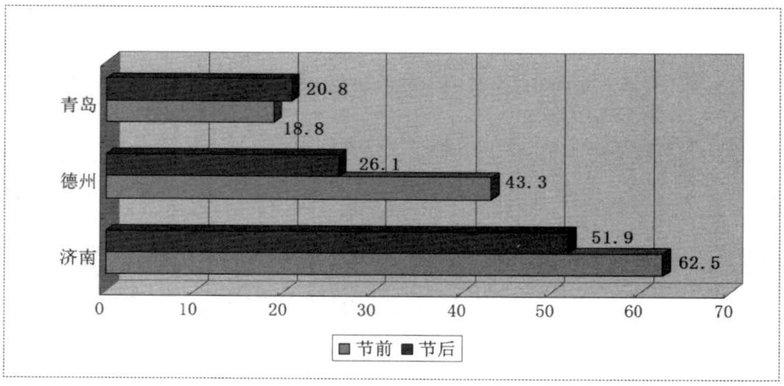

图 F4-34：十艺节知晓度对比分析（图中数据为百分比）

无论是节前还是节后，济南市公众对于十艺节的知晓度都是最高的，其次为德州，而青岛虽然节后公众的知晓度略有上升，但都排在济南和德州之后。这不仅与青岛市作为十艺节闭幕所在地的身份不相符合，重要的是直接影响到公众参与艺术节的积极性。数据显示，节后在针对公众是否观看或参与过中国艺术节的项目或活动的调查方面，青岛市为 33.7%，而德州市为 36.9%。

2. 关注度不高限制公众的消费潜力

从整体上看，青岛市受访者对十艺节的关注程度不够理想。不仅影响了青岛公众参与中国艺术节的积极性，而且在某种程度上也限制了公众的消费潜力。

不管是节前还是节后，青岛市公众对十艺节的知晓度均在 20% 左右，但是，通过对调查数据做进一步深入分析发现，在持续关注中国艺术节的这部分人群中，青岛市公众直接或间接参与十艺节的消费情况还是值得肯定的。

在十艺节期间，青岛近一半的受访者都不同程度地参与了艺术节的消费活动，比例为 48.9%，其中，消费在 50 元以下的占 21.6%，50 ~ 200 元的占 22.7%，201 ~ 300 元的占 2.3%，300 元以上的占 2.3%。

以此可见，青岛市公众在十艺节期间的消费潜力还没有被完全挖掘。结合青岛的经济社会发展水平而言，影响公众十艺节消费水平的主要因素不是消费能力，而是对于艺术节缺乏足够的关注度。

3. 票价较高导致现场观看的门槛过高

调查中了解到，虽然本届艺术节采取了很多惠民措施，但大多数受访者仍认为十艺节门票过高，因而成为限制公众现场观看艺术节节目的主要因素。

从调研情况来看，相较于现场观看艺术节节目而言，青岛市公众多数更愿意通过电视欣赏十艺节节目。数据显示，节前希望通过现场观看的方式欣赏艺术节节目的受访者占 10.3%，选择电视的占 72.4%；节后实际选择通过现场观看的方式欣赏十艺节节目的受访者比例略有上升，为 12.2%，选择电视的占 58.2%。（见图 F4−35）

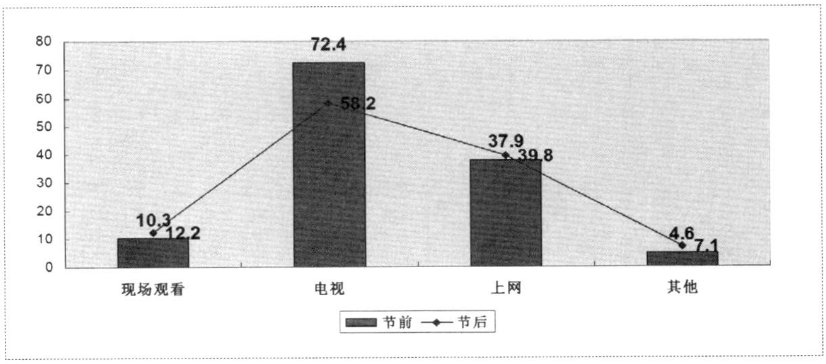

图 F4−35：您希望 / 是通过哪种方式欣赏十艺节的节目（图中数据为百分比）

调查数据显示，无论是经济较发达的沿海城市（青岛）还是经济一般的内陆城市（德州），受访者对十艺节票价预期普遍偏低，与实际票价距离较大。（见图 F4−36）

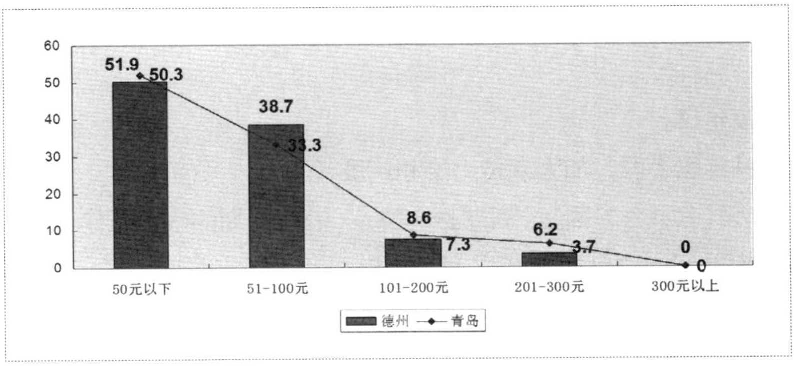

图 F4−36：您能接受的十艺节门票价格（图中数据为百分比）

综合图 F4−35、36，不管是节前的心理预期还是节后的现实情况，对青岛受访者而言，通过现场观看欣赏十艺节节目的始终不占主流；而有超过半数的受访者对十艺节节目门票价格的心理预期在 50 元以下，超过 300 元以上的节目门票价格是公众无法接受的。

因此，十艺节票价过高，超出公众普遍预期是将公众挡在剧场之外的主要原因之一，这也在一定程度上阻碍了市民参与的热情，限制了艺术节宗旨的发挥。

4. 专业性较强使艺术节呈现小众化特点

中国艺术节的专业表演艺术节目以舞台表现形式为主，具有较强的专业性。因此，对观众而言，不仅存在门票上的门槛，也同时存在认知和欣赏门槛。如果受众没有一定的文化艺术修养，则很难对其产生兴趣。

根据调查数据，课题组发现，公众的注意力普遍集中在音乐会、歌舞晚会、曲艺晚会等大众化的节目类型，而对于其他专业性较强的节目类型缺乏足够的关注，致使中国艺术节呈现出小众化的特点。（见图 F4−37）

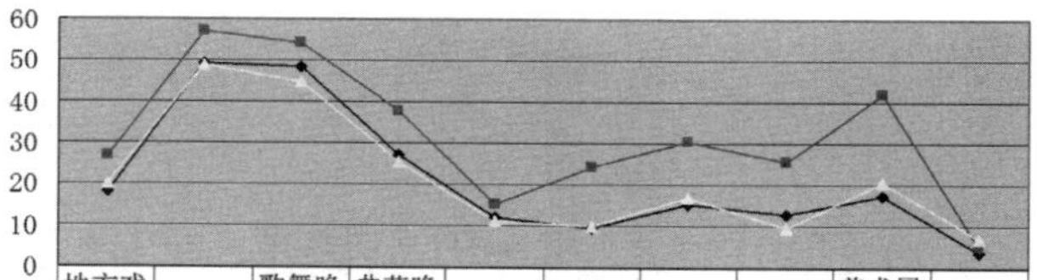

	地方戏曲	音乐会	歌舞晚会	曲艺晚会	京剧	话剧	音乐剧	舞剧	美术展览	其他
济南	18.1	49.3	48.3	27	11.8	9.5	15.1	12.8	17.3	3.5
青岛	26.6	57	54.4	38	15.2	24.1	30.4	25.6	41.8	5.1
德州	20	48.9	44.7	25.3	11.1	10	16.8	9.5	20.5	6.8

图 F4−37：您希望看到十艺节中的哪些节目（图中数据为百分比）

对于青岛的公众而言，选择观看音乐会的比重最大，其次为歌舞晚会和美术展览，相比之下，话剧、音乐剧、舞剧等专业性较强的节目类型以及我国的传统经典国粹——京剧，似乎正在逐渐淡出人们的视野，从一个侧面反映出这些专业性较强的艺术形式曲高和寡、观众日趋流失的问题。

（二）对策建议

1. 利用多种传媒手段，加大宣传力度和广度

中国艺术节具有举办时间短、周期长的特点，因此前期的宣传工作就显得尤为重要。主办方要在较短时间内调动一切可以利用的资源和手段来加强宣传，扩大宣传范围，强化宣传力度。

从对十艺节的数据分析来看，大多数公众仍然是通过电视、电台广播、报纸等传统传播手段来获取信息，但是随着近年来网络媒体的迅速发展，互联网在信息传播过程中所起的作用越来越重要。而青岛市的调研数据显示，电视、报纸、海报仍是公众获取十艺节相关信息的主要途径。因此，在宣传中国艺术节时，不仅要发挥传统媒体的作用，还应充分利用现代传播手段，如利用网络媒体、手机短信等方式进行市场化运作，通过各种形式的媒体全方位、多角度地对中国艺术节进行全程跟踪报道，尽可能地吸引公众的注意力，扩大艺术节的社会影响力。

2. 提高公众关注度，尽可能地挖掘消费潜力

虽然中国艺术节具有一定的公益性，但在文化产业已经上升至国家战略高度的今天，如何更好地发挥艺术节的产业属性也是值得我们思考的问题。

课题组在调查中发现，作为十艺节的主会场，济南市公众对于艺术节的关注度最高，而德州、青岛市的公众对于艺术节的关注度则较低，而对艺术节缺乏足够的关注直接影响到了公众的消费情况。因此，对于主办方而言，应该运用多种手段吸引更多的公众直接参与中国艺术节，比如对艺术节的门票价格实行一定的折扣，将艺术节和当地的旅游资源相结合等等，以此提高公众对于艺术节的关注度和参与度，从而拉动餐饮、运输、广告、金融等城市多种相关产业的发展。同时，对于不能到举办地直接参与艺术节的公众，也可以通过卫星频道、网络直播、衍生品开发等多种方式使其了解、认可并最终参与中国艺术节。

3. 立足于艺术节宗旨，降低民众参与门槛

一个成功的艺术节目从创作到演出付出了艺术家们辛勤的汗水，其基本价值理应得到尊重，出售演出门票无疑是对艺术节目的一种肯定，同时也是市场条件下资源稀缺下的相对合理选择。虽然本届艺术节采取了很多便民措施，尽可能使更多地公众接触、参与艺术节，然而根据课题组调查情况看，本次艺术节的门票价格相对于普通市民仍然过高，门票价格门槛使很多市民被拒之门外，阻碍了市民参与热情，削弱了艺术节功能的施展，进而可能背离中国艺术节的办节宗旨。因此，建议探询合理的定价机制，设立专门的群众节目展示，给群众参与的空间，同时优化票价机制，使普通大众能够接受，刺激其参与热情。如此，将有助于中国艺术节的不断进步和发展。

4. 调动民众参与艺术节的积极性

中国艺术节是“人民的节日”，人民群众应该是艺术节的主体，只有充分调动他们的积极性和主创性，让他们参与到艺术节中来，才能真正实现艺术节的价值。首先，在保存中国艺术节中展览展示、舞台演出等基本活动类型之外，建议再开办一些群众能够亲自参与的大众文艺活动，从而激发群众参与艺术节的热情。其次，针对公众参与的专业门槛问题，建议普及大众艺术教育，切实提高国民整体艺术素质，通过举办各种形式的艺术活动大力培育公众的艺术鉴赏力，特别要注意培养青少年对艺术活动的参与兴趣，以便最大化地提高公众的参与度，使中国艺术节成为真正意义上的“人民的节日”。

附录五

烟台分会场调研报告

本报告通过对烟台地区节前、节中、节后三个阶段调研数据的分析，了解公众、文艺工作者对十艺节的知晓度和参与度以及十艺节给烟台经济社会发展所带来的影响，并以此为依据，探索中国艺术节今后更加有效的发展之路。

一、样本基本情况

烟台是十艺节分会场之一。为客观分析十艺节的举办对烟台经济社会发展的影响，课题组组织了 3 次实地调研，分别为节前对公众的调研、节中对文艺工作者的调研及节后对公众的调研。除了问卷调查外，课题组还进行了有针对性的访谈，力求获得更多、更为客观真实的调研材料。调研样本情况如表 F5−1 所示。

表 F5−1　烟台市调研样本基本情况

调查对象	调查时间	问卷数量（份）
公众	2013 年 7 ~ 8 月	456
文艺工作者	2013 年 10 月 11 ~ 26 日	104
公众	2013 年 11 月	599

被调查公众在性别、年龄、婚姻状况、居住地、宗教信仰等方面的基本情况是：受访者男女性别比较均衡，男性所占比重在节前稍高，节后稍低；从年龄来看，各年龄层次都有所分布，节前受访者年龄从 11 岁到 81 岁不等，其中 21 ~ 40 岁者所占比重最高；节后年龄 18 岁以下为 4.8%，19 ~ 30 岁为 51.8%，31 ~ 40 岁为 28.4%，41 ~ 50 岁为 11%，51 ~ 60 岁为 2.7%，60 岁以上为 1.3%；从婚姻状况来看，节前受访者已婚

与未婚人口比例为 52.3 : 47.7，分布比较均衡；从受访者居住地来看，节前节后，居住地在城区的人数比重较大，占受访者的大多数（节前为 68.4%，节后为 56.8%），节前居住地在农村的人数所占比重次之，居住在郊区的受访者人数比重最小，节后居住地在郊区和农村的受访者比重基本相当；从受访者政治面貌来看，群众所占比例最高，中共党员次之，民主党派人士所占比重最小；从宗教信仰来看，节前大部分受访者无宗教信仰达到 82.1%，信仰基督教、伊斯兰教、佛教和道教的合计 17.9%；从文化程度来看，大专及以上文化程度者分别达到 67.7% 和 73.5%；从受访者的职业来看，节后在岗人员、下岗人员、其他劳动者和学生分别为 56.5%、1.8%、5.5%、36.1%，可见，此次调研的对象分布于社会各行各业。

从受访者兴趣爱好来看，爱好音乐所占比重均相对较高，而对舞蹈、美术、曲艺等方面感兴趣的相对较少。节前爱好音乐类的为 24.5%，爱好影视、读书看报、体育运动的分别为 12.9%、14.9% 和 13.7%。节后的数据是：音乐 18.5%，影视 17.1%，读书看报 15.9%，体育运动 15.7%，摄影 5.8%，舞蹈 5.6%，美术 4.4%，棋牌 4.1%，网络游戏 3.8%，曲艺 2.6%，其他 6.5%。说明公众最喜欢的活动排序为音乐、影视、读书看报和体育运动。

从受访者 2012 年度月均收入来看，无论在节前还是在节后，月均收入在 3500 元以下的占比最高，月均收入 3501 ~ 5000 元的分别为 21.7%（节前）和 15.3%（节后），月均收入 5000 元以上的分别为 17.7%(节前)和 10.4%（节后）。从受访者 2012 年月均文化消费来看，节前月均文化消费水平在各个层次较为平均，节后月均文化消费水平 100 元以下的所占比重最大，其他层次文化消费水平的受访者所占的比重较为平均，总体来讲，烟台公众的文化消费水平不高。（见表 F5-2）

表 F5-2　节前节后烟台市调研样本基本情况

性别	节前	男性 53.1%，女性 46.9%
	节后	男性 39.2%，女性 60.8%
年龄	节前	21~40 岁者所占比重最高；年龄最大 81 岁，最小 11 岁
	节后	18 岁以下 4.8%，19~30 岁 51.8%，31~40 岁 28.4%，41~50 岁 11.0%，51~60 岁 2.7%，60 岁以上 1.3%
婚姻状况	节前	已婚 235 人，占 52.3%，未婚 214 人，占 47.7%
	节后	无数据

（续表）

居住地	节前	城区 68.3%，郊区 9.4%，农村 22.3%
	节后	城区 56.4%，郊区 23.5%; 农村 20.1%
政治面貌	节前	中共党员 21.6%，民主党派人士 0.7%，群众 77.7%
	节后	中共党员 9.9%，民主党派人士 1.7%，群众 88.4%
宗教信仰	节前	信仰基督教者 6.7%，信仰伊斯兰教者 0.7%，信仰佛教者 9.6%，信仰道教者 0.9%，无宗教信仰者 82.1%
	节后	无数据
文化程度	节前	初中及以下 12.2%，高中（中专）20.0%，大专 24.7%，本科 36.5%，研究生及以上 6.5%
	节后	初中及以下 6.4%，高中（中专）20.1%，大专 25.8%，本科 44.5%，研究生及以上 3.2%。大专及以上文化程度达到 73.5%
兴趣爱好	节前	爱好音乐 24.5%，爱好影视、读书看报、体育运动分别为 12.9%、14.9% 和 13.7%，对舞蹈、美术、曲艺等方面感兴趣的较少，相加起来也只有 34%
	节后	爱好舞蹈 5.6%，音乐 18.5%，美术 4.4%，影视 17.1%，棋牌 4.1%，曲艺 2.6%，网络游戏 3.8%，读书看报 15.9%，体育运动 15.7%，摄影 5.8%，其他 6.5%
职业	节前	无数据
	节后	专业技术人员 12.9%，国家机关、党群组织、企事业单位负责人 7.8%，办事人员和有关人员 4.4%，商业工作人员 13.4%，服务性工作人员 14.1%，农林牧渔劳动者 0.5%，生产工作、运输工作和部分体力劳动者 3.5%，下岗人员 1.8%，其他劳动者 5.5%，学生 36.1%
月均收入	节前	1200 元以下 25.5%，1201~3500 元 35.1%，3501~5000 元 21.7%，5001 元以上 17.7%
	节后	1200 元以下 37%，1201~3500 元 37.3%，3501~5000 元 15.3%，5000 元以上 10.4%

（续表）

月均文化消费	节前	100 元以下 17.5%，101~300 元 27.3%，301~500 元 21.1%，501~1000 元 16.4%，1000 元以上 17.7%。
	节后	100 元以下 39.6%，101~300 元 17.7%，301~500 元 12.5%，501~1000 元 12.3%，1000 元以上 17.9%。

二、公众对十艺节的知晓度和参与度情况

（一）节前公众对十艺节的知晓度和参与度基本情况

1. 仅有三成受访者知道中国艺术节

节前受访者中，知道中国艺术节者占 33.1%。（如图 F5−1 所示）这说明中国艺术节虽已成功举办过九届，但在公众中的知晓度仍然不高。

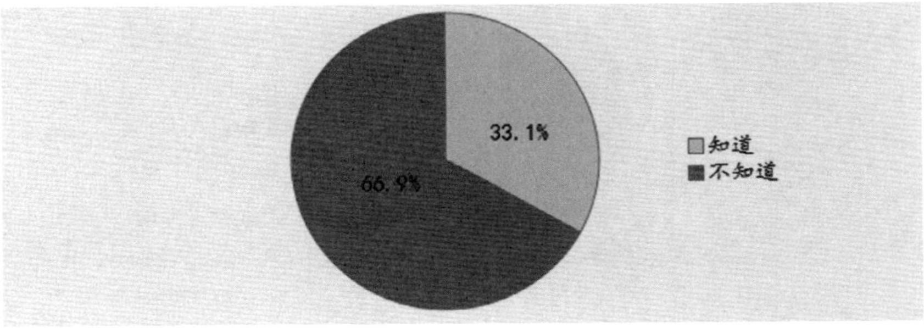

图 F5−1：节前烟台公众对中国艺术节的知晓度

在所有知道中国艺术节的受访者中，电视和互联网是其中大多数人了解和欣赏中国艺术节的主要方式，分别有 65.4% 和 50.8% 的受访者表示曾通过电视和互联网观看过中国艺术节相关节目。有 11.5% 的受访者曾现场观看过中国艺术节的节目。具体情况如图 F5−2 所示：

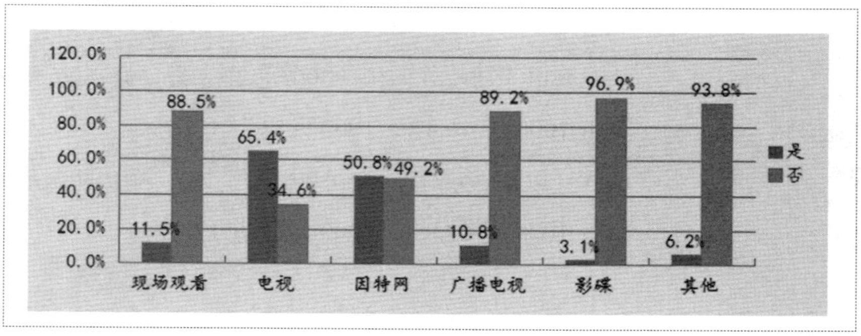

图 F5-2：节前烟台公众欣赏中国艺术节节目的方式

2. 有超过半数的受访者不知道十艺节在何处举办

当被问及十艺节将在何处举办时，知道者仅有 41.6%。（如图 F5-3 所示）超过半数的受访者不知道十艺节将在自己的家乡举办，这说明了十艺节的宣传力度还不够。

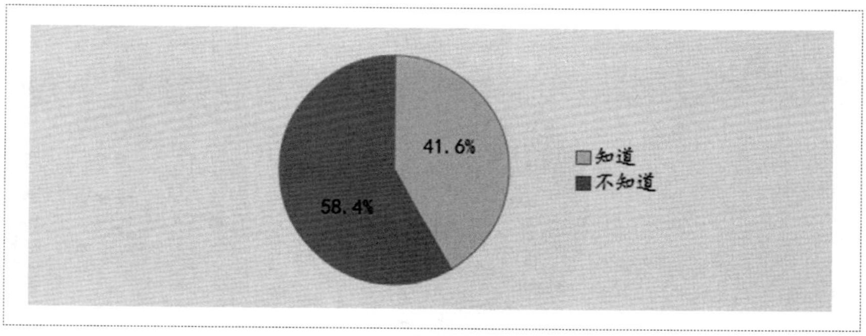

图 F5-3：节前烟台公众对十艺节举办地的知晓度

在对十艺节举办时间的调查中，受访者选择 9 月份的占 16.1%，10 月份占 82.8%，11 月份占 1.1%。十艺节举办的时间是 10 月份，说明绝大多数受访者对十艺节的举办时间比较了解。

3. 电视和互联网是公众了解十艺节的主要途径

数据显示，电视是受访者了解十艺节最主要的媒介，65.8% 的受访者通过电视了解十艺节的相关情况。互联网是了解十艺节的另一主要途径，38% 的受访者通过互联网了解十艺节。也有部分受访者通过海报、报纸、广播了解了十艺节的相关信息，而通过书籍、短信等其他方式了解十艺节的受访者则很少。具体情况如图 F5-4 所示：

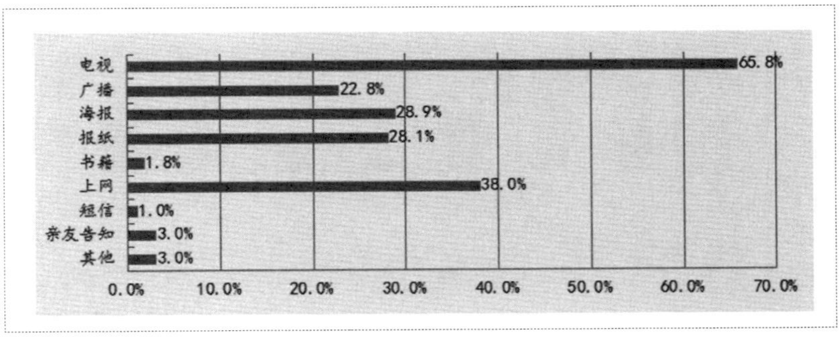

图 F5-4：节前烟台公众了解十艺节的主要途径

4. 对济南、烟台和青岛会场的知晓程度较高

十艺节会场中，济南、烟台、青岛的知晓度很高，分别为70%、60.9%和50.6%。而淄博、潍坊、德州等其他会场，受访者知道的较少，如淄博的知晓度为13.8%，枣庄的知晓度只有3.4%。这应该与城市的知名度有很大关系，济南是山东省会，青岛、烟台是经济发展较好且知名度较高的城市。但烟台市民对烟台是十艺节分会场的知晓度不及济南，说明公众对十艺节的了解比较浅显。

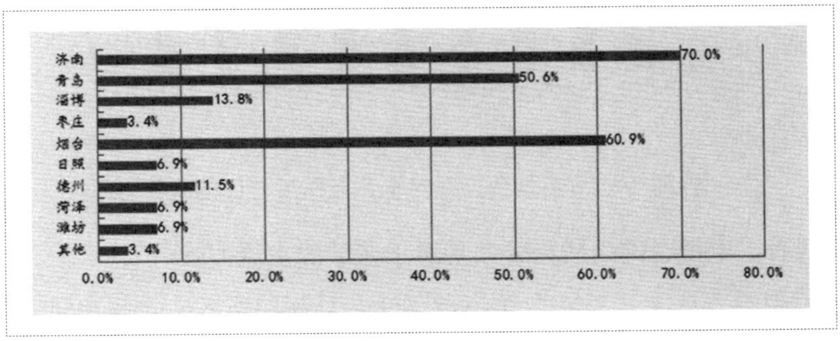

图 F5-5：节前烟台公众对十艺节会场的知晓度

5. 对专业艺术活动等主要活动比较了解

在十艺节相关活动中，专业艺术活动、群众文化活动、开幕式、闭幕式的知晓度相对较高，展览活动的知晓度也接近50%；经贸活动和旅游活动的知晓度则相对较低。总体上讲，烟台公众对于十艺节的主要活动比较了解。

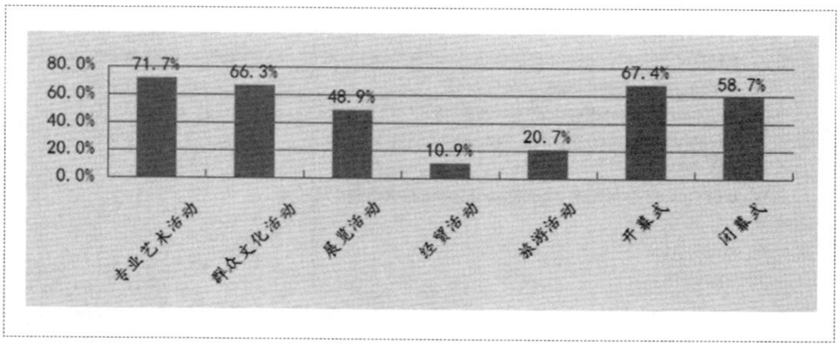

图 F5-6：节前烟台公众对十艺节相关活动的知晓度

6. 音乐会、歌舞晚会将受到欢迎，现场观看演出成为公众的一大选择

受访者对歌舞晚会和音乐会的观看意愿相对较高，希望看到歌舞晚会的占 51%，希望看到音乐会的占 47.9%。受访者对于地方戏曲等其他节目没有太大的偏好，观看意愿相对较低。具体情况如图 F5-7 所示：

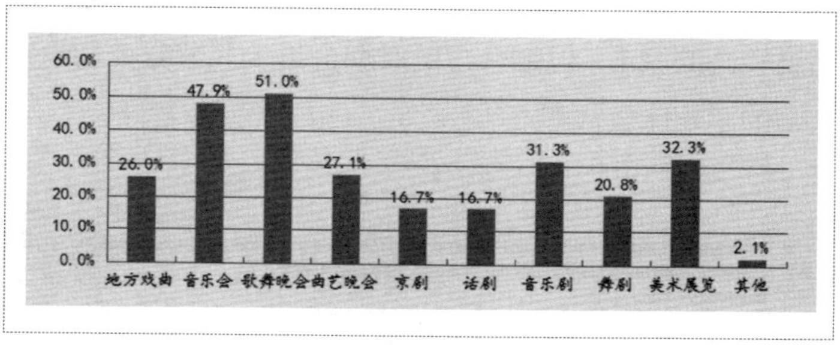

图 F5-7：节前烟台公众对十艺节相关节目的观看意愿

7. 剧场观看、电视、网络成为公众观看十艺节的主流方式

在十艺节观看方式上，53% 的受访者选择剧场观看方式，选择电视或者上网观看的分别占 52% 和 46%。也有少部分受访者对于观看十艺节不感兴趣，占 3%。具体情况如图 F5-8 所示：

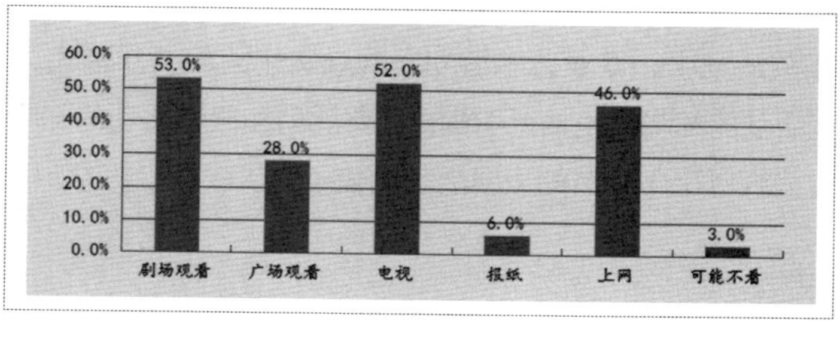

图 F5-8：节前烟台公众对十艺节节目观看方式的选择

8. 网上订票最受欢迎，低票价是烟台市民的共同希望

在十艺节门票购买方面，最受公众青睐的购票方式是网上订购，有 70% 的受访者选择该项。网购具有便利、快捷、省时等特点，是公众选择网上购票的主要原因。受访者对于到售票处购买、电话订购的意愿各占 10%，另外 10% 的受访者选择通过短信订购、邮局订购以及其他方式。因此，优化网络购票环境，提升观众网上购票的满意度，是做好本次十艺节组织工作的要求之一。具体情况如图 F5-9 所示：

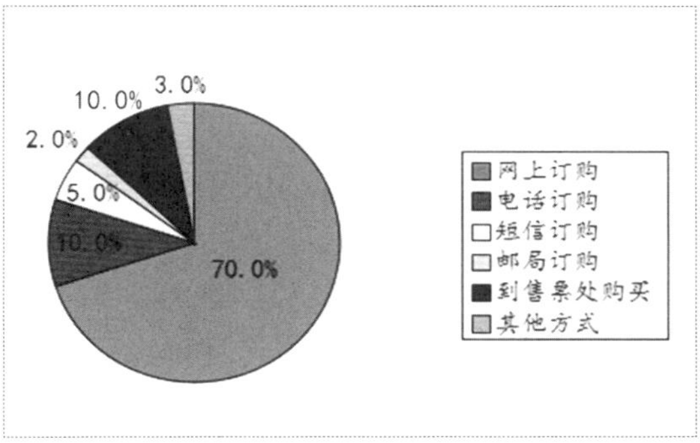

图 F5-9：节前烟台公众对于购票方式的选择

而对于票价，近 80% 的受访者希望在 100 元以下。其中，能接受票价 50 ~ 100 元的占 59%，50 元以下的占 19%。有 19% 的受访者能接受票价 101 ~ 200 元，也有 3% 的受访者能够接受 201 ~ 300 元。从总体上讲，受访者希望票价能够亲民。具体情况如图 F5-10 所示：

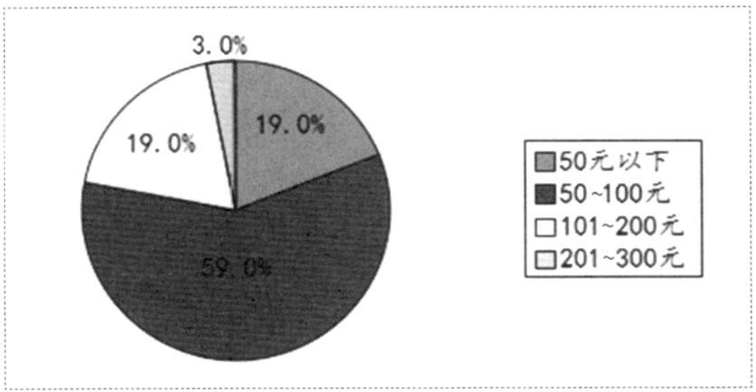

图 F5-10：节前烟台公众能接受的门票价格情况

（二）节后公众对十艺节的知晓度和参与度的基本情况

1. 节后公众对中国艺术节知晓者仍较少，了解程度一般

在节后烟台的所有受访者中，知道中国艺术节的占 39.1%，不知道者则占到

60.9%。（如图 F5-11）在所有知道中国艺术节的受访者中，观看过或参与过中国艺术节的为 30.6%，更多的受访者没有观看或参与过中国艺术节。以上两项数据说明，即使在节后的举办地，中国艺术节在公众中的知晓度仍较低。

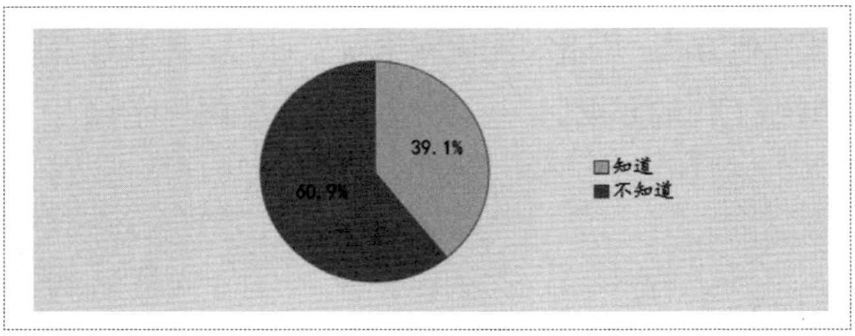

图 F5-11：节后烟台公众对中国艺术节的知晓度

在所有知道中国艺术节的节后受访者中，55.4% 的受访者对中国艺术节的了解程度为一般，有 25.1% 的受访者虽然知道中国艺术节，但并不了解或完全不了解。

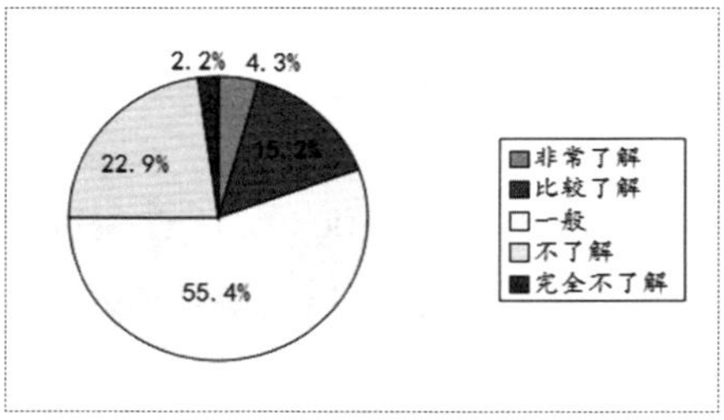

图 F5-12：节后烟台公众对中国艺术节的了解程度

2. 电视观看仍是大多数人观看十艺节的主要方式

电视观看仍然是受访者观看十艺节的主要方式，52.2% 的受访者通过电视观看。紧随其后的是通过因特网观看，达到 39.4%。通过现场观看等其他方式的要少很多。

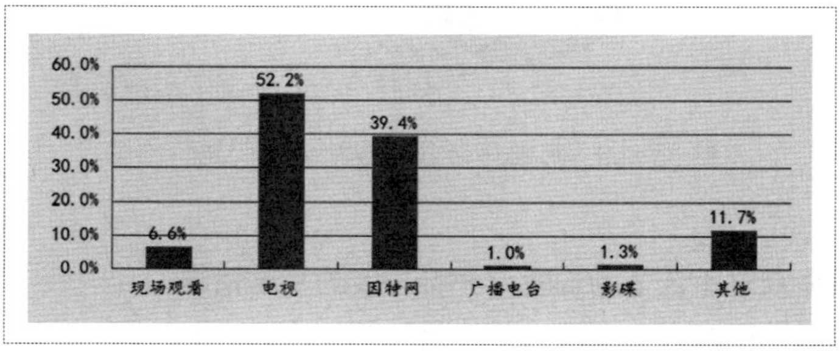

图 F5-13：烟台公众观看十艺节的方式

3. 群众文化活动和歌舞晚会是烟台公众最为了解和喜欢的活动和节目

在十艺节的相关活动中，群众文化活动的知晓度较高，达到 72.4%。受访者对专业艺术活动、展览活动和演艺产品交易会也有一定了解，而知晓经贸活动和旅游活动的并不多。近半数受访者比较喜欢十艺节中的群众文化活动。受访者对于专业艺术活动等其他活动并没有表现出很大的热情，其中仅有 6.5% 喜欢经贸活动。具体情况如图 F5-14 所示：

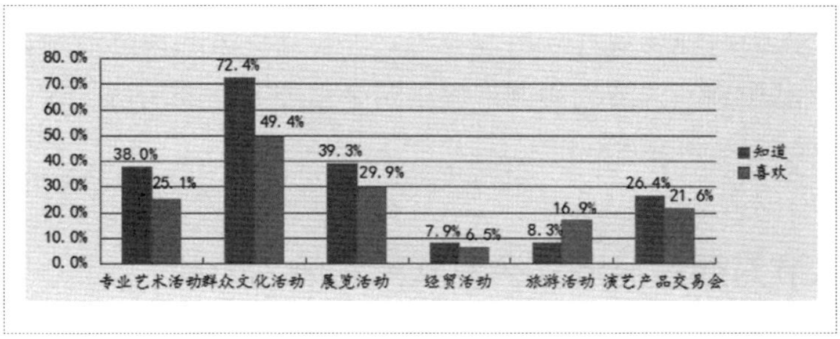

图 F5-14：节后烟台公众对十艺节活动的知晓度和喜欢程度

在十艺节的相关节目当中，歌舞晚会的知晓度和喜欢程度都是所有节目当中最高的，也是最多受访者观看过的节目。与之相反，受访者对作为传统艺术的京剧的知晓度、喜欢程度以及观看人数都是最低的。如图 F5-15 所示：

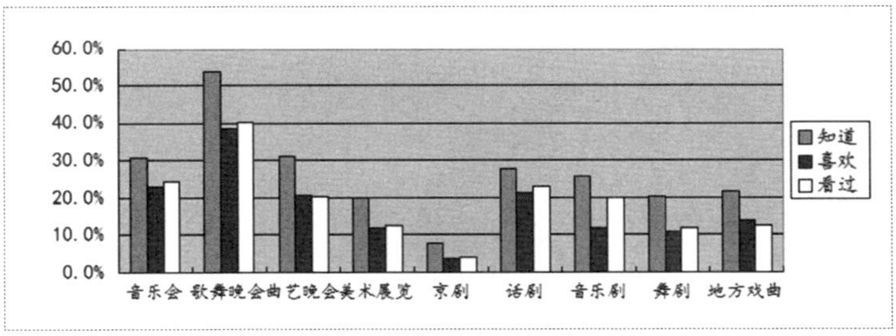

图 F5-15：十艺节各类节目的受欢迎程度

4. 公众参与艺术节消费的积极性较高

在艺术节的相关消费调查中，71.8% 的受访者直接或间接参与艺术节的消费。其中消费支出在 50 ~ 200 元的比重最大，占 32.3%，消费支出在 50 元以下的占 24.3%，另有 14.2% 的受访者消费支出在 200 元以上。有 29.2% 的受访者没有在十艺节期间进行相关消费。由此表明，烟台公众虽然对于参与艺术节相关消费的积极性较高，但消费额度不高。

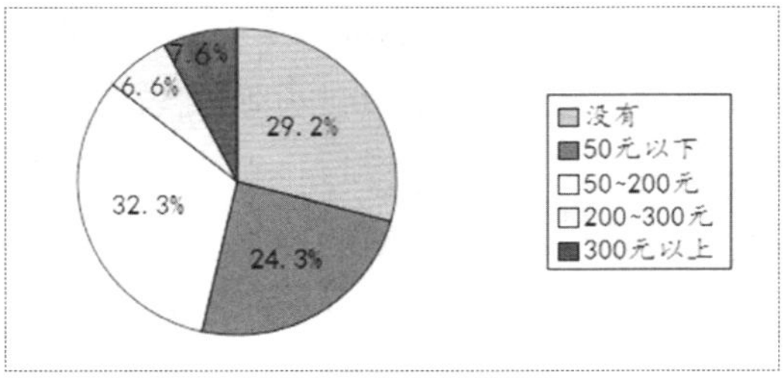

图 F5-16：节后烟台公众直接或间接参与艺术节消费情况

除了通过个人购票现场观看十艺节节目之外，受访者的十艺节相关消费支出还包括购买相关纪念品和到十艺节的举办地旅游两个主要方面的消费。这说明公众对于十艺节的关注不仅仅只是艺术节节目本身。

三、艺术节对烟台经济社会发展的影响力分析

（一）不同受访对象对十艺节的基本评价

1. 节前公众对十艺节的基本评价

（1）十艺节前期的宣传效果令人满意，受访者对山东举办十艺节感到自豪

总体来看，受访者对于十艺节前期宣传效果感到满意。22% 的受访者认为很好，38% 的受访者认为比较好；认为一般的占 36%，认为比较差的仅占 4%。具体情况如图 F5−17 所示：

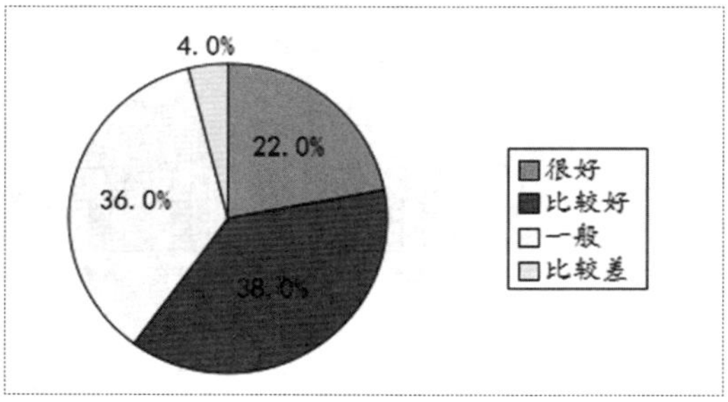

图 F5-17：节前烟台公众对十艺节宣传效果的评价

中国艺术节作为全国最高水平的国家级艺术盛会，能够在山东举办可谓是机会难得，大多数受访者对于山东能够举办十艺节表示出了很强的认同感。

（2）举办十艺节有利于提升城市形象，推动经济社会的发展

在受访者评价十艺节对城市形象有哪些影响时，更多的人认为可以帮助提升城市的知名度、提升市民文化素质和拉动经济和文化消费，其比例分别为 65.3%、62.2%

和 50%。但受访者对于举办十艺节可以增强市民认同感这一说法认可度不太高，仅为 35.7%。具体情况如图 F5-18 所示：

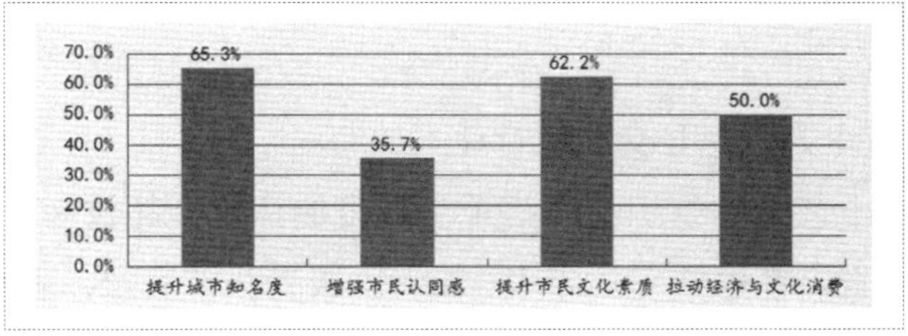

图 F5-18：烟台公众对十艺节给城市形象带来影响的评价

在评价十艺节对当地经济发展的影响时，85.9% 的受访者认为可以带动烟台旅游产业的发展， 53.5% 的人认可会拉动烟台消费的增长。对十艺节能够提升就业水平等其他方面，受访者认同度并不高。具体情况如图 F5-19 所示：

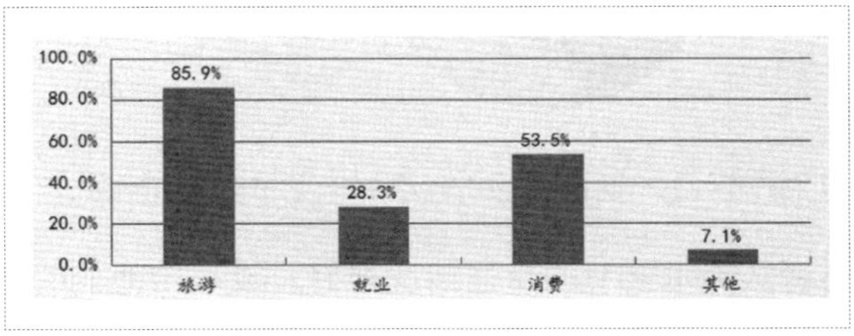

图 F5-19：节后烟台公众对十艺节促进当地经济发展的评价

十艺节的举办除了带来城市形象和经济发展两方面的影响外，也在很大程度上改善了烟台的文化基础设施，丰富了烟台市民的业余文化生活，这从图 F5-20 受访者的评价可以看出。52% 的受访者认为十艺节的举办对烟台文化基础设施的改善很大，32% 的受访者认为一般。另外，44.9% 的受访者认为十艺节的举办对当地市民的业余文化生活带来了很大的改善，45.9% 的受访者认为一般。

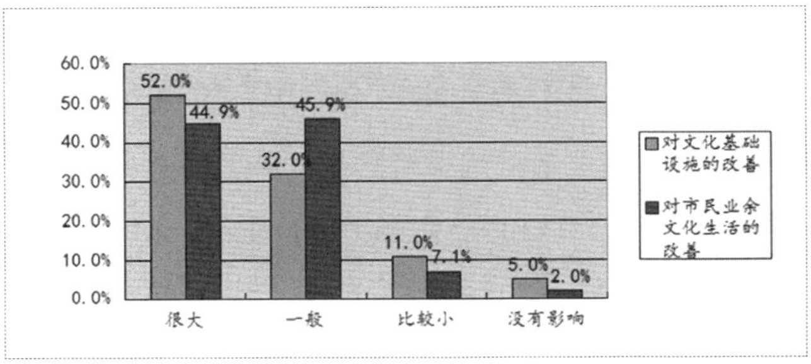

图 F5-20：节后烟台公众对十艺节在文化方面影响的评价

2. 文艺工作者对十艺节的基本评价

艺术节不仅是艺术的盛会，也是艺术工作者成果展示、同行间观摩学习的难得机遇。艺术工作者是十艺节的践行者，对艺术节的客观评价能为更好地举办艺术节、繁荣文化事业起重要作用。

（1）组织工作令人满意，交通出行让人放心

文艺工作者对十艺节的组织工作给予了高度的评价，超过 80% 的受访者对十艺节的组织工作表示满意。在这些受访者中，52.9% 认为非常满意，表示满意的占 29.8%，认为十艺节组织工作尚待改进的仅为 4.8%。具体情况如图 F5-21 所示：

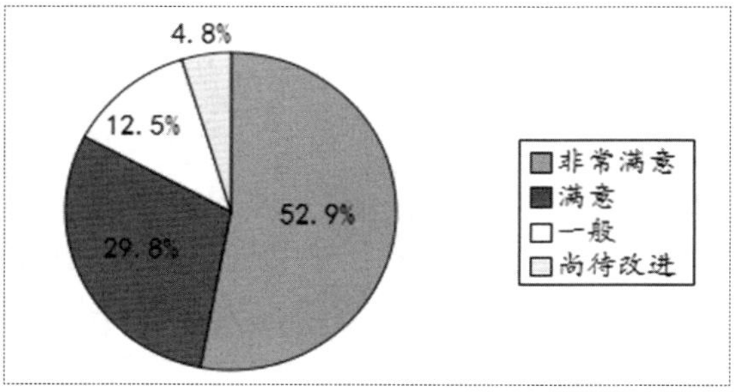

图 F5-21：烟台文艺工作者对十艺节组织工作的评价

近 80% 的受访者认为十艺节的交通情况很好，没有给他们的出行带来困扰，认为本届艺术节交通有阻塞的受访者仅有 1%。（如图 F5-22）综合以上两方面情况，文艺工作者对十艺节的组织工作满意度很高。

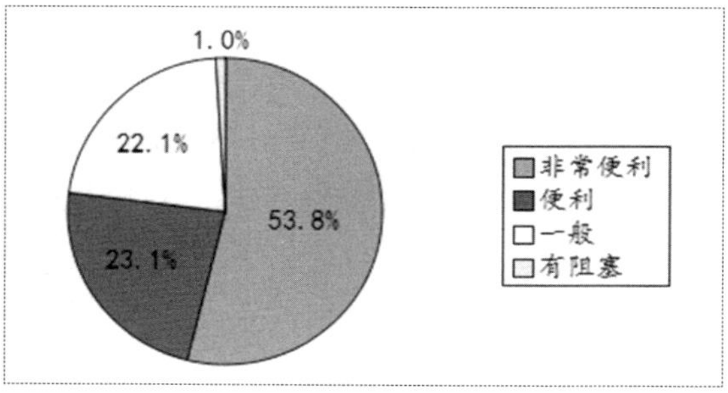

图 F5-22：烟台文艺工作者对十艺节交通状况的评价

（2）节目整体水平优秀，节目选拔机制是十艺节的最大特色

烟台文艺工作者对十艺节节目的整体水平评价很高。54.8% 的受访者表示节目水平非常优秀，认为优秀的占 30.8%，好评超过了 85%。在十艺节的特色方面，受访者对于十艺节的节目选拔机制认同度颇高，有 66.3% 的受访者认为节目选拔机制是十艺节的主要特色。此外选择奖项评定和组织机制的受访者也分别占 44.2% 和 42.3%。（如图 F5-23）

这说明，文艺工作者更多关注的还是艺术本身，体现了文艺工作者的工作特质。

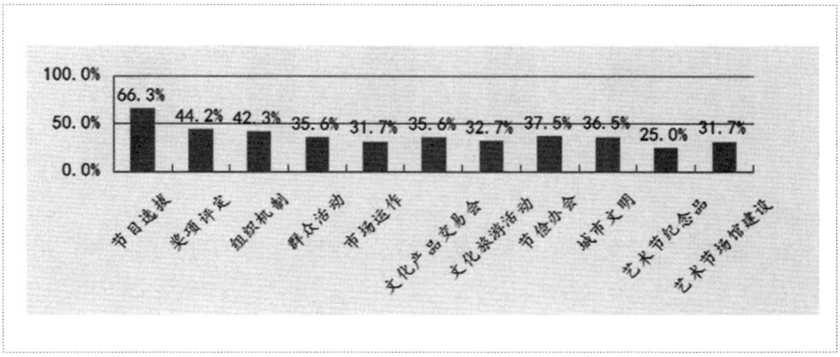

图 F5-23：烟台文艺工作者对十艺节特色的评价

（3）中国艺术节的影响力越来越大，整体上提升了文艺院团的发展水平

据图 F5-24 显示，72.1% 的受访者认为中国艺术节在全国文化界的影响力越来越大，这说明中国艺术节通过持续举办，自身知名度和品牌影响力已经逐渐提升。另有 20.2% 的受访者认为中国艺术节在全国文化界中的影响力有待提升，这也说明中国艺术节还有很大的发展潜力与提升空间。

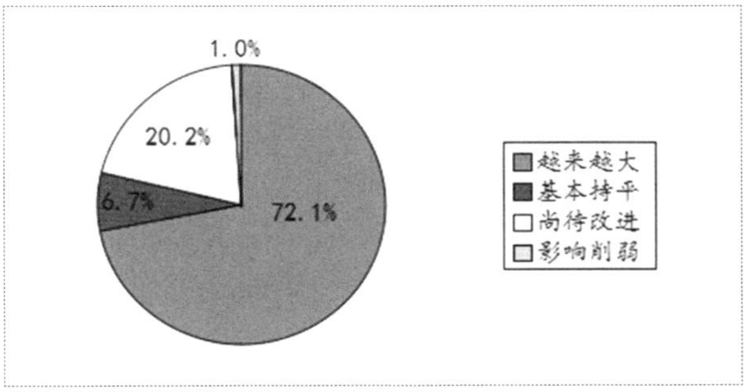

图 F5-24：烟台文艺工作者对中国艺术节在文化界的影响力评价

在回答中国艺术节对艺术团队的主要影响和作用时，均有超过半数以上的受访者对打造艺术精品、提高演出水平和培养锻炼新人三个方面的影响和作用表示认同，所占比例分别为 72.1%、57.7% 和 53.8%。（见图 F5-25）此外，在中国艺术节对促进艺术创新的作用的评价中，有 55.8% 的受访者表示影响很大，27.9% 的受访者认为影响较大，14.4% 的受访者认为影响一般。总体上讲，文艺工作者对于中国艺术节在对艺术团队以及促进艺术创新方面的影响和作用都给予了很高的评价。

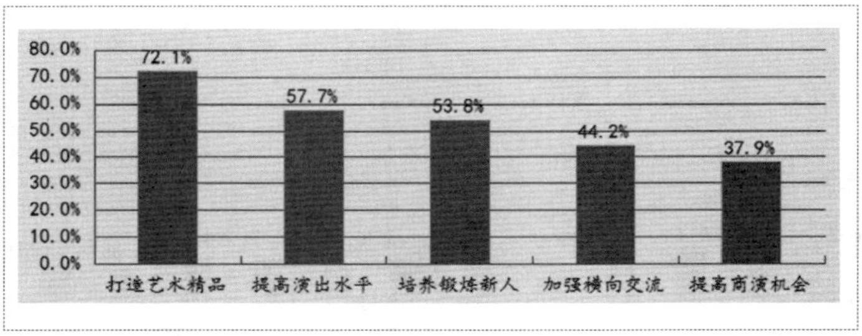

图 F5-25：烟台文艺工作者对中国艺术节给艺术团队带来的主要影响和作用的评价

（4）烟台观众的热情让文艺工作者印象深刻

十艺节举办期间，烟台观众对十艺节表现出了极大的热情，这让艺术工作者们印象深刻。在对烟台观众的评价中，有 60.6% 的艺术工作者表示烟台观众的热情给他们留下了深刻的印象，另有 37.5% 的艺术工作者认为印象较好。

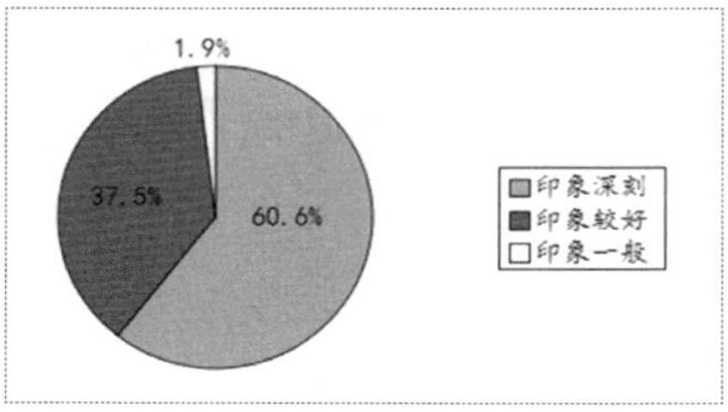

图 F5-26：烟台艺术工作者对烟台观众的评价

（5）文化场馆整体感觉良好

场馆新建和改建是十艺节组织工作中的重要一环。烟台文化场馆高水准的硬件条件、场馆工作人员人性化的服务让文艺工作者和观众印象深刻，获得了各方的好评。82.7% 的受访者认为烟台文化场馆的整体感觉优良，满足了他们的各项演出要求。

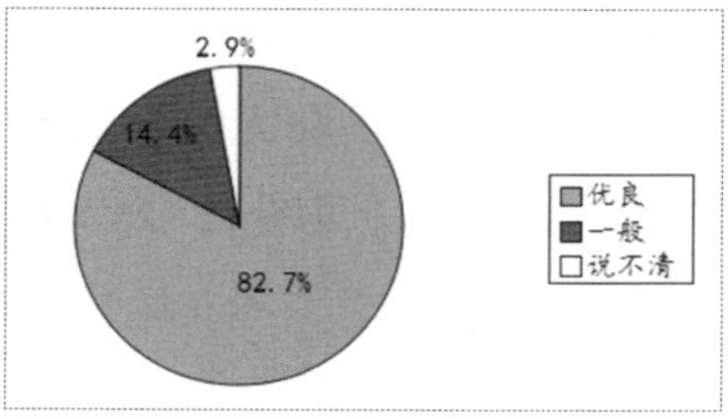

图 F5-27：受访者对文化场馆的评价

3. 节后烟台公众对十艺节的基本评价

（1）受访者对十艺节宣传效果的评价

在对十艺节宣传效果的评价中，受访者认为宣传效果比较好和一般的分别占 35.8% 和 47.2%，也有 10% 的受访者认为宣传效果比较差。这说明在公众心中，十艺节的宣传总体做得较好，但还有进一步提升的空间。

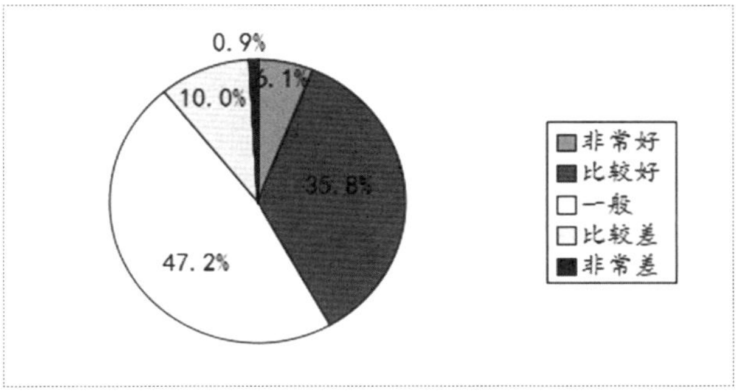

图 F5-28：节后烟台公众对十艺节宣传效果的评价

（2）受访者对十艺节门票价格的评价

总体来讲，十艺节门票在公众的可接受范围之内。41.7% 的受访者认为门票价格一般，9.8% 的受访者认为比较便宜。有 23.6% 和 4% 的受访者认为十艺节的门票价格比较贵和非常贵。公众能够接受十艺节的门票价格，一方面是因为随着国家经济发展，公众可支配收入也随之增加，文化消费支出相应增加；另一方面是因为本届中国艺术节秉承文化惠民的原则，提供了大量的低价门票，从而吸引了更多公众到现场观看十艺节的节目。

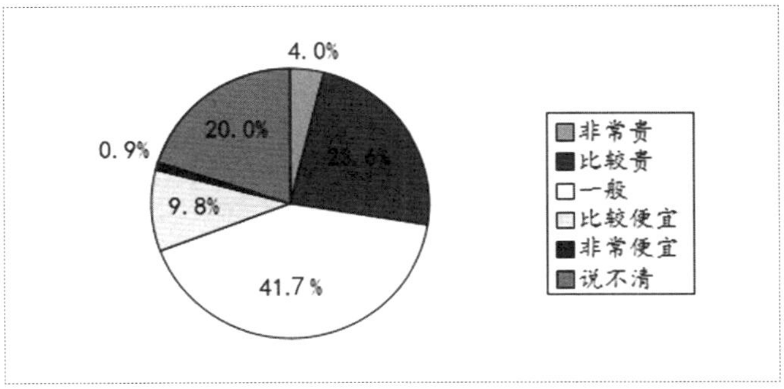

图 F5-29：节后烟台公众对十艺节门票价格的评价

（3）节后烟台公众对十艺节组织活动管理等方面的评价

总体来讲，受访者对十艺节在组织活动管理等方面均给予了较高评价。在活动组织管理方面，认为非常好和比较好的分别占 20% 和 48.4%，仅有 1.3% 的受访者认为比较差；在对活动场地的评价中，21.6% 的受访者认为非常好，44.6% 的受访者认为比较好，认为比较差的仅为 2.3%。在对活动规模的评价中，22% 和 44.4% 的受访者认为非常好和比较好，仅有 2.7% 的受访者认为比较差。此外，受访者对十艺节的活动持续时间也给予肯定，认为比较差的和非常差的仅为 1.3% 和 0.5%。

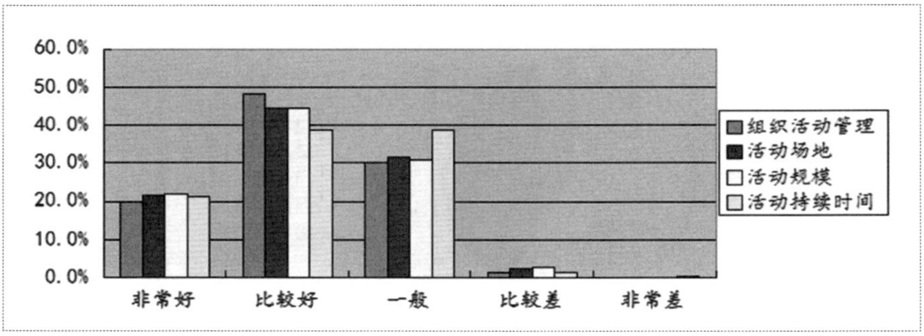

图 F5-30：节后烟台公众对十艺节组织活动管理等方面的评价

（4）节后烟台公众对于十艺节节目的评价

在对艺术节节目的评价中，无论是节目类型、内容、形式还是演员演技，受访者均给出了积极的评价。认为节目类型比较丰富和非常丰富的占 83.3%，认为比较好和非常好的占 81.3%；认为节目形式比较好和非常好的占 70.2%；认为演员演技比较好和非常好的占 77.8%。综合这几方面的评价，受访者对于十艺节节目的评价很高，这从侧面反映出十艺节给广大公众带来了艺术享受。

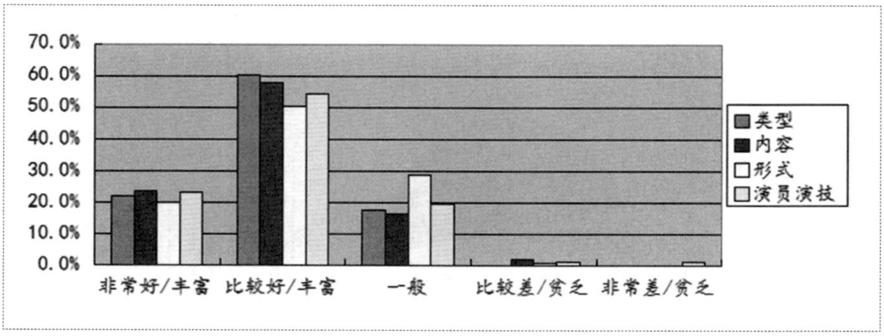

图 F5-31：节后烟台公众对十艺节节目的评价

（5）节后烟台公众对十艺节在个人文化生活等方面的影响的评价

十艺节不仅给烟台市民带来了精彩的文化节目，也对公众的个人文化生活产生了一定的影响。受访者认为十艺节对个人文化生活影响比较大和非常大的占 29.7%，认为一般的占 43.8%。十艺节还对文化基础设施和市民业余文化生活的改善产生了很大影响，受访者中认为影响非常大和比较大的分别占 31.9% 和 33.3%，认为改善一般的分别占 48.5% 和 46.5%。总结这几方面数据可以看出，公众对于十艺节在个人文化生活等方面所带来的影响是持认同态度的。另外，十艺节的举办提升了烟台的城市形象。

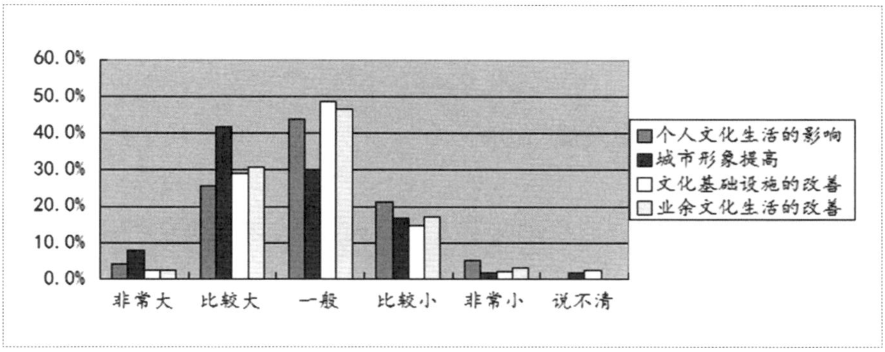

图 F5-32：节后烟台公众对十艺节在个人文化生活等方面的影响的评价

（二）不同受访对象对十艺节的知晓度以及基本评价的异同

1. 节前、节后公众对中国艺术节的知晓度均较低

节前被调查公众中，知道和了解中国艺术节者所占的比重不高，仅为 33.1%（图 F5-1）。而在节后的调研数据中这一数值虽有上升，但仍然只有 39.1%（图 F5-11）。此外，不管是在节前还是节后，观看或参与过艺术节相关活动的受访者更少。品牌知名度的提升是一个不断积累的过程，虽说已经成功举办过九届，中国艺术节的品牌知名度仍有待提升。

2. 节前、节后公众均对十艺节给当地文化建设和文化生活带来的影响表示认同

筹备和成功举办十艺节给烟台当地文化建设带来的影响是显而易见的。无论是文化场馆等硬件设施，抑或是群众文化活动等软件内容，近些年来都有了明显的提升，这是公众切实感受到的发展变化。十艺节给烟台基础文化设施、市民业余文化生活、个人文化生活等方面所带来的影响得到了广大市民的普遍认同，节前仅有 11% 和 5% 的受访公众认为改善程度比较小和没有影响（图 F5-20），节后有 14.8% 和 2.2% 的受访公众认为改善程度比较小和非常小，另有 2.6% 的受访者认为说不清（图 F5-32）。

3. 节前、节后公众对十艺节宣传效果的评价不一

在节前公众的调研数据中，认为十艺节宣传效果很好和比较好的占 60%，另有

36% 和 4% 的公众认为一般和比较差。（图 F5-17）而在节后的调研数据中，认为十艺节宣传效果非常好和比较好的只有 41.9%，47.2% 的受访者认为一般，另有 10.9% 的受访者认为比较差和非常差。（图 F5-28）

4. 节前、节后公众对山东举办十艺节的认同度不一

从节前的调研数据可以看出，受访者对山东举办十艺节感到自豪的占 66.7%，感到一般的占 26.3%，另有 7.1% 的受访者认为无所谓。而在节后，对山东举办十艺节感到自豪的为 44.7%，更多受访者对此感到一般和无所谓。

（三）十艺节对烟台社会发展的影响

1. 文化建设方面

中国艺术节的成功举办，对推动文化大发展大繁荣、提升承办地的文化软实力具有重大意义。从浙江、湖北、广东等往届艺术节承办地来看，艺术节的举办有力促进了当地文化基础设施建设，锤炼了一批文化人才，推出了一批载入史册的艺术精品，极大地促进了当地文化发展。筹办十艺节这三年，是烟台市文化基础设施建设水平全面提升的三年，也是烟台市文化惠民力度空前加大的三年。承办十艺节给烟台文化建设带来的影响主要有以下方面：

（1）文化基础设施得到明显改善

烟台市为筹办十艺节重点新建和改建了 5 处场馆。通过新建和改建，所有场馆在舞台机械、灯光音响安装、室内装修等方面均有了较大提升，满足了十艺节的要求；无论是场馆硬件设施、工作人员服务质量，还是舞台效果，都得到了各方好评。不仅如此，场馆建设作为文化基础建设的一部分，为烟台市公共文化服务体系的构建提供了有力的硬件支撑。为了让这些文化场馆在十艺节后更好地发挥作用，烟台市相关部门积极探索并建立了场馆后续运营机制，通过引入更多的演出活动，使这些公共文化资源得到更充分的利用。如烟台大剧院在十艺节之后演出活动已经排到了 2014 年。持续的演出活动意味着烟台公众可以享受到更多的文化视听盛宴。

借助十艺节的东风，烟台市公共文化服务体系得到进一步完善。2012 年以来，烟台市农村文化大院示范点新增 158 个，农家书屋建设在完成社区全覆盖的基础上新增 116 家。烟台市已基本建立起功能完善、布局合理的市、县、乡、村四级公共文化服务体系，乡镇综合文化站、村文化大院、社区农家书屋、文化信息资源共享工程、有线电视村村通均实现全面覆盖，农村数字化公益电影年放映场次达 70000 多场，已实现每村每月放映 1 场电影的目标。此外，全市 16 个公共博物馆、1 个美术馆、13 个公共图书馆、13 个文化馆、155 个综合文化站也已全部实现免费开放，公共文化服务能力不断提升，逐步形成了 15 ~ 20 分钟公共文化服务圈。2013 年 4 月，烟台被确定为山东省首批省级公共文化服务体系示范区（全省共 5 个），11 月中旬被文化部、财政部确定为山东省唯一的第二批国家公共文化服务体系示范区创建城市。烟台近年来在公共文化服务体系的构建中取得的成绩得到了充分肯定。

（2）十艺节给烟台演艺院团提供了一次展示和提高的契机

“全力做好十艺节参赛作品的创排提高，打造一批富有烟台艺术特色的精品力作，提升烟台文化影响力和竞争力”是烟台在本届艺术节筹办之初所定下的目标。烟台演艺院团的实力在十艺节上得到了充分展示，所创剧（节）目获得了评委和专家的一致肯定。烟台市共有四个节目进入了本届群星奖决赛。其中《舒心的日子扭着过》、《爷爷教我踩高跷》荣获舞蹈门类群星奖，男声合唱《闯海人》和市群艺馆群星合唱团的合唱节目夺得了各自组别的大奖。四件作品全部获奖，成为烟台市有史以来参加群星奖比赛获奖最多的一届。此外，由烟台专业艺术院团精心打造的吕剧《烟台山作证》和歌舞剧《海市蜃楼》入选十艺节展演剧目，获得了剧目展示的机会。

除了展演本市的节目外，家门口举办的十艺节给了烟台文艺工作者近距离学习的机会。烟台虽然有四个剧（节）目入选并获得群星奖，但在最能体现演艺院团综合实力的文华奖评选中，烟台选送的吕剧《烟台山作证》和歌舞剧《海市蜃楼》遗憾落榜，没能入选十艺节文华奖的参评剧目。近距离观摩文华奖参评剧目、与其他演艺院团的直接对话交流，使烟台各演艺院团能够更好地发现自身在创作和院团建设等方面存在的问题，为今后发展汲取宝贵经验，这是比获奖更有意义的收获。

（3）十艺节为烟台对外文化交流搭建了一座桥梁

对烟台而言，十艺节是一座连通烟台与省内外其他城市甚至是海外地区文化交流的桥梁，不仅方便了烟台市民欣赏经典剧（节）目、体会不同文化，也方便了前来参加艺术节演出的文艺工作者和观摩嘉宾们更好地了解烟台文化。

艺术节也是艺术工作者们相互交流、共同提高的平台，有利于加强全国各地的文化艺术交流，促进文化艺术人才培养。在文化部的统一部署下，艺术节举办期间，来自各省的文化艺术观摩团（主要是各省、区、市文化主管部门所组织的本地区的编剧、导演、表演、作曲、舞美等方面的骨干人员）纷纷来烟台进行观摩交流。除了到剧院现场观看十艺节的各类节目外，观摩团还通过组织各种形式的研讨会、交流会等，进行艺术探讨和文化交流。在观摩剧目演出的同时，各省市观摩团还组织文化行政人员在烟台进行文化参观和调研。烟台市借机向各省市同行展示了近年来在文化建设方面所取得的成绩，让代表们对烟台文化、文化建设特别是公共文化服务体系的建设有了更为深入的了解。

总之，承办十艺节对于展示烟台文化、推进烟台文化建设、实现烟台文化的大发展有着重要的意义。

2. 提升城市形象方面

（1）举办十艺节是对烟台城市形象的宣传

十艺节不仅是一座文化交流的桥梁，也是一张提升烟台城市形象的名片。烟台是全国首批 14 个沿海开放城市之一，是亚洲唯一的国际葡萄酒城，还是连续三届的全国文明城市、连续六届的全国社会管理综合治理优秀城市、最佳中国魅力城市、中国优秀旅游城市、全国文化模范城市和国家历史文化名城。改革开放以来，烟台的经济社会得到了长足发展。2012 年实现生产总值 5281.4 亿元，居山东省第二位。近几年，烟台在加快经济建设的同时，把文化建设摆到了更加突出的位置，初步建立了设施完善、布局合理的市、县、乡、村四级公共文化服务体系。这样一座城市，理应为更多的人所了解，“把一个发展、文明、和谐、美丽的烟台展现给全中国，宣传到全世界”成了众多烟台市民的心声。承办十艺节为烟台提供了一个自我宣传的机会。

十艺节前夕以及举办期间，除了各省区市的观摩团外，来自全国各地的众多新闻媒体纷纷聚焦烟台，不仅报道了十艺节的盛况，同时也报道了近年来烟台城市建设特别是文化建设所取得的成绩。如在十艺节前夕的“多彩十艺　文化山东——全国网络媒体齐鲁行”活动中，媒体在烟台先后采访了蓬莱阁、杨子荣纪念馆、牟平区龙泉镇村社活动、张裕酒文化博物馆和烟台大剧院十艺节承办场馆。新闻记者通过实地采访，切实感受到了烟台市公共文化服务体系建设的新鲜举措与显著成效。通过新闻媒体的宣传，烟台在文化建设上所取得的成绩才为更多人所了解。

（2）十艺节让烟台地方文化为更多人所了解

烟台是一座有着 600 多年建城史的历史名城，也是一座拥有深厚文化底蕴的文化名城。烟台文化主要包括山海文化、租界文化、胶东红色文化等。文化是一座城市的灵魂，十艺节为烟台展示城市灵魂提供了一个良好的机遇。

文艺剧目是展示地方文化的重要载体。本届中国艺术节，烟台市共有舞蹈类节目《舒心的日子扭着过》和《爷爷教我踩高跷》、音乐类节目《闯海人》及市群艺馆群星合唱四个节目进入了“群星奖”的决赛阶段并均获得了最终的大奖。在这些节目当中，音乐类节目《闯海人》最能代表和体现烟台文化特色的。《闯海人》整个节目只有 2 个段落 8 句歌词，通过用正宗的烟台方言收录渔民的打鱼号子，最大限度地还原了渔民生活，展现了胶东渔民的铁汉柔情。观众在观看节目的同时，也在感受和体会烟台的海洋文化。除了十艺节舞台这个文化展示平台外，烟台市重点打造了七台充分体现烟台山、海、楼地域文化特色的优秀剧目，参加了在省会济南举办的十艺节演艺产品交易会。通过本届演交会，烟台与国内众多文化强省、文化强市实现了交流对接，在一定程度上提高了烟台文化的影响力和知名度。

除了观看文艺剧目，观众和游客通过亲身游历烟台这座城市，感受和了解了烟台文化。可以说正是因为十艺节，才让更多的人了解了烟台，了解了烟台文化。

（3）十艺节的举办提升了市民对城市的认同感

中国艺术节不仅是艺术的盛会，更是群众的节日。十艺节突出了“节俭办会、文化惠民”的主题，通过各种形式的惠民措施，让更多的市民享受到了文化建设的成果。与以往各届相比，十艺节取消了向党政机关赠票送票的陋习，将更多的门票回馈给市场。同时充分考虑到特殊群体的文化需求，根据演出特点，有组织地邀请部分农民工、困难家庭和特殊学校学生、留守儿童、文化场馆建设者、环卫工人、老年人等去往现场观看文艺演出。此外还广泛开展精彩剧目进农村、进社区、进广场、进学校、进军营、进企业的“六进”活动，让更多的市民参与到十艺节的活动当中。这些暖心的举措，让市民体会到自己是城市的一份子，提升了市民对城市的认同感。

除了十艺节期间的惠民举措外，为了让更多市民参与到十艺节的相关活动当中，烟台市早在十艺节开始便已率先开展了一系列丰富多彩的大型群众文化活动。如以“相约十艺节·群星耀港城”为主题的活动在 2013 年 7 月便已经展开，市民在约两个月的时间内先后参与了包括音乐会在内的共 11 项、20 余场群众文化活动。紧接着，以“唱响中国梦·相约十艺节”为主题的第二届烟台文化艺术节又将多场文化艺术活动送到市民家门口。此外，整个 2013 年，烟台共推出各类文化活动 200 场，市直专业艺术团送戏下乡 240 场。这些群众文化活动的举办，让更多烟台市民享受到城市文化建设的成果，也让他们在参与中增进了对烟台这座城市的认同感。

四、十艺节的不足及对其今后发展的建议

（一）十艺节的不足

1. 市场化运作有待加强

根据不同的时代背景和艺术节的发展历程，可以将中国艺术节的发展大致划分为四个阶段，分别是中国艺术节的奠基阶段、初步转型阶段、综合性发展阶段以及进一步完善拓展阶段。在不同的发展阶段中，中国艺术节的组织模式和运作机制有所不同。不同阶段分别对应着中央—地方协办，中央、地方政府共同举办，政府主导与市场运营相协调，政府主导与市场运作、省市联办等四种不同组织模式和运作机制。伴随着组织模式和运作机制的变化，中国艺术节的筹资机制也在不断地发展和完善，已经从

最初的中央拨款转变为以国家财政补贴为主，社会赞助、演展收入、营销收入、广告宣传和彩票公益金收入为辅的多元筹资机制。

虽说筹资机制渐趋多元化和市场化，但必须要指出的是，中央和地方政府部门的财政补贴仍然是中国艺术节最主要的收入来源，像社会赞助（许多还是以物资形式）等其他渠道获得的收入只占很少的一部分。这一问题在与其他国际知名艺术节的比较中，显得更为突出。以爱丁堡艺术节为例，爱丁堡艺术节的资金筹措一般以公司赞助与政府投资并重，其主要收入来源有三个：门票销售、赞助与捐赠、中央和地方政府部门的补贴。其中通过门票销售、赞助与捐赠获得的收入约占总收入的 55%，中央和地方政府部门的补贴约占 45%。而在澳大利亚、芬兰，政府部门财政补贴只占艺术节总收入约 30%，美国的艺术节收入更是仅有约 10% 是来自于政府部门的财政补贴。政府对艺术节过度的财政补贴不仅会给国家带来一定的财政负担，也削弱了艺术节的市场吸引力和竞争力。

2. 品牌影响力仍显不足

虽然经历了 26 年、共十届的办会历程，中国艺术节的品牌知名度和影响力仍显得不足。中国艺术节品牌知名度不高，有其举办形式的原因。国内外知名的艺术节，如爱丁堡艺术节、林肯中心艺术节、上海国际艺术节等一般都是每年举办一届，每届都是在同一个地方举办。中国艺术节的形式则是约每三年一届，每届的举办地也不一样，这种举办形式给中国艺术节品牌知名度的提升带来了不利影响。调研数据表明，不管是在节前还是节后，烟台当地公众对中国艺术节的知晓度均比较低。节前知道中国艺术节的公众仅占受访者总人数的 33.1%，节后只占 39.1%，比节前提高了 6 个百分点。也就是说，即使是在举办地，当地公众中知道和了解中国艺术节的仍只占少数，可以推想，举办地之外的公众知道和了解中国艺术节的就更少了。

提升品牌知名度和影响力一方面需要有好的产品，另一方面需要有好的宣传。前者是中国艺术节所不缺的，每一个比赛演出剧目都至少有几十场甚至上百场的演出经验，可以说个个都是精品。但酒香也怕巷子深，中国艺术节缺乏的就是好的宣传。这不仅是指宣传渠道要有广泛的覆盖面，还包括这些宣传渠道要发挥出应有的作用。十艺节的宣传渠道主要是电视、报纸、网站、手机及户外宣传方式，宣传渠道的覆盖面甚是广泛，但如网络、手机等宣传渠道并没有充分发挥作用。宣传效果达不到，品牌知名度自然难以提升。

3. 经济拉动作用不明显

虽然艺术节的运作模式经过 26 年的变迁，市场色彩愈来愈浓厚，但“官办”性质依然是根本的办节原则。举办中国艺术节所带来的社会效益要远比其经济效益受重视，因此中国艺术节给举办地所带来的社会效益远远超过其经济效益。欧美国家的众多艺术节中，门票收入往往是艺术节收入的重要组成部分，如爱丁堡艺术节其门票销售收入占总收入的 30% 左右。但中国艺术节的门票多数是以免费赠票和低价票的方式售出，十艺节的公益观摩免费票达到两万余张，占总票量的 60% 以上，也就是说通过售票系统出售的门票只占总票数的 40%，这其中还有不少的低价票，因此门票收入必然少得可怜。

中国艺术节的经济带动效益不明显。从往届中国艺术节的情况可以了解到，中国艺术节带动相关产业特别是旅游产业发展的作用是相当有限的。在芬兰伊卡利宁市举办的手风琴艺术节每年都会给这座城市带来的巨大经济效益。艺术节期间，每名艺术节参观者平均花费 208 欧元，其中艺术节门票占 24%，餐饮占 23%，住宿占 20%，当地商店消费占 15%，加油站消费占 8%，其他费用为 10%。因为艺术节带来的可观收入，芬兰许多大小城市都纷纷在艺术节中寻求城市发展的新机遇。另外如萨尔斯堡国际艺术节，整个艺术节的经济效益和对萨尔斯堡的贡献率至少占整个城市税收的 2/3。艺术节对萨尔斯堡的经济贡献率已经远远超过了其他的一些工业和经济收入。与这两者相比，中国艺术节的经济带动作用则小得多。

4. 在年轻消费群体中缺乏吸引力

随着文化消费的代际转变，年轻消费群体已经逐渐成为我国文化消费的主力军。中国艺术节要想保持持续健康的发展态势，吸引年轻消费群体的目光显得尤为重要。一方面，中国艺术节的发展需要年轻消费群体，中国艺术节的持续发展，需要建立起自己的品牌忠诚度，除了在中老年消费群体中维持吸引力外，还需要开发新市场，吸引青年甚至是少年消费群体的目光，这样才能保持中国艺术节的持续发展；另一方面，传统文化艺术的发展和传承也需要青年消费群体，中国艺术节作为国内最高水准的综合性文化艺术盛会，给各类传统文化艺术提供了一个很好的展示机会，但真正实现文化艺术的传承，还得让年轻一代更多地关注传统文化艺术，培养他们对传统艺术的热爱，让他们自愿参与到传统文化艺术的传承和保护当中去。

调研过程中发现，年轻观众中知道和了解中国艺术节者很少，到过艺术节现场观看演出的则更少了。反观今年的第十五届上海国际艺术节，有一组数字令人印象深刻：在所有参与本届上海国际艺术节的大约 15 万人次的观众中，有 70% 是 45 岁以下的青年人，青年群体俨然已成为本届上海国际艺术节的消费主力。在吸引青年消费群体方面，上海国际艺术节明显已经走在了中国艺术节前面。

（二）对中国艺术节今后发展的建议

1. 完善组织机构和赞助机制

考虑到中国艺术节约每三年一届，且是由各省轮流举办，中国艺术节需要建立一个专业的运作机构，负责每届艺术节的运作。这一机构应是常设的，维持其构成人员的专业性和稳定性，以弥补新一届主办方在艺术节筹划和运作中的经验不足。爱丁堡艺术节有自己的艺术节执行委员会，负责艺术节的策划和资金筹措等各项工作；每一届上海国际艺术节的筹划和运作也是主要由上海国际艺术节中心负责。通过建立专业的运作机构，确定机构各部门的权利和义务，实现权责分开，可保证艺术节筹划和运作工作的有序进行。

建立和健全中国艺术节的赞助机制，提高企业参与艺术节的积极性。现阶段国内的艺术节活动能吸引到来自企业的社会赞助很少，原因就在于国内艺术节赞助机制的不成熟，企业赞助艺术节难以获得相应的社会和经济效益。因此，中国艺术节想要吸引更多的社会赞助，需要建立和健全相应的赞助机制，实现艺术节和企业之间的“双赢”。

2. 充分发挥政府部门的主导作用，鼓励更多企业赞助艺术节

制定和完善相关扶持政策，对积极赞助艺术节的企业提供税收以及其他方面的优惠政策，提高企业参与艺术节的积极性。在国外，为了鼓励企业赞助艺术节，很多国家采取了相应的免税措施，比如参与赞助新加坡艺术节的企业，可以享受双倍免税。在吸引到更多社会赞助的前提下，将政府部门的财政补贴更多地投入到艺术节惠民当中去，让更多的公众能够享受到文化大发展的成果。

3. 扩展宣传渠道，充分利用微博、APP 等新兴宣传媒介

当前想要改变中国艺术节的举办形式显然是不现实的，因此要提高中国艺术节的品牌知名度和影响力，必须在艺术节宣传上下更多的工夫，除了电视、平面广告等传统宣传方式外，宣传部门应更好地利用互联网和移动网络这些新兴的宣传渠道。要充分发挥微博和手机客户端在宣传上的便捷性、灵活性以及易传播性等特点，让公众能够更方便、快捷地获得中国艺术节的宣传信息，进而了解并参与到中国艺术节的活动当中去。品牌知名度的提升是一个长期积累的过程，但也是绝对有利于艺术节发展的。品牌知名度的提升不仅能够让中国艺术节更加容易获得企业的赞助，同时也会刺激更多的观众到现场观看中国艺术节的演出节目，只有这样才能让中国艺术节的经济带动作用真正地体现出来。

4. 让艺术走近年轻一代

针对青年消费群体进行有效的目标营销，并且配合艺术教育，激发青年消费群体对于中国传统文化的兴趣。在这一点上，上海市政府和上海国际艺术节做得比较好。

近年来，上海市相关部门把针对青少年开展艺术普及教育当成了一项任务来抓，上海国际艺术节也倾力为青年学生搭建“艺术进校园、学生进剧院”的平台，为青年学生创造近距离感受和体验艺术魅力的机会。这也是为什么上海艺术节的观众中，青年观众占到了七成。中国艺术节应该以此为借鉴，让更多、更优秀的演出剧目走进学校、走进青年观众的心中。此外，艺术节节目在艺术创作上也需要有所突破，通过加入年轻观众容易理解和认同的艺术元素，如启用年轻演员、通过科技手段打造出美轮美奂的演出舞台等，吸引更多年轻观众的目光。

5. 组织演艺联盟和剧场院线，让精品剧目和文化场馆的价值得到充分发挥

每一届的中国艺术节都会打造出一批文化艺术精品，这些经典剧目通常是大制作、高投入；每一届中国艺术节都会新建和改建一批高水准的演出场馆，这些演出场馆通常是高成本、高规格。如果在艺术节之后，这些优秀的文化艺术剧目和演出场馆就被压入箱底或闲置不用，显然是一种莫大的浪费。以往因为体制、市场意识的缺乏，就出现过这些问题，因此如何发挥这些经典剧目和演出场馆的后十艺节效应，更好地满足广大公众的文化需求，显得尤为重要。成立演艺联盟和组织剧场院线是一种不错的选择。演艺联盟和剧场院线的成立，改变了演艺团体和剧院以往的单兵作战的运营模式，可以让演艺团体和剧场抱团取暖，降低了演出成本，演出票价也降了下来，不仅演出团体和剧院受益，观众也能够以更低的价格观看到更多精彩的演出。

附录六

淄博分会场调研报告

本报告根据对淄博地区的相关调研，对十艺节淄博分会场的经济社会影响力做客观的评估。

一、调查对象的基本情况

本报告从理论与现实的双重角度研究十艺节对淄博社会经济文化发展的作用和影响，调研的第一手资料基于实地访谈、分类抽样式问卷调查和相关文件收集，集中分析以反映社会公众对艺术节的认识。问卷调查分节前、节中和节后三个阶段进行，调研时间、调研对象及问卷数量详见表 F6–1。

表 F6–1　淄博市调研时间、调研对象及问卷数量一览表

时间及调查对象 / 问卷情况	节前（2013.7）	节中（2013.10）	节后（2013.11）
	社会公众	文艺工作者	社会公众
发放问卷（份）	500	153	580
回收问卷（份）	500	153	580
回收率	100%	100%	100%

社会公众的具体调查对象包括工人、农民、国家干部、医生、律师、教师、学生、军人、个体工商户、公司职员、农民工等，从性别比例、政治面貌、文化程度、宗教信仰以及年龄分布上都符合抽样调查要求。详见表 F6–2。

表 F6–2　淄博受访公众基本情况一览表（单位：百分比）

调查对象 / 基本情况		社会公众	
		节前	节后
性别	男	45.4	68.3
	女	54.3	31.7

（续表）

基本情况＼调查对象		社会公众	
		节前	节后
政治面貌	中共党员	15.8	15.7
	民主党派	0.8	10.4
	普通群众	83.4	73.9
文化程度	初中及以下	17.8	9.3
	高中（中专）	36.8	22.5
	大专	21.3	20.1
	本科	21.5	42.6
	研究生及以上	2.6	5.5
宗教信仰	基督教	1.0	–
	伊斯兰教	0.2	–
	佛教	5.4	–
	道教	0.6	–
	无宗教信仰	92.8	–
年龄结构	18 岁以下	17.3	3.3
	19~30 岁	40.6	33.4
	31~40 岁	19.8	28.1
	41~50 岁	11.8	25.0
	51~60 岁	7.3	4.5
	61 岁以上	3.1	5.7
居住地	城区	65.9	41.3
	郊区	13.6	28.1
	农村	20.5	30.6

调查对象的兴趣爱好多种多样，具体分布见表 F6–3。

表 F6–3 淄博受访公众节前节后兴趣爱好一览表

	节前		节后	
	频率	有效百分比	频率	有效百分比
舞蹈类	47	9.6	28	4.8
音乐类	85	17.3	87	15.0
美术类	21	4.3	46	7.9
影视类	95	19.4	61	10.5

（续表）

	节前		节后	
	频率	有效百分比	频率	有效百分比
棋牌类	28	5.7	52	9.0
曲艺类	15	3.1	16	2.8
网络游戏	29	5.9	12	2.1
读书看报	44	9.0	68	11.7
体育运动	93	19.0	111	19.1
摄影类	11	2.2	31	5.3
其他	22	4.5	68	11.7
合计	490	100	580	100

据节前、节后对社会公众的调查结果，节前喜爱影视和体育运动的社会公众所占比例最大，分别占 19.4%、19%，其次是喜爱音乐、舞蹈、读书看报、网络游戏、棋牌、美术、曲艺的社会公众，喜爱摄影的社会公众所占比例最小，为 2.2%。

节后喜爱体育运动和音乐的社会公众所占比例最大，分别占 19.1%、15%，其次是读书看报、影视、棋牌、美术、摄影、舞蹈、曲艺，喜爱网络游戏的社会公众所占比例最小，为 2.1%。

调查对象的收入状况从总体上看中低收入者比例较高。据对社会公众的调查结果，月平均收入在 1200 元以下的调查对象占调查对象总数的比例节前、节后分别为 28.3% 和 25.4%，1201 ~ 3500 元的调查对象占调查对象总数的比例节前、节后分别为 53.8% 和 34.3%，3501 ~ 5000 元的调查对象占调查对象总数的比例节前、节后分别为 15.3% 和 27.9%，5001 ~ 10000 元的调查对象占调查对象总数的比例节前、节后分别为 1.5% 和 8.8%，10000 元以上的调查对象占调查对象总数的比例节前、节后分别为 1.1% 和 3.5%。

在文化消费的相关调查方面，社会公众 2012 年在文化方面的月平均消费在 100 元以下的调查对象占调查对象总数的比例节前、节后分别为 35.2% 和 30%，在 101 ~ 300 元之间的调查对象占调查对象总数的比例节前、节后分别为 38.7% 和 44.2%，在 301 ~ 500 元之间的调查对象占调查对象总数的比例节前、节后分别为 15.3% 和 14.6%，在 501 ~ 1000 元之间的调查对象占调查对象总数的比例节前、节后分别为 5.7% 和 7.1%，在 1000 元以上的调查对象占调查对象总数的比例节前、节后分别为 5.1% 和 4.2%。

二、十艺节与民众的关系

十艺节于 2013 年 10 月 26 日圆满结束，艺术节丰富多彩的群众文化活动，多渠道、全方位、多角度的宣传报道，进一步激发了人民群众关注、参与艺术节的热情，在一定程度上也提高了中国艺术节的社会知晓度。

（一）淄博市公众参与广泛度分析

根据调查统计结果，在节前调查的 500 份问卷中，知道中国艺术节的有效样本有 187 个，知晓度为 37.4%；在节后调查的 580 份问卷中，有 439 个有效调查样本反映出知道艺术节，知晓度为 75.7%。可见，节后公众对中国艺术节的知晓度比节前提高了 38.3 个百分点，反映出艺术节的影响力有显著增长。

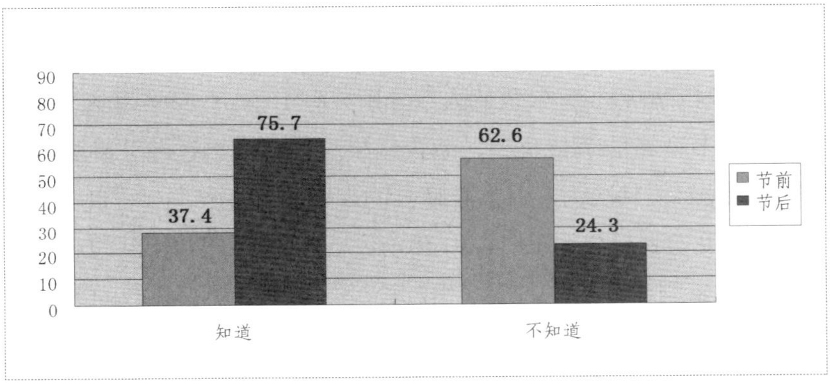

图 F6-1：十艺节前后淄博公众对中国艺术节的知晓情况

十艺节的举办使更多的民众走近、了解中国艺术节，扩大了中国艺术节的整体影响力。十艺节在淄博市内的整体宣传效果比较理想，节后公众的整体关注度比节前有明显提升。根据统计数字显示，在持续关注中国艺术节的这部分人群中，曾经直接参与或观看过往届中国艺术节节目的调查对象所占比例较高，节前为 34%，节后为 40%。

在观看往届中国艺术节节目的途径方面，选择传统媒体——电视为途径的调查对象最多，占 35.9%，其次为新型媒体——互联网，占 33.2%，现场观看的占 13.1%，通过广播电台（5.2%）、其他途径（10.6%）和影碟（2%）观看往届中国艺术节节目的公众较少。由此可见，在中国艺术节的传播方式上，电视这一传统媒体仍然扮演着主要角色，网络等新媒体的作用也日益凸显，选择现场观看的观众比例仍然偏低。

此外，节后的调查数据显示，有 6.4% 的淄博公众认为能够非常方便地参与此次中国艺术节，有 40.1% 的公众认为比较方便，有 25.1% 的公众选择了一般，还有 3.6% 和 0.3% 的公众认为参与艺术节较为困难或者非常困难。总体上反映出淄博公众对于参与十艺节的态度较为积极，社会公众参与艺术节的便利性较大。

（二）淄博市公众总体参与深刻度分析

在对中国艺术节的了解程度方面，选择比较了解的调查对象最多，占 32%，一般了解的占 27.3%，非常了解的占 10.6%，不了解的占 5.2%，完全不了解的占 0.5%。由此可以看出淄博公众对中国艺术节的整体了解程度较高。此外，在是否知道十艺节的主题上，有 28.6 % 的人选择知道。这些调查结果说明：在淄博，公众对艺术节大致了解，但真正关注并深入了解的公众有限，可见中国艺术节在宣传力度上有待提高。

就公众对十艺节节目的了解程度而言，知道曲艺晚会和歌舞晚会的人数较多，分别占调查对象总数的 39.1% 和 33.6%，知道美术展览的人数占 25.2%，知道地方戏曲和京剧展演的人数分别占 16.5% 和 16%，知道舞剧活动的人数占 14.3%，而公众对话剧、音乐会和音乐剧相对了解较少，知道的人数分别只有 10.3%、8.9% 和 8.3%。

面对中国艺术节丰富的节目类型，调查结果显示，观看过曲艺晚会的观众最多，占受访者总数的 25.6%，其次为观看歌舞晚会的观众，占 24%，观看过美术展览和地方戏曲的观众分别占受访者总数的 18.3% 和 10.4%，观看过京剧和舞剧的观众分别占 8.2% 和 7.8%，观看过音乐剧和音乐会的观众相对较少，均为受访者总数的 6.6%，观看过话剧的观众最少，仅占受访者总数的 5.4%。

表 F6–4 淄博受访公众到现场观看演出的情况

节目	观看人数（人）	百分比（%）
音乐会	38	6.6
歌舞晚会	138	24
曲艺晚会	147	25.6
美术展览	105	18.3
京剧	47	8.2
话剧	31	5.4
音乐剧	38	6.6
舞剧	45	7.8
地方戏曲	60	10.4

如表 F6–4 所示，淄博地区的公众对于曲艺晚会、歌舞晚会、美术展览、地方戏曲等大众文艺项目的参与度较高，对京剧、舞剧、音乐剧、音乐会和话剧等相对专业的

节目类型不太关注。此外，课题组在调研过程中发现，受访公众对于话剧、舞剧等现代舞台剧形式普遍缺乏最基本的了解。

三、十艺节与文艺发展的关系

（一）中国艺术节对公众文化生活的影响

在中国艺术节对于文艺发展方面的影响方面，课题组在十艺节举办之前和之后分别做了相关调查。节前调查结果显示，有 39.1% 的受访者认为十艺节将对其文化生活产生很大的影响，认为影响一般的受访者占 42.6%，认为影响较小的受访者占 18.3%。在十艺节对市民业余文化生活改善程度的调查中，33.2% 的调查对象认为十艺节的举办将较大改善业余文化生活，35.8% 的调查对象认为十艺节对业余文化生活改善程度一般，此外，23.3% 的调查对象认为十艺节对业余文化生活改善程度较为有限， 7.8% 的调查对象认为十艺节不会对业余文化生活产生影响。

节后调查结果显示，十艺节对公众的文化生活产生了一定影响。有 6.3% 的公众认为艺术节对自身的文化生活带来非常大影响，认为影响比较大的公众占 38.1%，有 23.3% 的公众认为影响一般，另外还有 6% 和 1.6% 的公众认为影响比较小或者非常小。

数据显示，在十艺节举办期间，有 22% 的调查对象增加了与朋友交往的机会，有 22.5% 的调查对象和家人一起观赏了艺术节的剧目或者参观了展览，有 11.4% 的调查对象因为受中国艺术节的影响而经常谈论文化艺术，但仍有 44.1 % 的调查对象不太关注艺术节，在十艺节举办期间，他们的生活与平常一样没有改变。

可见，就淄博市的具体情况而言，在十艺节举办之前，有相当一部分民众对于艺术节抱有较高期望，他们希望借助于中国艺术节多形式、高水平的文化节目来改善自身的业余文化生活，节后的调查数据也印证了这一点。调查结果显示十艺节在人际交往、文化艺术、文华奖、群星奖的评选等方面都对淄博市公众产生了积极影响。但仍需看到有相当一部分调查对象反映十艺节对其文化生活没有产生太大影响，这与节前公众对于艺术节较高的期望形成了反差。

（二）中国艺术节对城市文化基础设施的影响

节前，针对十艺节对其所在城市文化基础设施改善程度的调查结果反映，认为改善程度很大的调查对象比例占 29.4%、认为改善程度一般的调查对象比例占 34.5%、认为十艺节对城市文化基础设施改善程度比较小和几乎无影响的调查对象比例分别占

24.9% 和 11.2%。

节后问卷数据显示，有 7.2% 的调查对象认为十艺节对当地城市文化基础设施改善的程度非常大，32.4% 的调查对象认为改善程度比较大，21.5% 的调查对象认为改善程度一般，认为十艺节对城市文化基础设施改善程度比较小和非常小的调查对象比例分别占 11.2% 和 1.4%，此外，还有 1.6% 的调查对象认为说不清。

数据反映，不同年龄层次的公众关于艺术节对城市文化基础设施的改善程度的评价有所不同。30 岁以上的公众认为举办艺术节对城市文化基础设施的改善程度比较大，46.5% 的成年调查对象认为改善程度比较大或非常大，18 岁以下的公众只有 1.4% 认为举办艺术节对城市文化基础设施改善程度比较大。不难看出，年轻人在城市生活的时间较短，对城市历史变迁的感悟不如年长公众深刻，所以对城市文化基础设施的改善程度感受不明显。

对比节前与节后调查数据，节前有 29.4% 的受访公众认为十艺节将会对淄博市的城市文化基础设施带来很大程度的改善，节后则仅有 7.2% 的受访公众认为淄博举办中国艺术节后，当地城市文化基础设施将会得到非常大或者比较大的改善。这说明通过举办十艺节，越来越多的公众开始了解艺术节、认可艺术节，并且认为通过中国艺术节这种形式可以很好地改善当地城市的文化基础设施。但数据显示，淄博市文化基础设施的实际改善程度却并不能令更多的公众满意。

（三）中国艺术节对地区文艺发展影响力分析

在十艺节对公众自身文化生活的影响方面，淄博市的相关调研数据显示，有 8.3% 的公众认为举办艺术节会对自身文化生活带来非常大的影响，有 50.6% 的公众认为会带来比较大的影响，认为一般的占 31%，认为影响比较小的占 7.9%，认为非常小的占 2.1%。

四、公众对于十艺节与区域发展关系的看法

节前对公众进行的调查数据显示，在淄博有 52% 的受访公众对山东举办十艺节感到自豪，认为一般的有 29.1%，还有 18.9% 的公众认为无所谓。

在对城市形象的影响方面，公众普遍认为，举办十艺节能够很好地提升淄博的城市形象。其中，认为将会提高城市知名度的占 46.8%，认为能够增强市民认同感占 30.6%，认为能够提升市民文化素质占 53.4%，认为将会拉动经济与文化消费的占 44.6%。

在十艺节对促进淄博经济发展发面，公众对十艺节能够促进旅游业发展的认可度最高，达到了 63.2%，公众对艺术节能促进消费的认可度为 60.6%，对艺术节能够促进就业的认可度为 26.9%。

节后对公众进行的调查数据显示，有 27% 的公众在山东举办了十艺节之后更加喜欢山东各个城市，有 41.4% 的公众更加了解山东各个城市，还有 31.6% 认为没有感觉（无所谓）。

在山东省成功举办十艺节后，更多的公众对于山东的关注度和了解度都显著增加。有超过六成的公众认为通过艺术节的形式更加喜欢或了解山东各城市，这也充分证明了十艺节对于山东的宣传和推广作用。

在举办中国艺术节对城市形象提高的影响方面，调查对象认为影响非常大的占 7.5%，认为影响比较大的占 33.6%，认为影响一般的占 22.2%，认为影响比较小的占 8.4%，认为影响非常小的占 2.1%，而认为说不清的占 26.1%。可以看出，有 41.1% 的调查对象认为举办中国艺术节对城市形象提高有相当程度的影响，这说明淄博市公众普遍认同举办中国艺术节对举办地城市形象提升的积极作用。

在对山东举办十艺节的感觉方面，数据显示，淄博公众对山东举办中国艺术节有 17.1% 的感到自豪，有 37.3% 的感觉一般，还有 45.6% 的选择了没有感觉（无所谓）；在针对本次艺术节后，您是否还希望山东今后承担类似活动的调查中，有 49.9% 的淄博公众选择希望，有 44.8% 的受访公众选择无所谓，5.3% 的公众选择不希望。

可见，淄博作为十艺节的分会场之一，具备一定的群众基础，但公众对参与类似活动的期望度并不十分显著。

五、社会公众对于十艺节的总体评价

（一）公众对于十艺节宣传工作的满意度

节前，在对十艺节前期宣传工作的调查中，有 24.2% 的公众认为艺术节的前期宣传工作做得很好，25.8% 的公众认为比较好，31.6% 的公众认为一般，认为艺术节前宣传工作比较差和很差的公众分别占 16.3% 和 2.1%；节后的调查数据显示，认为山东十艺节的宣传效果非常好的公众占 7.6%，认为比较好的占 38.3%，认为一般的占 41.7%，认为比较差的占 11.1%，认为非常差的占 1.3%。

可见，节前、节后公众对于十艺节宣传工作的评价基本持平，节前认为非常好和比较好的调查对象比例共占 50%，而节后这一比例有所降低，为 45.6%，节后公众认为宣传效果非常好的比例低于节前，说明在艺术节举办之后，淄博公众对十艺节宣传工作的认可度有所降低。

（二）公众对于十艺节节目质量的满意度

节后的调查数据显示，认为十艺节的节目类型非常好 / 丰富的调查对象占 46.8%，认为比较好 / 丰富的调查对象占 42%，认为一般的调查对象占 8.9%，认为比较差 / 贫乏的调查对象占 2.3%；在公众对节目内容的评价上，认为非常好 / 丰富的占 45.5%，比较好 / 丰富的占 42.1%，一般的占 12%，比较差 / 贫乏的占 0.4%；在公众对节目形式的评价上，认为非常好 / 丰富的占 38.6%，比较好 / 丰富的占 23.3%，一般的占 36.1%，比较差 / 贫乏的占 2%；在对演员水平的公众评价上，认为演员水平非常好 / 丰富的公众占 42.1%，比较好 / 丰富的占 38.4%，一般的占 17.2%，比较差 / 贫乏的占 2.3%。

表 F6–5　淄博公众对十艺节节目的评价（单位：百分比）

	非常好 / 丰富	比较好 / 丰富	一般	比较差 / 贫乏
类型	46.8	42	8.9	2.3
内容	45.5	42.1	12	0.4
形式	38.6	23.3	36.1	2.0
演员水平	42.1	38.4	17.2	2.3

这些数据显示，公众对于节目质量的满意度比较高，公众对十艺节的节目类型、节目内容、节目形式、演员水平各个方面的正面评价都在 80% 左右，公众对十艺节节目质量普遍持认同态度。

（三）公众对十艺节的总体评价

十艺节由文化部和山东省人民政府共同主办，这对地方政府及文化部门的组织管理能力来说无疑是一次考验。为了更好地获取社会各界的评价，为以后的工作积累经验，课题组通过问卷调查方式对社会民众进行广泛的调查，从不同角度来客观分析政府及各个相关部门的表现。

节后，课题组从活动组织管理、活动场地、活动规模和活动持续时间四个方面对广大公众进行了详细的调查。结果显示，在十艺节的活动组织管理方面，公众认为非常好的占 48.5%，比较好的占 42.9%，一般的占 8.4%，比较差的占 0.2%；在活动场地方面，公众认为非常好的占 39.3%，比较好的占 40%、一般的占 19.7%，比较差的占 1%；

在对活动规模的调查中，公众认为非常好的占 34.6%，比较好的占 26.1%，一般的占 36.4%，比较差的占 2.5%，非常差的占 0.2%；在针对十艺节活动持续时间的调查中，认为非常好的公众占 21.9%，比较好的占 56%，一般的占 20.2%，比较差的占 1.7%，非常差的占 0.2%。

表 F6-6　淄博公众对十艺节的总体评价（单位：百分比）

	非常好	比较好	一般	比较差	非常差
活动组织管理	48.5	42.9	8.4	0.2	/
活动场地	39.3	40.0	19.7	1.0	/
活动规模	34.6	26.3	36.4	2.5	0.2
活动持续时间	21.9	56	20.2	1.7	0.2

如表 F6-6 所示，公众对十艺节的活动组织管理满意度最高，超过九成；对活动场地和活动持续时间的满意度都超过七成，对活动规模的满意度相对最低，仅有六成的受访公众选择了非常好或比较好。数据显示，淄博公众对政府及相关部门在十艺节中的整体表现持基本认可的态度。

六、中国艺术节社会影响力评估

（一）中国艺术节举办地影响力

节前，针对公众对于历届中国艺术节的了解程度，课题组进行了专项调查。在对以往举办过中国艺术节的城市的调查中发现，北京作为首届和第二届中国艺术节的举办地，淄博受访公众对其认知程度最高，为 79.8%，其次是广州、南京、昆明，认知度分别为 32%、29.8%、28.7%，然后是杭州、武汉和成都，认知度分别为 15.7%、15.2% 和 15.2%，兰州的比例最低，认知度只有 10.1%。这些数据说明，淄博公众对于中国艺术节的整体了解程度还有待于进一步提高。

针对第十一届中国艺术节的调查显示，50.3% 的公众对第十一届中国艺术节的举办地并不清楚，仅有 29.1% 的公众正确地选择了正确答案——陕西。

（二）十艺节在淄博的影响力

为了准确地了解和评估十艺节对淄博市的社会影响力，课题组分别在节前和节后对淄博公众就艺术节的知晓情况进行了广泛的调研工作。

1. 节前公众对十艺节的知晓程度不高

通过节前对公众的调查发现，有 51% 的公众知道十艺节的举办地，但只有 25.2% 的公众知道具体的举办时间。对中国艺术节举办宗旨的调查反映，大多数公众不知道中国艺术节举办宗旨，这一比例高达 79.6%。可见，在山东十艺节节前宣传效果方面，广泛度和深入程度尚有待提高。

表 F6–7　淄博公众知晓十艺节的途径

知晓途径	人数（人）	比例（%）	排名
电视	135	78.5	1
电台广播	30	15.4	4
海报	24	12.3	5
报纸	53	27.2	3
书籍	18	9.2	6
网络	56	28.7	2
短信	2	1.0	9
亲友告知	12	6.2	7
其他	5	2.6	8

如表 F6–7 所示，对于淄博市公众而言，电视是其了解十艺节的主要途径，报纸、电台广播、海报等传播途径也起到了一定的作用。值得注意的是，尽管电视、报纸和电台广播等传统媒体仍然是信息传播的主要手段，但是作为新型媒介的网络，其在宣传过程中所起的重要作用正日益凸显，这一点应该引起我们的关注。借助于多样化的宣传方式，主办方最大限度地提高了十艺节的知名度。

针对公众对十艺节会场设置的调查显示，有 88.6% 的受访公众选择了省会济南，46.5% 选择了青岛，43.2% 选择了淄博，15.1% 选择了烟台，15.7% 选择了潍坊，调查对象对枣庄、菏泽、日照和德州的选择比例较低，分别为 9.2%、10.3%、8.6% 和 13.5%，另外，还有 3.8% 的公众选择了其他地点。

结果反映出，作为十艺节的主会场，公众对济南的知晓度最高，青岛、淄博其次，烟台、潍坊等城市为第三梯队，中西部内陆城市比例整体较低。

公众对十艺节的知晓深度也可以通过其对十艺节活动的知晓情况进行评估。在艺术节的各项活动中，公众对于开幕式和闭幕式的知晓率最高，达到了 72.4% 和 69.3%，其次是专业艺术活动，知晓率达到 64.1%，群众文化活动和展览活动的知晓率分别为 49.5% 和 37%，旅游活动知晓率较低，为 22.4%，知晓率最低的是经贸活动，仅为 14.1%。这说明，从总体上社会公众对于十艺节的各项活动都有不同程度上的了解。其中，公众对有些活动的知晓率达到了半数以上，如开幕式、闭幕式和专业艺术活动。由此我们可以推测，在十艺节举办之前，淄博公众对于艺术节各项活动已经有了基本层面的了解。

2. 节后淄博公众对十艺节的知晓程度

节后，有关公众对于十艺节的知晓程度，课题组也做了大量的调查。数据显示，有 36.7% 的公众是在十艺节开始之前就已经对其有所了解，有 53.7% 的公众是在艺术节举办的过程中才了解到十艺节的，还有 9.6% 的公众是在活动结束之后了解十艺节的。可见，超过 90% 的公众都能在节前和节中获得艺术节相关资讯，从侧面反映出十艺节在淄博的社会影响力是较为广泛的。

关于十艺节的票价的调研数据显示，有 2.8% 的调查对象认为票价非常贵，26.1% 的调查对象认为票价比较贵，认为票价一般的调查对象占 28.4%，认为票价比较便宜的调查对象占 22.7%，9.3% 的公众认为票价非常便宜，还有 10.7% 的公众选择说不清。由此看见，票价的高低并非是影响公众参与艺术节的最主要因素，况且还有超过一半的公众认为艺术节的门票价格处在一般的水平，而对中国艺术节的知晓度整体偏低才是导致没有更多的公众到现场参与艺术节的关键要素。

在对艺术节活动的认知程度方面，调查结果显示，淄博市公众对于十艺节的群众文化活动和展览活动认知度最高，分别达到 51.2% 和 40.3%，其次为专业艺术活动和演出交易会，分别达到 22.7% 和 18.4%，经贸活动占 8%，对旅游活动了解较少，比例占 3.8%。

3. 十艺节整体社会影响力分析

（1）十艺节节前社会影响力分析

节前，在观众最希望看到的节目类型中，歌舞晚会和音乐会比较受欢迎，公众认同度分别为 62.1% 和 45.1%，其次为音乐剧，公众认同度为 29.2%，地方戏曲的公众认同度为 28.7%，美术展览为 27.2%，曲艺晚会为 25.1%，话剧为 17.9%，京剧为 15.9%，舞剧为 15.4%，还有 14.4% 的公众选择了其他节目类型。

在对观众最希望通过哪种方式欣赏艺术节节目的调查中，选择通过电视观看的观众比例最高（54.6%），其次为上网观看（38.3%），再次为剧场观看和广场观看（分别占 33.7% 和 31.6%），报纸所占的比例最低，只有 3.1%，值得注意的是，还有 12.8% 的公众表示对艺术节的节目不感兴趣，可能不会观看。

在公众最希望的购买门票方式中，网上订购所占的比例最高，达到了 62%，其次为电话订购，比例为 15.6%，到售票处购买门票比例为 15.1%，短信订购和邮局订购分别占 4.2% 和 1%，另外还有 2.1% 的受访公众选择了通过其他方式获取门票。

（2）十艺节节后社会影响力分析

节后，针对公众比较喜欢的艺术节活动调查显示，群众文化活动的受欢迎程度最高，公众认同度为 52.6%，其次为展览活动，公众认同度为 39%，专业艺术活动、演艺产品交易会和旅游活动所占的公众认同度分别为 16.3%、14.7% 和 6.4%，经贸活动没有受到普通公众的关注，公众认同度仅为 4.6%。

交叉对比前文所述公众对艺术节的认知程度，淄博市公众对于群众文化活动和展览活动认知度最高，分别达到 51.2% 和 40.3%，其次为专业艺术活动和演出交易会，分别达到 22.7% 和 18.4%，经贸活动为 8%，对旅游活动了解较少，比例为 3.8%。

不管是对艺术节活动的认知程度还是喜欢程度，群众文化活动和展览活动的比例都较高，而旅游和经贸活动的比例都较低。

针对公众比较喜欢的艺术节节目调查显示，歌舞晚会和曲艺晚会的受欢迎程度较高，分别为 29.8% 和 28.1%，其次是美术展览和地方戏曲，比例分别为 17.1% 和 10.1%，音乐剧、舞剧、音乐会、京剧和话剧的比例均不到 1 成，分别为 9.5%、9.4%、7.6%、7.1% 和 4.8%。

将公众知道的、看过的和喜欢的艺术节节目交叉比较可以发现，不管是认知度、参与度还是喜欢程度，歌舞晚会、曲艺晚会和美术展览等大众化节目所占比例都较高，京剧、舞剧、话剧等专业性较强的节目知晓度较高，但是实际参与度和喜欢程度与知晓度都有较大差距。

此外，丰富的群众文化活动和精彩的节目也是本届艺术节的亮点所在。节后的数据显示有 7.2% 的淄博公众认为本次艺术节组织出色，认为群众文化活动丰富的观众占 60.5%，认为节目精彩的观众占 23.6%，还有 7.4% 的公众选择说不清。

七、淄博分会场的特色

（一）精彩的舞台艺术展演，凸显地域文化特色元素

淄博是历史悠久的文化名城，东夷文明在这里起步，齐文明在这里发祥，文化的交流与融合使这里在三千年前就成为中国学术思想的圣地。文明进步使这里在春秋时期就形成了“举袂成幕、挥汗成雨”的临淄大城。战国时期的稷下学宫在这里绽放出艳丽的学术百花。文化传承绵延至今，又秉承山川灵秀，形成了鲜明的地方特色。淄博作为十艺节的分会场之一，不仅投入“全省办会、全民办节”的热情为艺术展演创

造条件，也通过参演的三个剧目展示了淄博的地方特色文化。

为办好十艺节，淄博市前期共投入艺术创作经费1613万元，用于剧目的创排工作。舞台艺术创作方面，市五音戏剧院新编的聊斋题材五音戏《云翠仙》荣获第十四届文华奖——文华优秀剧目奖，主演吕凤琴荣获优秀表演奖，导演王青、崔星明荣获导演编导奖，作曲徐志远、毕金奎荣获作曲奖等重要奖项，实现了历史性突破。市京剧院新编京剧《诗杰王勃》入选十艺节“百场下基层”优秀邀请剧目，其中《滕王阁》一折荣获第六届山东省“泰山文艺奖”戏剧类二等奖。市歌剧舞剧院新编舞剧《齐风·甫田》入选十艺节祝贺演出剧目，并荣获第六届山东省“泰山文艺奖”舞蹈类一等奖。美术创作方面，淄博市崔先进的油画《曙光》、李健的油画《生活空间》、李雪松的油画《艳阳天》、胡永奇的水彩画《物语》、范杰的中国画《幽谷雪韵》等5件作品入选十艺节全国优秀美术作品展。

五音戏《云翠仙》取材于《聊斋志异》，数易其稿，历经逾百场的舞台历练，使得云翠仙与梁有才的艺术形象在舞台上愈发丰满鲜活，他们为爱情生生死死的抉择，牵动和震颤着观众的心灵，得到了“专家认可、领导满意、群众欢迎”的好评，是五音戏艺术创作理念和形式上的一次成功的突破和创新。更加难能可贵的是，剧目通过进一步的修改完善，已经脱离了单纯的故事追求，深入到了人性的探索和挖掘层面。全剧故事跌宕、音乐考究、语言雅致、制作精良，无论从思想性、艺术性和观赏性上，都为五音戏的创作提供了宝贵经验。在北京展演时，专家在观看后就表示，《云翠仙》在现有的五音戏剧目中是独树一帜的，历史地看，她也必将对推动五音戏的变革和剧种的改良作出重要的贡献。

导演王青在接受记者采访时表示：“作为蒲松龄家乡的特色剧种，五音戏有一种演绎聊斋故事的天然优势，郭沫若曾赞扬《聊斋志异》‘写鬼写妖高人一等，刺贪刺虐入骨三分’。当没有功名利禄诱惑的时候，即便是狐与人之爱，也来得那么纯洁真挚，毅然放弃道业嫁给了穷书生的云翠仙，以她全部无私的爱与纯真的情，向我们展示了生命与爱情的真谛。”《云翠仙》用山东的传统剧种再现蒲松龄讲述的故事，将地方文化的底蕴用可观可感的精湛表演呈现在观众面前，让本地观众感到亲切，大呼过瘾，让外来观众及专家们感受到齐鲁文化的大气和恢弘。

淄博市歌剧舞剧院的舞剧《齐风·甫田》取材于《诗经》，是一首思念远人的情诗。舞剧中再现了齐鲁平原上女子的劳动风貌，用如泣如诉的音乐和柔曼舒展的舞姿展示出“剪不断理还乱”的离愁，思念的含蓄与激情的奔放巧妙地糅合在舞剧中。

外省来淄博展演的剧目都显示了极高的艺术水平，湘剧《谭嗣同》以跌宕起伏的情节，铿锵有力的唱腔，塑造了“不有行者，无以图将来；不有死者，无以唤后人”

剑胆琴心的谭嗣同形象。粤剧《碉楼》将岭南文化、华侨文化、建筑文化和盗匪文化集中展示，碉楼人的血泪辛酸、爱恨情仇在婉转悠扬的粤曲中得到升华。川剧《鸣凤》取材于巴金的名作《家》，保留了川剧的鲜艳、靓丽和率真，融入了四川清音、小调等元素，令人耳目一新。重庆童谣、方言和歇后语的运用让该剧极富表现力和感染力，令现场观众笑声连连、掌声不断。优中选优，优中竞优，展演剧目不仅赢得观众的掌声和喝彩，也得到了专家评委们的高度评价。

调查表明，尽管社会公众对十艺节节目的评价有分歧，但总体上看，十艺节的节目从内容、形式到演员的技艺都是比较好的，类型也比较丰富。

（二）丰富的群众文化活动，搭建公共文化服务平台

淄博市根据“全省办节、全民参与”这一精神，从十艺节开幕式倒计时一周年开始，就组织了丰富多样的群众文化活动。

2012 年 9 月 27 日上午 10:00 在淄博市中心广场举行淄博市暨张店区迎十艺节倒计时一周年启动仪式。有大型的文艺演出十艺节倒计时揭牌仪式、十艺节书法个性化邮票首发式、十位著名书法家现场书写十个不同的“艺”字等活动。

2013 年 8 月 14 日“喜迎十艺节、全民共欢乐”淄博市第二届广场舞大赛在淄博市博物馆广场西舞台隆重开幕。活动为期四天，来自全市各区县的 90 余支代表队 2000 余人参加了比赛。

为迎接十艺节，淄博市 174 家民间艺术团体到基层演出场次达 600 余场，极大地丰富了当地群众的文化生活，也为十艺节的召开营造了浓厚的节日气氛。淄博市博山区筹措资金，精心策划组织了以“唱响中国梦 · 喜迎十艺节”为主题的广场文艺展演活动，活动一直持续到 2013 年 10 月，演出约 100 场。博山区因势利导，利用城市广场打造出别具特色的广场文化，为广大市民搭建了良好的表现平台，不仅丰富了市民的精神生活，而且增强了城市的亲和力与凝聚力。桓台县组织全县文化艺术团体开展为群众免费送戏活动，演出约 110 场。桓台县还依托文化大院开展“邻居节社区文化广场”等活动，在农村夜晚燃起艺术激情，让村民共享十艺节文化盛宴。

2013 年 10 月 10 日上午，由中共淄博市委宣传部、山东画院、淄博市书法家协会承办的“第十届中国艺术节弘文尚墨——品藻社书法艺术展”在淄博书画院拉开序幕。本次展览汇集了国内颇具影响力的八位书家近百幅力作。本次展览的成功举办不仅为全市广大书法爱好者提供了一次难得的观摩学习机会，也为即将开幕的十艺节增添了一缕亮丽的文化风采。

在营造十艺节节日气氛的同时，淄博市将艺术节带来的人文关怀送给了留守儿童。

2013年10月19日下午，共青团淄博市委、市志愿者联合会组织开展了“共享十艺节，志愿者与留守儿童手拉手”活动。活动期间，志愿者与留守儿童“一对一”结对，手拉手一同参观了市体育中心体育场、综合馆、游泳馆以及山东理工大学图书馆、校园、十艺节理工大学剧院和齐盛剧院志愿者之家，观看了第三届全民健身运动会闭幕式彩排和十艺节“文华奖”评选剧目《花落花开》，共享十艺节精彩展演曲目，体会中国传统戏曲魅力。志愿者与留守儿童填写了结对帮扶卡，结对后志愿者们将不定期地对孩子们进行学业辅导和亲情陪护，不仅让十艺节在留守儿童心中留下了深刻印象，也形成了关爱留守儿童的长效互动机制。

调查表明，节前有49.5%的群众知道十艺节的群众文化活动，节后有36.9%的群众知道，同时有51.2%的群众喜欢十艺节的群众文化活动，45.5%的群众和23.3%文艺工作者认为十艺节最大的特色是群众文化活动丰富，群众参与性强。

（三）周密的组织策划工作，完善活动保障协调机制

淄博分会场承担“文华奖”的演出、展演活动，为十艺节提供了4个展演场馆，分别为淄博剧院、齐盛剧院、桓台剧院和山东理工大剧院。淄博市执委会制定了详细的评委接待工作方案，成立了接待工作组，明确细化了每个工作人员的职责分工，并对评委住宿、用餐、医疗、安保等相关工作进行了细致安排。

为全力做好十艺节期间的安全保卫工作，淄博市公安机关紧紧围绕“全警全力、平安十艺”的总体目标，集全警之智，举全警之力，为十艺节保驾护航。淄博警方专门成立安保总指挥部，下设现场驻地安保、治安保卫、防暴处突、交通保障、消防监督等十八个安保工作组，警方提前介入，对各项活动场馆、驻地大力开展联合安全大检查，对容易发生问题的重点要害部位配备足够安保力量，严密各项防控工作措施，确保各项活动安全顺利进行。

为保障十艺节期间餐饮服务食品安全，淄博市执委会成员单位、市食品药品监管局委派稽查支队抽调监管人员，入驻重点接待酒店，24小时对各接待酒店餐饮食品安全进行全程把关。

市食品药品稽查支队对执委会提供的7家接待酒店的接待能力进行认真评估，严格把关接待资质。对接待酒店的从业人员进行餐饮食品安全法律法规和餐饮食品安全知识培训，并与餐饮接待单位签订“餐饮食品安全责任书”。对接待酒店及周边餐饮单位进行拉网式监督检查，进行食品安全专项治理，针对存在问题当场下达监督意见书和责令改正通知书。同时，抽调监管人员入驻重点接待酒店，对各接待酒店餐饮食品安全进行全程把关。保障期间，驻点监管人员对食品原料采购索证、蔬菜农药残留、冷菜制作、食品留样、盛器及餐饮具清洗消毒等重要环节进行 24 小时全程跟踪监管；快监组人员以农药残留、亚硝酸盐、甲醛、瘦肉精等项目为重点开展现场快速检测，从原料采购源头上切断餐饮食品安全隐患，切实保障十艺节期间食品安全。

自 10 月 9 日至 24 日，淄博市承担了五音戏《云翠仙》、龙江剧《鲜儿》、湘剧《谭嗣同》、沪剧《挑山女人》、川剧《鸣凤》、黄梅戏《妹娃要过河》、吉剧《鹿乡女人》、花鼓戏《平民领袖》、粤剧《碉楼》、评剧《赵锦棠》、二人台《花落花开》、采茶戏《八子参军》等参与第十四届“文华奖”比赛演出的 12 台剧目的 24 场演出任务。演出期间，淄博市成立了四个场馆保障组，实行一对一负责制，保障了承办工作顺利进行。淄博分会场共接待各地参演院团演职员 1400 余人，服务观众 30000 余人。

全国 12 家参演院团都对淄博的演出服务工作给予充分肯定，并以赠送锦旗、写感谢信等形式向淄博市执委会表示了诚挚谢意。正是由于“零事故”、“零差错”、“零失误”的工作成就，淄博市荣膺文化部授予的“组织工作奖”，这也是对淄博市在十艺节各项工作中突出成绩的最好褒奖。

调查表明，32.2% 的公众和 5.4% 的文艺工作者认为组织工作出色是艺术节的一大特色，36.6% 的公众和 48.4% 文艺工作者认为十艺节活动组织管理非常好，32.4% 的公众和 39.2% 的文艺工作者认为比较好，6.4% 的公众和 7.2% 的文艺工作者认为一般，只有 0.2% 的公众认为比较差，有 5.2% 的文艺工作者认为十艺节的组织工作尚待改进。

（四）广泛的长效覆盖宣传，拓展社会辐射影响效应

2013 年 9 月 26 日，十艺节淄博市执委会办公室召开了新闻与社会宣传工作会议。会议传达了贯彻十艺节淄博市执委会办公室《关于转发省组委会〈关于进一步做好第十届中国艺术节社会宣传工作的通知〉的通知》，发放了十艺节宣传画及宣传口号，要求在全社会营造承办十艺节的浓厚氛围，让更多的人民群众关注十艺节、了解十艺节、参与十艺节，充分享受十艺节带来的文化艺术大餐。加大社会宣传力度，引导广大市民增强“东道主”意识，充分展示齐文化“开放、包容”的优良传统和淄博人民热情好客的良好风貌。使新闻宣传出现三个面向，即面向淄博市社会公众，面向艺术团体，面向全国。同时要求新闻媒体进一步做好十艺节新闻宣传工作，在全社会迅速形成宣传高潮，让全市广大群众充分了解十艺节动态，塑造好淄博城市形象，为成功承办十艺节作出积极努力。

仅在十艺节举办期间，便有中央、省、市等 40 多家媒体的 100 多名记者参与报道，各级各类媒体累计刊（播）发十艺节相关报道 1100 多篇（条），其中省级以上媒体发稿 430 多篇（条）。淄博多角度、全覆盖、高标准、高质量的宣传报道营造了浓厚的

节日氛围。淄博市组织编印了《文化淄博——第十届中国艺术节特刊》，也是山东省唯一一个发行艺术节特刊的承办城市。

宣传报道抓住了群众积极参与十艺节这一主题，以大量的篇幅报道群众参与十艺节的组织筹备工作，以及为营造十艺节的节日气氛而举行各种文艺活动，使新闻宣传与群众活动形成了更为广泛的信息覆盖面。

社会公众对淄博十艺节的宣传效果评价是：5.8% 认为非常好，28.6% 认为比较好，31.4% 认为一般，8.4% 认为比较差，1.1% 认为很差。调查资料表明，节前公众知道中国艺术节的比例是 39.9%，节后知道中国艺术节的比例是 75.7%，从比例的上升可以看出宣传取得了积极效果。节后公众对中国艺术节非常了解的占 10.6%，比较了解的占 32.0%，一般了解的占 27.3%，不了解的占 5.2%，完全不了解的仅占 0.5%。

八、十艺节的启示和思考

（一）十艺节对淄博的影响和启示：办节助推公共文化服务体系建设，发挥十艺节的外部溢出效应

淄博作为十艺节的分会场，通过积极筹备场馆建设、加强安保措施、保障食品安全、提升服务质量等工作塑造了城市新形象。通过广泛宣传、群众参与、开展多种活动、营造节日气氛，扩大了十艺节的社会影响，通过艺术精品的展演、评比，促进了艺术创新与艺术团体间的交流，推动了文艺创作。

为迎接十艺节的到来，淄博新建成一批高质量的文化场馆，打造出一批出色的文艺精品，培养了一批优秀的文艺人才，为发挥后十艺节效应、为实现文化惠民提供了更好的条件，也为文化事业和文化产业持续发展奠定了良好基础。

淄博分会场成功承办十艺节剧目展演，对文艺事业产生了巨大的推动作用，也提高了整个社会对文化工作的地位和作用的认识。

1. 增加文化投入，催生艺术精品

淄博为承办十艺节，采取了多方面的有力措施。大力推动艺术精品创作，设立了每年 300 万元的文艺创作专项资金，推动文艺创作，取得了丰硕成果。

舞台艺术创作方面，淄博市五音戏剧院的聊斋题材五音戏《云翠仙》入选十艺节山东省重点推荐剧目，参与文华奖角逐。市京剧院新编京剧《诗杰王勃》入选十艺节“百场下基层”优秀邀请剧目（山东省共入选 10 台），荣获第六届山东省“泰山文艺奖”戏剧类二等奖。市歌剧舞剧院舞剧《齐风 · 甫田》入选十艺节祝贺演出剧目（山东省共入选 12 台），荣获第六届山东省“泰山文艺奖”舞蹈类一等奖。社会文化艺术创作方面，舞蹈《山那边的女人》和《大红灯笼》参加了“喜迎十艺节、全民共欢乐”全国群众文化优秀节目展演。

美术创作方面，21件作品入围山东省美术作品展，获金奖1个，银奖4个，铜奖3个，优秀奖10个；21件作品入围“十艺节全国优秀美术作品展览山东预选作品展”，获金奖1个，银奖2个，铜奖1个，优秀奖13个，参展和获奖数量均居全省前列。

2. 丰富文化供给，提升文化惠民

十艺节期间，有五音戏《云翠仙》、龙江剧《鲜儿》、湘剧《谭嗣同》、沪剧《挑山女人》、川剧《鸣凤》、黄梅戏《妹娃要过河》、吉剧《鹿乡女人》、花鼓戏《平民领袖》、粤剧《碉楼》、评剧《赵锦棠》、二人台《花落花开》、采茶戏《八子参军》等参与第十四届“文华奖”比赛演出的12台剧目的24场演出在淄博上演，为观众提供了欣赏高质量剧目的机会，使观众得到了极佳的精神和艺术享受。

淄博市174家民间艺术团体到基层演出场次达600余场，90余支代表队2000余人参加了为期四天的淄博市第二届广场舞大赛，举办了“第十届中国艺术节弘文尚墨——品藻社书法艺术展”，并组织开展了“共享十艺节，志愿者与留守儿童手拉手”活动。3万余名群众直接参与各项活动，通过影视、网络等多种渠道观看十艺节的群众达近百万，极大丰富了人民群众的文化生活。6.3%的社会公众认为十艺节对其文化生活影响非常大，38.1%认为影响比较大，23.3%表示影响一般，6.1%表示影响比较小，1.6%表示影响非常小。

十艺节后，艺术节所产生的艺术氛围仍影响着淄博人的文化生活，5.1%的公众认为艺术节后市民的业余文化生活有很大程度的改善，29.1%的公众认为改善程度比较大，26.4%的公众认为改善程度一般，只有13.3%和1.4%的公众认为改善程度比较小、非常小。

3. 改善文化设施，完善阵地建设

公共文化服务体系建设是十艺节的重点工作之一，淄博市按照公益性、基本性、均等性、便利性原则，实施了文化惠民十项实事，加快构建覆盖城乡、惠及全民的基本公共文化服务体系。淄博新建建筑面积23800平方米的图书馆，按照十艺节山东省筹委会的要求，淄博市对齐盛剧院、桓台剧院、山东理工大剧院和淄博剧院进行了维修改造。特别是淄博剧院的维修改造工程，完成了超常规的建设任务，赢得了各级领导、专家和参演单位的一致肯定。全市88个镇（办）均设有综合文化站（文化中心），所有行政村均建有文化大院和文化活动室。

十艺节的场馆改造不仅满足十艺节期间演出需要，还为以后各种类型的演出活动提供场地，因此十艺节场馆改造时充分考虑了场馆的后续使用。改造和整改后的四个场馆，面貌焕然一新，剧场内部设施齐全、设备先进、装修环保、功能完备，能够承接各类大型歌舞、交响乐、戏剧、戏曲、杂技等大型文艺演出，既符合十艺节场馆建设标准要求，更将会成为淄博市重要的文化演出阵地。四个场馆布局合理、点线结合、疏密相间，剧场辐射半径科学合理，既满足了艺术节演出需要，又满足了市民文化消费的基本需求，同时完善了城镇文化配套功能，提升了淄博文化基础设施的档次，完善了覆盖全社会的公共文化服务体系，使人民群众在更大范围内享受到更多更优的文化发展成果成为可能。十艺节后，这些设施将最大限度对公众开放，成为淄博开展公益性文化活动的重要场所。调查数据表明，7.2%的公众认为艺术节后淄博的文化基础设施有很大程度的改善，32.4%的公众认为改善程度比较大，21.5%认为一般，只有11.2%和1.4%的公众认为改善程度比较小、非常小。相信随着艺术节后文化惠民工程的继续开展，公众对淄博公共文化设施的改善将有更加切身的体会。

4. 带动经济发展，提升城市形象

中国艺术节是艺术盛事，也为商贸活动、科技活动和旅游产业的发展提供了平台。十艺节对淄博而言不仅是筹备和参赛双丰收，也为经济发展创造了有利条件。首先，四个参赛场馆和一个备用场馆的改建，为繁荣淄博的文艺演出市场提供了前提条件。十艺节演交会拓宽了淄博艺术团体的思路，他们将采取场馆租借、剧团联合等商演形式，丰富淄博的文艺演出。

调查表明，7.5%的公众认为举办艺术节对城市形象有非常大的影响，33.6%的公众认为影响比较大，22.2%的公众认为影响一般，只有8.4%和2.1%的公众认为影响比较小、非常小。

接受调查的十艺节文艺工作者认为淄博交通非常便利的占43.1%，认为便利的占38.6%，认为一般的占17.6%，认为有阻塞的仅有0.7%；对淄博观众印象深刻的占48.3%，印象较好的占 45%，印象一般和不好的仅占3.4%和3.4%；对淄博文化场馆整体感觉优良的占70.7%，感觉一般的占24%，感觉说不清的仅有5.3%；对淄博艺术活动管理的整体感觉很好的占79.9%，感觉一般的占18.1%，感觉说不清的仅有2%。对城市管理、市民素质、演出设施和艺术活动管理的评价都达到很高的水平，足以证明十艺节起到了提升城市形象的作用。

十艺节推动了淄博旅游、餐饮、宾馆及商业的发展，提升了城市整体文明水平。淄博每个市民都形成“全省办节、全民参与”的强烈责任意识和荣誉感，以东道主姿态迎接艺术节，自觉维护公共秩序，爱护公共设施，人人懂礼貌，处处讲文明，为艺术节营造一个整洁、安定、舒适、文明的社会环境。

（二）十艺节带来的思考：根植特色文化理念，整合办节资源，完善运作和保障机制，打造具有广泛性、长期性的文化战略品牌

与八艺节后 92.9% 的襄阳公众希望今后湖北还能承办类似大型文化活动，九艺节后 90.4% 的中山市公众希望广东还能承办类似活动相比，十艺节后只有 49.9% 的淄博公众希望山东今后能够承办类似活动。这表明淄博公众对举办艺术节的热情远低于湖北、广东，也表明淄博公众期望类似大型文化活动有所改进，有所提高。

1. 中国艺术节应该每一届都办出自己的特色

中国艺术节要为优秀的艺术作品提供展示的平台，使优秀剧目脱颖而出，优秀人才得到社会的认可。有 61% 的文艺工作者认为第十届艺术节与前九届艺术节相比，在节目选拔上具有特色，在奖项评定上 71.9% 的文艺工作者认为没有特色，在组织机制上有 67.8% 的文艺工作者认为没有特色，在群众活动上有 76.7% 的文艺工作者认为没有特色，在市场运作方面有 91.1% 的文艺工作者认为没有特色，在文化产品交易会方面有 84.9% 的文艺工作者认为没有特色，在文化旅游活动方面有 83.6% 的文艺工作者认为没有特色，在艺术节纪念品方面有 96.6% 的文艺工作者认为没有特色。5.4% 的公众认为本届艺术节组织出色是其特色，45.5% 的公众认为群众文化活动丰富是特色，只有 18.3% 的公众认为节目精彩是特色。要将艺术节办出特色，就要遵循艺术品与欣赏者、对象与主体、生产与消费之间是相互依存、相互转化的辩证关系的原理。艺术生产应适应欣赏者的消费需要，因此在剧目选择上，要以能否为广大受众所喜欢、所接受为主要标准，放宽剧目推荐政策，采用主管部门推荐和单位自荐相结合的方式，为真正的好剧目提供竞争平台。

艺术的本质特征就在于它的真实性、形象性、典型性，艺术本身是率性的，是自我的，是个性化的，如果一个艺术家背负着沉重的功能去创作，一般很难创作出成功的作品。因此，艺术节要真正贯彻“双百”方针，要给艺术家提供一个展示生活真善美的平台，让优秀的剧目都能参与其中。艺术作品被创作出来，是为了供人们阅读或欣赏，如果没人欣赏，它就还只是潜在的作品。82.4% 的文艺工作者认为第十届艺术节对艺术团队的主要作用是“打造艺术精品”，而不是“提高商业演出机会”。

中国艺术节过于追求规模大、艺术种类全面，特色不突出。法国洛里昂的“克尔特音乐艺术节”已有 40 余年历史，旨在光大曾经盛行加里西亚、布列塔尼、爱尔兰、苏格兰和威尔士的克尔特文化血脉，以富有民间风格的歌舞活跃全球化中趋于单一贫瘠的国际文化生活。每年都有不少外国演出团体加入到艺术节的展演中。出于同一动机，巴黎盆地西部萨尔特省的“巴洛克艺术节”凸显昔日封建贵族“上流社会”的“典雅”，与当代超消费社会一切物质化的弊端形成鲜明对比。这两个艺术节规模不大，但由于其特色显著，为世界所重视。中国艺术节只有办出特色，才能赢得长久的艺术生命力。

2. 社会公众的参与性有待提高

公众参与性原则是开办节庆活动的基本原则之一，广泛的参与性是节庆活动赖以成功的关键所在。由于十艺节由政府部门牵头主办，按行政方式运作的较多。政府在节庆活动的专业策划、运作能力方面存在专业性不足的问题，加之行政干预多、市场作用发挥不足，导致节庆绩效不够理想。

首先，文化基础设施条件限制了社会公众的参与性。艺术节的重头戏是代表我国近期最高艺术水平的参评“文华奖”的节目展演，社会公众最想参与的艺术活动也是感受高水平的艺术表演，而这些剧目都在剧场演出，很多剧目的演出都是一票难求。以淄博为例：淄博共展演 12 台剧目 24 场，按照淄博四大剧院的座席数，即使按 100% 的上座率计算，最多只能接纳观众 115200 人，每场去掉评委观摩票 100 人次，约可接纳观众 112800 人，按淄博市区 260 万人口计算，能现场观看节目的观众占全市人口比例为 4.33%，按整个淄博市 450 万总人口计算，能现场观看节目的观众占全市人口比例为 2.51%。虽然开通了多种购票渠道，但剧场有限的容量，每个剧目仅 2 场的展演场次依然阻碍了更多现场观看观众的脚步。

其次，高票价阻碍了社会公众参与艺术节的热情。在世界上许多文化艺术发达的国家，欣赏艺术并不那么“奢侈”。冯双白说：“我到英国、美国去看戏，戏票与当地收入相比都是很便宜的。那里非常好的戏不过 80 美金，而当地人的月收入是 3000 至 5000 美金；国内一场戏票价动辄 680 元、880 元。”十艺节虽然采取了众多的惠民举措，设定了低价票（每张票不高于 100 元，最优惠票价 20 元，每场还预留 100 张公益观摩票，赠送给劳动模范、建设者、农民工及社会特殊群体），数量要求不少于全场总座位数 10%，最高票价为不超过 380 元，主推 60 元左右中低票价，总体水平低于市场价格 40%，但仍然有 2.1% 的公众觉得票价非常贵，19.7% 的公众认为比较贵，21.3% 的公众认为一般，仅有 17% 的公众认为比较便宜，7% 的公众认为非常便宜，个人买票观看的公众仅占 28.3%。同时调查表明，只有 18.9% 的公众到现场观看了十艺节，23.4% 的公众通过因特网观看，43.4% 的公众通过电视观看，足见剧场容量和票价仍然是将观众挡在门外的铁门槛。艺术节期间有 23.2% 的公众没有参与艺术节消费，消费在 50 元以下的占 23.2%，消费 50 ~ 200 元的占 22.3%，消费 200 ~ 300 元的占 6%，消费在 300 元以上的仅占 0.7%。在参与艺术节消费的公众中，购票看节目的仅有 20.9%，购买纪念品的仅有 25.1%，到艺术节举办地旅游的公众更少，只有 9.8%。这说明经济对艺术作品的市场化起着一定的制衡作用。现阶段，我国艺术作品的市场化要走低票价道路。

3. 办节过程中存在一些不尽合理现象

目前我国城市节庆活动的运作模式已呈现出多样化、市场化的趋势，市场规律正在发挥着越来越强的作用。节庆运作方式可归纳为三种主要类型：(1)政府主办模式；(2)政府引导、企业承办、市场运作模式；(3)完全市场化运作模式。其中“政府引导、企业承办、市场运作”的方式，将整个节庆活动作为一项系统的文化、旅游、招商举措来运作，可实现社会效益与经济效益上的“双赢”，正逐步成为节庆活动的主要运作方式。国内一些著名的大型城市节庆活动，如南宁国际民歌节、中国淄博国际啤酒节、中国哈尔滨国际冰雪节等都是采用此模式。中国艺术节由承办地政府一手操办，当地政府把办好艺术节作为政治任务完成。不论是资金筹措还是群众文化活动的开展，都带有一定的摊派倾向。地方领导将举办或承办艺术节作为政绩工程，将相关任务分解给各市、县、区，社区文化活动责任到有关单位，而不是群众积极主动参与艺术节。宣传流于形式，节后调查表明，仍然有 24.3% 的公众不知道中国艺术节，35.5% 的公众没有观看或参与艺术节的活动。上海国际艺术节始终坚持“艺术的盛会、人民大众的节日”的办节宗旨，每届艺术节期间蓬勃开展群众性文化活动，每年艺术节期间举办广场“天天演”、“周周演”、中外艺术家进社区、各类群众性才艺比赛等活动，遍及上海各区县、乡镇和社区，直至长三角地区，参与群众均逾 100 多万人次。

对于经费使用，本届艺术节采取节约办会，取消开幕式大型综合文艺演出，举办简短的开场仪式后，演出一台重点剧目，仅此一项就节省开支 5000 多万元。据不完全统计，“相约十艺节——全省优秀舞台剧目展演”、备战“群星奖”新创作优秀节目“六进”免费演出等惠民展演活动已累计演出 5 万多场，社区群众得到低价票 1 万余张，公益观摩免费票 2 万余张，占总票量的 60% 以上。但 1 万余张低价票和 2 万余张免费票远不能满足广大公众的需求，艺术节仍然与公众有距离。

4. 艺术节应该进行品牌化运作

可邀请更多国外艺术团体参演，扩大国际影响力。节庆活动是一种经济现象，节庆活动要依据传统性、文化性、综合性和动态性特点，形成不同时间尺度、不同规模等级的系列节庆活动，通过产品化、制度化、产权化三个方面的运作形成品牌效应。

中国上海国际艺术节经历多年的打造和磨砺，艺术节品牌影响力与日俱增，已成为提升上海文化软实力的中坚支柱。中国上海国际艺术节坚持高举“经典一流”和“探索创新”两面旗帜，精心组织演出剧目，确立了艺术节的高品位和创新品质。上海艺术节国际演艺团体与国内演艺团体上演的剧目各占半壁江山。为了进一步提高艺术界的知名度和国际地位，自第四届艺术节开始，艺术节设立了嘉宾国“文化周”，相继成功举办了澳大利亚文化周，俄罗斯文化周、“法国文化在上海”、埃及文化周、墨西哥文化周等活动；自第七届艺术节开始，又创设嘉宾省“文化周”，先后成功举办了青海文化周、内蒙古文化周。每年艺术节期间还穿插举办“亚洲音乐节”、“国际魔术节”、“青年国际钢琴比赛”等活动。上海艺术节还设有中国上海国际艺术节中心作为其常设机构与操作机构，主要负责每年一届的中国上海国际艺术节的筹划和运作，同时开展日常对外文化交流活动，策划、组织、中介、经纪各类文艺演出，制作、出版、发行文化音像制品，开发经营各类文化产品，提供文化网络信息服务，同时开展与文化相关的各项产业经营以及文化资金投资运作等。中国艺术节没有常设机构，除了艺术节期间举办的文化交流活动外，艺术节结束后缺乏后续的文化交流活动。同时每一届艺术节的承办政府不同、主旨各异，难以塑造中国艺术节的核心品牌。在艺术节节目的选拔上，虽有少量的国外演艺团体剧目参演，但以评奖、参赛为导向的机制，使得国内剧目数量占绝对多数，难以扩大国际影响力。

与此相比，国际上一些经典节庆活动往往具有更长的历史和更丰富的内容，如西班牙斗牛节举办期已长达 4 个世纪，节间活动达到 156 项。在西欧，有众多以艺术为主题的节庆活动。爱丁堡艺术节始于 1947 年，是世界大型综合性艺术节之一。其宗旨是加强欧洲国家间的文化交流，推广高雅艺术，为欧洲的和平和团结提供一个活动的舞台。后由于不断有世界著名艺术家的参与，逐渐演变成一个雅俗共赏的艺术盛会。爱丁堡艺术节的形式多样化，每年 8 月至 9 月初既有受邀请的著名专业艺术团体或个人的正式表演，也有自发参与的非专业群众的非正式表演，时间大约持续 3 个星期。这样的形式极大地鼓励了公众参与，大大提升了公众的参与热情。其他的如法国的龚佛兰艺术节和奥地利萨尔茨堡艺术节等，均以体现地域性和国际性的和谐统一，展示高雅艺术与民间艺术的交相辉映，获得文化艺术、经贸和旅游多种效益而闻名世界。

中国艺术节举办城市每届不同，剧院等场馆经过短时间的热闹之后就陷入了沉寂，尤其是各分会场，场馆的闲置率更高，从资源上来说是一种浪费，另外也不利于地方品牌的建立，对地方经济的拉动缺乏持久性。因此，中国艺术节应该在相对固定的城市、固定的时间，采用政府主导，市场运作的模式，通过一届一届经验的积累，不断创新，创建国际性的中国艺术节品牌。

5. 艺术节可以淡化评奖的竞演机制

从 2004 年第七届中国艺术节起，文化部将文华奖评选与中国艺术节奖两奖合一。群星奖是文化部设立的全国社会文化艺术政府奖，和文华奖并列为中国文化艺术政府奖的两个子项，包括作品类群星奖、项目类群星奖和群文之星三大类。本届艺术节有全国 87 台专业舞台艺术优秀剧目参加文华奖评比演出。全国 316 件作品、35 支代表队参加群星奖各门类的决赛。受调查的艺术工作者分别有 82.4% 认为艺术节对艺术团队的主要影响和作用是打造艺术精品，61.4% 的艺术工作者认为能够提高演出水平。以评奖为导向，固然能起到打造艺术精品、提高演出水平的作用，但能评奖的剧目代表的是评委的审美，未必是广大群众喜闻乐见的。在调查中只有 0.7% 的艺术工作者认为艺术节是为了与观众交流。完全以争取获奖为目的，也使得参演的部分剧目是“回锅肉”，本次艺术节中参演剧目在艺术节前已经演出超过百余场的超过 20%，这部分剧目对部分观众而言吸引力有限。另外，为了在竞演中获得好成绩，多数演艺团体都是派团中的国家一级演员和极具影响力的名家参演，幕后制作人员更是有多人获得过“五个一工程奖”等国家级奖励，培养锻炼新人的机会不多。同时，以评奖为目的的艺术节，也难以邀请更多的外国演艺团体参演，扩大艺术节的国际影响力。

附录七

德州分会场调研报告

本报告重点对十艺节举办之前、之后德州地区的情况进行全方位、多层次的研究，力求获取不同时间段、不同群体对十艺节的评价与认识，做到客观公正的调查分析。

根据所涉及的不同问题，本报告分为七个部分：一、德州市的调查样本描述：主要包括对德州市节前、节后调查的范围和调查对象的描述，并对其进行总体的对比和分析；二、十艺节与民众的关系：主要包括德州市民众总体参与程度分析和分地区参与程度的比较分析；三、十艺节与文艺发展的关系：包括十艺节对公众文化生活、城市文化基础设施的影响以及对不同地区文艺发展影响力的对比分析；四、十艺节与区域发展的关系：包括公众对于十艺节与区域发展的看法和十艺节对文化消费的影响；五、社会公众对于十艺节的总体评价：主要分析公众对于十艺节宣传工作、节目质量的满意度以及公众对于十艺节的总体评价；六、十艺节社会影响力评估：主要分析十艺节对社会总体的影响力以及十艺节对山东的影响力；七、问题与对策：分析十艺节所存在的问题并给出建议。

一、德州市调查的样本描述

（一）问卷设计

为了尽可能地全面了解山东德州的公众对十艺节的参与、感受、评价以及十艺节对德州的实际社会影响力，课题组在节前（2013 年 8 月）和节后（2013 年 11 月）分别对德州市的普通市民进行了问卷调查。节前的调查问卷设计分为三个部分：第一部分，针对受访者的基本情况进行相关问题的设计；第二部分，针对节前市民对于十艺节的知晓情况进行设计；第三部分，针对市民在十艺节期间的参与及评价情况等相关问题进行设计。节后的调查问卷设计分为两个部分：第一部分，针对受访者的基本情况进行相关问题的设计；第二部分，针对市民对于十艺节的知晓情况、参与情况以及具体评价进行相关问题的设计。

（二）样本描述

节前，调查组在德州共发放十艺节社会影响调查问卷（公众卷）500 份，有效回收问卷 473 份，有效回收率 94.6%。节后，课题组共发放十艺节社会影响调查问卷（公众卷）500 份，回收有效问卷 500 份，有效回收率 100%。

1. 十艺节节前受访公众的基本情况

在节前有效回收的 473 份节前调查问卷中，从性别上来看，男性占 54.5%，女性占 45.5%；从年龄上来看，受访者的年龄大多分布在 19 ~ 40 岁，其中，19 ~ 30 岁的受访者占 36.8%，31 ~ 40 岁的受访者占 22.8%；另外，18 岁以下的受访者占 17.1%，41 ~ 50 岁的受访者占 10.1%，51 ~ 60 岁的受访者占 6.1%，61 岁以上的受访者占 7%；从政治面貌来看，中共党员占 14.3%，民主党派人士占 1.7%，群众占 83.9%；从宗教信仰来看，选择无宗教信仰的人数最多，占到 90.2%，其他依次为：佛教占 6.5%，道教占 1.5%，伊斯兰教占 1.1%，基督教占 0.7%；从婚姻状况看，已婚的占 57.4%，未婚的占 42.6%；从文化程度上来看，初中及以下学历的受访者占 25.4%，高中（中专）学历的受访者占 36.6%，大专学历的受访者占 17%，本科学历的受访者占 19.5%，研究生及以上学历的受访者占 1.5%。（如表 F7-1）

表 F7-1 受访者（公众）文化程度分布状况

文化程度	人数（人）	百分比（%）
初中及以下	118	25.4
高中（中专）	170	36.6
大专	79	17.0
本科	91	19.5
研究生	7	1.5
合计	465	100

从居住地情况来看，城区的受访者占 81.1%，郊区的受访者占 8%，农村的受访者占 11.9%；在针对受访者兴趣爱好的调查中，受访者对音乐类的兴趣偏好选择最多，占 27.3%，其次为影视类和体育运动，分别占到 18.1% 和 15.7%，再次是读书看报，占 9.2%。除以上之外的受访者在兴趣偏好上的选择情况如下：舞蹈类占 6.9%，其他占 6.5%，棋

牌类占 4.7%，网络游戏占 3.9%，曲艺类占 3.4%，美术类占 2.6%，摄影类占 1.7%。

在受访公众中，2012 年月平均收入在 1200 元以下的占 35.1%，在 1201 ~ 3500 元的占 48.4%，在 3501 ~ 5000 元的占 13.1%，在 5001 ~ 10000 元的占 2.6%，在 10000 元以上的占 0.9%；2012 年在文化方面的月平均消费水平在 100 元以下的占 32.5%，在 101 ~ 300 元的占 30.8%，在 301 ~ 500 元的占 16.3%，在 501 ~ 1000 元的占 10.2%，在 1000 元以上的占 10.2%。

2. 十艺节节后受访公众的基本情况

在节后有效回收的 500 份节后调查问卷中，从性别上来看，男性占 44.6%，女性占 55.4%；从年龄上来看，18 岁以下占 2.2%，19 ~ 30 岁占 56.9%，31 ~ 40 岁占 20.9%，41 ~ 50 岁占 13.0%，51 ~ 60 岁占 5.2%，61 岁以上占 1.8%。

从政治面貌来看，中共党员占 13.9%，民主党派人士占 1.7%，群众占 84.4%；从职业分布看，受访者中学生所占比例最高，占到了 30.1%，其他依次为：服务性工作人员 14%，专业、技术人员 13%，商业工作人员各 12.6%，办事人员和有关人员 9.4%，其他劳动者 7.0%，国家机关、党群组织、企事业单位负责人 6%，生产工作、运输工作和部分体力劳动者 3.2%，农林牧渔劳动者 2.6%，下岗人员 2%；从文化程度上来看，初中及以下学历的占 8.9%，高中（中专）学历的占 22.7%，大专学历的占 19.1%，本科学历的占 45.3%，研究生及以上学历的占 4%。（如表 F7–2）

表 F7–2 受访者（公众）文化程度分布状况

文化程度	人数（人）	百分比（%）
初中及以下	44	8.9
高中（中专）	113	22.7
大专	95	19.1
本科	225	45.3
研究生	20	4.0
合　计	497	100

从居住地情况来看，城区受访者占 68.9%，郊区受访者占 9.8%，农村受访者占 21.3%；在针对受访者兴趣爱好的调查中，受访者选择音乐类的比例最高，占 23.1%，选择影视类的占 21%，选择读书看报和体育运动的分别占 13.5% 和 12.3%，选择舞蹈类的占 8.9%，选择其他的占 7.7%，选择美术类的占 4.6%，选择棋牌类和摄影类的均占 4.2%，选择曲艺类的占 1.8%，选择网络游戏的占 2.9%。

在受访公众中，2012 年月平均收入在 1200 元以下的占 39.3%，在 1201 ~ 3500 元的占 47.4%，在 3501 ~ 5000 元的占 12.1%，在 5001 ~ 10000 元的占 0.6%，在 10000 元以

上的占 0.6%；2012 年在文化方面的月平均消费水平在 100 元以下的占 36.8%，在 101 ~ 300 元的占 31%，在 301 ~ 500 元的占 13.8%，在 501 ~ 1000 元的占 12.6%，在 1000 元以上的占 5.9%。

二、十艺节与民众的关系

（一）德州市总体参与程度分析

十艺节于 2013 年 10 月 26 日圆满结束，节日中丰富多彩、仪态万千的宣传报道与群文活动进一步激发了人民群众关注、参与艺术节的热情，同时在一定程度上也提高了中国艺术节的社会知晓度。

1. 德州市公众总体参与广泛度分析

根据调查统计结果，在节前调查的 473 份问卷中，有 203 份问卷显示调查对象知道十艺节，知晓度为 42.9%；在节后调查的 500 份问卷中，有 130 份问卷显示调查对象知道艺术节，知晓度为 26%。（如图 F7-1 所示）

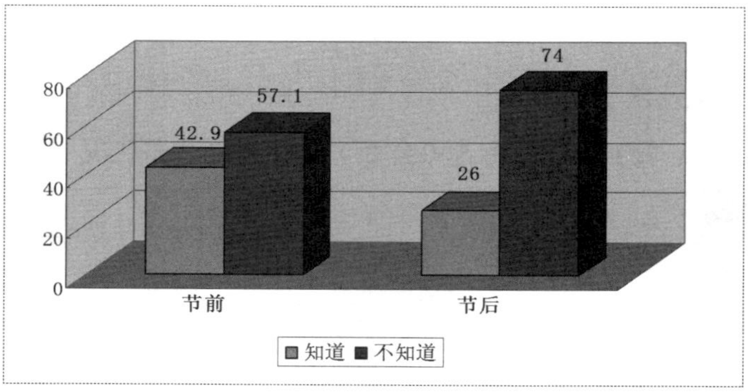

图 F7-1：德州市公众知晓度分析（图中数据为百分比）

通过节前及节后的对比来看，仅就德州市的情况而言，节前公众对十艺节的知晓率要高于节后，节前、节后十艺节在德州的知晓度比例下降 26 个百分点。由此可见，德州市在节前的宣传工作取得了较好效果，使更多的民众走近、了解十艺节，扩大了十艺节的整体影响力。但受地理位置、参与程度等因素的制约，节后德州市公众对十艺节的知晓度有所下降。根据统计数据显示，在持续关注十艺节的人群中，曾经直接参与或观看过十艺节节目的观众比例始终较为稳定，节前为 34.2%，节后为 37.%，可见，在十艺节节后这一数据呈现了一定程度的上升。

在观看往届中国艺术节节目的途径选择方面，选择传统传媒中电视的调查对象最多，占 69.3%，其次为新型传媒——互联网，比例占 37.6%，现场观看占 13.9%，广播电台（8.4%）、其他途径（3%）和影碟（2%）所占比例较低，均不超过 10%。由此可见，在艺术节的传播方式上，电视这一传统媒体仍然扮演着主要角色，网络等新媒体的作用也日益凸显，而选择现场观看的观众比例仍然偏低。（如图 F7-2）

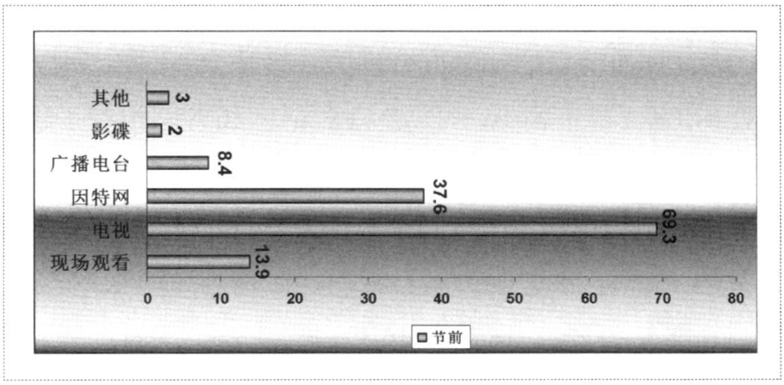

图 F7-2：公众欣赏过往届中国艺术节节目的途径分析（图中数据为百分比）

此外，节后的调查数据显示，有 1.6% 的德州公众认为能够非常方便地参与此次十艺节，有 27% 的公众认为比较方便，有 49.2% 的公众选择了一般，还有 18.2% 和 4% 的公众认为参与艺术节较为困难或者非常困难。

可见，德州公众对于参与十艺节的态度总体上较为积极，多数受访者表示能够较为方便地参与艺术节。

2. 德州市公众总体参与深刻度分析

德州的调查显示，在对十艺节的了解程度方面，选择一般的调查对象最多，占到 68.5%，选择非常了解的调查对象占 1.5%，选择比较了解的调查对象占 10%，选择不了解的调查对象占 18.5%，选择完全不了解的调查对象占 1.5%。（如图 F7-3）

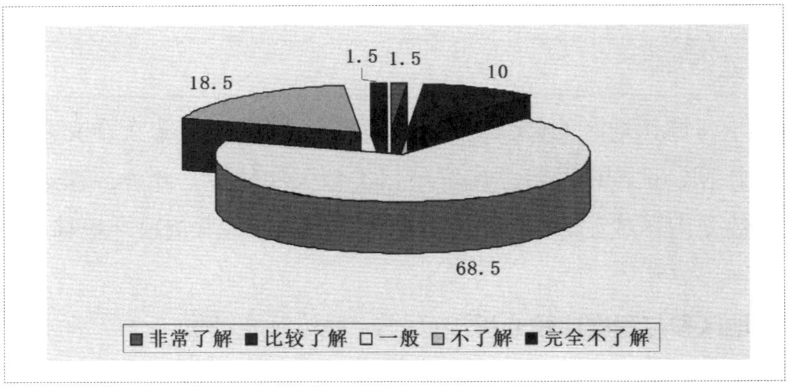

图 F7-3：公众十艺节的了解程度（图中数据为百分比）

如上图所示，公众对于十艺节的整体了解程度不高，尤其值得注意的是，选择非常了解和比较了解十艺节的受访者比例一共只有总数的 11.5%。此外，在是否知道山东十艺节的问题上，只有 22％的公众选择知道。调查结果说明，十艺节在德州的宣传力度仍有待加强。

就公众对山东十艺节节目的了解程度而言，知道曲艺晚会和歌舞晚会的人数较多，选择比例均为 54.3%，其他节目的知晓度分别为：音乐会 34.6%，地方戏曲 26%，美术展览 22.8%，京剧 18.1%，音乐剧 16.5%，公众对话剧和舞剧相对了解较少，选择比例均仅为 12.6%。

就十艺节各节目类型的观众参与度的调查结果显示，观看过歌舞晚会的观众最多，占到了被调查人数的 45.2%，曲艺晚会紧随其后，比例为 40.3%，音乐会、地方戏曲、美术展览和音乐剧分别占 21.8%、18.5%、16.1% 和 10.5%，观看过舞剧的占 8.9%，京剧和话剧所占比例最低，均为 5.6%。（如表 F7–3）

表 F7–3 观众到现场观看演出的情况

节目	观看人数（人）	百分比（％）
音乐会	27	21.8
歌舞晚会	56	45.2
曲艺晚会	50	40.3
美术展览	10	16.1
京剧	7	5.6
话剧	7	5.6
音乐剧	13	10.5
舞剧	11	8.9
地方戏曲	23	18.5

如上表所示，德州地区的公众对于歌舞晚会、曲艺晚会等大众文艺项目的参与度较高，而对于舞剧、话剧以及音乐剧等节目类型关注较少。此外，课题组在调研过程中发现，大多数受访者对于话剧、舞剧等现代舞台剧形式普遍缺乏最基本的了解。

（二）分地区参与程度比较分析

1. 德州市、济南市与青岛市公众总体参与广泛度比较分析

在节前对济南、青岛、德州三地的公众知晓度调查中，济南市受访者中知道十艺

节的比例为 62.5%，青岛市的同项比例为 19.2%，德州市为 43.3%。（如图 F7-4）

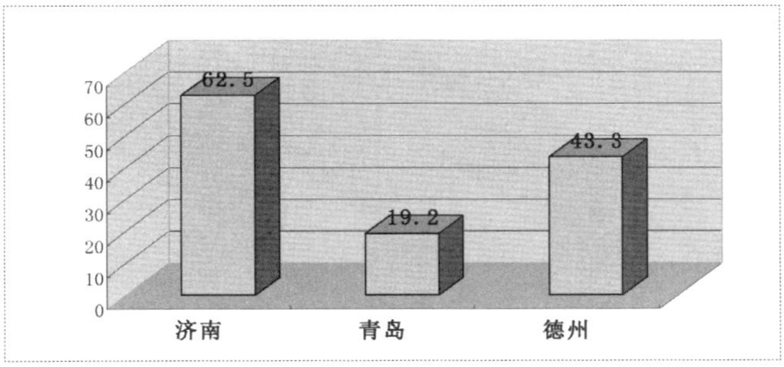

图 F7-4：节前济南、青岛、德州公众知晓度比较分析（图中数据为百分比）

如图 F7-4 所示，作为十艺节的主会场，济南市的公众对于十艺节的知晓度最高；德州市虽然地处内陆，但因其前期宣传筹备工作较为充分，十艺节在德州社会公众中也有相当的知晓度；而相比之下，青岛公众对于十艺节知晓度则相对较低。

然而，通过对了解十艺节的人群做进一步调查发现，青岛市有 42% 的公众曾经观看或参与过十艺节的项目或活动，德州市的这一比例为 34.2%，相比较而言，济南市的这一比例最低，仅为 24.1%。（如图 F7-5）

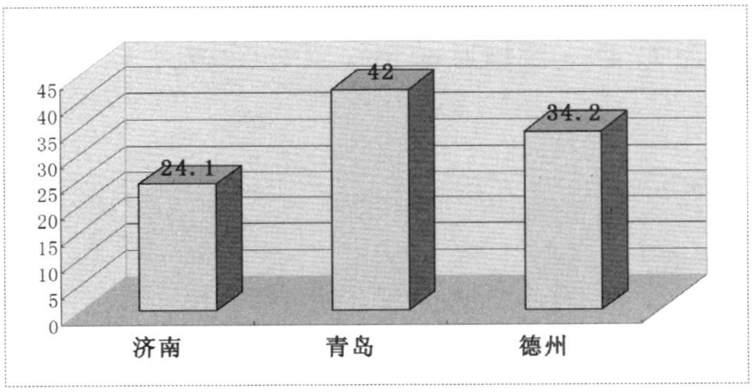

图 F7-5：节前济南、青岛、德州公众观看或参与十艺节项目或活动的情况（图中数据为百分比）

由此可见，虽然青岛市的公众总体上对于十艺节的知晓度不高，但就了解艺术节的人群而言，青岛的十艺节关注人群较为稳定，积极性也普遍较高，这与青岛市的经济文化发展水平相符合。

2. 德州市、济南市与青岛市公众总体参与深刻度比较分析

在是否知道山东十艺节的宗旨方面，济南市有 9.4% 的公众选择知道，青岛市有 20.3% 的公众选择知道，德州市的这一比例为 16.9%。（如图 F7-6）

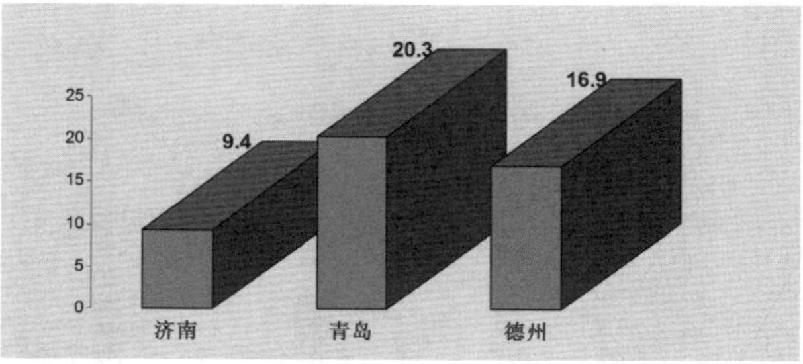

图 F7-6：公众对十艺节宗旨的知晓度（图中数据为百分比）

就公众对十艺节相关活动的了解程度方面而言，数据显示，公众了解较多的活动主要有专业艺术活动（济南为 34.3%、青岛为 61%、德州为 50.3%）、群众文化活动（济南为 35.5%、青岛为 71.4%、德州为 44.1%）、展览活动（济南为 26.9%、青岛为 36.4%、德州为 27.9%）。社会公众了解相对较少的十艺节活动是：经贸活动（济南为 5.1%、青岛为 9.1%、德州为 4.5%）、旅游活动（济南为 6.7%、青岛为 10.4%、德州为 12.8%）。

在十艺节的所有活动中，相对最为社会公众所熟知的是开幕式和闭幕式。开幕式在济南的公众了解度为 41.6%、青岛为 76.6%、德州为 69.3%；闭幕式在济南的公众了解度为 37.3%、青岛为 71.4%、德州为 60.3%。（如图 F7-7）

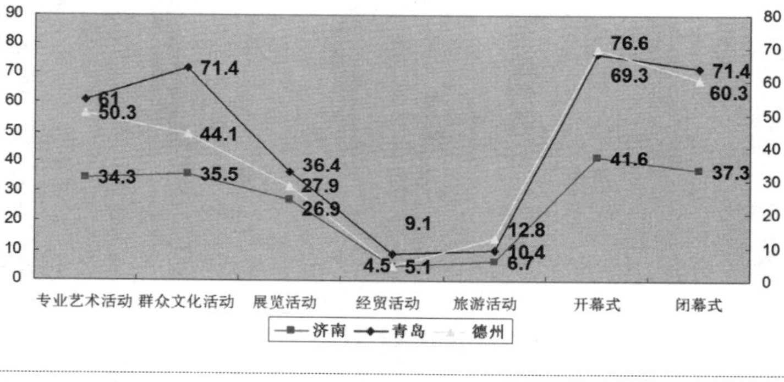

图 F7-7：公众对十艺节活动的知晓度（图中数据为百分比）

如上图所示，从整体而言，青岛市公众对于十艺节相关活动的了解程度较高，德州次之，济南虽然是省会城市，但是当地民众对于艺术节相关活动的了解程度却较低；就具体活动而言，不管是省会城市（济南）、沿海城市（青岛）或者内陆城市（德州），公众对于开幕式、闭幕式、群众文化活动以及专业艺术活动的关注度和知晓度普遍较高，展览活动和旅游活动处于第二序列，而经贸活动活动的知晓度普遍较低，三地比例均不超过 10%。

三、十艺节与文艺发展的关系

（一）十艺节对公众文化生活的影响

就十艺节对于文艺发展方面的影响而言，课题组在十艺节举办之前和之后分别对德州市公众做了相关调查。

节前调查结果显示，有 28.1% 的受访者认为十艺节将对其文化生活产生很大的影响，认为一般的有 49%，认为比较小的占 22.9%；而在十艺节将对市民业余文化生活改善程度的调查中，认为将有很大改善的调查对象占 24.9%，认为一般的调查对象占 38.9%，认为改善程度比较小的调查对象占 23.2%，认为没有影响的调查对象占 13%。（如图 F7-8、F7-9）

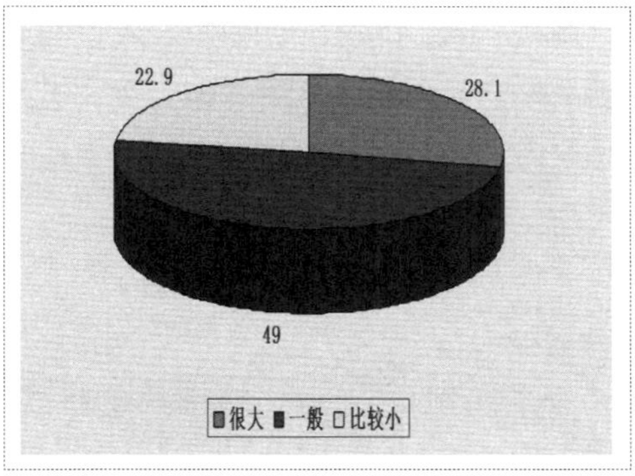

图 F7-8：十艺节对公众文化生活的影响（图中数据为百分比）

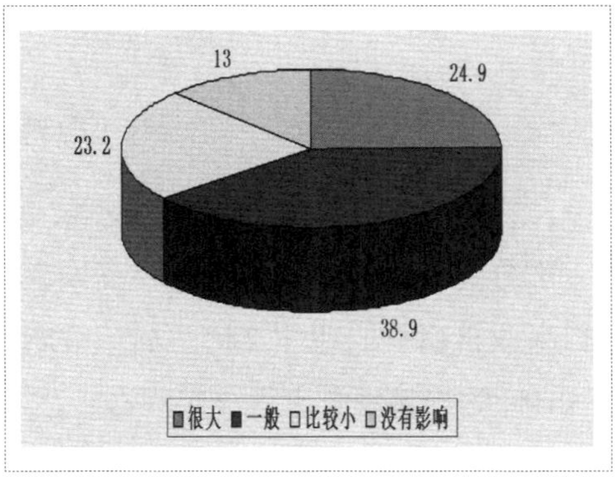

图 F7-9：十艺节对公众文化生活改善的程度（节前）（图中数据为百分比）

节后调查结果显示，有 6.6% 的公众认为艺术节对自身的文化生活带来非常大的改善，认为改善程度比较大的占 32%，有 50% 的公众认为影响一般，另外还有 9.8% 和 1.6% 的公众认为影响比较小或者非常小。（如图 F7-10）可见，十艺节对公众的文化生活总体上产生了较大的影响，基本和公众节前对文化节的预期相符合。

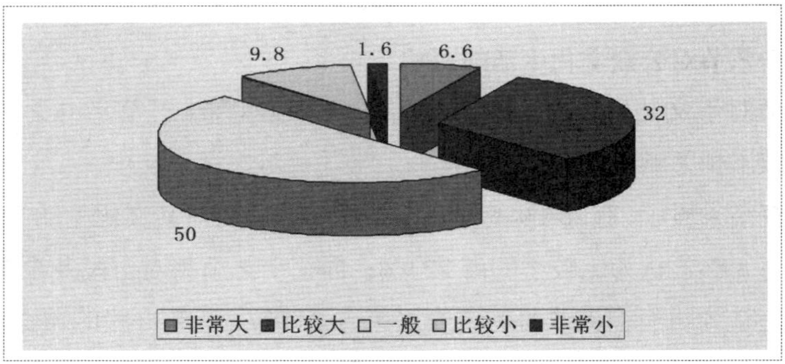

图 F7-10：十艺节对公众文化生活的改善程度（节后）（图中数据为百分比）

数据显示，德州市有 17.3% 的调查对象认为在十艺节举办期间增加了与朋友交往的机会，有 18.9% 的调查对象在十艺节举办期间和家人一起观赏了艺术节的剧目或者参观展览，有 11% 的调查对象在十艺节举办期间因为受十艺节的影响而经常谈论文化艺术。然而，仍有 53.2% 的公众不太关注艺术节，在十艺节举办期间，认为他们的生活与平常一样，没有什么特别。（如图 F7-11）

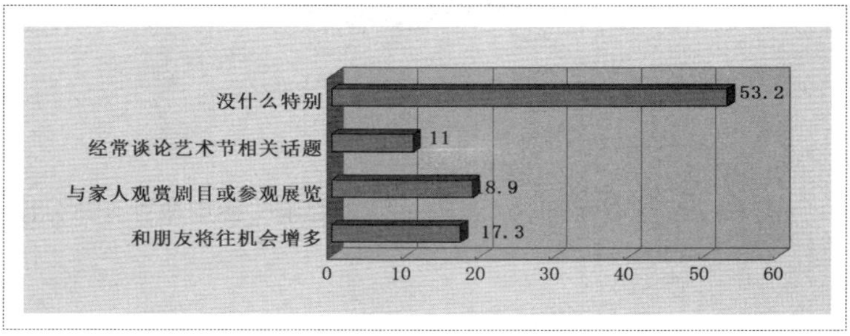

图 F7-11：十艺节期间公众文化生活的变化（图中数据为百分比）

对比图 F7-8、图 F7-9、图 F7-10、图 F7-11 可以发现，就德州市的情况而言，在十艺节举办之前，有相当一部分民众对于艺术节抱有较高期望，他们希望借助于十艺节多形式、高水平的文化节目来改善自身的业余文化生活。节后的调查数据也印证了这一点，在艺术节举办期间，有 18.9% 的受访者和家人一起观看了艺术节的剧目或者参观展览。此外，十艺节在人际交往、文化艺术以及文华奖、群星奖的评选等方面都对德州市公众产生了影响。但节后的调查数据还显示，仍有 53.2% 的公众认为十艺节对其文化生活没有产生太大影响，这与节前公众对于艺术节较高的期望形成了反差。

（二）十艺节对城市文化基础设施的影响

节前，在针对十艺节对其所在城市文化基础设施改善程度的调查中，认为改善程度很大的调查对象占 24.6%、认为改善程度一般的调查对象占 36.1%、认为改善程度比较小的调查对象占 23.1%、认为没有影响的调查对象占 16.2%。（如图 F7-12）

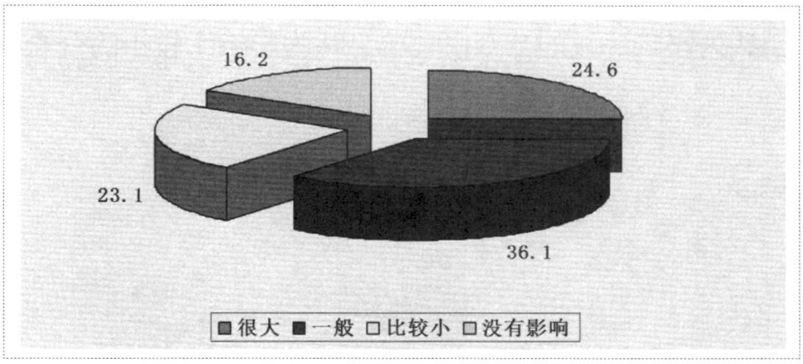

图 F7-12：十艺节对德州文化基础设施改善的程度（图中数据为百分比）

节后，问卷数据显示，有 10.7% 的公众认为十艺节对当地城市文化基础设施改善的程度非常大，认为改善程度比较大的调查对象占 33.6%、认为改善程度一般的调查对象占 47.5%、认为改善程度比较小的调查对象占 4.1%、认为改善程度非常小的调查对象占 1.6%、认为说不清的调查对象占 2.5%。（如图 F7-13）

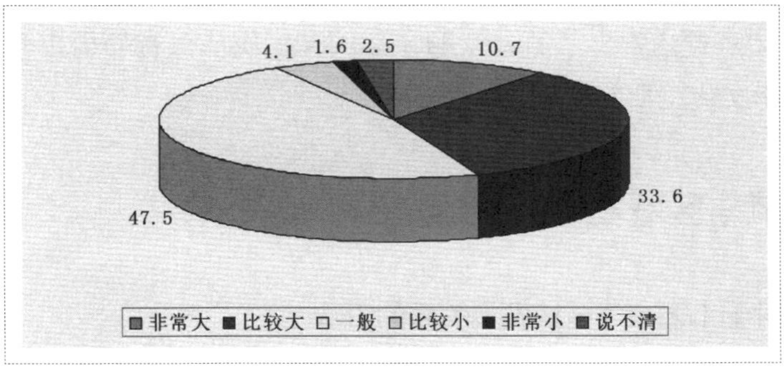

图 F7-13：山东举办十艺节后，城市文化基础设施改善的程度（图中数据为百分比）

对比图 F7-12、图 F7-13 数据，节前有 24.6% 的受访者认为十艺节将会对德州市的城市文化基础设施带来很大程度改善，节后则有 44.3% 的受访者认为德州举办十艺节后，当地城市文化基础设施将会得到非常大或者比较大的改善。这说明通过举办十艺节，越来越多的公众开始了解艺术节、认可艺术节，并且认为十艺节的举办对德州地区的城市文化基础设施改善起到了积极作用。

（三）十艺节对不同地区文艺发展影响力分析

在十艺节对公众自身文化生活的影响方面，济南市的调查数据显示，有 22.4% 的公众认为会带来很大影响，认为影响一般的公众占 53.7%，认为影响比较小的公众占 23.9%；青岛市的数据显示，有 11.1% 的公众认为会带来很大影响，认为影响一般的公众占 58%，认为影响比较小的公众占 30.9%；德州市的数据显示，有 28.1% 的公众认为会带来很大影响，认为影响一般的公众占 49%，认为影响比较小的公众占 22.9%。（如图 F7－14）

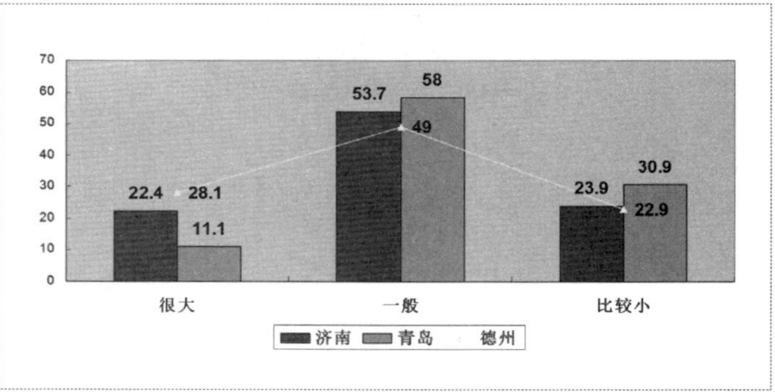

图 F7-14：十艺节将对公众文化生活的影响（图中数据为百分比）

如图 F7－14 所示，作为十艺节的主会场，济南市公众对这一问题的认可度最高，共有 22.4% 的受访者认为十艺节将会对自身文化生活产生很大或者比较大的影响；德州市有 19.7% 的受访者认为十艺节会影响自身的文化生活；青岛市也有 11.1% 的受访者认可十艺节对于文化生活的影响力。

四、十艺节与区域发展的关系

（一）公众对于十艺节与区域发展关系的看法

节前对公众进行的调查数据显示，在德州 52.3% 的受访者对山东举办十艺节感到自豪，感觉一般的受访者有 32.6%，还有 15.1% 的公众认为无所谓。

在对城市形象的影响方面，公众普遍认为，举办十艺节能够很好地提升德州的城市形象。其中，认为将会提高城市知名度的受访者占 56.8%，认为能够增强市民认同感的受访者占 26.6%，认为能够提升市民文化素质的受访者占 46.4%，认为将会拉动经济与文化消费的受访者占 30.2%。

在十艺节对促进德州经济发展发面，受访者对“十艺节能够促进旅游发展”这一选项的认可度最高，达到了 72.2%，此外，54.5% 的受访者认为十艺节能促进消费，17.6% 的受访者认为十艺节能促进就业，12.8% 的受访者认为十艺节能带来其他经济影响。（如图 F7–15）

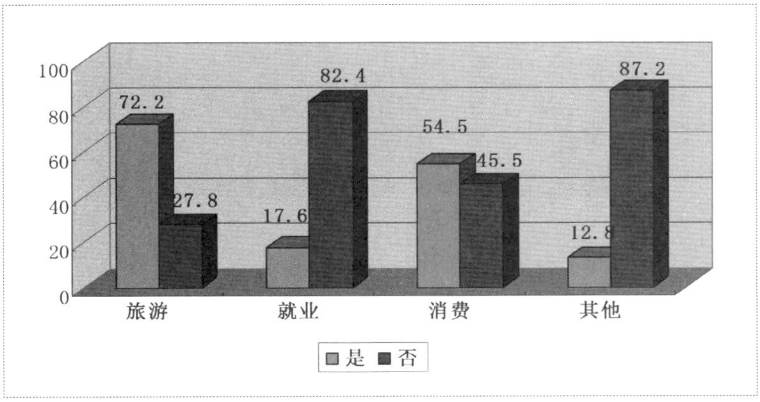

图 F7–15：十艺节促进德州经济发展的领域（图中数据为百分比）

节后对公众进行的调查数据显示，有 31.4% 的公众在山东举办了十艺节之后更加喜欢山东各个城市，有 50.7% 的公众更加了解山东各个城市，还有 17.9% 认为没有感觉（无所谓）。（如图 F7–16）

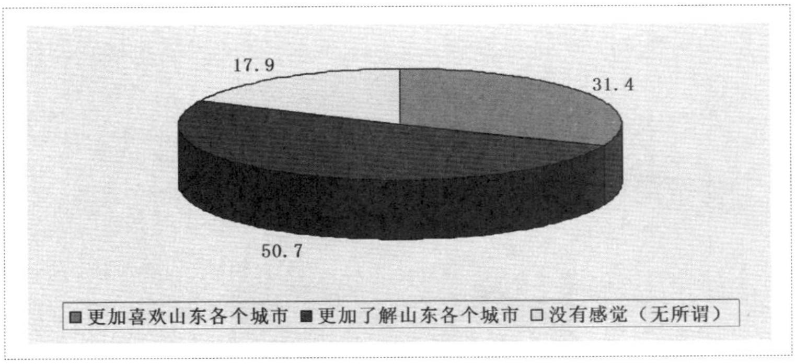

图 F7–16：山东主办十艺节后公众对山东的态度（图中数据为百分比）

如图 F7–16 所示，在山东省成功举办十艺节后，更多的公众对于山东的关注度和了解度都显著增加。尤其是有近 7 成的公众认为，他们通过艺术节的举办更喜欢或更加了解山东各城市，这也充分证明了十艺节对于山东的推广作用和宣传作用。

在举办十艺节对城市形象提高的影响方面，认为影响非常大的受访者比例占 10.7%，认为影响比较大的受访者比例占 33.6%，认为影响一般的受访者比例占

47.5%，认为影响比较小的受访者比例占 4.1%，说不清的受访者比例占 2.5%。（如图 F7-17）

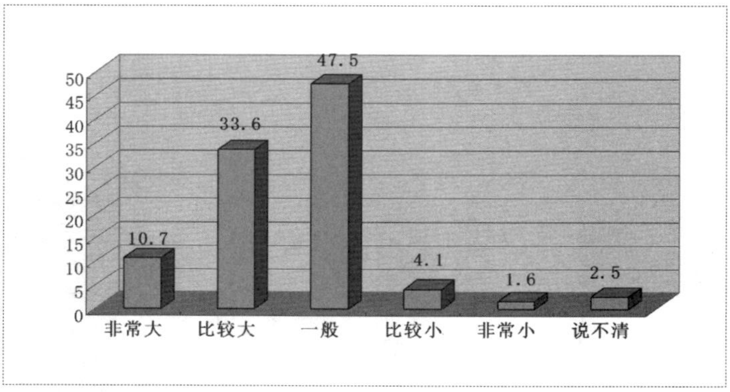

图 F7-17：山东举办十艺节对德州城市形象提高的影响（图中数据为百分比）

如上图所示，选择十艺节对德州城市形象提高影响非常大和比较大的受访者比例为总数的 44.3%，而选择影响比较小和非常小的受访者比例仅为 5.7%，这说明德州市公众普遍认为举办中国艺术节将会对举办地的城市形象带来较大的提高。

在对山东举办十艺节的感觉方面，有 53.7% 的德州公众对山东举办十艺节感到自豪，有 31.4% 的公众感觉一般，还有 14.9% 的公众选择了没有感觉（无所谓）；在针对本次艺术节后，您是否还希望山东今后承担类似活动的调查中，有 91.0% 德州公众选择希望，有 0.8% 的公众选择不希望，还有 8.2% 的受访者选择了无所谓。（如图 F7-18、F7—19）

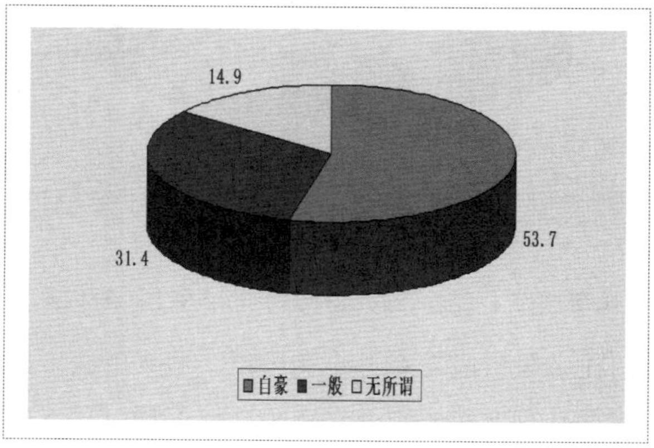

图 F7-18：公众对山东举办十艺节的总体感觉（图中数据为百分比）

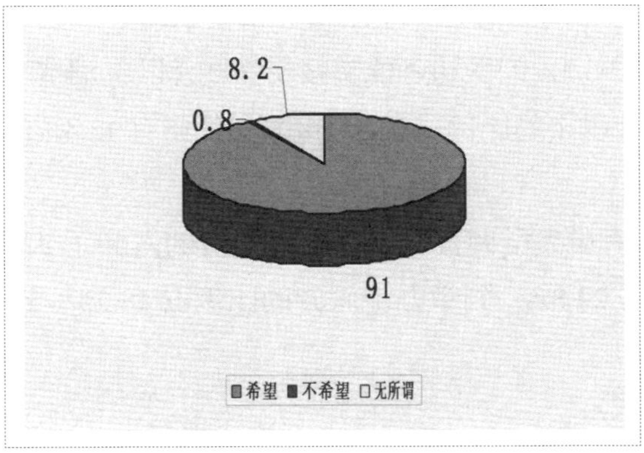

图 F7-19：公众对山东举办类似节目的期待（图中数据为百分比）

如图 F7-18、F7—19 所示，有 57.3% 的德州受访者对山东举办十艺节感到自豪，有 91% 的德州公众明确表示希望山东今后还能够承担类似的活动。由此可见，虽然德州只是十艺节的一个分会场，但艺术节在德州已经具备了很好的群众基础，而且公众对于类似活动有很高的参与期望。

（二）公众对于十艺节与文化消费关系的看法

节前针对门票价格的调查显示，有 53.7% 的受访者能够接受 50 元以下的价位，能够接受票价在 50 ~ 100 元之间的受访者占 38.7%，能够接受票价在 101 ~ 200 元之间的受访者占 7.3%，能够接受票价在 201 ~ 300 元之间的受访者占 3.7%；节后的统计数据显示，在艺术节举办期间，直接或者间接参与艺术节消费金额在 50 元以下的受访者占 21.3%，消费在 50 ~ 200 元的受访者占 26.2%，消费在 200 ~ 300 元的受访者占 4.1%，消费在 300 元以上的受访者占 4.9%，另外还有 43.4% 的受访者没有相关消费。（如图 F7-20）

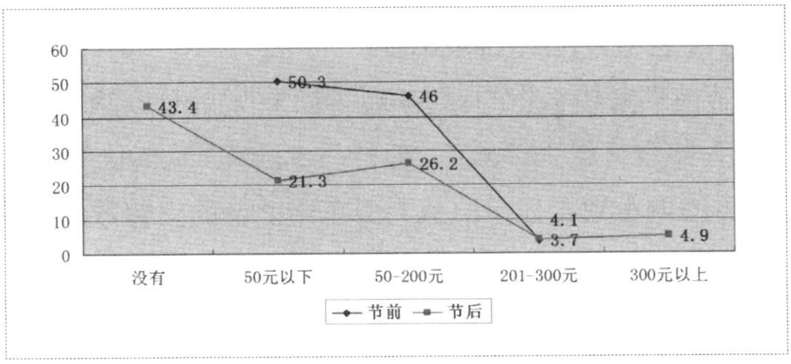

图 F7-20：公众节前门票预期和节后实际消费情况对比（图中数据为百分比）

如图 F7-20 所示，节前有超过一半的德州市公众对于十艺节门票预期的心理预期集中在 50 元左右，有 96.3% 的受访者能够接受 200 元以下消费水平，但节后数据表明实际消费金额在 200 元以下的比例只有 47.5%，另外还有 43.4% 的公众在艺术节期间没有参与任何消费。

节后针对公众的消费类型调查显示，没有消费的占到了 32.3%，购票看节目的占 14%，购买纪念品的占 24.8%，到举办地旅游的比例占 18.2%，选择其他消费类型的占 10.7%。（如图 F7-21）

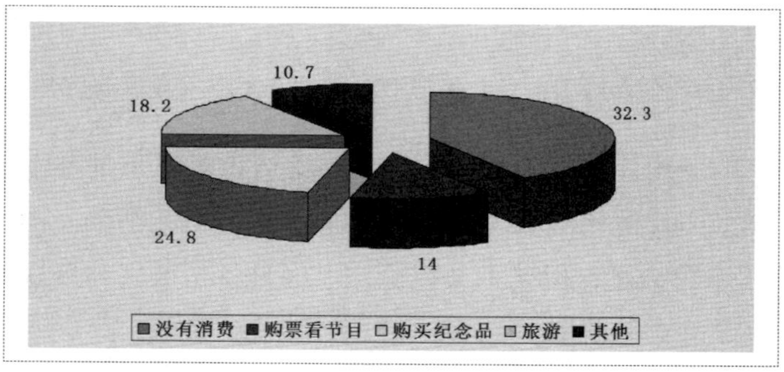

图 F7-21：艺术节期间公众消费情况（图中数据为百分比）

如图 F7-21 所示，虽然节前公众对十艺节有较高的消费需求，但在艺术节举办期间有 32.3% 的公众都没有参与实际性的消费活动，在购票、购买纪念品、旅游和其他等选项中，选择购买十艺节纪念品的比例最高，达到 24.8%。通过对图 F7-20、F7-21 的综合分析说明，德州市公众在十艺节期间的实际消费水平远远未达到节前的预期，其消费潜力还有待于进一步挖掘。

五、社会公众对于十艺节的总体评价

（一）公众对于十艺节宣传工作的满意度

节前在对十艺节前期宣传工作的调查中，有 15.9% 的公众认为艺术节的前期宣传工作做得很好，认为比较好的 32.3%，一般的占 33.8%，认为比较差和很差的分别占 15.9% 和 2.1%；节后的调查数据显示，认为山东十艺节的宣传效果非常好的受访者占 13.3%，比较好的占 44.2%，一般的占 38.4%，认为比较差的占 3.3%，认为非常差的占 0.8%。（如图 F7-22）

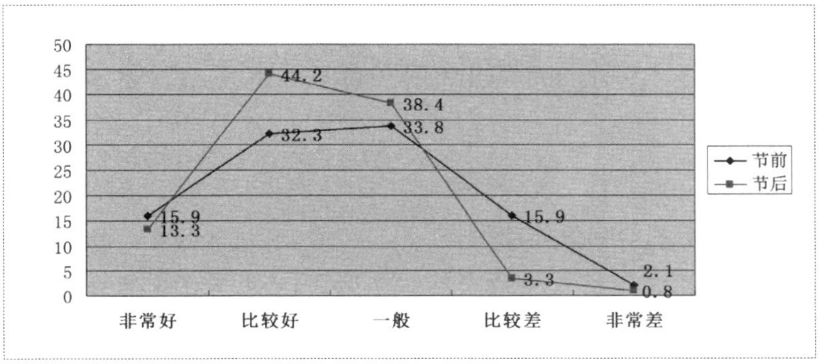

图 F7-22：公众对于十艺节宣传工作的评价（图中数据为百分比）

如图 F7-22 所示，节后德州公众对于十艺节宣传工作的评价要高于节前，节前认为非常好和比较好的比例共有 48.2%，而节后的这一比例为 57.5%，尤其是节后认为宣传效果非常好的受访公众比例有明显提高。说明在艺术节成功举办之后，德州公众对于山东十艺节宣传工作的认可度有所提升。

（二）公众对于十艺节节目质量的满意度

节后对公众的调查显示，认为十艺节的节目类型非常好 / 丰富的受访公众有 39.1%，认为比较好 / 丰富的受访公众有 51.3%，认为一般的受访公众有 9.6%；对节目内容的评价，认为非常好 / 丰富的受访公众有 32.4%，认为比较好 / 丰富的受访公众有 53.2%，认为一般的受访公众有 14.4%；对节目形式的评价，认为非常好 / 丰富的受访公众有 34.3%，认为比较好 / 丰富的受访公众有 45.9%，认为一般的受访公众有 18.9%，认为比较差 / 贫乏的受访公众没有，认为非常差 / 贫乏的受访公众有 0.9%；认为演员水平非常好 / 丰富的受访公众有 39.6%，认为比较好 / 丰富的受访公众有 45%，认为一般的受访公众有 13.6%，认为比较差 / 贫乏的受访公众有 1.8%。（如表 F7-4）

表 F7-4 公众十艺节节目的评价

	非常好 / 丰富	比较好 / 丰富	一般	比较差 / 贫乏	非常差 / 贫乏
类型	39.1%	51.3%	9.6%	–	–
内容	32.4%	53.2%	14.4%	–	–
形式	34.3%	45.9%	18.9%	–	0.9%
演员技术	39.6%	45.0%	13.6%	1.8%	–

这些数据显示，公众对于节目质量的满意度相当高，无论是节目类型、节目内容、节目形式，还是演员技术各个方面的正面评价都在 85% 左右，充分说明了公众对十艺节节目质量所持的肯定态度。

（三）公众对于十艺节的总体评价

十艺节由文化部和山东省人民政府共同主办，这对地方政府及相关文化部门的组织管理能力来说无疑是一次考验。为了更好地获取社会各界的评价，为以后的工作积累经验，课题组通过问卷调查方式对社会民众进行广泛的调查，从不同角度来客观分析政府及各个相关部门的表现。

节后，课题组从活动组织管理、活动场地、活动规模和活动持续时间四个方面对广大公众进行了详细的调查。结果显示，在十艺节的活动组织管理方面，公众认为非常好的有 25.2%，比较好的有 56.7%，一般的有 18.1%，比较差和非常差的没有；在活动场地方面，公众认为非常好的有 33.7%，比较好的有 49%，一般的有 17.3%，比较差的和非常差的没有；活动规模的调查中认为非常好的有 32.7%，比较好的有 47.1%，一般的有 20.2%，比较差的和非常差的没有；在针对八艺节活动持续时间的调查中，认为非常好的有 30.8%，比较好的有 47.1%，一般的有 20.2%，比较差的有 1.9%，非常差的没有。（如表 F7–5）

表 F7–5 公众十艺节组织工作的评价

	非常好	比较好	一般	比较差	非常差
活动组织管理	25.2%	56.7%	18.1%	–	–
活动场地	33.7%	49.0%	17.3%	–	–
活动规模	32.7%	47.1%	20.2%	–	–
活动持续时间	30.8%	47.1%	20.2%	1.9%	–

如表 F7–5 所示，公众对于十艺节的活动组织管理和活动场地认可度较高，满意度超过八成，活动规模和活动持续时间的整体满意度也较高。数据显示，德州公众对政府及相关部门在十艺节中整体表现的认可度比较高。

六、十艺节社会影响力评估

（一）中国艺术节对社会的影响力

节前，课题组针对公众对于历届中国艺术节的了解程度展开了调查。（如图 F7–23）

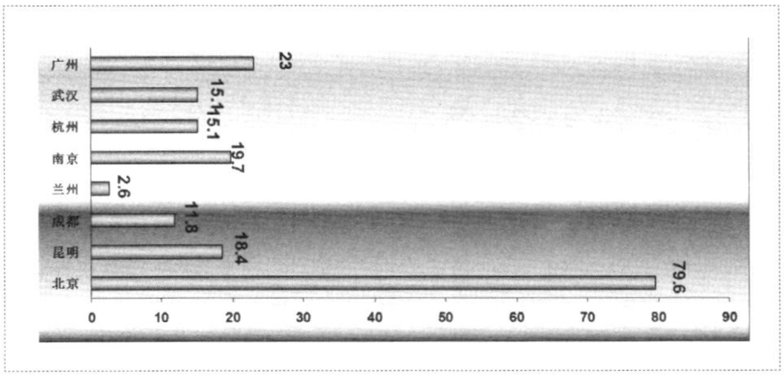

图 F7-23：公众举办过中国艺术节的城市的知晓度（图中数据为百分比）

如图 F7-23 所示，在曾经举办过中国艺术节的城市中，北京作为首届和第二届中国艺术节的举办地，公众对其认知程度最高，为 79.6%，其次为广州，比例为 23%，南京、昆明、武汉、杭州和成都位于第三梯队，比例分别为 19.7%、18.4%、15.1%、15.1% 和 11.8%，兰州的比例最低，只有 2.6%。这些数据说明德州公众对于中国艺术节的整体了解程度还有待于进一步提高。

针对第十一届中国艺术节的调查显示，大多数公众对第十一届中国艺术节的举办地并不清楚，这一比例高达 65.8%，只有 14.8% 的公众正确地选择了西安，选择上海的有 9.1%，选择广州的有 6.3%，还有 4% 的公众选择了郑州。（如图 F7-24）

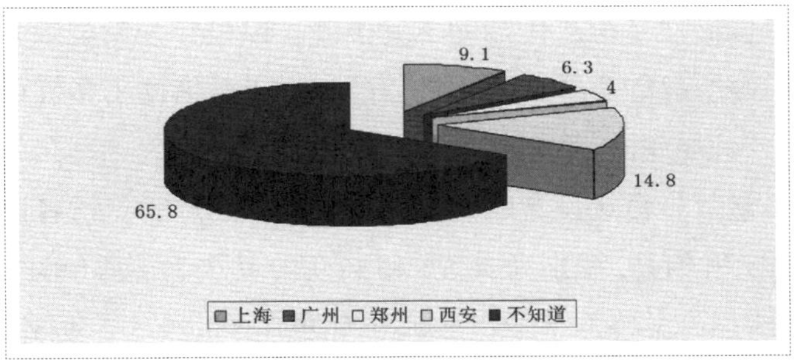

图 F7-24：公众第十一届中国艺术节举办城市的知晓情况（图中数据为百分比）

（二）山东十艺节对社会的影响力

为了准确地了解和评估十艺节对德州市的社会影响力，课题组分别在节前和节后针对德州公众关于艺术节的知晓情况进行了广泛的调研工作。

1. 节前公众对山东十艺节的知晓程度

通过节前对公众的调查发现，有 41.2% 的公众知道十艺节的举办地，有 76.6% 的公众知道具体的举办时间，但知道十艺节宗旨的公众却很少，只有 16.9%，可见山东十艺节节前宣传效果较好，但是对艺术的深入宣传还有待进一步提高。

表 F7-6 公众知晓十艺节的途径

知晓途径	人数（人）	比例（%）	排名
电视	124	63.3	1
电台广播	34	17.3	4
海报	34	17.3	4
报纸	65	33.2	2
书籍	2	1.0	9
网络	34	17.5	3
短信	3	1.5	8
亲友告知	14	7.2	6
其他	9	4.6	7

如表 F7-6 所示，对于德州市公众而言，电视是其了解十艺节的主要途径，报纸、电台广播、海报等传播途径也起到了一定的作用。值得注意的是，尽管电视、报纸和电台广播等传统媒体仍然是信息传播的主要手段，但是作为新型媒介——网络，其在宣传艺术节的过程中所起的重要作用正日益凸显。正是借助于多样化的宣传方式，最大限度地提高了十艺节的知名度。

针对公众对十艺节分会场设置的调查显示，有 75.3% 的受访者选择了省会济南，选择德州和青岛的比例相近，分别为 36.5% 和 32.9%，其次为淄博（9.4%）、烟台（8.8%）、日照（5.3%）、潍坊（5.3%）、菏泽（2.4%）和枣庄（1.2%），另外，还有 6.5% 的公众选择了其他。（如图 F7-25）

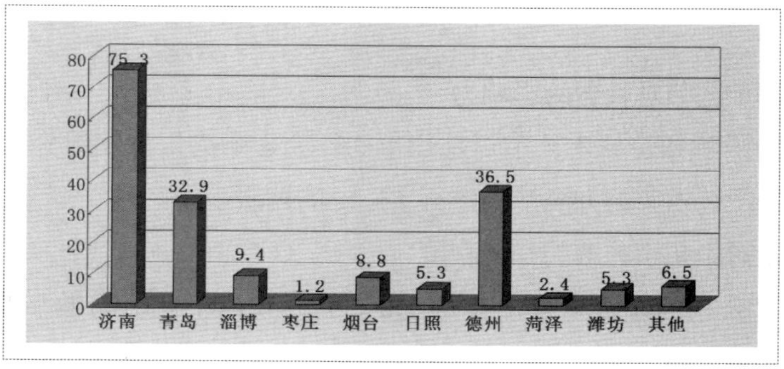

图 F7-25：公众对十艺节分会场的知晓情况（图中数据为百分比）

如上图所示，作为十艺节的主会场，公众对济南的知晓度最高，本地（德州）和东部城市（青岛）位于第二梯队，除此之外，德州公众对山东其他城市作为十艺节分会场的知晓度整体偏低，这也反映了内陆城市在信息传播上的缺陷。

公众知晓的深入性也可以通过其对十艺节活动的知晓情况得到佐证。（如图 F7-26）

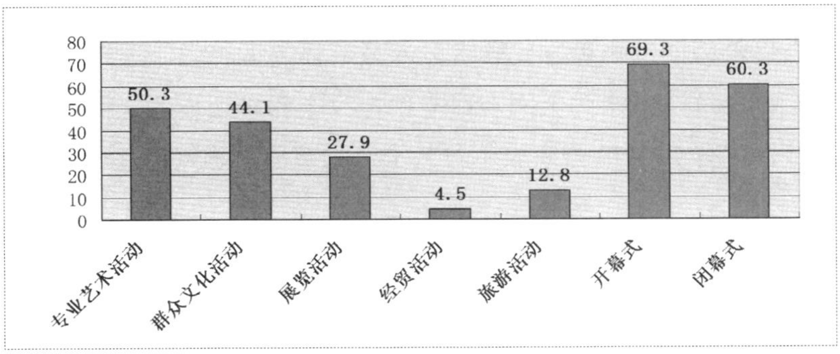

图 F7-26：公众对十艺节活动类型的知晓情况（图中数据为百分比）

从上图可以看出，在艺术节的各项活动中，公众对于开幕式的知晓率最高，达到了 69.3%，而对经贸活动的知晓率仅有 4.5%。可见，公众对于十艺节的各项活动在整体上有基本的了解。其中，公众对有些活动的知晓率在 50% 左右，如专业艺术活动、群众文化活动、开幕式和闭幕式。由此我们可以说，在十艺节举办之前，德州公众对于其各项活动就已经有了比较广泛而且深入的了解。

2. 节后公众对山东十艺节的知晓程度

节后，有关公众对于十艺节的知晓程度，课题组也做了大量的调查。数据显示，有 39.1% 的公众是在十艺节开始之前就已经对其有所了解，有 37.5% 的公众是在艺术节举办的过程中才了解到十艺节的，还有 23.4% 的公众是在活动结束之后了解的。（如图 F7-27）

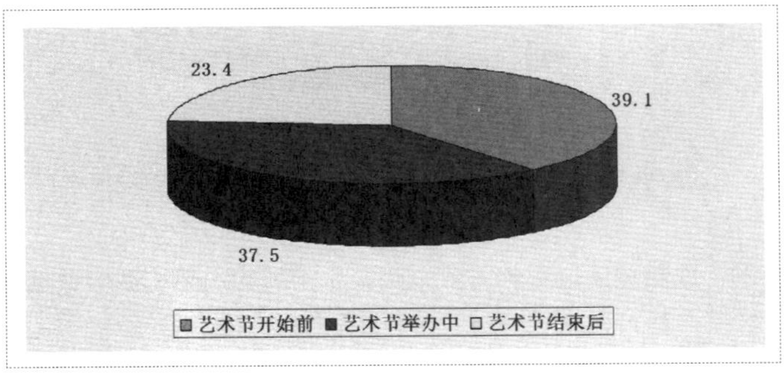

图 F7-27：公众了解十艺节的时段情况（图中数据为百分比）

3. 山东十艺节整体社会影响力分析

（1）十艺节节前社会影响力分析

节前，在观众最希望看到的节目类型中，音乐会和歌舞晚会所占的比例较高，分别为 48.9% 和 44.7%，曲艺晚会占 25.3%，美术展览占 20.5%，地方戏剧占 20.0%，音乐剧占 16.8%，京剧占 11.1%，话剧占 10%，舞剧占 9.5%，还有 6.8% 的公众选择了其他节目类型。

在对观众最希望通过哪种方式欣赏艺术节节目的调查中，选择通过电视观看的观众比例最高（59.2%），其次为上网观看（37.7%），报纸所占的比例最低，只有 4.2%，值得注意的是，还有 7.3% 的公众表示对艺术节的节目不感兴趣，可能不会观看。（如图 F7−28）

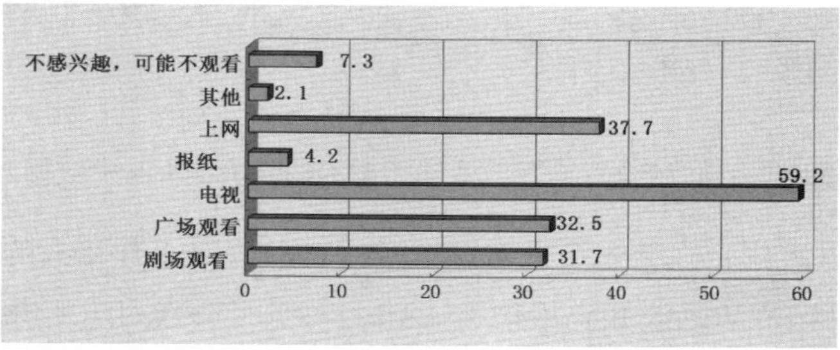

图 F7−28：您希望通过哪种方式欣赏艺术节的节目（图中数据为百分比）

在公众最希望的购买门票方式中，网上订购所占的比例最高，达到了 58%，其次为到售票处购买门票，比例为 16.5%，电话订购占 13.3%，短信订购占 1.7%，邮局订购只占 1.1%，另外还有 9.4% 的受访者选择了其他购票方式。（如图 F7−29）

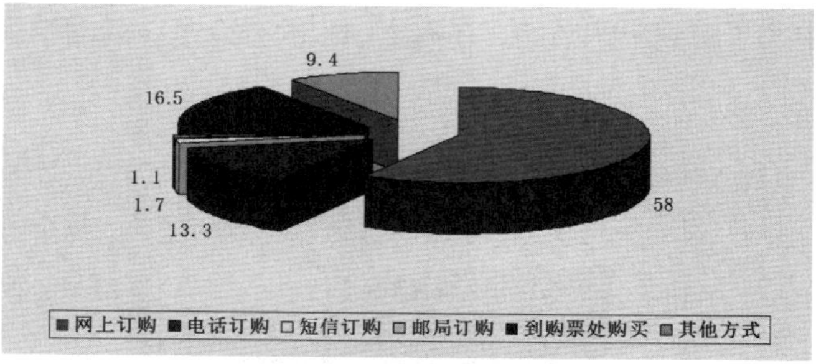

图 F7−29：您希望通过哪种方式来购买十艺节的门票（图中数据为百分比）

（2）十艺节节后社会影响力分析

节后，针对公众比较喜欢的艺术节活动调查显示，群众文化活动的受欢迎程度最高，比例达到 53.5%，其次为专业艺术活动，比例为 31.0%，展览活动、旅游活动和演艺产品交易会所占的比例分别为 30.2%、23.3% 和 17.8%，经贸活动的比例最低，只有 4.7%。（如图 F7-30）

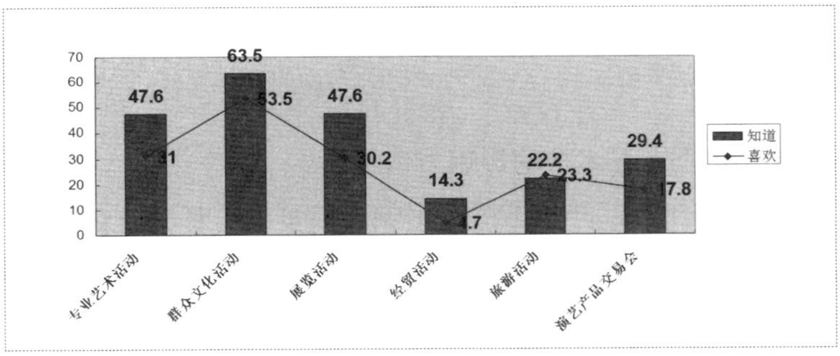

图 F7-30：公众知道 / 喜欢十艺节活动对比分析（图中数据为百分比）

如上图所示，不管是对艺术节活动的认知程度还是喜欢程度，群众文化活动所占的比例都是最高的，专业艺术活动和展览活动紧随其后；而且，对于艺术节所有活动而言，观众的喜欢程度都要略低于认知程度。

针对公众比较喜欢的艺术节节目调查显示，歌舞晚会和曲艺晚会的受欢迎程度较高，分别为 41.1% 和 28.2%，其次为音乐会，比例为 21.8%，地方戏曲为 16.9%，美术展览和音乐剧均为 13.7%，舞剧、话剧和京剧的比例均不超过一成，分别为 9.7%、6.5% 和 4.8%。（如图 F7-31）

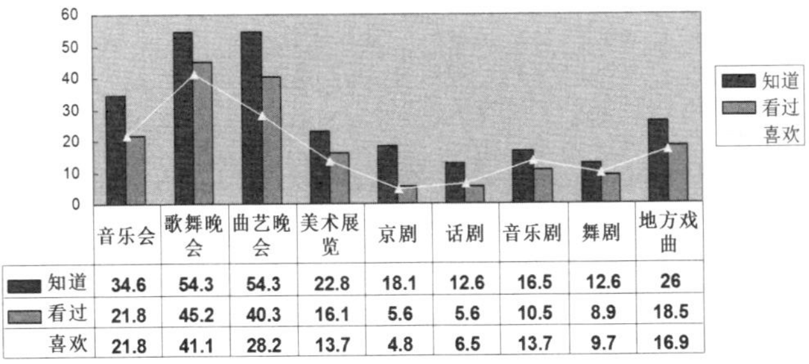

	音乐会	歌舞晚会	曲艺晚会	美术展览	京剧	话剧	音乐剧	舞剧	地方戏曲
知道	34.6	54.3	54.3	22.8	18.1	12.6	16.5	12.6	26
看过	21.8	45.2	40.3	16.1	5.6	5.6	10.5	8.9	18.5
喜欢	21.8	41.1	28.2	13.7	4.8	6.5	13.7	9.7	16.9

图 F7-31：公众知道 / 看过 / 喜欢十艺节节目对比分析（图中数据为百分比）

如图 F7-31 所示，不管是认知度、参与度还是喜欢程度，歌舞晚会和曲艺晚会等大众化节目的比例都较高，音乐会、美术展览、京剧等专业性较强节目的知晓度较高，但是实际参与度和喜欢程度与知晓度都又较大落差。

此外，群众文化活动和精彩的节目也是本届艺术节的亮点所在。节后的数据显示，有 7.5% 的德州公众认为本次艺术节组织出色，认为群众文化活动丰富的占 35.8%，认为节目精彩的占 26.7%，还有 30% 的公众选择了说不清。

七、问题与对策

（一）主要问题

1. 宣传手段单一削弱了艺术节的影响力

十艺节的成功举办在山东产生了广泛影响，很多山东省的公众都直接参与到了艺术节的活动中，充分体现了十艺节作为“人民的节日”这一特色。

通过调查发现，德州市在节前对十艺节的宣传工作值得肯定，有 43.3% 的公众知道十艺节，有 41.2% 的公众知道十艺节的举办地，有 76.6% 的公众知道十艺节的举办时间。但是，通过对节前不同地区公众获取信息途径的深入调查发现，宣传手段单一仍是目前限制十艺节认知度和影响力的主要问题。（如图 F7−32）

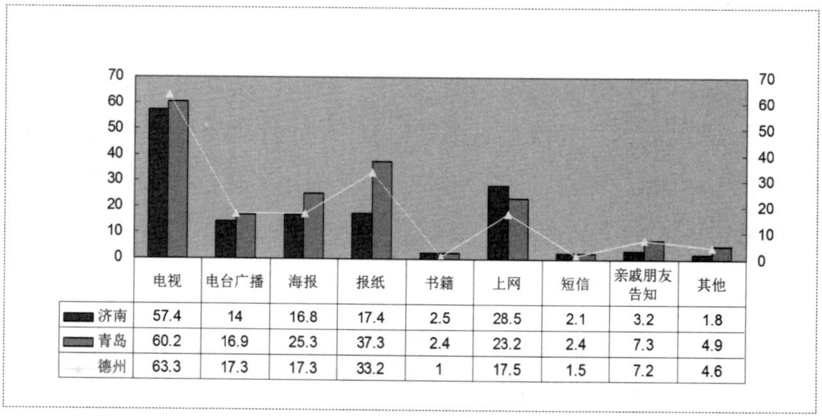

	电视	电台广播	海报	报纸	书籍	上网	短信	亲戚朋友告知	其他
济南	57.4	14	16.8	17.4	2.5	28.5	2.1	3.2	1.8
青岛	60.2	16.9	25.3	37.3	2.4	23.2	2.4	7.3	4.9
德州	63.3	17.3	17.3	33.2	1	17.5	1.5	7.2	4.6

图 F7−32：十艺节公众获取信息途径对比分析（图中数据为百分比）

如上图所示，无论是济南、青岛还是德州，以电视为主的传统媒体仍是公众获取十艺节相关信息的主要途径，这种单一的宣传模式在某种程度上削弱了十艺节的影响力。

2. 缺乏市场化的手段挖掘公众的消费潜力

从上文分析来看，德州市公众对于十艺节的整体关注度还是较高的。但通过对调查数据做进一步深入分析发现，较高的关注度并未带来相应的高消费，在十艺节举办期间，德州市公众参与艺术节消费的比例为 56.6%，且主要集中在 200 元以下的消费。而造成这一情况的主要原因是本届中国艺术节还未实现市场化的运作，导致公众不能较为便利地参与到艺术节的相关消费项目中来。

德州市公众在十艺节期间的消费潜力还没有被完全挖掘。就德州的情况而言，影响公众在十艺节期间消费水平的主要因素不是消费需求或消费能力，而是缺乏足够的营销手段。

3. 票价较高导致现场观看的门槛过高

调查中了解到，公众普遍认为十艺节现场门票过高，而这也成为了限制公众到现场观看艺术节节目的主要因素。

从节前的调研情况来看，德州市有 31.7% 的受访者选择剧场观看的方式，但是节后的数据显示实际上只有 5.4% 的受访者通过现场观看的方式欣赏十艺节的节目。（如图 F7−33）

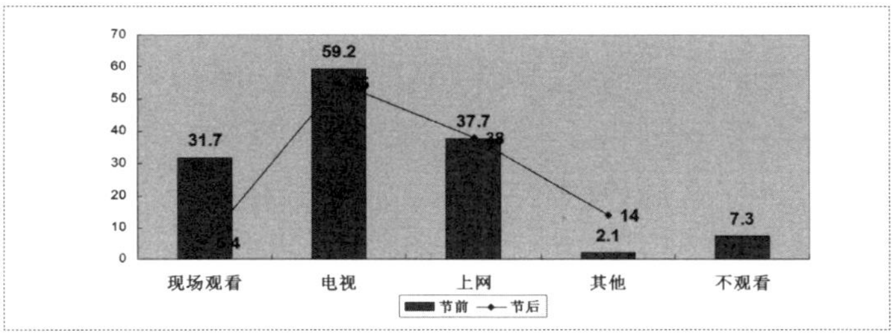

图 F7−33：您希望 / 是通过哪种方式欣赏十艺节的节目（图中数据为百分比）

调查数据显示，无论是经济较发达的沿海城市（青岛）还是经济相对落后的内陆城市（德州），公众对十艺节现场节目的票价预期普遍偏低，与实际票价距离较大。（如图 F7−34）

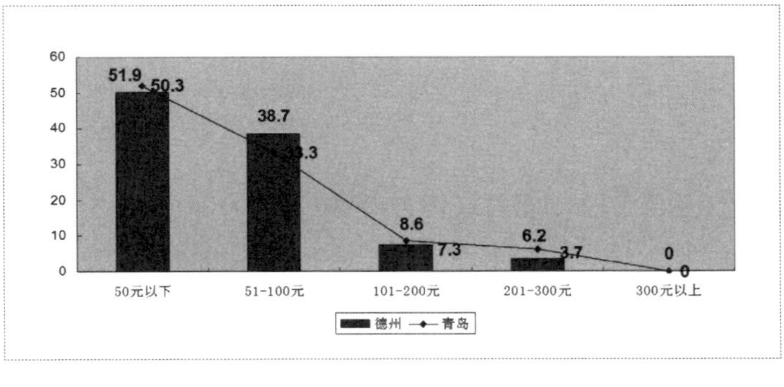

图 F7−34：您能接受的十艺节门票价格（图中数据为百分比）

如上图所示，不管是德州还是青岛，有超过半数的公众对十艺节现场节目门票价格的心理预期在 50 元以下，而超过 300 元以上的现场节目门票价格是公众无法接受的。因此，十艺节的现场实际票价过高，超出公众的普遍预期，是把公众挡在剧场之外的主要原因之一，这也在一定程度上阻碍了市民参与的热情，限制了艺术节宗旨的发挥。

4. 专业性较强使艺术节呈现小众化特点

十艺节的节目以舞台表现形式为主，具有较强的专业性。因此，对观众而言，不仅存在门票上的门槛，同时也存在专业上的门槛。如果受众没有一定的文化艺术修养，则很难对艺术节的节目产生兴趣。

根据调查数据，课题组发现，公众的注意力普遍集中在音乐会、歌舞晚会、曲艺晚会等大众化的节目类型，而对于专业性较强的节目类型缺乏足够的关注，使十艺节呈现出小众化的特点。（如图 F7−35）

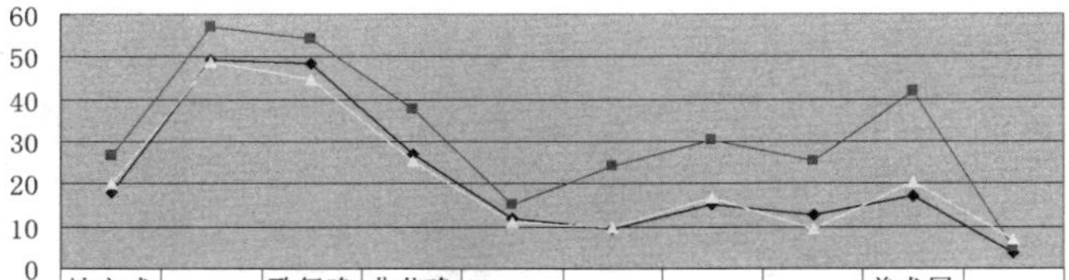

	地方戏曲	音乐会	歌舞晚会	曲艺晚会	京剧	话剧	音乐剧	舞剧	美术展览	其他
济南	18.1	49.3	48.3	27	11.8	9.5	15.1	12.8	17.3	3.5
青岛	26.6	57	54.4	38	15.2	24.1	30.4	25.6	41.8	5.1
德州	20	48.9	44.7	25.3	11.1	10	16.8	9.5	20.5	6.8

图 F7−35：您希望看到十艺节中的哪些节目（图中数据为百分比）

如上图所示，无论是济南、青岛，还是德州，公众选择观看音乐会的比重最大，其次为歌舞晚会和曲艺晚会，而相比之下，话剧、音乐剧、舞剧等专业性较强的节目类型以及我国的传统经典国粹——京剧，却正在逐渐淡出人们的视野，从一个侧面反映出这些专业性较强的艺术形式曲高和寡、观众日趋流失的问题。

（二）对策建议

1. 利用多样化的传媒手段，加大宣传力度和广度

十艺节具有举办时间短、周期长的特点，因此前期的宣传工作就显得尤为重要。主办方要在较短时间内调动一切可以利用的资源和手段来加强宣传，扩大宣传范围，强化宣传力度。

从对十艺节的数据分析来看，大多数公众仍然是通过电视、电台广播、报纸等传统传播手段来获取信息，但是随着近年来网络媒体的迅速发展，互联网在信息传播过程中所起的作用越来越重要。因此，在宣传十艺节时，不仅要发挥传统媒体的作用，还应充分利用现代传播手段，如利用网络媒体、手机短信等方式进行市场化运作，通过各种形式的媒体，全方位、多角度地对十艺节进行全程跟踪报道，尽可能地吸引公

众的注意力，扩大艺术节的社会影响力。

2. 办节对接公共文化服务，营销把握艺术市场需求

虽然十艺节具有一定的公益性，但在文化产业已经上升至国家战略高度的今天，如何更好地发挥艺术节的产业属性也是值得我们思考的问题。十艺节的优惠票销售场面火爆，反映了市民中蕴藏着巨大的文化需求。这也表明，公共文化服务本身也可以创造出巨大的市场需求。政府的有效引导，既可以为群众提供更多更好的公共文化产品和服务，又可以促进文化产业的快速发展。

但现实的情况是，十艺节中参演剧目大都是大投入、大制作、大成本。高投入引出一个问题，即门票价格要超过大众的文化娱乐消费水平，要求政府补贴。与此同时，还必须实现市场化的运作。艺术节产业化的前提条件是演艺策划、剧目引进、经纪操作的市场化。市场化要求市场在演艺团体的经营过程中能真正发挥导向的作用。美国国家级表演艺术中心、世界最著名文化艺术机构之一——肯尼迪表演艺术中心的总裁迈克尔·M·恺撒认为，不仅在中国，世界各地的艺术机构都很少花时间去思考如何进行营销。美国艺术节因为缺少政府的支持，使得美国的艺术管理者探索出一套行之有效的市场营销方法，美国艺术管理者的经验值得中国艺术管理者借鉴。

3. 立足于艺术节宗旨，降低民众参与门槛

一个成功的艺术节目从创作到演出付出了艺术家们辛勤的汗水，其基本价值理应得到尊重，收取演出门票无疑是对艺术节目的一种肯定，同时也是市场条件下资源稀缺的相对合理选择。然而根据课题组调查情况看，本次艺术节的门票相对于普通市民仍然过高，门票价格门槛使很多市民被拒之门外，阻碍了市民参与热情，削弱了艺术节功能的施展，进而可能背离十艺节的办节宗旨。因此，建议探询合理的定价机制，设立专门的群众节目展示，给群众参与的空间，同时优化票价机制，使普通大众能够接受，刺激其参与热情。如此，将有助于中国艺术节的不断进步、发展。

4. 激发公众文化自觉，培养稳定的艺术节观众群

中国艺术节是“人民的节日”，人民群众应该是艺术节的主体，只有充分调动他们的积极性和主创性，让他们参与到艺术节中来，才能真正实现艺术节的价值。首先，在保存中国艺术节中展览展示、舞台演出等基本活动类型之外，建议再开办一些群众能够亲自参与的大众文艺活动，从而激发群众参与艺术节的热情。其次，针对公众参与的专业门槛问题，建议普及大众艺术教育，切实提高国民整体艺术素质，通过举办各种形式的艺术活动大力培育公众的艺术鉴赏力，特别要注意培养青少年对艺术活动的参与兴趣，以便最大化地提高公众的参与度，使中国艺术节成为真正意义上的“人民的节日”。

附录八

第十届中国艺术节山东省获奖名单

一、文华奖

1. 文华大奖（3 项）

京剧《瑞蚨祥》	山东省京剧院
吕剧《百姓书记》	山东省吕剧院
舞剧《红高粱》	青岛市歌舞剧院

2. 文华大奖特别奖（1 项）

京剧《项羽》	济南市京剧院

3. 文华优秀剧目奖（10 项）

山东梆子《古城女人》	菏泽市地方戏曲传承研究院
山东梆子《两狼山上》	泰安市山东梆子艺术研究院
吕剧《李二嫂的新故事》	潍坊艺术剧院有限公司
五音戏《云翠仙》	淄博市五音戏剧院
山东梆子《圣水河的月亮》	济宁演艺集团山东梆子剧院有限责任公司
莱芜梆子《儿行千里》	莱芜市莱芜梆子剧团
柳琴戏《沂蒙情》	临沂市柳琴戏传承保护中心
儿童剧《向前 向前》	青岛市话剧院
方言话剧《泉城人家》	济南市曲艺团
杂技剧《聊斋遗梦》	山东省杂技团

4. **文华剧目奖（1 项）**

话剧《严复》	山东省话剧院

5. **文华单项奖（33 项）**

（1）文华剧作奖（4 项）

《古城女人》	编剧：韩枫　韩萌
《圣水河的月亮》	编剧：田伟泓　韩枫
《向前 向前》	编剧：张志华
《泉城人家》	编剧：王宏　姜桂成

（2）文华导演（编导）奖（7 项）

《瑞蚨祥》	导演：卢昂
《云翠仙》	导演：王青　副导演：崔星明
《古城女人》	导演：李永志　池骋
《李二嫂的新故事》	导演：田敬阳　副导演：隋永毅
《向前 向前》	导演：黄港
《聊斋遗梦》	导演：张弋　刘小荷
《红高粱》	编导：王珂　许锐　李世博　贾菲

（3）文华音乐创作奖（3 项）

《百姓书记》	作曲：栾胜利　栾凯　马常委　刘春光
《云翠仙》	作曲：徐志远　毕金奎
《两狼山上》	作曲：高鼎铸　潘思廷　高原

（4）文华舞台美术奖（3 项）

《瑞蚨祥》	灯光设计：蒙秦
《古城女人》	舞美、灯光设计：刘鹏　马路　卢绪峰　高圆圆　龚元
	服装设计：彭丁煌
《向前 向前》	舞美设计：周丹林　董凡
	灯光设计：周正平　赵田文

（5）第十届中国艺术节优秀表演奖（10 项）

《瑞蚨祥》	刘建杰
《古城女人》	祝凤晨
《两狼山上》	杨圣军

《云翠仙》　吕凤琴
《圣水河的月亮》　李新花
《百姓书记》　柏绪民
《儿行千里》　李桂英
《泉城人家》　李　洋
《严复》　张　林
《红高粱》　孙秋月　张珅
（6）第十届中国艺术节表演奖（6 项）
《瑞蚨祥》　王　艳
《李二嫂的新故事》　史　萍
《沂蒙情》　吕素芳
《两狼山上》　陈　扬
《向前向前》　张　欣
《聊斋遗梦》　郭庆龙　张旭

6. 文华表演奖（个人表演大奖）（1 项）
刘莉莉　临沂市柳琴戏传承保护中心

二、群星奖

（一）作品类（32 件）

1. 音乐类（7 件）
泰安市艺术馆　泰山石乐《石韵 · 泰山》
巨野县文化馆　鲁西南鼓吹乐《唱大戏》
烟台市群众艺术馆　男声组唱《闯海人》
山东省艺术馆、山东女子学院、
章丘市文化馆　女声表演唱《新绣荷包》
德州市群众艺术馆　男声独唱《亲亲的老百姓》
济宁市文广新局、邹城市文广新局　平派鼓吹乐《赶山会》
泰安市艺术馆　表演唱《泰山石敢当》
2. 合唱类（2 件）
滨州市群星合唱团

烟台市群众艺术馆群星合唱团

3. 舞蹈类（7 件）

招远市实验幼儿园	少儿群舞《我和爷爷踩高跷》
滕州市文化馆	群舞《闯关东》
烟台市群众艺术馆	中老年群舞《舒心的日子扭着过》
山东省文化艺术学校小凤凰艺术团	群舞《小嫚》
青岛市群众艺术馆	群舞《田野的嫚儿》
滕州市文化馆	群舞《运河绣娘》
泰安市艺术馆	群舞《泰山人家》

4. 广场舞（2 件）

胶州市文广新局	广场舞《豪情鞭鼓俏秧歌》
山东省艺术馆群星艺术团、济南市群众艺术馆群星艺术团	广场舞《幸福像花儿一样》

5. 戏剧类（7 件）

济南市槐荫区青少年宫	儿童剧《我们的名字》
胶南市文广新局	小品《将心比心》
青岛市开发区文化体育中心	小品《新房之夜》
文登市文广新局	小吕剧《一个钱包》
广饶县文化馆	吕剧《村官上树》
临朐县文化馆	小品《骆驼石》
定陶县两夹弦保护中心	小品《爱心家园》

6. 曲艺类（7 件）

济南市群众艺术馆	山东琴书《亲家亲》
济宁市文广新局	山东琴书《农家春》
济宁市文广新局	山东渔鼓《孔子试徒》
泰安市艺术馆	相声《大喇叭》
章丘市泉韵艺术培训学校	山东快书《肉夹馍》
滨州市滨城区文化馆	东路大鼓《太师训徒》
威海市群众艺术馆	数来宝《登陆上海滩》

（二）项目类（4 个）

济南市书香泉城全民阅读节活动

济南市“新市民新课堂”公益性艺术辅导培训
桓台县公共电子阅览室暨乡村少年宫建设与服务
垦利县村村唱戏村村舞

（三）群文之星（6 个）

陆　玲	青岛市群众艺术馆
王子华	临清市文广新局
张荫松	烟台市群众艺术馆
魏玉静	巨野县文化馆
齐新东	泰安市艺术馆
李晓静	滨州市群众艺术馆

（四）优秀演出奖（7 件）

菏泽市群众艺术馆	弦索乐《乡音和鸣》
青岛群星爱乐合唱团	山东民歌《新编沂蒙山小调》
青岛市老年服务中心七彩风男声合唱团	合唱《春天的芭蕾》
临沂市群众艺术馆	群舞《拉大耙》
济宁市文广新局、邹城市阴阳板传习所、邹城市阴阳板传承基地	广场舞《雩》
泰安市艺术馆	山东梆子《让座》
巨野县文化馆	山东琴书《闹喜宴》

三、专业艺术单项评比展演

（一）第一届李德伦全国指挥比赛

组织工作奖（1 个）　　青岛市文广新局

（二）全国京剧优秀青年演员折子戏展演

1. 优秀表演奖（3 个）

苏　旭（老生）	青岛市京剧院
吴雪靖（老旦）	山东省京剧院

陈琛（老旦）　　山东省京剧院

2. 表演奖（3个）

马良（老生）　　济南市京剧院

杨洋（青衣）　　山东省京剧院

金梦（青衣、刀马）　　山东省京剧院

3. 演出奖（4个）

许金华（武旦）　　聊城市京剧院

苏丽（老旦）　　聊城市京剧院

刘帅（老生）　　德州市京剧团

吕亚楠（青衣）　　德州市京剧团

4. 组织工作奖（3个）

山东省文化厅

聊城市人民政府

德州市人民政府

（三）第七届全国话剧优秀剧目展演

1. 展演剧目（2台）

山东省话剧院《严复》

济南市曲艺团《泉城人家》

2. 组织工作奖（3个）

山东省文化厅

济南市人民政府

莱芜市人民政府

（四）全国民族器乐民间乐种组合展演

1. 非职业组优秀演奏奖（3个）

山东枣庄崔家班　　枣庄市文广新局

山东菏泽弦索乐　　菏泽市群众艺术馆

山东鲁中南平派鼓吹乐　　邹城市文化馆

2. 非职业组演奏奖（2个）

山东柏氏唢呐艺术团　　巨野县文化馆

山东鲁西南鼓吹乐嘉祥代表队　　嘉祥县文化馆

3. 非职业组鼓励奖（1 个）

山东鲁南弦索乐　　邹城市文化馆

4. 职业组优秀演奏奖（1 个）

山东民族乐团　　山东歌舞剧院

5. 职业组演奏奖（2 个）

山艺挫琴艺术团　　山东艺术学院

枣庄市艺术剧院民乐队　　枣庄市艺术剧院

6. 组织工作奖（3 个）

枣庄市人民政府

济宁市人民政府

菏泽市人民政府

（五） 第十届全国舞蹈比赛

1. 独舞、双人舞、三人组

（1）文华舞蹈节目优秀创作奖（2 个）

三人舞《情未了》　　山东艺术学院舞蹈学院

双人舞《相依惟梦》　　山东艺术学院舞蹈学院

（2）文华舞蹈节目表演三等奖（1 个）

独舞《涟涟有鱼》　　山东青年政治学院、日照市文广新局

2. 群舞组

（1）文华舞蹈节目创作二等奖 （1 个）

群舞《沂蒙那座——桥》　　山东艺术学院舞蹈学院

（2）文华舞蹈节目创作三等奖（1 个）

群舞《生命树》　　济南艺术学校

（3）文华舞蹈节目优秀创作奖（1 个）

群舞《喜鹊喳喳喳》　　山东省文化艺术学校

（4）文华舞蹈节目表演一等奖（1 个）

群舞《鼓子少年》　　山东省文化艺术学校

（5）文华舞蹈节目优秀表演奖（1 个）

群舞《一个母亲最后的微笑》　　日照市文广新局

3. 组委会特别奖（1 个）

三人舞《风雨担架》　　临沂市柳琴戏保护中心、山东青年政治学院

4. 评委会特别奖（1 个）

群舞《春天来了》	山东歌舞剧院

5. 组织工作奖

日照市人民政府

临沂市人民政府

（六）全国曲艺优秀节目展演

1. 展演剧目（16 个）

山东快书《鲁达除霸》	山东省艺术研究所
山东快书《抗洪小夜曲》	山东省艺术研究所
山东琴书《说唱农村新风尚》	山东省艺术研究所
快板书《新猪八戒拱地》	山东广播电视台
单弦《大美泉城》	济南市曲艺团
相声《学艺》	济南市曲艺团
山东琴书《梁祝下山》	济南市曲艺团
山东快书《十字坡》	济南市曲艺团
河南坠子《寸草心》	菏泽市群众艺术馆
山东琴书《亲上亲》	菏泽市群众艺术馆
东路大鼓《太师训徒》	滨州市滨城区文化馆
相声《说变化》	阳信县鼓书院
数来宝《登陆上海滩》	威海市群众艺术馆
山东渔鼓《孔子试徒》	济宁市文广新局
山东落子《特殊招聘》	济宁市文广新局
山东快书《打洋行》	枣庄市文广新局

2. 组织工作奖（1 个）

滨州市人民政府

（七）全国木偶戏皮影戏优秀剧（节）目展演

1. 展演剧目（2 个）

木偶《农夫与仙鹤》	济南儿童艺术剧院
皮影《泰山石敢当 · 降妖》	泰安市泰山皮影艺术研究院

2. 组织工作奖（1 个）

东营市人民政府

四、优秀组织工作奖

第十届中国艺术节“优秀组织工作奖”（1 个）

山东省文化厅

后 记

第十届中国艺术节是文化界的空前盛举，也理应成为学术界关注的焦点。随着“第十届中国艺术节区域社会文化发展中价值与影响力实证研究”立项为国家社科基金艺术学项目，对十艺节过程的跟踪与调研全面展开。本课题由山东省文化厅与武汉大学国家文化创新研究中心共同承担。

在研究过程中，中共山东省委常委、宣传部部长孙守刚，山东省副省长季缃绮多次关心过问、听取汇报，从政策、体制层面给予大力支持，为课题研究创造了良好的环境；省委宣传部副部长、山东省文化厅厅长徐向红、副厅长李国琳对研究框架设计、调研方案、阶段性成果和最终成果都给予悉心指导，并在百忙之中参与课题的各项研究工作。武汉大学国家文化创新研究中心主任傅才武教授、山东省文化厅文化科技与法规处张钢处长带领研究团队协同攻关，克服各种困难，顺利推进课题研究；课题组陈波、肖波、刘艳、方学富、李朝晖、莫晸、曾晖、翁春萌、黄剑波、黄梦航、何鹏、曹余阳、瞿鸿雁、龚勤等同志或参与实地调研，或执笔撰写研究报告，经过多轮修改、修订，共同完成研究任务。研究团队在默默无闻的工作中形成了合作创新的诸多默契，也结下了深厚了友谊。

文化部文化科技司、政策法规司相关领导对本课题研究给予大力支持，并在十艺节期间进行专项调研，为课题研究提供了宝贵的指导意见；省文化厅蔡世超、张亚宾、王锐、柳延春、张胜勇、李超等同志为课题组给予了大力协助，十艺节筹委会无私提供了各种相关资料；中国文化报山东站记者苏锐搜集了大量图片；课题组先后多次到济南、青岛、烟台、淄博、德州五市和北京、上海、湖北、广东、浙江、甘肃六省市进行实地调研，得到当地文化部门的热情帮助和市民的积极响应；课题结项评审过程中，国家行政学院社会文化教研部主任祁述裕教授、中国艺术研究院副院长贾磊磊研究员、上海交通大学媒体与设计学院党委书记单世联教授、山东大学艺术学院院长李晓峰教授、山东艺术研究院院长张积强编导对研究成果给予了充分肯定，并提出了中肯的意见。

对于上述所有关心、帮助、支持、参与本课题研究的同志，在此一并致谢！

将课题研究成果结集出版，既是对十艺节的全面学术总结，也是为过去三年来科研团队工作画上圆满句号。今后，我们将持续关注国家艺术节的发展，不断致力于中国文化的深入研究与传承创新，为中华民族伟大复兴尽一份微薄之力！

课题组

2014 年 5 月

图书在版编目（CIP）数据

第十届中国艺术节区域社会文化发展价值与影响力实证研究 / 徐向红，傅才武主编．—济南：齐鲁书社，2014.12
ISBN 978-7-5333-3273-0

Ⅰ．①第… Ⅱ．①徐… ②傅… Ⅲ．①区域文化—文化产业—研究—中国 Ⅳ．①G127

中国版本图书馆 CIP 数据核字（2014）第 275706 号

第十届中国艺术节区域社会文化发展价值与影响力实证研究
徐向红　傅才武　主编

主管单位	山东出版传媒股份有限公司
出版发行	齊魯書社
社　　址	济南市英雄山路 189 号
邮　　编	250002
网　　址	www.qlss.com.cn
电子邮箱	qilupress@126.com
营销中心	(0531)82098521　82098519
印　　刷	济南大邦印务有限公司
开　　本	787mm×1092mm　1/16
印　　张	24.25
插　　页	3
字　　数	485 千
版　　次	2014 年 12 月第 1 版
印　　次	2014 年 12 月第 1 次印刷
标准书号	ISBN 978-7-5333-3273-0
定　　价	**95.00 元**